지은이 옥한흠

제자훈련에 인생을 건 광인(狂人) 옥한흠. 그는 선교 단체의 전유물이던 제자훈련을 개혁주의 교회론에 입각하여 창의적으로 재해석하고 지역 교회에 적용한 교회 중심 제자훈련의 선구자다.

1978년 사랑의교회를 개척한 후, 줄곧 '한 사람' 목회철학으로 예수 그리스도를 닮은 평신도 지도자를 양성하는 데 사력을 다했다. 사랑의교회는 지역 교회에 제자훈련을 접목해 풍성한 열매를 거둔 첫 사례가 되었으며, 국내외 수많은 교회가 본받는 모델 교회로 자리매김했다. 1986년에 시작한 〈평신도를 깨운다 제자훈련 지도자 세미나〉(Called to Awaken the Laity, CAL세미나)는 제자훈련을 목회의 본질로 끌어안고 씨름하는 수많은 목회자에게 이론과 현장을 동시에 제공하는 탁월한 세미나로 인정받고 있다.

철저한 자기 절제가 빚어낸 그의 설교는 듣는 이의 영혼에 강한 울림을 주는 육화된 하나님의 말씀으로 나타났다. 50대 초반에 발병하여 72세의 일기로 생을 마감할 때까지 그를 괴롭힌 육체의 질병은 그로 하여금 더욱더 하나님 말씀에 천착하도록 이끌었다. 삶의 현장을 파고드는 다양한 이슈의 주제 설교와 더불어 성경 말씀을 심도 있게 다룬 강해 설교 시리즈를 통해 성도들에게 하나님 말씀을 이해하는 지평을 넓혀준 그는, 실로 우리 시대의 탁월한 성경 해석자요 강해 설교가였다.

설교 강단에서뿐만 아니라 삶의 자리에서도 신실하고자 애썼던 그는 한목협(한국기독교목회자협의회)과 교갱협(교회갱신을위한목회자협의회)을 통해 한국교회의 일치와 갱신에도 앞장섰다. 그리하여 보수 복음주의 진영은 물론 진보 진영으로부터도 존경받는, 보기 드문 목회자였다.

1938년 경남 거제에서 태어났으며 성균관대학교와 총신대학원을 졸업했다. 미국의 캘빈신학교(Th. M.)와 웨스트민스터신학교에서 공부했으며, 동(同) 신학교에서 평신도 지도자 훈련에 관한 논문으로 학위(D. Min.)를 취득했다. 제자훈련 사역으로 한국교회에 끼친 공로를 인정받아 웨스트민스터신학교에서 수여하는 명예신학박사 학위(D. D.)를 받았다. 2010년 9월 2일, 주님과 동행한 72년간의 은혜의 발걸음을 뒤로하고 하나님의 너른 품에 안겼다.

교회 중심의 제자훈련 교과서인 《평신도를 깨운다》를 비롯해 《길》, 《안아주심》, 《고통에는 뜻이 있다》, 성경 강해 시리즈인 《로마서 1, 2, 3》, 《요한이 전한 복음 1, 2, 3》 등 수많은 스테디셀러를 남겼으며, 그의 인생을 다룬 책으로는 《열정 40년》, 《광인》 등이 있다.

옥한흠 전집 강해 05
요한복음 2 요한이 전한 복음

Romans   John   Acts   Sermon on the Mount

요한복음 2

요한이 전한 복음

옥한흠 지음

국제제자훈련원

서문

예수님을 처음 믿게 된 형제들 가운데 나를 찾아와 성경 중에서 무엇을 먼저 읽는 게 좋겠냐고 묻는 분들이 종종 있다. 그때마다 나는 주저하지 않고 요한복음을 권한다. 내가 요한복음을 사랑하는 탓도 있지만 더 큰 이유는 요한복음을 펼 때마다 살아 계신 하나님의 아들, 예수 그리스도의 생생한 음성을 들을 수 있기 때문이다. 요한복음에는 예수님의 육성이 어느 복음서보다 풍성하게 기록되어 있다. 그분의 음성을 듣고 영광을 보면 믿지 않을 수 없다. 이것이 '믿는다'는 말을 백여 번이나 반복하고 있는 이유가 아닌가 싶다.

오래전부터 나는 요한복음을 체계적으로 강해하고 싶다는 생각을 가지고 있었다. 그러나 이상하게도 마음대로 되지 않았다. 요한복음처럼 간결하고 단순하게 표현된 진리일수록 설교하기가 훨씬 어렵다는 것을 경험적으로 잘 알고 있었기 때문이다. 그래서 그런지 막상 강해를 시작한 다음에도, 설교자의 미련함과 무지함으로 하나님 아들의 영광을 가리지 않을까 하는 두려움을 떨쳐버리지 못한 것이 사실이다.

요한복음을 펼치면 예수님을 개인적으로 만난 사람들의 이야기가 우리의 심금을 울린다. 니고데모, 수가성의 여인, 베데스다의 병자, 간음하다 잡힌 여인 등. 이들은 오늘을 사는 우리 자신을 투영하는 거울이다. 지금도 우리 주변에는 이들처럼 예수님을 만남으로써 절망과 죽음에서 소망과 생명의 세계로 나아가야 할 자들이 얼마나 많은가?

요한복음은 예수님이 십자가의 죽음을 불과 일주일 남짓 앞두고 제자들과 나누신 은혜로운 말씀을 가득 담고 있다. 세상 죄를 지고 가는 어린양으로서 잔혹하고 수치스러운 십자가의 죽음을 예견하고 계시던 처지라 마지막이 가까워올수록 날마다 무거운 침묵으로 일관하셨을 것 같은데, 도리어 예수님은 더 많은 말씀을 하셨다는 놀라운 사실을 보게 된다. 이는 무엇을 의미하는 것일까? "세상에 있는 자기 사람들을 사랑하시되 끝까지 사랑하시니라"(요 13:1). 이것이 가장 확실한 답이라고 생각한다. 생명이 다할 때까지 말씀하시는 하나님의 아들, 그분의 놀라운 사랑을 요한복음이 아니고서는 어디에서 만날 수 있겠는가?

요한복음을 2년 넘게 강해하면서 성도들이 은혜 받을 때의 반응을 여러 가지 면으로 읽을 수 있었지만, 그중에서도 가장 기억에 남는 것은 부활하신 예수 그리스도의 인간적인 면을 부각시킨 21장 설교였던 것 같다. 디베랴 바다에서 밤새 고기를 잡던 제자들을 새벽녘에 찾으신 예수님은 이미 죽음을 이기고 승리하신 영광의 하나님이셨다. 그러나 그분은 영광의 빛으로 제자들을 혼비백산하게 만들지 않으셨다. 떠오르는 햇살을 받아 빨갛게 물들어가는 갈릴리 바닷가에서 실패와 좌절로 기가 죽어 있던 제자들을 다루시는 주님의 모습은, '너무나 인간적'이라는 말 외에 무슨 말로도 설명이 되지 않을 것 같았다. 우리를 무척 부끄럽게 만드는 모습이다. 우리는 조금만 믿음이 좋아져도, 조금만 더 경건하게 보여도 마치 하나님이나 된 것처럼 행동하는 경우가 자주 있기에 예수님을 보면서 더욱더 부끄러움을 느끼는지도 모른다.

　나는 예수님의 제자 가운데 요한을 사랑한다. 그래서 나의 영어 이름도 요한(John)이라고 지었다. 내가 평생 섬기고 있는 교회의 이름도 사랑의교회라고 했다. 요한이 시도 때도 없이 말한 하나님의 아가페 사랑에 매료되었기 때문이다.

　누구든지 인생길이 험하고 마음이 지쳐 살아갈 용기를 잃어버릴 때마다 요한복음 안에서 우리를 만나주시는 사랑의 하나님 앞으로 나아가라는 말을 다시 한번 하고 싶다.

　그동안 본서를 출판하기까지 많은 수고를 해준 형제들이 여러 명 있다. 그들 가운데 누구보다 나의 설교를 인내하면서 들어준 사랑의교회 성도들에게 감사한다. 그리고 내 곁에서 기쁨으로 주님을 섬기고 있는 오정일 집사와 정호선, 박정은 자매에게 따뜻한 사랑을 보낸다. 이 책을 읽는 모든 분들이 하나님 되신 예수 그리스도의 영광과 사랑에 몰(沒)하고 취(醉)하는 은혜를 누리길 기도한다.

2000년 12월
옥한흠

차례

	서문	5
25	예수께 반항하는 사람들(요 7:1-13)	11
26	배에서 흘러내리는 생수의 강(요 7:37-39)	29
27	죄 없는 자가 돌로 치라(요 8:1-11)	49
28	세상의 빛 예수(요 8:12-30)	69
29	거짓 믿음이란 이런 것이다(요 8:31-59)	87
30	진리가 자유롭게 하리라(요 8:31-32)	107
31	영의 눈을 멀게 하는 것들(요 9:1-41)	125
32	믿음과 경배(요 9:1-41)	147
33	양의 문 되신 예수(요 10:1-10)	167
34	나는 선한 목자라(요 10:11-29)	185
35	내가 영생을 주노라(요 10:22-42)	207
36	예수님의 사랑이 의심스러울 때(요 11:1-16)	225
37	나사로야 나오라(요 11:17-44)	247
38	사랑의 헌신(요 12:1-11)	271
39	어린 나귀를 타신 왕 예수(요 12:12-33)	293
40	나를 섬기려면 나를 따르라(요 12:20-33)	315
41	약한 믿음, 거짓 믿음(요 12:34-43)	337
42	끝까지 사랑하시니라(요 13:1)	359
43	예수님이 보여주신 섬김의 본(요 13:1-17)	377
44	날마다 발을 씻으십니까?(요 13:3-11)	399
45	가룟 유다가 주는 교훈(요 13:18-30)	413
	성경구절 색인	433

25

예수께 반항하는 사람들

요한복음 7장 1-13절

1 그 후에 예수께서 갈릴리에서 다니시고 유대에서 다니려 아니하심은 유대인들이 죽이려 함이러라 2 유대인의 명절인 초막절이 가까운지라 3 그 형제들이 예수께 이르되 당신이 행하는 일을 제자들도 보게 여기를 떠나 유대로 가소서 4 스스로 나타나기를 구하면서 묻혀서 일하는 사람이 없나니 이 일을 행하려 하거든 자신을 세상에 나타내소서 하니 5 이는 그 형제들까지도 예수를 믿지 아니함이러라 6 예수께서 이르시되 내 때는 아직 이르지 아니하였거니와 너희 때는 늘 준비되어 있느니라 7 세상이 너희를 미워하지 아니하되 나를 미워하나니 이는 내가 세상의 일들을 악하다고 증언함이라 8 너희는 명절에 올라가라 내 때가 아직 차지 못하였으니 나는 이 명절에 아직 올라가지 아니하노라 9 이 말씀을 하시고 갈릴리에 머물러 계시니라 10 그 형제들이 명절에 올라간 후에 자기도 올라가시되 나타내지 않고 은밀히 가시니라 11 명절 중에 유대인들이 예수를 찾으면서 그가 어디 있느냐 하고 12 예수에 대하여 무리 중에서 수군거림이 많아 어떤 사람은 좋은 사람이라 하며 어떤 사람은 아니라 무리를 미혹한다 하나 13 그러나 유대인들을 두려워하므로 드러나게 그에 대하여 말하는 자가 없더라

사람에게는 누구나 권위에 도전하고 싶어 하는 반항 의식이 있습니다. 이것은 일종의 본능적인 충동으로 자식이 부모에게 대들고, 제자가 스승에게 도전하고, 젊은이가 노인에게 맞서려는 것입니다. 왜 이런 반항 의식이 우리들의 마음속에 자리 잡았을까요? 아마도 자기를 만드신 하나님의 권위에 도전하려다가 저주를 받은 우리 조상 아담이 후손에게 물려준 좋지 못한 유산이 아닌가 생각합니다. 어떤 사람들은 이러한 반항 의식을 미화시켜서 '위대한 사람은 반항하는 사람'이라고 말하기도 합니다. 카뮈스라는 사람은 "나는 반항한다. 그러므로 나는 존재한다"라고 말함으로써 반항심을 고상한 본능으로까지 높여서 이야기했습니다.

그러나 솔직하게 말하면, 이러한 반항 의식은 매우 고약합니다. 역사적으로 볼 때 인간이 했던 가장 악랄한 반항은 자신을 하나님의 아들이라고 주장한 예수 그리스도께 맞선 것이었습니다. 예수님이 자신을 하나님의 아들이라고 하자 사람들은 극렬하게 반항했습니다. 예수님이 스스로를 생명이라고 하자 죽이려고 했고, 결국 그분을 십자가에 못 박아 죽였습니다.

초막절 예수님의 형편

본문을 제대로 이해하려면 요한복음 7장 전체를 살펴보아야 합니다. 7장에는 예수님께 반항하는 사람들이 등장합니다. 예루살렘에서 사역하시던 예수님께서(5장) 갈릴리로 가셨습니다(6장). 예수님께서 사역을 시작하실 무렵은 봄철 4월로, 일 년 중에 갈릴리가 가장 아름다운 달이라고 합니다.

저는 4월에 갈릴리를 방문한 적이 있습니다. 야생화가 온 땅에 피어 아름다운 자태를 뽐냈는데, 특히 백합화가 그렇게 아름다울 수 없었습니다. 예수님께서 백합화를 보시며 "솔로몬의 모든 영광으로도 입은 것이 이 꽃 하나만 같지 못하였느니라"(마 6:29)라고 말씀하신 이유를 충분히 공감할 수 있었습니다. 또 4월이면 밀과 보리가 들녘 여기저기서 누렇게 익어갑니다. 이렇게 아름답고 향긋한 계절에 예수님께서는 사역을 시작하셨습니다.

그러다가 7장으로 넘어오면 계절이 가을로 바뀝니다. 왜냐하면 초막절이 다가오고 있었기 때문입니다. 9, 10월에 있는 초막절은 유대 삼대 절기 중 하나입니다. 그러므로 6장에서 7장으로 넘어오면서 반년이 흘렀습니다. 요한복음에는 이 기간에 사역한 내용이 나와 있지 않지만, 마태복음 12장 이하를 보면 예수님이 갈릴리에서 하셨던 모든 사역을 자세히 읽을 수 있습니다.

6장 마지막 부분에는 많은 사람들이 예수님에게서 등을 돌리고 떠나는 장면이 나옵니다. 예수님을 임금으로 삼으려다 실패하자 예수님을 등지고 말았습니다. 심지어 제자들 중에서도 피와 살을 먹으라 하시는 예수님의 말씀이 너무 어려워 끝내 소화하지 못하고 상당수가 주님 곁을 떠났습니다. 지도자에게 고락을 함께했던 사람들이 자신을 떠나는 것만큼 슬프고 외로운 일은 없다고 합니다.

더욱이 예수님은 사람들을 보고 항상 좋은 이야기만 하신 것이 아닙니다. 7절을 보면 예수님이 사람들의 죄를 책망하는 장면이 나옵니다.

> 세상이 너희를 미워하지 아니하되 나를 미워하나니 이는 내가 세상의 일들을 악하다고 증언함이라.

이렇게 사람들의 잘못을 지적하고 죄를 책망하시자 아픈 데를 찔린 사람들이 그분을 좋아할 리 없었습니다. 한 사람 두 사람 다 떠나 버리고 예수님은 혼자 남았습니다. 예수님의 처지는 사면초가나 다름없었습니다. 이제는 마음 놓고 갈 데도 없어졌습니다. 고향 갈릴리에서조차 마음대로 행동하기가 어려워졌습니다. 게다가 예루살렘에는 그를 죽이려는 사람들이 기다리고 있었기 때문에 그곳으로도 갈 수 없었습니다. 7장 1절의 "유대에서 다니려 아니하심은"이라는 말씀은 예수님이 처하신 어려운 형편을 간접적으로 말해줍니다. "여우도 굴이 있고 공중의 새도 거처가 있으되 인자는 머리 둘 곳이 없다(마 8:20)"라고 하신 말씀이 생각나는 대목입니다.

예수님께서 이처럼 딱한 형편에 놓이셨을 때는 절기상으로 초막절이 가까워오는 시기였습니다. 당시 초막절은 두 가지 의미를 새기며 지켰습니다. 첫 번째는, 옛날 이스라엘 백성이 애굽에서 빠져나와 40년 가까이 광야에서 생활하며 겪은 두렵고 고통스러웠던 때의 역사를 잊지 말고 기억하자는 의미에서 지켰습니다. 두 번째는, 그 무서운 광야에서 보호하시고 인도하시고 복을 주셨던 하나님의 은혜에 감사하자는 의미에서 지켰습니다. 풀 한 포기도 자라기 어려운 삭막한 곳에서 40여 년을 살았다는 것은 상상조차 하기 힘듭니다.

초막절은 거기서 살아남은 자들이 하나님께 감사하는 절기였습니다. 이런 명절에는 유대 각처에서 예루살렘 성전으로 사람들이 모입니다. 그러나 갈릴리처럼 예루살렘에서 먼 지방에 사는 사람들은 꼭 가지 않아도 되었습니다.

예수님의 동생들

그런데 이번에는 어찌 된 일인지 갈릴리에 사는 사람들도 예루살렘으로 올라갈 마음으로 들떠 있었습니다. 예수님의 형제들도 마찬가지였습니다. 이런 처지에서 예수님만 혼자 남는 것은 어딘가 모르게 부자연스러웠던 것이 사실입니다.

7장에 예수님의 형제들이 등장합니다. 마리아와 요셉 사이에서 야고보, 요셉, 시몬, 유다 이렇게 사형제가 태어났습니다. 예수님은 공생애 사역 시작 전까지 약 30년 동안 그들과 같이 살았습니다. 그런데 5절을 보면 이들 중 한 사람도 예수님을 믿는 사람이 없었음을 알 수 있습니다. 누구보다도 먼저 믿어야 했던 형제들이 도리어 예수님을 믿지 않았습니다.

이런 사실은 오늘날 우리로서는 참으로 이해하기 힘든 부분입니다. 비록 종의 모습으로 세상에 오셨지만 예수님은 하나님이십니다. 그분의 육신 안에는 하나님의 영광이 숨어 있었습니다. 그러므로 잠깐 만났다 헤어지는 사람이라면 예수님이 하나님이신 것을 금방 알아차리지 못할 수도 있겠지만, 한 지붕 밑에서 한솥밥을 먹으며 몇 십 년을 함께 산 형제들이 예수님에게서 무언가 다른 점을 발견하지 못했다는 것은 이상한 일이 아닐 수 없습니다.

더욱이 예수님은 공생애를 시작하신 이후 2년 가까이 수많은 이적과 기사를 행하시며 자신이 하나님의 아들임을 증거 하셨고, 가난한 자들이나 창녀들을 비롯하여 모든 사람에게 복음을 전하셨습니다. 형제들이 이것을 다 듣고 보았으면서도 여전히 예수님을 믿지 않았다는 사실은 상당히 의아한 일입니다. 시편 기자가 탄식한 대로 예수님은 가정에서 어려움을 느끼셨던 것 같습니다. "내가 나의 형제에게는 객이 되고 나의 어머니의 자녀에게는 낯선 사람이 되었나이다"(시 69:8).

이처럼 꼭 믿어야 하는 위치에 있는 사람이 믿지 않으면 그 마음이 강퍅해집니다. 예수님의 동생들도 그랬습니다. 7장 앞부분에 그들이 예수님께 빈정거리며 하는 말이 나옵니다.

> … 당신이 행하는 일을 제자들도 보게 여기를 떠나 유대로 가소서 스스로 나타나기를 구하면서 묻혀서 일하는 사람이 없나니 이 일을 행하려 하거든 자신을 세상에 나타내소서…(3-4절).

성경에는 굉장히 점잖게 기록했지만 그 내용을 가만히 읽어보면 사실은 빈정거리는 말입니다. 예수님의 인기가 떨어지면서 형제들도 마음에 큰 부담이 생겼던 듯합니다. 어려운 처지로 갈릴리 외곽을 돌아다니는 형님을 보면서 마음이 편치 않았던 것이지요. 그리고 구체적으로 나와 있지는 않지만 자신들의 불만스러운 감정을 예수님께 표현한 듯 보입니다. 그 내용을 쉬운 말로 하면 이렇게 표현할 수 있습니다.

"형님, 세상을 구원하겠다는 사람이 집 안에만 묻혀 있어서야 되겠어요? 지금 예루살렘에는 전국에서 수많은 사람들이 몰려들고 있어요. 이 기회를 왜 놓칩니까? 거기 가서 떡 다섯 덩이로 오천 명을 먹인 것과 같은 기적을 한 번 더 행해보세요. 그러면 인기가 당장 회복될 것이고 많은 사람들이 형님 곁으로 다시 돌아올 거예요. 무얼 망설이세요? 넓은 무대에 가서 맘껏 능력을 발휘해봐요."

형제들에게서 이런 말을 들으신 예수님은 그들이 자신을 믿지도 않을뿐더러 비아냥거리고 있다는 것을 훤히 아시면서도 나무라지 않고 한마디로 대답하셨습니다.

… 내 때는 아직 이르지 아니하였거니와…(6절).

예수님은 하나님이시므로 설익은 기회를 가지고 조급하게 행동하시는 법이 없습니다. 예수님께는 보이지 않는 시계가 있었습니다. 바로 하나님의 명령입니다. 예수님은 하나님이 가라고 하시면 아무리 가고 싶지 않는 곳이라도 가십니다. 하나님이 가지 말라고 하시면 아무리 가고 싶은 곳이라도 가시지 않습니다. 이처럼 주님은 철저하게 하나님의 시간에 맞추어 움직이셨습니다. 그러므로 형제들이 왜 예루살렘에 가지 않느냐고 추궁할 때 예수님께서 가지 않았던 것은 하나님의 때가 되지 않았기 때문입니다. 형제들은 자기들만 올라가버렸습니다. 그리고 예수님은 며칠 후에 예루살렘으로 올라가셨습니다. 왜 그리하셨을까요? 하나님께서 가라고 명령하셨기 때문입니다.

예수님의 형제들은 예수님과 함께 살면서도 예수님을 믿지 않았습니다. 오히려 마음이 점점 더 굳어져 예수님의 형편을 조금도 이해하지 못하고 비아냥거렸습니다. 예수님의 형제들이 보여주는 이런 못된 모습이 우리에게 주는 교훈이 있습니다.

오늘날에도 교회 안팎을 돌아보면, 예수님을 가장 잘 믿어야 할 사람이 안 믿는 경우가 있습니다. 목사 집안에서 태어나고 자라난 자녀가 이상하게도 신앙생활에서 겉돌기만 합니다. 믿음 좋기로 소문난 권사, 장로 집안의 자식들이 교회와 담을 쌓은 채 세상을 즐기고 있는 것을 보면 도무지 이해가 되지 않습니다. 왜 눈물겹도록 헌신적으로 주님을 섬기는 아내를 둔 남편이 끝까지 믿지 않고 세상을 떠나는 일이 일어나는지 알 수 없습니다.

그러므로 신앙적인 환경이 좋기 때문에 자연스럽게 예수님을 잘 믿을 것이라는 생각은 착각에 지나지 않습니다. 누구보다 가장 먼저 믿어야 하고, 누구보다도 앞장서서 믿을 수 있는 요건을 다 갖춘 사람들이 믿지 않는 이유가 어디에 있을까요? 그것은 마음에 반항 의식이 있기 때문입니다.

예루살렘 사람들의 반항

예수님은 예루살렘으로 올라가신 후 성전에서 말씀을 가르치셨습니다. 사람들은 이 모습을 보자 "배우지도 않은 사람이 어떻게 글을 아느냐"라고 시비를 걸었습니다. 당시에는 남을 가르치려면 랍비 칭호를 받아야 했습니다. 요샛말로 하면 교사 자격증입니다. 그때는 이것에 특별히 더 엄격했는데 예수님은 랍비가 아니셨습니다. 학벌을 따진 것이지요.

예루살렘에 갔을 때 랍비 학교를 방문했습니다. 거기 입학한 사람들은 굉장히 공부를 많이 한다고 합니다. 그 학교는 졸업도 없고 학위도 없습니다. 다니다가 함께 있는 동료들이 랍비로 인정해주면 비로소 랍비가 됩니다. 어떤 사람은 평생을 다녀도 인정받지 못하는가 하면, 십 대나 이십 대에 랍비라는 칭호를 받는 사람도 있습니다. 그런 사람은 굉장한 뉴스가 될 만큼 대단한 존재로 인정을 받지요.

그러나 예수님은 이런 학력이 없었습니다. 시골에서 목수 일을 하던 사람이 갑자기 예루살렘 성전에 와서 성경을 가르치니, 사람들이 "대체 저 사람은 어디서 배운 거야?" 하는 반응을 보이는 것도 당연했습니다. 서신서를 보면, 사도 바울은 자신이 가말리엘의 문하에서 배웠다고 말합니다. 가말리엘 문하에서 배웠다는 것은 요즘으로 치면 일류 대학을 나왔다는 말과 똑같습니다. 그러나 예수님은 이와 같은 학벌이 없었습니다. 마음에 못된 반항 의식을 갖고 있던 사람들은 그것을 물고 늘어졌습니다. 그때 예수님께서 하신 말씀이 16절에 나옵니다.

··· 내 교훈은 내 것이 아니요 나를 보내신 이의 것이니라.

쉽게 말하면 이런 말입니다. "내 학벌은 하나님이다." 바울이 자기 스승은 가말리엘이라고 한 것과 같이 예수님은 유대인들의 냉소적인 질문에 "내 스승은 하나님이다. 하나님이 가르쳐주셔서 내가 너희들을 가르치는 것이다"라고 말씀하셨습니다.

또 어떤 사람은 예수님의 출생지를 물고 늘어졌습니다. 메시아는 어디서 출생했는지도 모를 정도로 신비스럽게 이스라엘 앞에 나타날 것이라는 신비주의 사상이 이스라엘 민족의 정신 속에 흐르고 있었습니다. 이런 생각에 물들어 있던 사람들은 나사렛 출신의 예수님이 자기를 메시아라고 주장하는 것을 도저히 용납할 수 없었습니다. 그래서 시비를 걸었습니다. "메시아라면 적어도 어디서 왔는지 모를 만큼 신비스러운 배경을 가지고 있어야 하는데, 저 예수라는 사람은 나사렛에서 온 것을 우리가 잘 알지 않느냐? 그런데 어떻게 그런 자가 자기를 메시아라고 할 수 있느냐?" 그리고 구약성경을 조금 아는 사람들은 "메시아가 베들레헴에서 나온다고 예언되어 있는데, 나사렛 출신이 어떻게 자기를 메시아라고 할 수 있느냐"고 제법 유식한 논리를 전개했습니다. 그러나 예수님께서는 이들의 반응에 한마디로 대답하셨습니다.

> 너희가 나를 알고 내가 어디서 온 것도 알거니와 내가 스스로 온 것이 아니니라 나를 보내신 이는 참되시니 너희는 그를 알지 못하나 나는 아노니 이는 내가 그에게서 났고 그가 나를 보내셨음이라(28-29절).

다시 말하면 출생지가 어디냐는 질문에 예수님은 "내 출생지는 하나님 나라다"라고 말씀하시는 것입니다.

바리새인과 사두개인의 반항

예루살렘에는 예수님을 죽이기로 결심한 아주 악질적인 두 부류의 사람들이 있었습니다. 먼저, 바리새인들은 예수님이 안식일을 범했다고 죽이려고 했습니다. 유대의 지도층인 그들은 예수님이 안식일을 범한 것을 구실 삼아 따라다니면서 예수님을 핍박했습니다. 예수님은 일 년 전 예루살렘에 오셔서 안식일에 삼십팔 년 된 병자를 고쳐주셨습니다. 그들은 이 일이 안식일을 범한 것이라고 해석했습니다. 안식일을 율법의 핵심으로 알고 지켰던 바리새인들은 예수님의 이런 행위를 가만히 두고 볼 수가 없었기 때문입니다. 그래서 그들은 예수님을 걸고넘어지려고 호시탐탐 기회를 찾고 있었습니다.

바리새인들이 말하는 율법이 사람을 잡는 법이라는 것을 이스라엘을 방문하면서 비로소 알았습니다. 금요일 저녁, 십여 명의 일행이 예루살렘을 마주보고 자리한 감람산 언덕 위의 하얏트호텔에서 식사를 했습니다. 여종업원이 주문을 받았는데 각자 원하는 음식이 다르다 보니 주문이 여간 복잡하지 않았습니다. 그런데도 여종업원은 고개만 까닥까닥할 뿐 주문을 받아 적지 않았습니다. 그래서 제대로 알아들었는지 걱정이 되어 왜 주문을 받아 적지 않느냐고 묻는데, 그때 목사님 한 분이 "해가 져서 안식일이 되어 그런 것 같다"고 하셨습니다. 안식일에는 음식 주문을 받을 때도 적으면 안 된다는 것입니다. 그러니 아무리 복잡한 주문이 있어도 적을 수 없기 때문에 고개만 까닥까닥하고 있었던 것입니다. 결국 목사님 한 분이 종이에 일행의 주문을 다 적어서 주자 그제야 환한 기색으로 가지고 갔습니다. 다른 사람은 안식일을 범해도 자신만은 안식일을 지키면 된다는 생각입니다.

예수님은 이렇게 안식일 시비를 가리려는 바리새인에게 할례 문제를 가지고 반박하셨습니다. 할례는 몸의 한 부분을 떼어내는 의식으로 대단히 고통스럽습니다. 당시 유대 사람들은 몸이 248부분으로 이루어졌다고 믿었습니다. 그리고 그 몸의 어느 부분이라도 지나치게 움직이는 것은 안식일을 범하는 행위라 생각했습니다. 그러므로 안식일 할례는 몸의 한 조각을 떼어내는 행위이니 안식일을 크게 범하는 것일 수 있습니다. 그러나 유대인들은 안식일에 진행하는 할례를 당연시했습니다. 예수님은 23절에서 유대인들의 이런 모순을 지적하심으로써 그들의 생각이 잘못되었음을 드러내셨습니다.

> 모세의 율법을 범하지 아니하려고 사람이 안식일에도 할례를 받는 일이 있거든 내가 안식일에 사람의 전신을 건전하게 한 것으로 너희가 내게 노여워하느냐.

예수님을 죽이려고 한 두 번째 부류는, 로마 정부를 등에 업고 부와 권력을 누리던 사두개인들입니다. 그들은 메시아의 등장을 가장 두려워했습니다. 메시아가 나타나면 자기들이 갖고 있던 모든 것을 한순간에 잃을 수 있기 때문입니다. 그러므로 기득권을 유지하려면 하나님의 아들이라고 말하는 예수님을 반드시 죽여야 했습니다. 이처럼 바리새인들과 사두개인들은 예수님을 죽이려고 내건 명분에서는 서로 약간의 차이를 보였지만, 예수님을 죽여야겠다고 생각한 점에서는 일치했습니다.

예수님께 반항 의식을 가지고 대항했던 사람은 예루살렘에 살던 유대인들만이 아닙니다. 놀랍게도 오늘날 교회에 다니는 사람들 가운데서도 이런 마음을 품은 사람이 적지 않습니다. 겉으로는 신앙고백을 하는 것처럼 가장하지만, 마음으로는 자기 생각과 논리를 펴면서 시비를 거는 사람이 있습니다. 예수님께 왠지 반항하고 싶고, 따지고 싶은 생각을 품은 사람들이 있습니다. 그런 마음이 있으면 믿음이 성장하지 않습니다. 꼭 따지고 싶다면 어린아이의 마음으로 하나님의 말씀을 진지하게 읽으십시오. 그러면 진리의 영이신 예수님께서 각 사람을 모든 불신으로부터 자유케 하실 것입니다.

형편에 연연해하는 믿음

7장에는 우리와 닮은 데가 있는 사람들이 등장합니다. 12절을 보면 유대인들 가운데서도 예수님을 좋은 사람이라고 평하면서 호감을 가진 사람들이 있습니다. 31절에도 무리 중에 많은 사람이 예수님을 믿고 호의적으로 말합니다. 50절에서는 유대 지도자들이 모이는 산헤드린 공회에서 예수님을 변호하는 사람이 등장합니다. 언젠가 밤에 예수님을 찾아왔던 니고데모입니다. 그는 예수님이라는 이름을 명확하게 밝히지는 않지만 간접적으로나마 예수님의 입장을 변호합니다. 예루살렘의 살벌한 분위기에서 예수님의 편에 섰던 이들은 마땅히 칭찬받아야 할 귀한 존재들임에 틀림없습니다.

그러나 이 사람들에게 한 가지 아쉬운 점이 있습니다. 왜 이들은 좀 더 적극적으로 예수님 편에 서지 못했을까요? 니고데모 같은 사람이 예수님을 변호하면서도 자기 보호에 급급해서는 조심스럽게 앞뒤를 재는 모습이 너무도 아쉽습니다. 예수님을 이런 미지근한 태도로 대한 사람이 그 시대에만 있었던 것은 아닙니다. 현대 교회 안에도 이런 사람들이 적지 않으니 가슴 아픈 일이 아닐 수 없습니다. 예수님을 믿는다는 말도 하고 호의적인 태도도 보이지만 행동에 적극성이 없습니다. 이런 사람은 손해 보지 않을 때는 믿는 것 같은데, 조금이라도 손해 볼 것 같으면 애매모호한 태도를 취합니다. 이들은 우리의 모습을 비춰 볼 수 있는 거울입니다. 마음으로는 예수님께 호감을 가지고 있지만 결정적인 순간에 미지근한 태도를 취하는 사람은, 하나님이 원하시는 자녀의 모습이 아닙니다.

우리는 요한복음 6장의 베드로와 같은 입장을 취해야 합니다.

> 시몬 베드로가 대답하되 주여 영생의 말씀이 주께 있사오니 우리가 누구에게로 가오리이까(요 6:68).

이 구절은 말씀의 배경을 염두에 두고 읽어야 참된 의미를 알 수 있습니다. 모든 사람이 주님을 떠났고, 심지어 그동안 예수님을 추종했던 제자들도 등을 돌렸습니다. 예수님은 굉장히 외로운 처지에 빠져 있었습니다. 이럴 때 베드로가 예수님께 고백합니다. "주여 영생의 말씀이 주께 있사오니 우리가 누구에게로 가오리이까." 쉽게 말하면 이렇습니다. "예수님은 나의 생명입니다. 내 생명은 주님의 손에 있습니다. 주님 아니면 나는 죽습니다. 나는 예수님 외에는 갈 곳이 없습니다. 모든 사람이 예수님을 떠나도 나는 예수님 곁에 있겠습니다. 왜냐하면 예수님은 나의 생명이기 때문입니다."

이것이 믿음입니다. 믿음은 목숨을 아끼지 않고 예수님 편에 서는 것입니다. 형편을 봐 가면서 적당히 행동하는 것은 믿음이 아닙니다. 믿음의 사람은 베드로처럼 주님 외에는 갈 곳이 없음을 단언한 후에 사방의 문을 다 잠그고 출구를 막아버리는 사람입니다. 이것이 믿음입니다.

일사각오의 정신으로

성지 순례 중 로마의 카타콤에 간 적이 있습니다. 네로를 위시해서 로마의 여러 황제들이 백성에게 자기를 신으로 섬기라고 강요했습니다. 자기를 경배하고 예배하지 않으면 다 처형한다고 위협했습니다. 이때 예수님을 믿는 소수의 사람들이 '오직 예수님만이 나의 구주요 나의 하나님'이라는 믿음을 지키기 위해서 지하 무덤으로 피신했습니다. 그곳이 바로 카타콤입니다.

학자들의 견해에 의하면, 이삼백 년이나 이어진 핍박 기간 동안 그 지하 무덤에 들어가서 살다가 죽은 사람이 오륙백만 명은 된다고 합니다. 지금도 통로 사방에 그들의 유해가 묻혀 있습니다. 통로를 지나면 조그마한 방이 있는데, 그곳에 들어갔을 때 함께 간 목사님들과 손을 잡고 기도했습니다. "하나님 부끄럽습니다. 연약한 제 믿음이 부끄럽습니다. 만약 제가 이 무덤에 묻힌 형제들과 같은 상황이었다면 예수님 외에는 갈 곳이 없다고 고백하면서 주님 편에 설 수 있었을까요?"

학자들이 발굴된 유골을 연구해보니 그들 대부분은 이상하게도 체구가 작았다고 합니다. 밤이면 슬그머니 나와서 먹을 것을 찾아다니다가 다시 들어가는 두더지 같은 생활을 했기 때문에 제대로 먹을 수 없었고, 따라서 몸도 정상적으로 자랄 수 없었던 것이지요. 그리고 대부분이 실명했을 것이라는 연구 결과도 있습니다. 오랫동안 해를 보지 못했기 때문에 나중에는 결국 시력을 잃을 수밖에 없었던 것이지요. 이처럼 큰 고통의 길을 걸으면서도 주님 편에 섰던 위대한 선배들의 무덤을 보면서 얼마나 부끄러웠는지 모릅니다.

콘스탄틴대제가 드디어 신앙의 자유를 선포하고, 이제는 황제가 신앙의 자유를 선포했기 때문에 예수님을 믿어도 되니 카타콤에서 나오라고 군인들이 소리를 질렀을 때도, 어떤 사람들은 그 말을 믿지 못해 그 속에서 30년이나 더 살았다는 기록도 있습니다. 진정한 믿음은 이처럼 일사각오의 정신으로 주님 편에 서서 목숨을 아끼지 않는 것입니다.

마지막으로 본문에서 주목해야 할 것은, 예수님의 태도입니다. 당시 예루살렘의 분위기는 대단히 살벌합니다. 7장 1절에서부터 죽인다는 말이 몇 번이나 반복됩니다. 미쳤다, 귀신 들렸다, 잡으라는 말도 나옵니다. 온통 공포 분위기입니다. 그런 분위기에서는 큰 소리를 지르다가도 소리를 낮추고 몸을 피하는 것이 상식입니다. 폭풍이 몰아칠 때는 일단 피하고 보는 것이 인생의 지혜 같은데, 예수님의 행동은 우리의 생각과 다릅니다.

예수께서 성전에서 가르치시며 외쳐 이르시되…(요 7:28).

외친다는 말은 소리를 크게 질러댄다는 말입니다. 7장 37절에도 "명절 끝 날 곧 큰 날에 예수께서 서서 외쳐 이르시되"라는 구절이 나옵니다. 몹시 살벌한 분위기에서도 예수님은 오히려 우리를 구원하시려 생명을 걸고 큰 소리로 외치며 복음을 전하셨습니다. 그렇다면 우리의 믿음은 어떠해야 합니까? 우리도 예수님을 위해 이 세상에서 예수님의 이름을 소리 높여 외쳐야 합니다. 이런 믿음이 오늘날 우리에게 절실합니다. 뒤에 숨어서 믿는 체해서는 안 됩니다. 태도가 분명해야 합니다.

오늘날 많은 젊은이들이 교회를 떠나고 있습니다. 베드로는 "내가 누구에게로 가오리이까"라고 말했지만, 오늘날 대부분의 젊은이들은 "나는 갈 데가 많다"라고 말합니다. 이들에게는 예수님만이 전부가 아닙니다. 그들에게는 믿음은 일종의 장식품에 지나지 않습니다. 이런 신앙으로는 쾌락에 취한 이 세상을 헤쳐나갈 수 없습니다.

어떤 사람이 되어야 합니까? 누가 무어라 하든 주님 편에 서서 예수님만이 나의 생명이라고 고백하는 사람이 됩시다. 내 형편이 신앙생활하기에 몹시 어려울지라도, 그럴수록 예수님이 큰 소리로 외치셨던 것처럼 더 결연한 자세로 예수님의 이름을 외쳐야 합니다. 그래야만 어둠의 권세가 물러갑니다. 그럴 때 악령이 무릎 꿇고 굴복합니다. 우리의 태도가 이렇게 분명할 때 비로소 하나님의 나라가 임할 것입니다.

26

배에서 흘러내리는 생수의 강

요한복음 7장 37-39절

37 명절 끝 날 곧 큰 날에 예수께서 서서 외쳐 이르시되 누구든지 목마르거든 내게로 와서 마시라 38 나를 믿는 자는 성경에 이름과 같이 그 배에서 생수의 강이 흘러나오리라 하시니 39 이는 그를 믿는 자들이 받을 성령을 가리켜 말씀하신 것이라(예수께서 아직 영광을 받지 않으셨으므로 성령이 아직 그들에게 계시지 아니하시더라)

본문에서 말하는 명절 끝 날은 일주일 동안 계속되는 초막절의 마지막 날을 의미합니다. 이스라엘 백성은 예루살렘 성전에서 제사를 지내며 의식을 마무리하던 중이었습니다.

하얀 성복을 입은 제사장들은 성전에서 나와 언덕으로 뻗어 있는 돌길을 따라 실로암 못으로 가서는 황금으로 만든 물통에 물을 가득 채운 다음 다시 성전 제단 앞으로 올라옵니다. 제사장들은 제단을 일곱 번 돌면서 "여호와여 구하옵나니 이제 구원하소서 여호와여 우리가 구하옵나니 이제 형통하게 하소서"(시 118:25)라고 외치며 하나님 앞에 기도와 찬양을 드립니다. 그러고는 길어 온 물을 제단에 붓습니다.

주변에서 함께 예배드리며 그 의식을 지켜보던 모든 사람들이 하나님을 찬양하면서 마지막 제사를 드렸습니다. 그때 군중 가운데서 외치는 큰 소리가 들렸습니다.

> … 누구든지 목마르거든 내게로 와서 마시라 나를 믿는 자는 성경에 이름과 같이 그 배에서 생수의 강이 흘러나오리라…(37-38절).

얼마나 장엄한 메시지입니까? 인류가 얼마나 오랫동안 기다리던 복음입니까? 그 자리에는 사람이 되신 하나님이 서 계셨습니다. 제사장이 실로암 못에서 길어와 하나님의 제단에 부은 물은 옛날 이스라엘 백성이 광야에서 목이 말라 하나님께 부르짖을 때마다 반석을 쳐서 마시게 했던 그 생수를 상징하는 물이었습니다. 지금 예수님은 "생수를 내는 반석이 여기 있노라. 내가 너희에게 생수를 주겠노라. 그러므로 목마르거든 내게로 와서 마셔라"라고 말씀하고 계십니다. 이사야는 "목마른 자들아 물로 나아오라"(사 55:1) 하고 외쳤습니다. 그러나 예수님은 "목마르거든 내게로 나오라"라고 말씀하십니다. 왜 그렇습니까? 이사야가 외치던 그 물이 바로 생수이신 예수 그리스도이기 때문입니다.

인간의 채워지지 않는 갈증

이처럼 장엄하고 분명한 메시지를 가지고 사람들을 초청한 사람이 누가 있습니까? 목마른 인생들에게 그 목마름을 해갈시켜주겠다고 자신 있게 외친 사람이 누가 있습니까? 예수님 외에는 아무도 없습니다.

그런데 우리는 그 배에서 생수의 강이 흘러나오리라는 말씀을 읽을 때, 상반된 두 가지 반응을 보입니다. 하나는 이 말씀을 환상적으로 생각하면서, 배에서 생수의 강이 흘러내리는 일은 자기 같은 사람과 관계없는 이야기라고 받아들입니다. 그러고는 이것을 경험하는 사람은 모든 욕망이나 불만에서 완전히 벗어나 천사처럼 살아갈 거라고 막연히 생각합니다. 그러나 이런 생각은 본문을 잘못 이해한 것입니다.

두 번째는 이와 상반되는 것으로, 본문을 읽고 좌절에 빠지는 경우입니다. 성령 받으면 그 배에서 생수의 강이 흘러내린다는 말씀을 읽으면서 아직도 세상적인 것에 갈증을 느끼는 자신의 모습에 좌절하고 낙담하는 사람들이 있습니다. 이들은, '성령을 받으면 그 배에서 생수의 강이 흘러 다시는 목마르지 않는다고 말씀하지만 나는 세상에서 갖고 싶은 것도, 즐기고 싶은 것도 너무 많아서 이 말씀은 나와는 도무지 어울리지 않아'라고 생각하면서 스스로 절망합니다.

환상에 젖거나 혹은 절망에 빠지는 것 모두 이 구절의 본래 의미에 비추어볼 때 적절한 태도가 아닙니다. 본문에서 우리가 깨달아야 할 점은 성령이 내 배에서 흐른다는 말의 뜻이 무엇인지를 설명하는 것이 아니라, 실제로 내 안에서 성령이 생수의 강처럼 흐르고 있음을 확인하는 것입니다.

그런데 "누구든지 목마르거든 내게로 와서 마시라"는 말씀에서 "누구든지"라는 말은, 누구나 할 것 없이 목말라하는 오늘날의 세태를 보노라면 약간 이해하기 어렵습니다. 세상 사람들은 돈에 목마르고 명예에 목말라합니다. 사랑에 굶주린 사람들이 거리를 온통 메우고, 오래 살고 싶어 하는 사람들을 겨냥하여 날마다 새로운 건강식품들이 등장합니다. 이처럼 세상의 모든 사람들은 무엇인가 채우지 못한 욕심 때문에 늘 목이 말라 갈급한 상태입니다. 그런데 주님은 누구든지 목마르거든 자기에게로 와서 마시라고 말씀합니다. 이는 마치 많은 사람들 중에서 몇몇 목마른 사람만 예수께로 나오라는 말로 들립니다.

우리가 경험해서 잘 아는 바와 같이 사람은 예외 없이 본능적으로 강렬한 갈증을 갖고 있습니다. 바울은 이 갈증을 에베소서에서 아주 분명하게 정리했습니다.

전에는 우리도 다 그 가운데서 우리 육체의 욕심을 따라 지내며 육체와 마음의 원하는 것을 하여 다른 이들과 같이 본질상 진노의 자녀이었더니(엡 2:3).

우리는 육체의 욕심을 따라 마음이 원하는 것을 갖고 싶어 하는 갈증으로 목말라합니다. "육체의 욕심을 따라"는 '육체의 욕심이 충동질을 하는 것에 따라서 그 마음이 갖고자 하는 바를 추구하는 것'을 말합니다. 여기서 육체의 욕심을 나타내는 헬라어 '에피투미아'(epitumia)는 강한 정욕을 의미합니다. 도무지 끌 수 없는 정욕의 불길, 채울 수 없는 욕구를 에피투미아라고 합니다.

모든 인간은 아무도 끌 수 없고 잠재울 수 없는 무서운 욕망에 끌려서 갖고 싶어 하고 즐기고 싶어 하는 강한 갈증을 가지고 있습니다. 그래서 철학자 홉스는 인간의 변함없는 본질이 바로 쾌락을 추구하는 욕망이라고 해석했습니다. 그리고 인간이 자발적으로 행동하도록 내버려두면 모두가 자기 쾌락을 추구한다고 했습니다.

강한 정욕인 에피투미아에 이끌려서 날마다 목말라하는 인간들은 너나없이 모두가 똑같습니다. 이 목마름이 얼마나 저주스러운지 세상에 있는 그 무엇으로도 바짝 마른 목을 축이거나 해갈시킬 수 없습니다. 그래서 하나님은 "은을 사랑하는 자는 은으로 만족하지 못하고 풍요를 사랑하는 자는 소득으로 만족하지 아니하나니"(전 5:10)라고 말씀합니다. 은을 사랑하는 자 즉 날마다 돈이나 재물을 갖기를 원하는 사람은, 거기에 온통 마음을 다 바쳐 그것을 갖고 또 가져서 끝없이 쌓아놓아도 결국은 그 쌓은 것에 만족하지 못한다는 말씀입니다.

세상에서의 목마름은 끝이 없습니다. 세상 그 무엇도 채워주지 못합니다. 그러므로 전도서 5장 10절은 "이것도 헛되도다"라고 결론을 내립니다.

재산이 많은 어떤 사람이 신문에 이런 광고를 냈다고 합니다. "누구든지 자기 인생에 정말 만족한다고 자신하는 사람 그리고 만족한다는 사실을 증명할 수 있는 사람에게는 만 달러를 상금으로 주겠다." 정해진 날에 수백 명이 몰려들었습니다. 그들은 자기가 얼마나 행복하고 만족스러운 삶을 사는지 증명하고자 애를 썼습니다. 어떤 사람은 자기 직업이 너무 만족스럽고 행복해서 이 세상에 더 이상 불만이 없다고 털어놓았습니다. 또 어떤 사람은 함께 사는 아내가 어느 것 하나 흠잡을 데 없이 자기 마음에 쏙 들어서 아내만 있으면 세상에 부러울 것이 하나도 없다고 했습니다. 어떤 사람은 유명한 학교에서 권위 있는 학위를 받아 만족스러운 삶을 살고 있다고 말했습니다.

저마다 이런 이유 저런 이유를 대면서 자기가 세상에서 가장 행복하고 만족스럽게 살아간다고 주장했습니다. 그러나 응모자 가운데서 광고주가 약속한 만 달러를 상금으로 받은 사람은 한 사람도 없었습니다. 이유는 간단했습니다. 그들을 면접하는 광고주가 마지막으로 질문을 하나 던졌는데, 그 질문에 한 사람도 대답하지 못했기 때문입니다.

"당신이 정말 그렇게 만족스러운 인생을 산다면 왜 내가 주겠다는 만 달러에 욕심을 내어 찾아왔습니까?"

따지고 보면 상금 만 달러를 타려고 달려온 것 자체가 자기모순입니다. 그렇게 만족스럽다면 만 달러도 눈에 들어오지 않았을 것입니다. 이렇게 인간은 누구나 똑같이 목말라합니다.

갈증의 원인은
죄로 부패한 본성

왜 모든 인간은 너나 할 것 없이 목이 말라 헉헉거릴까요? 모두가 죄로 부패한 본성을 가지고 태어나기 때문입니다. 이것이 성경이 주는 대답입니다. 이 부패성은 육신의 욕심을 자극해서 찾고 싶고, 갖고 싶고, 즐기고 싶고, 높아지고 싶고, 공격하고 싶어 하는 갈증을 유발합니다. 이런 갈증의 뿌리에는 하나님을 거역하는 죄가 도사리고 있습니다. 결국 하나님을 거역하고 하나님에게서 멀리 도망가 있기 때문에 일어나는 증세임을 우리는 알아야 합니다.

이런 의미에서 인간의 갈증은 영적인 문제입니다. 사람들은 본질상 하나님을 좋아하지 않기 때문에 하나님을 찾지도 않습니다. 내 안에서 입을 벌리고 항상 "다오, 다오" 하는 이 갈증은 마음속에서 하나님을 내몰아버렸기 때문에 찾아오는 것입니다. 그러나 인간은 마음속에 하나님이 계시지 않기 때문에 그토록 끊임없이 갈증이 생겨난다는 사실을 인정하지 않습니다. 그만큼 인간은 본질상 타락했고 부패했습니다.

낙타는 여러 날 동안 사막을 여행해도 갈증이 나서 물을 찾는 일이 별로 없습니다. 왜냐하면 몸속에 물주머니가 있기 때문입니다. 그러나 사슴은 항상 물을 찾아 돌아다닙니다. 몸속에 물을 저장할 수 있는 주머니가 없기 때문입니다. 이런 점에서 인간은 사슴과 같습니다. 생수의 근원 되신 하나님을 모시면 이런 갈증이 없어지지만, 하나님을 내 마음에서 몰아내버렸기 때문에 물주머니가 없는 사슴처럼 항상 목이 마를 수밖에 없습니다.

그래서 인간의 욕심은 쌓아도 쌓아도 끝이 없고 즐겨도 즐겨도 끝이 없습니다. 나이가 들어 기력이 쇠하고 오장육부가 제 기능을 잃을 때에야 비로소 두 손 들고 하나님을 찾습니다. 그런 지경에 이르기 전까지는 아흔 살이 넘어도 여전히 세상적인 욕심에 목말라하는 것이 인간입니다. 이런 사람들은 "목마른 자는 생수이신 예수님께로 나아오라"고 천사를 동원해 귀에 속삭여도 그 음성을 듣지 못합니다. 자신의 갈증이 하나님이 없어서 생기는 것임을 인정하지 않기 때문입니다.

그런데도 예수님은 누구든지 목마르거든 자기에게 나오라고 말씀하십니다. 누가 그 음성을 들을 수 있습니까? 목마른 세상 사람들 모두에게 들리는 음성이 아닙니다. '누구든지'만 들을 수 있습니다. 그런데 그 '누구든지'는 소수입니다. 특별한 사람들입니다. 한정된 사람들입니다. "목마르거든 내게로 와서 마시라"는 주님의 음성은 그 사람들 귀에만 들립니다.

그러면 이 '누구든지'가 누구입니까? 하나님의 예비적인 은총을 입은 자들입니다. 아직 예수님을 믿지 않고, 하나님을 찾아 나오지는 않았지만 마음속에 무엇인가 특별한 것을 느끼고 생각하는 사람들입니다. 돈으로는 목마름이 해갈되지 않고 명예와 지위를 가져도 목마름이 가시지 않는다는 것을 알며, 이 세상에 존재하는 그 어떤 것도 나의 이 깊은 목마름을 해갈시켜줄 수 없음을 자기도 모르게 인정하는, 하나님의 도움을 받는 사람입니다. 그리고 '아, 세상에는 나의 목마름을 해갈시켜줄 것이 하나도 없으니 이제는 예수님이나 믿어볼까' 하며 자기도 모르게 하나님을 향해서 관심을 갖는 사람입니다. 바로 이런 사람이 하나님의 예비적인 은총을 입은 자입니다.

갈증을 해결하려면

그런데 이런 마음을 갖는 일은 자기 본성으로 할 수 없습니다. 하나님께서 은혜의 막대기로 그를 툭툭 치셔야 그런 생각이 납니다. 이것을 예비적인 은총이라고 말합니다. 다시 말하면 하나님께서 미리 정지 작업을 하는 은혜입니다. 이 은혜를 받은 자만이 "누구든지 목마르거든 내게로 오라" 하시는 주님의 음성을 들을 수 있습니다. 성경은 이런 사람을 가리켜 선택받은 자, 은총을 입은 자 혹은 긍휼을 입은 자라고 말합니다. 6장 37절에서는 이런 사람을 "아버지께서 내게 주신 자"라고 표현합니다. 이 사람들이 바로 '누구든지'입니다.

이 '누구든지'에 포함되어 있음을 하나님께 감사하기 바랍니다. 예비적인 은혜로 주의 음성이 내 귀에 들어오도록 해주시지 않았다면, 아무리 목이 마르고 혀가 바싹바싹 타들어 가도 생수이신 예수님을 찾을 생각을 하지 못했을 것입니다.

그러나 예수님의 음성을 듣고 나아오는 것만으로 우리 문제를 다 해결할 수는 없습니다. 우리는 하나님의 은총으로 예수님을 믿고 "나는 목마릅니다. 목마르오니 이제 주님 찾아갑니다" 하면서 주님 앞에 나왔습니다. 그렇다면 우리는 지금 어디까지 와 있을까요? 우리는 예수님을 믿는 자에게 약속하신 성령의 생수를 받아 마시는 단계에까지 왔습니다. 그러나 이것은 어디까지나 예수님이 하시는 초청의 1단계에 지나지 않습니다. 그런데 불행하게도 많은 성도들이 이 자리에 머물러 있습니다. 좀처럼 다음 단계로 나아가지 못합니다. 하지만 예수님을 믿는 자라면 꼭 가야 할 두 번째 단계가 있습니다. 바로 하나님의 성령이 내 안에서 생수의 강이 되어 흐르는 단계입니다.

많은 사람이 예수 믿고 성령 받아 성령의 사람이 된 그 자리에만 머물러 있고, 그 성령이 자기 안에서 생수의 강처럼 흘러넘치는 은혜는 모른 채 신앙생활을 합니다. 하나님의 궁전에 초대받았는데, 고작 애피타이저만 먹고 일어서서야 되겠습니까?

식욕을 돋우느라 나오는 애피타이저를 과식해서 정작 정찬이 나오면 제대로 손도 못 대는 어리석은 사람이 있습니다. 주님의 음성을 듣고 나아오는 것만으로 만족하는 사람은 이와 같습니다. 하나님의 궁전에 왔으면서도 애피타이저로만 만족한다면 그보다 어리석은 사람도 없을 것입니다. 우리는 예수 믿고 성령을 받은 것으로 조용히 있는 것이 아니라, 날마다 성령이 시냇물처럼 흐르는 은혜도 체험하면서 사는 복을 누려야 합니다.

의미 있는 질문들

그러면 어떻게 해야 이런 복을 누리면서 살 수 있습니까? 먼저 내가 성령을 모시고 살아가는지, 그 성령이 내 안에서 생수의 강이 되어 흐르는 은혜의 자리까지 들어와 있는지 자신을 점검해보아야 합니다. 다음 몇 가지 질문에 자신을 비춰보기 바랍니다.

당신은 예수님을 만난 후에 자신도 모르는 마음의 만족감이 있습니까? 이른 아침 설악산 대청봉 정상에 오른 사람은 눈앞에 펼쳐지는 정경에 도취되어 세상 모든 것을 소유한 사람처럼 행복해합니다. 운해가 골짜기마다 굽이치는 것이, 아름답기가 한 폭의 수채화 같습니다. 탁 트인 동해, 아름답게 핀 철쭉을 보면서 이제는 더 이상 욕망도 없고 무엇을 더 갖고 싶다는 생각도 사라진 채, 뭔지 모르게 마음이 푸근하고 만족스러워서 터질 것 같은 행복감에 젖어듭니다. 예수 믿고 나서 이런 만족감, 평안함, 고요함, 여유를 누립니까? 갖고 싶고 즐기고 싶은 욕심으로 바람 잘 날 없던 마음에 신비스러운 고요가 깃들었습니까? 이런 느낌이 당신에게 있고, 또 사실이 그렇다면 성령의 강이 당신의 마음속에 흐르기 때문입니다. 성령이 강줄기가 되어서 사막과 같은 내 마음을 은혜의 강물이 흐르는 낙원으로 바꾸어주시는 은혜가 없으면 절대 그런 고요함, 자족함, 만족감이 마음에 자리 잡을 수 없습니다.

예수님을 만난 사람은 대청봉 정상에서 산하를 바라보며 만족해하는 사람과 비슷합니다. 찾을 것을 다 찾았고 추구하던 것을 다 이룬 사람처럼 평안하고 자족하고 고요하고 기쁘고 감격스러운 감정이 항상 마음속에 닻처럼 자리를 잡고 있다면, 그 사람의 마음에는 성령의 큰 강이 흐르는 것입니다.

복음을 전하고 싶은 뜨거운 갈망이 마음에 있습니까? 내 몸 늙기 전에 주님을 위해 헌신하고 싶은 열정이 마음에서 자주자주 일어납니까? 삶에 지치고 어려운 일을 만날 때마다 오른손을 붙들고 일으켜주시는 주님의 놀라운 은혜를 체험합니까? 주님이 나를 통해 무언가 일하고 계심을 여기저기서 확인할 수 있습니까?

만약 이와 같은 증거들이 있다면 성령의 생수가 강처럼 당신의 마음속에 흐르고 있음을 확신하기 바랍니다.

은혜의 강수에
발을 담그려면

그러나 아직도 산 아래서 정상을 바라보기만 할 뿐 은혜의 강수에 발을 담그지 못하는 사람은 어떻게 해야 할까요? 다음 세 가지를 실천하면 됩니다. 그러면 배에서 성령이 생수의 강이 되어 흐를 것입니다.

  첫째, 이미 당신 속에 성령의 강이 흐르고 있음을 인정하십시오. 성경은 예수님을 믿는 자는 누구나 그 배에서 생수의 강이 흘러넘칠 것이라고 말씀합니다.

> 나를 믿는 자는 성경에 이름과 같이 그 배에서 생수의 강이 흘러나오리라 하시니 이는 그를 믿는 자들이 받을 성령을 가리켜 말씀하신 것이라(예수께서 아직 영광을 받지 않으셨으므로 성령이 아직 그들에게 계시지 아니하시더라)(38-39절).

  '나를 믿는 자'는 특별한 사람을 가리키는 것이 아닙니다. 성령의 생수의 강이 그 배에서 흐르는 사람은 특별한 은혜를 체험한 자가 아닙니다. 또 남다른 소명을 가지고 아프리카 오지로 달려가는 사람을 말하는 것도 아닙니다. 평범하게 예수 믿고 주님 앞으로 나오는 모든 사람에게 주님이 약속하신 말씀입니다.

  그런데 우리는 성령이 우리 안에서 생수의 강이 되어 흐르는 사람은 마치 예수님을 만난 수가성의 여인과 같을 것이라는 환상을 갖고 있습니다. 그는 우물가에서 예수님을 만나자마자 물동이를 던지고 동네로 달려가 만나는 사람마다 붙들고 자신이 만난 예수님을 만나보라고 소리쳤습니다. 우리는 성령의 생수의 강이 그 배에서 흐르는 사람들은 다 이렇게 행동할 것이라는 환상을 갖고 있습니다. 삭개오처럼 예수님을 만난 것이 너무 기뻐서 재산의 절반을 가난한 사람에게 주는 사람만이 그 배에서 생수의 강이 흘러넘치는 사람으로 생각합니다. 오순절 다락방에서 기도하다가 성령을 받은 사람들만이 이런 은혜를 가졌다고 착각합니다.

그러나 만일 날마다 수가성의 여인처럼 물동이를 버려둔 채 만나는 사람마다 붙들고 예수님을 전하거나, 삭개오처럼 재산의 절반을 떼어 가난한 사람들에게 주는 삶을 성령이 강처럼 흐르는 사람의 특징이라고 한다면, 우리 가운데 그렇게 살 수 있는 사람은 거의 없습니다. 주님께서는 그런 특별한 경우를 말씀하는 것이 아닙니다. 예수님을 믿습니까? 주님이 이미 성령을 당신에게 주셨습니다. 성령이 마음에 들어와 계시면 생수의 강이 당신 속에서 흐르고 있음을 믿기 바랍니다.

어떤 사람은 느낌을 내세우면서 마음속에 생수의 강이 흐르는 느낌이 없기 때문에 자신에게는 생수가 배에서 흘러넘치지 않는 것 같다고 말합니다. 당신은 인간의 느낌과 주님의 약속 중에 무엇을 믿습니까? 아침저녁으로 바뀌고, 주변의 작은 변화에도 달라지는 것이 우리의 느낌입니다. 그러나 약속의 말씀은 천지가 없어져도 변치 않습니다. 주님의 약속의 말씀을 믿으십시오. 예수님께서 "나를 믿는 자는 그 배에서 생수의 강이 흘러나오리라"라고 말씀하셨으면, 믿고 따르십시오. 믿음이 없이는 하나님을 기쁘시게 할 수 없습니다. 믿지 않는 자에게는 어떤 일도 일어나지 않습니다.

성령의 음성에 순종하십시오

둘째, 성령의 음성에 순종하십시오. 우리 안에 계신 성령이 항상 우리에게 속삭이시고, 우리를 향해 탄식하시고 교훈하시며 책망하십니다. 또한 성령이 하나님의 말씀으로 우리를 책망하시고 우리에게 요구하시고 권면하십니다. 그럼 우리는 들어야 합니다. 많은 경우, 성령을 받지 못해서 성령이 강물처럼 흐르지 않는 것이 아니라, 성령을 모시고 있으면서도 그 음성에 순종하지 않기 때문에 성령이 강물처럼 역사하지 않습니다.

"복음을 직장 동료에게 전하라"는 성령의 음성이 들리는데도 끝까지 순종하지 않습니다. "욕심 부리지 마. 하나님의 자녀는 그렇게 하면 안 돼" 하는 성령의 음성을 듣고서도 무시해버리고 욕심을 덥석덥석 잡다가 나중에는 집안이 뿌리째 뽑히는 수치를 당합니다. "젊음을 낭비하지 말고 주를 위해서 어떻게 살 것인지 깊이 생각하고 준비해" 하고 성령이 말씀하시는데도 눈만 뜨면 오늘 하루를 어떻게 즐길까 하는 생각만으로 가득 차서 성령의 속삭임을 듣지 않습니다. 이런 불순종이 우리 마음에 있으면 성령이 우리 내면에서 강이 되어 흐르지 못합니다.

우리에게는 자유가 있습니다. 갈라디아서 5장에서 말씀한 것처럼, 육신의 정욕을 따를 자유가 있고 성령의 소욕을 따를 자유가 있습니다. 예수 믿기 전에는 이 자유가 없어서 눈만 뜨면 정욕에 끌려다니는 노예와 같이 살았습니다. 그러나 예수님을 믿음으로 우리에게 선택의 자유가 주어졌습니다.

> 형제들아 너희가 자유를 위하여 부르심을 입었으나 그러나 그 자유로 육체의 기회를 삼지 말고…(갈 5:13).

예수님을 믿음으로 자유를 얻었지만 그 자유는 육체의 정욕을 위한 자유가 아닙니다. 주님께서 다시 말씀하십니다.

> 내가 이르노니 너희는 성령을 따라 행하라 그리하면 육체의 욕심을 이루지 아니하리라(갈 5:16).

이 말씀은 우리가 성령에 순종하면서 살면 육체가 바라는 바를 채우려 애를 쓰지 않으리라는 뜻입니다. 성령의 음성에 순종하십시오. 그러면 우리 배에서 생수가 차고 넘쳐흐를 것입니다.

그럼에도 성령의 음성에 고의적으로 순종하지 않는 사람들이 있습니다. 그러고는 육신이 연약하다는 변명만 늘어놓습니다. 한편으로는 성령의 음성에 불순종하면서 다른 한편으로는 성령이 우리 마음에서 강처럼 흐르는 놀라운 체험과 능력을 맛보고 싶어한다면, 이보다 더 어리석은 자가 없을 것입니다.

탤런트 최수종 씨가 쓴 수기를 읽으면서 참 많이 공감했습니다. 집안이 부도가 나서 엉망이 되었을 때 그는 하나님을 원망했습니다. 그러나 어머니의 기도에 감동받은 후, 한번은 버스 터미널 의자에서 새우잠을 자면서도 하나님 앞에 이렇게 기도했답니다. "하나님, 나에게 돈을 주시고 이전의 생활을 다시 돌려주시면 주의 이름으로 가난한 자를 위해서 봉사하고 그들에게 내 것을 나누어 주는 삶을 살겠습니다."

그 후 그는 탤런트로서 일약 유명 스타가 되었습니다. 그러나 그는 돈이 들어오고 명예를 얻으면서 하나님 앞에 드린 기도를 점점 잊어갔고, 가난한 자들에 대한 관심도 멀어졌습니다. 그는 이런 말을 했습니다.

"나를 알아주는 많은 사람들, 그들의 사랑, 허기를 채울 수 있는 돈 등 무엇이나 원하는 것을 다 손에 넣을 수 있었습니다. 그러나 이상하리만치 만족이 없었습니다. 화려한 연예계 생활의 외양만큼이나 내면의 생활도 기쁘고 만족스러워야 하는데 도무지 만족할 수가 없었습니다. 명예와 돈을 향해 열심히 치달으면 치달을수록 마음속에 무엇인가 채워지지 않는 미진한 느낌을 떨칠 수 없었습니다. 술의 힘을 빌려 취할 때까지 마셨지만 그것이 나의 갈증을 해소시켜 주지 못했습니다. 그러던 어느 날 어머니가 기도하시는 모습을 보면서 드디어 정신을 차렸습니다. '아, 내가 하나님 앞에 가난한 자를 위해서 일하겠다고 기도했고, 그렇게 성령의 지시를 받았으면 순종해야 되는데 순종하지 못했구나.' 그걸 깨닫고는 드디어 생활 태도를 바꾸어서 가난한 자들에게 내 것을 나누어 주는 삶을 실천했습니다. 말씀에 순종하기로 결심하자 허전했던 내 마음은 기쁨으로 충만해졌습니다. 그제야 진정한 기쁨과 감사를 맛보고 삶의 목표를 갖게 되었습니다."

이것이 남의 이야기여야 합니까? 별난 사람의 이야기여야 합니까? 아닙니다. 우리 모두의 간증이어야 합니다. 성령의 음성에 순종하십시오. 틀림없이 성령이 강처럼 흐르는 놀라운 은혜를 체험할 것입니다.

성령을 사모하십시오

셋째, 성령의 강물이 좀 더 힘 있게 흐르기를 사모하십시오. 성경에서 성령을 웅덩이에 고인 물로 비유하는 구절은 한 군데도 없습니다. 성령은 살아 계신 하나님의 영입니다. 성령은 샘솟듯 솟아 흘러넘치는 물과 같습니다.

어릴 때 시골에 살면서 맑은 물이 흐르는 개울가에서 친구들과 함께 가재를 잡거나 먹을 감으며 장난을 하다가, 개울가에 있는 모래밭을 손으로 파서 조그만 모래 둑을 만들어 물을 끌어오는 놀이를 많이 했습니다. 돌을 치우고 손으로 파서 양쪽에 모래 둑을 쌓고 그 아래로 길을 만들어주면 물이 그리로 흘러 내려옵니다. 그러면 큼직한 웅덩이를 파서 물을 가득 채웁니다. 물이 가득 차는 것에 재미를 느껴 웅덩이를 하나 더 파고 도랑을 만들어 요리조리 물길을 터주면 물이 졸졸졸 따라와서 가득 찹니다. 웅덩이를 만들면 만드는 대로 물이 금세 가득 찹니다.

하나님께서 성령을 물에 비유하시는 이유가 있습니다. 성령을 사모하는 사람은 기도합니다. 말씀을 사랑합니다. 늘 주님을 향해서 더 가까이 나아가기를 원합니다. 순종합니다. 성령을 사모하는 자세는 개울가에 도랑을 파서 웅덩이에 물을 채우는 것과 같습니다. 성령은 사모하는 사람이 내는 길을 따라 흘러내립니다. 내 모든 감정, 내 모든 지성, 내 모든 의지, 전인격적으로 내 영혼 구석구석까지 성령의 물은 지체 없이 흘러내립니다. 사모하는 자에게 이와 같은 은혜가 역사합니다.

이와 같이 아름다운 성령을 모셨으면서도 고인 물을 가두듯 성령을 가둬놓는 어리석은 사람이 있습니다. 이런 사람은 성령을 사모하지 않는 사람입니다. 사모하지 않는 자가 모신 성령이나 사모하는 자가 모신 성령이나 모두 하나님의 영이지만, 사모하는 자가 느끼는 성령은 다릅니다. 갇혀 있는 성령을 모시고 사는 사람과 강처럼 흘러내리는 성령을 모시고 사는 사람은 느끼는 것이 다르고 생각이 다르고 나타나는 능력이 다릅니다.

당신은 마음에 어떤 성령을 모시고 있습니까? 성령을 사모하십시오. 성령을 사모하면서 도랑을 만드십시오. 사모하면서 큰 연못을 만들고, 그것도 모자라면 저수지를 만드십시오. 성령을 사모하는 사람에게는 생수가 그 배에서 흘러넘칩니다. 성령은 그 둑을 넘어서 저 메마른 광야 사막까지 흘러 죽었던 모든 것을 살립니다. 성령이 흘러가는 곳마다 더러운 것은 다 씻겨 내려갑니다. 성령의 강물이 흐르는 곳마다 막힌 곳이 뚫리고 억압된 자유가 회복됩니다.

예수님을 믿는 사람은 목이 마르지 않습니다. 예수님을 믿는 사람은 이미 생수를 마시고 그 생수가 안에서 흘러넘칩니다. 목말라하면서도 그 원인이 하나님을 떠났기 때문에 일어나는 갈증인 줄 모르는 사람들에게, 예수 그리스도를 통해서 역사하는 이 놀라운 복을 전하고 보여주며 느끼게 합시다. 그러면 하나님의 나라가 우리를 통해서 힘 있게 역사할 것입니다.

27

죄 없는 자가 돌로 치라

요한복음 8장 1-11절

1 예수는 감람산으로 가시니라 2 아침에 다시 성전으로 들어오시니 백성이 다 나아오는지라 앉으사 그들을 가르치시더니 3 서기관들과 바리새인들이 음행 중에 잡힌 여자를 끌고 와서 가운데 세우고 4 예수께 말하되 선생이여 이 여자가 간음하다가 현장에서 잡혔나이다 5 모세는 율법에 이러한 여자를 돌로 치라 명하였거니와 선생은 어떻게 말하겠나이까 6 그들이 이렇게 말함은 고발할 조건을 얻고자 하여 예수를 시험함이러라 예수께서 몸을 굽히사 손가락으로 땅에 쓰시니 7 그들이 묻기를 마지 아니하는지라 이에 일어나 이르시되 너희 중에 죄 없는 자가 먼저 돌로 치라 하시고 8 다시 몸을 굽혀 손가락으로 땅에 쓰시니 9 그들이 이 말씀을 듣고 양심에 가책을 느껴 어른으로 시작하여 젊은이까지 하나씩 하나씩 나가고 오직 예수와 그 가운데 섰는 여자만 남았더라 10 예수께서 일어나사 여자 외에 아무도 없는 것을 보시고 이르시되 여자여 너를 고발하던 그들이 어디 있느냐 너를 정죄한 자가 없느냐 11 대답하되 주여 없나이다 예수께서 이르시되 나도 너를 정죄하지 아니하노니 가서 다시는 죄를 범하지 말라 하시니라

맹수가 먹이를 사냥할 때 보면 소리 없이 접근해서는 불시에 습격해 단숨에 해치웁니다. 그러나 사람이 사람을 잡을 때는 너무나 간교하고 음흉한 수법들을 동원합니다. 이런 사실을 본문에서도 확인할 수 있습니다. 본문의 상황을 상상하는 것만으로도 얼마나 사람이 간악하고, 그 수법이 간교하며 음흉한지 소름이 끼칠 정도입니다.

7장에서 바리새인들은 예수님을 잡아오기 위해서 아랫사람들을 보냈지만, 예수님을 체포하러 갔던 사람들은 예수님을 잡을 아무런 명분도 찾지 못하여 빈손으로 돌아왔습니다. 그렇다면 바리새인들은 양심의 가책을 받고 자신들의 지나친 행동을 부끄러워하면서 뒤로 물러서는 것이 마땅합니다. 그런데 8장을 보면 양심의 아픔을 느끼기는 고사하고 더 흉폭하고 음흉한 방법으로 예수님을 잡으려고 그물을 칩니다.

전날 밤에 예수님은 감람산으로 가서 지내시다가 아침이 되자 예루살렘 성전으로 다시 돌아오셨습니다. 아직 초막절이었습니다. 이른 아침이지만 많은 사람이 성전 마당에서 서성거리고 있었습니다. 예수님은 지금껏 하시던 것처럼 사람들을 모아놓고 말씀을 가르치셨습니다.

그런데 얼마 후에 성전 뜰 한 모퉁이에서 사람들이 떠드는 소리가 들렸습니다. 바리새인들과 서기관들이 초라해 보이는 여자를 예수님 앞으로 끌고 오는 중이었습니다. 그리고 그 모습을 구경하는 사람들이 함께 몰려오면서 웅성거렸습니다. 바리새인들은 그 여자를 예수님 앞으로 밀어내면서 이렇게 말했습니다. "이 여자는 음행을 하다가 현장에서 체포된 현행범이요. 당신은 현명한 선생이지 않소. 율법에서는 이런 사람을 돌로 치라고 했는데 당신의 견해를 듣고 싶소. 어떻게 해야 하겠소?"

겉으로 보기에는 예수님께 자문을 구하는 듯 보이고, 굉장히 정당한 사건을 들고 나온 듯 보이지만, 이것은 어디까지나 예수님을 죽이기 위해서 유대 지도자들이 꾸민 음흉한 음모요 야비한 함정에 지나지 않았습니다.

본문을 조금만 주의해서 보면, 이 이야기에 숨겨진 몇 가지 수상한 점을 찾아낼 수 있습니다. 남녀가 탈선을 한다고 합시다. 그러나 남녀가 불륜을 범하는 현장을 목격한다거나 덮치는 것은 결코 쉬운 일이 아닙니다. 예나 지금이나 허술하게 방문 열어놓고 그런 짓을 하는 사람은 없습니다. 이런 점에서 여자를 간음 현장에서 잡았다는 바리새인의 말은 그대로 받아들이기에 뭔가 석연치 않은 구석이 있습니다.

설혹 간음하는 현장이 발각되었다고 하더라도 재판에 부칠 정도로 확실한 증거를 잡고 증인을 확보하기란 대단히 어렵습니다. 이런 유형의 범죄는 들킨 사람이 도망가면 끝나고, 재판정에 가서도 그런 일 한 적 없다고 딱 잡아떼면 그 사람에게 죄를 뒤집어씌울 만한 근거를 찾기란 여간 어려운 일이 아닙니다. 요즘처럼 비디오카메라로 슬그머니 찍어대면 그 영상이 증거가 될지는 모르지만 당시는 그런 것이 불가능한 세상이었습니다.

더욱이 당시 유대 율법에서는 철저한 증인과 증거를 확보한 범죄가 아니면 아무리 심증이 가는 범죄라도 다룰 수 없었습니다. 이것이 하나님의 율법입니다. 특히 사형에 해당하는 중죄라고 판결을 내리기 전에 철저한 증거와 증인을 요구합니다. 물론 이 여자가 죄가 없다는 말은 아닙니다. 예수님이 나중에 이 여자의 죄를 인정하신 것을 보면 여자가 무엇인가 잘못을 범한 것은 분명합니다. 그러나 불륜 현장을 덮쳐서 여자를 끌고 온 것을 보면 어떤 흉계가 있지 않나 하는 의혹이 생깁니다.

이런 의혹을 뒷받침할 만한 한 가지 사실이 있습니다. 본문을 보면 여자의 불륜 상대 남자가 등장하지 않습니다. 바리새인들과 서기관들은 남자는 빼놓고 여자만 끌고 왔습니다. 레위기 20장 10절에서는 남녀가 불륜을 저지르다 발각되면 남녀 모두 끌어다가 돌로 쳐 죽이라고 했습니다. 그러므로 남자도 용서하지 않고 대중에게로 끌고 나오는 것이 맞습니다. 짐작하기는 아마도 남자는 도망갔을 것입니다. 그러나 도망가는 남자를 잡으려고만 들면 손바닥만 한 예루살렘에서 못 잡을 리가 없습니다. 그러므로 남자가 도망가도록 고의적으로 내버려두었다고밖에 볼 수 없습니다.

어쩌면 그 남자는 바리새인의 하수인인지도 모릅니다. 그래서 사전에 계획된 장소로 여자를 유인하여 범죄에 끌어들였을 수도 있습니다. 그리고 그 남자는 사전에 "너는 얼마든지 도망갈 수 있으며 나중에 죄를 묻지 않을 테니 안심하고 여자를 끌어들여라"라는 언질을 받았을 것입니다. 그래서 그 남자는 일을 저지른 뒤 도망가고, 여자만 붙들려서 지금 예수님 앞으로 끌려왔다고 볼 수 있습니다.

이런 생각은 결코 근거가 없거나 지나친 비약이 아닙니다. 왜냐하면 문맥을 주의 깊게 살펴보았을 때, 바리새인들과 서기관들의 목적이 여자의 죄를 다루는 데 있는 것이 아니라 예수님을 함정에 빠뜨리는 데 있음을 발견할 수 있기 때문입니다. 그러므로 간음을 범한 여자 역시 좋게 보아줄 수 없는 것이 사실이지만 고의적으로 여자를 범죄에 끌어들인 상대 남자는 더 악한 사람이며, 그 남자를 배후에서 조종한 세력은 천하에 둘도 없는 악당들이요 용서받을 수 없는 잔혹한 인간일 것입니다. 이처럼 당시 지도층 사람들은 죄 없는 예수님에게 올가미를 씌워 없애기 위해서는 무슨 짓이든지 가리지 않고 다 할 만큼 사악했습니다. 그 사악한 마음들이 예수님을 막다른 골목으로 몰아넣었습니다.

예수님의 딜레마

예수님은 지금 빠져나갈 어떤 틈도 보이지 않는 딜레마에 빠져 있습니다. 만일 예수님이 "간음 현장에서 잡혔으면 돌로 치시오"라고 말한다면 예수님은 그 순간부터 그때까지 누리던 인기를 송두리째 잃어버리고 말 것입니다. 그때껏 예수님은 죄인의 친구, 세리들과 함께 음식을 나누신 분으로 널리 소문이 나 있었습니다. 압제당하는 국민들, 율법이라는 무기를 가지고 마음대로 횡포하고 착취하면서 사람들을 압박하던 지도층에 반감을 갖고 있던 서민들은, 상당수가 예수님께 기대와 소망을 걸고 그분에게서 위로를 받았습니다. 그렇기 때문에 여자가 설혹 잘못했다 할지라도 서민 대다수는 약자인 여자 편에 마음이 가 있었을 것입니다. 따라서 만일 예수님이 여자를 돌로 치라는 말씀을 하셨다면 많은 사람이 실망하고 등을 돌렸을 것입니다.

유대 지도자들도 바로 그 점을 노렸습니다. 인기가 떨어져 백성이 없는 임금처럼 힘이 없어지면 쥐도 새도 모르게 끌고 가서 처치할 수 있다고 생각한 것입니다. 그러므로 예수님은 이 함정에 빠져서는 안 되었습니다.

그러나 반대로 예수님께서 "돌을 던지지 마시오. 여자가 너무 불쌍하지 않소"라고 말했다면 어떤 일이 일어났을까요? 바리새인들은 눈에 불을 켜고 예수님께 달려들었을 것입니다. "당신은 율법을 지킨다고 하면서 왜 하나님의 법을 어기느냐. 율법에는 분명히 이런 여자는 돌로 치라고 했는데 너는 왜 치지 말라고 하느냐. 무슨 권한으로 율법을 어기느냐?" 하며 당장 끌고 가서 얼마든지 그들의 법대로 예수님을 처리할 수 있었을 것입니다. 그러니 이 얼마나 음흉하고 무서운 계략입니까?

이들의 모습을 보면 욥기에서 묘사하는 악인이 떠오릅니다. "그는 비록 악을 달게 여겨 혀 밑에 감추며 아껴서 버리지 아니하고 입천장에 물고 있을지라도"(욥 20:12-13).

3, 40년 전 과자가 귀할 때, 눈깔사탕 하나를 아이들 입에 물려놓으면 몇 시간이고 입에 문 채로 놓지 않았습니다. 밥을 갖다 줘도 절대 안 내놓습니다. 입에 꼭 물고는 사탕이 다 녹아 없어질 때까지 혀를 돌리면서 그 단맛을 즐깁니다. 욥기에서 말하는 악인은 바로 악을 사탕처럼 입에 물고 즐기는 사람을 말합니다.

우리는 예수님을 죽이려고 온갖 음흉한 악행을 자행하는 바리새인과 서기관의 모습에서, 다디단 악을 혀로 빙빙 돌리면서 즐기는 악인의 모습을 엿볼 수 있습니다. 더욱이 바리새인이라고 하면 누구보다 경건하게 산다고 하던 거룩의 대명사입니다. 서기관은 당시에 성경을 가장 많이 읽고 연구하고 잘 가르친다고 소문난 랍비의 대명사입니다. 그들은 성경 구절을 쓴 경문을 넓게 차고 옷술을 길게 늘어뜨려 모든 사람 앞에서 자기는 거룩하고 특별히 구별된 사람이라는 것을 과시하기 좋아하던 사람들이었습니다. 이런 사람들이 누구보다도 더 악하고 잔인하고 음흉하고 사악한 모습을 보면서 정말 인간이 왜 이렇게 악할까 하는 생각이 새삼 다시 듭니다.

근본적으로 악한 인간

바리새인과 서기관을 보면서 사람은 너나없이 근본적으로 악한 존재임을 다시금 확인할 수 있습니다. 악해도 여간 악한 것이 아닙니다. 자기가 살기 위해서라면, 자기가 잘되기 위해서라면 무슨 짓이든 서슴지 않는 잔인함이 우리 마음에 있습니다. 교회를 다녀도 근본적으로 그 마음이 새롭게 변화되지 않는이상 우리 역시 믿지 않는 사람과 큰 차이가 없습니다. 그러므로 사람의 의를 믿지 마십시오. 그런데 하나님은 잘 안 믿어도 사람은 믿는, 그런 어리석은 짓을 하는 사람이 참 많습니다. 인간이 내세우는 선을 의지하지 마세요. 오히려 겉으로 선하게 보이는 사람일수록 조심해야 합니다.

성경에 등장하는 많은 인물들을 보십시오. 악인, 어리석은 자, 불의한 자, 짐승 같은 자, 위선자, 사기꾼, 포악한 자들이 얼마나 많습니까? 하나님은 이런 사람이 나중에 다 예수 믿고 선한 사람이 된다고는 말하지 않습니다. 이 세상에는 악한 자들이 얼마든지 있다고 하나님은 경고하십니다. 우리 주변을 보십시오. 사람은 악합니다. 성경에서 이야기하는 포악한 자, 잔인한 자, 사기꾼, 미련한 자, 하나님을 대적하면서도 의로운 체하는 사람들이 아파트 응달진 곳에서 우글거리는 바퀴벌레처럼 얼마나 많습니까?

그런데 우리는 어리석게도 이런 사실을 받아들이지 않을 때가 너무 많습니다. 하나님은 우리에게 선인과 악인을 분별할 수 있는 지혜를 가지라고 말씀하십니다. 이러한 지혜가 없으면 지혜를 구하라고, 그러면 주시겠다고 약속하십니다. 이 지혜는 천만금을 얻는 것보다도 더 가치 있다고 말씀하십니다.

왜 그렇습니까? 악한 자들이 세상에 너무나 많기 때문입니다. 교회를 아무리 많이 세우고, 하나님의 복음을 아무리 힘 있게 증거 한다 해도 악한 사람은 여전히 많을 수밖에 없습니다. 그런데도 우리는 하나님의 경고를 귀담아듣지 않습니다. 내가 선하다고 해서 상대방도 선할 것이라고 생각하는 것은 균형 잡힌 사고방식이 아닙니다. 사람을 하나님 믿듯이 믿으면 안 됩니다. 그런데도 우리는 사람을 더 신뢰하며 사람의 악함을 가능한 한 관대하게 받아들이고 싶어 합니다. 이것은 하나님이 우리에게 주신 지혜가 아닙니다. 악한 것은 악하고, 잔인한 것은 잔인할 따름입니다.

잘못 받아들인 관용 사상

본문을 읽노라면 예수님이 죄를 너무 가볍게 다루신다는 느낌을 받습니다. 여자가 간통죄를 범하다가 현장에서 붙잡혀 끌려왔습니다. 예수님은 하나님이시므로 현장에서 일어난 일을 이미 다 아십니다. 그렇다면 최소한 여자를 다루실 때 한두 마디라도 따끔하게 말씀하셨어야 맞다는 생각이 듭니다. 그런데 예수님은 "나도 너를 정죄하지 아니하노니 가서 다시는 죄를 범하지 말라"고만 말씀하십니다.

가끔 보면, 간음한 여자를 다루는 예수님의 이야기를 가지고 기독교의 핵심을 잘못 짚는 사람들이 있습니다. "예수님께서 간음한 여자를 얼마나 관대히 대하시는가? 간음을 했는데도 죄로 인정하지 아니하시고 부드럽게 여자를 위로하면서 용서하시지 않는가? 기독교의 본질이 여기 있다. 기독교의 본질은 죄를 책망하는 것도 아니요, 사람들의 가슴을 칼로 찌르면서 회개하라고 소리치는 것도 아니라 바로 용서다. 묻지 말고 용서해라. 덮어두고 무조건 용서해라. 이것이 기독교의 본질이다. 죄 문제를 지나치게 들춰내는 것은 신경과민에서 비롯한 것이다." 이처럼 비뚤어진 관용 사상은 미국 등 기독교 문화를 배경으로 하는 나라에서 많은 사람의 사상을 지배하는 무서운 세력이 되어 퍼져나가고 있습니다.

미국의 카터 대통령이 재직 시절 기자로부터 좀 짓궂은 질문을 받았습니다. "대통령은 마음에 여자를 두고 좋지 못한 생각을 한 일이 없습니까?" 그 질문에 카터는 순진하게도 "예, 저도 가끔 마음으로 음욕을 품고 간음을 범한 일이 있습니다"라고 대답했습니다. 이런 대답은 교회 내에서는 정직한 대답으로 인정받을 수 있을지 몰라도 호시탐탐 남의 약점을 찾아다니는 세상에서는 좋은 먹잇감이 될 뿐이었습니다. 결국 카터 대통령을 빈정대는 글들이 여기저기서 많이 나왔습니다.

존 업다이크라는 유명한 언론인이 한 말입니다. "마음에서 이렇게 끓어오르는 간음은 신경계의 즐거움이다. 이것은 마치 입속에 있는 침처럼 자기도 모르게 솟아나는 어떤 욕망인데 이것 자체를 놓고 사악하다거나 죄가 된다고 생각하는 사고방식은 현대인의 귀에 너무나도 생소하다." 이것은 오늘날 성적인 문제에 가능한 관용을 베풀고, 또 이해하고 넘어가려는 풍조가 우리 사회에 만연하다는 사실을 보여줍니다.

언젠가 〈타임〉 커버스토리에서 "부정(不貞)은 유전적인 것일 수 있다"라는 제목으로 이 문제를 크게 다루었습니다. 이 기사의 요점은 인간이 마음으로든 행동으로든 간음을 범하는 것은 유전적으로 타고났기 때문이라는 내용이었습니다. 그래서 간음을 범해도 그것은 내 탓이 아니라 타고난 유전자 때문이기에 잘못을 누구 탓으로 돌릴 수 없다는 말입니다. 다시 말해 우리 몸이 유전적으로 그런 죄를 범할 수 있도록 프로그램화되어 있는데 그런 생각과 행동을 하는 것이 뭐가 문제냐는 말입니다. 서구의 많은 지성인들과 젊은이들이 이런 사고에 젖어 있으며 어느덧 우리 사회에도 그런 풍조가 확산되고 있습니다.

왜 이런 사고방식들이 세상에 만연할까요? 왜 교회 다니는 사람들조차 그와 같은 사고방식에 물들었을까요? 예수님께서 죄를 가볍게 다루신다는 생각이 이런 풍조를 확산시키는 데 한몫하고 있지 않나 생각합니다. 그러나 우리 중에는 아무도 이 같은 오해를 하지 않기를 바랍니다.

말씀의 능력

예수님은 죄를 가볍게 다루시는 것이 아닙니다. 서기관들과 바리새인들의 말에 이렇게 대답하셨습니다.

… 너희 중에 죄 없는 자가 먼저 돌로 치라…(7절).

죄 없는 자가 누구입니까? 여기에서 죄 없는 자는 세상에서 한 번도 악한 일을 하지 않은 완전한 사람을 말하는 것이 아닙니다. 그런 사람은 예수님 외에 아무도 없습니다. 그러면 죄 없는 자가 누구입니까? 이 여자처럼 간음죄를 범한 일이 한 번도 없는 사람을 말합니다. "너희 중에 간음죄를 범하지 않은 사람이 있으면 나와서 이 여자를 돌로 쳐라"라는 말입니다. 우리 생각에는 한두 명은 "나요" 하고 나올 것 같은데 그런 사람이 아무도 없었습니다. 바리새인 중에서도 나오는 사람이 없었고 서기관 중에서도 없었으며 심지어 그 옆에 들러리로 선 사람들 중에서도 앞으로 나서는 자가 없었습니다.

사실 이것은 굉장한 도전입니다. 만약에 예수님 아닌 다른 사람이 "야, 너희들도 똑같은 짓을 했으면서 무슨 소리를 하는 거냐? 너희들도 간음죄를 범했잖아? 범하지 않았으면 돌로 쳐봐"라고 했다면 사람들이 가만히 있지 않았을 것입니다. 사람들은 달려들며 "네가 언제 우리가 간음하는 걸 봤어? 너는 얼마나 깨끗해?" 하고는 여자를 치려던 돌을 그 사람에게 던졌을지도 모릅니다. 그러므로 "죄 없는 사람은 돌로 치라" 하신 예수님의 말씀은 엄청난 도전이 아닐 수 없습니다.

그러나 왜 그들이 꼼짝 못하고 얼어붙어버렸을까요? 그 이유는 예수님에게서 하나님의 영광을 보았기 때문입니다. 예수님의 말씀에서 하나님의 권위를 본 것입니다. 그 한마디 말이 양심을 찌르고 깊이 들어오는 것을 막을 수 없었습니다. 주변에 둘러선 사람들은 모두 가책을 받았습니다.

하나님은 변하지 않습니다. 마음으로든 실제로든 세상 사람들이 간음을 아무리 너그럽게 봐주고 요즘 세상에 그것이 무슨 잘못이냐고 떠들어도 하나님은 변함이 없습니다. 요즘은 남녀가 선을 넘어서 가정을 깨고 또 유부녀 유부남이 아무리 못된 짓을 해도 신문 기사거리가 되지 않습니다.

그러나 아무리 세상이 바뀌어도 하나님은 변함이 없습니다. 하나님은 말씀하십니다. "죄 없는 사람 나와." 그 말씀 앞에 "나요" 하고 나올 사람은 아무도 없습니다. 왜냐하면 저나 당신이나 다 똑같이 성전 마당에 벌벌 떨고 선 여자처럼 하나님 앞에서 간음죄를 범한 죄인들입니다. "나는 아니야" 하고 사람 앞에서는 말할 수 있을지 모르지만 하나님 앞에서 그렇게 말할 사람은 한 사람도 없습니다.

하나님의 음성 앞에서
양심의 소리를 듣는 교회

모든 사람이 얼어붙어 있을 때 예수님은 갑자기 허리를 굽혀 땅바닥에 손가락으로 글을 쓰셨습니다. 예수님께서 무슨 글을 쓰셨는지, 왜 쓰셨는지 우리는 모릅니다. 그러나 분명히 말할 수 있는 한 가지가 있습니다. 그 자리에 한 사람도 남지 않고 다 도망갔다는 것입니다. 이런 현장을 보면서 또 하나 깊이 생각할 문제가 있습니다. 하나님의 말씀 앞에서는 지금도 인간의 양심이 작동한다는 것입니다. 그때나 지금이나 인간이 아무리 악하고 악마처럼 변해도 하나님의 말씀 앞에서는 양심이 아직도 제 기능을 합니다. 제아무리 악한 바리새인들과 잔인한 서기관들이라 할지라도 예수 그리스도의 말씀 앞에서는 양심이 일어났습니다. 그들이 도망감으로써 예수님이야말로 하나님이심을 스스로 인정한 꼴이 되었습니다. 양심이 하나님의 말씀 앞에서 공포를 이기지 못하여 소리를 지르는데 어떻게 예수님을 대항하겠습니까?

오늘날도 마찬가지입니다. 아무리 교회가 힘을 잃었다고 할지라도, 예수님을 믿는 사람이 여러 면에서 모범이 되지 못해 세상 사람들에게 짓밟힘을 당할지라도, 교회 지도자들이 여기저기서 냄새나는 일들을 많이 저지른다고 할지라도, 그것은 어디까지나 인간이 저지른 일일 뿐입니다. 그 모든 것과 별개로 하나님 말씀의 권위는 살아 있습니다.

하나님의 말씀이 올바르게 들리는 곳이면, 스탈린과 같은 사람의 양심도 가룟 유다와 같은 사람의 양심도 되살아난다고 분명히 믿습니다. 이것이 교회에 대한 하나님의 뜻이며 하나님께서 아직도 교회에 하나님 말씀을 맡겨놓으신 이유입니다.

우리는 하나님의 도구요 나팔이 되어 하나님의 말씀이 들리도록 세상을 향해 외쳐야 합니다. 그렇게 세상 사람들이 하나님의 음성을 들으며 양심의 아픔을 느낄 수 있어야 합니다. 이것이 오늘날 교회가 맡은 중요한 사명입니다.

만약 교회가 하나님의 말씀으로 사람들의 양심을 일깨우는 능력과 권세를 갖고 있지 못하다면, 오늘날 교회가 이 땅 위에 왜 존재하는지를 다시 물어야 합니다. 하나님은 오늘도 교회에 나와서 예배드리는 모든 자녀에게 말씀을 통해 들려주시는 음성으로 양심을 일깨우십니다. 이처럼 교회는 하나님의 음성 앞에서 자기 양심의 소리를 듣는 곳입니다.

하나님의 음성 앞에서 자기 양심의 소리를 듣는 성도들은 서로를 향해 던지려고 손에 돌을 들고 있지 않습니다. 돌을 내려놓고 활짝 편 손으로 서로를 용서하고 감싸주며 위해줍니다. 하나님의 말씀을 통해 지속적으로 자기 양심의 소리를 듣기 때문에, 내가 잘못하면 내가 돌멩이를 맞는다고 생각하지, 누구를 향해 던지겠다는 생각은 하지 않습니다. 이런 사람들이 모이는 교회가 참 아름다운 교회, 좋은 교회, 은혜 있는 교회입니다.

그러나 어떤 교회는 하나님의 음성 앞에서 양심의 소리를 듣는 사람들이 너무나도 적습니다. 전부가 손에 돌을 들고 남을 치려 합니다. 양손에 돌을 쥐고는 다른 사람을 비판하고 허물을 들추어내고 서로 손가락질을 합니다. 왜 교회 안에 그런 일이 일어날까요? 하나님 말씀의 권위를 인정하지 않기 때문입니다.

우리는 이런 비참한 교회가 되지 않기를 바랍니다. 우리 모두 주님의 음성 앞에서 내 양심의 소리를 듣는 하나님의 자녀가 되어야 합니다. 죄 없는 자가 나와서 돌로 치라는 말씀은 우리 양심에 가책을 느끼게 합니다. 우리 가운데 누구도 돌을 들고 "나요" 하고 나갈 만한 용기가 없다는 것은 우리 자신이 누구보다도 잘 압니다. 그러나 이런 아픔과 가책과 부끄러움을 느낀다면 그 사람에게는 소망이 있습니다. 왜냐하면 그러한 양심의 가책은 주님의 음성을 듣고 있기에 느끼는 것이기 때문입니다.

생명을 건 용서

모든 사람이 서로 눈치를 보며 도망치듯이 사라지자 여자만 혼자 남았습니다. 예수님은 그 여자를 보시고 물으셨습니다.

> … 여자여 너를 고발하던 그들이 어디 있느냐 너를 정죄한 자가 없느냐(10절).

여자를 향한 주님의 음성은 더없이 부드러웠을 것입니다. 죄인을 불쌍히 여기시는 주님은 사악한 사람에게 이용당하여 이제 죽을 처지에 놓인 여자를 참으로 가엾고 불쌍히 보셨을 것입니다. 그래서 여자가 "주여 없나이다"라고 대답하자 이렇게 말씀하십니다.

> … 나도 너를 정죄하지 아니하노니…(11절).

죄를 가벼이 다루시어 이렇게 말씀하신 것이 아닙니다. 예수님은 이제 반년 뒤 십자가에서 죽임을 당하십니다. 그분 앞에는 십자가가 기다리고 있었습니다. 그때 예수님은 장차 있을 십자가의 죽음을 생각하면서 이렇게 말씀하셨습니다. 그러므로 "나도 너를 정죄하지 아니하노니"라는 예수님의 말씀에는 다음과 같은 의미가 담겨 있습니다. "여자여, 네가 범한 죄는 절대 용서받을 수 없는 악이다. 하나님은 너 같은 사람을 돌로 쳐서 죽이라고 하셨다. 그러나 내가 너를 대신해서 돌에 맞으마. 내가 너의 죄를 짊어지고 죽으마. 그러니 딸아 안심하라. 내가 너를 용서하노라. 하나님도 용서하신다."

여자는 예수님의 말씀에 담긴 십자가의 놀라운 은혜와 공로를 제대로 이해하지 못했을 것입니다. 그러나 여자는 하나님께 특별한 은총을 입었습니다. 예수님이 골고다 십자가에서 피를 흘리실 때 여자는 분명 그 십자가를 보았을 것입니다. 그리고 얼마 후에 성령이 임하셔서 여자를 감동시켰을 때 드디어 눈이 열리고, 십자가에서 처절하게 피 흘리며 돌아가신 예수님이 바로 자기가 맞을 돌맹이를 맞고 죽어가신 분임을 깨달았을 것입니다.

죄를 용서받는 쪽에서는 "아, 이럴 수가 있느냐" 할 정도로 너무나 쉽게, 정말 희한한 방법으로 용서를 받았습니다. 그러나 용서하는 쪽에서는 생명을 걸었습니다. 자기 생명을 담보로 용서하셨습니다. 이것이 어떻게 쉽게 용서하는 것이며 어떻게 죄를 쉽게 다루는 것입니까? 이 사실을 늘 마음에 기억하고 살아야 합니다.

하나님은 우리가 죄를 회개하기만 하면 십자가의 피로 다 씻어주고 덮어주겠다고 말씀하십니다. 우리 입장에서 볼 때 얼마나 쉽게 용서받는 것입니까? 그러나 하나님 편에서는 아들을 희생시키면서 하시는 용서입니다. 예수님 입장에서는 자기 생명을 십자가에 던지고 하시는 용서입니다. 이것이 어떻게 쉬운 용서입니까? 이 사실을 바로 알아야 합니다. 이 감격이 있을 때 우리는 주님의 십자가를 바라보면서 하나님 앞에 마음을 드리고 감사할 수 있습니다.

누구든지 그리스도 안에 있으면 결코 정죄함이 없다는 이 큰 은혜를 생각하면서, 이 은혜 뒤에 의인의 피가 흐르고 하나님 아들의 죽음이 있다는 것을 기억하는 사람이 십자가를 바로 보는 사람이요 하나님의 사랑을 바로 깨달은 사람입니다.

오직 십자가의 은혜에 붙들려

··· 가서 다시는 죄를 범하지 말라···(11절).

예수님은 여자를 보내시기 전에 이렇게 말씀하셨습니다. 앞으로는 죄를 저지르지 말라는 말입니다. 하나님은 우리 죄를 용서하시면서 우리가 다시 죄짓지 않기를 바라십니다. 그러나 이것은 사실 실현 불가능한 말씀입니다. 왜냐하면 용서받았다고 해서 다시는 죄를 범하지 않을 만큼 우리는 거룩하지 않기 때문입니다. 우리의 육체는 너무나 부패해서 용서를 받았지만 또 죄를 범합니다. 쉽게 용서받았다고 생각하는 사람은 그만큼 쉽게 죄로 다시 돌아갑니다. 하나님은 언제든지 가서 잘못했다고만 하면 다 용서해주신다는 생각을 가진 사람이 다시 죄로 돌아가는 것은 너무도 뻔한 일입니다. 우리에게 죄를 다시 범하지 않을 만한 안전장치가 전혀 없는데 왜 주님께서는 그렇게 말씀하셨을까요? 여자가 예수님의 십자가를 볼 것을 아셨기 때문입니다. 죄를 용서받은 여자는 성령의 감동을 받아 십자가의 은혜가 자기에게 어떻게 임했는가를 알게 될 것입니다. 그렇게 되면 십자가의 은혜가 그를 사로잡습니다. 그는 눈을 뜨나 눈을 감으나 자신의 죄를 대신해서 십자가에 못 박혀 죽으신 예수 그리스도의 은혜를 잊지 못할 것입니다. 그 은혜에 사로잡히면 죄짓는 생활을 계속하지 못합니다.

주님께서는 그것을 아셨습니다. 로마서 6장 14절에서 "죄가 너희를 주장하지 못하리니 이는 너희가 법 아래에 있지 아니하고 은혜 아래에 있음이라"라고 말씀하십니다. 십자가의 은혜가 이 여자를 붙드는 이상 다시는 죄짓는 곳으로 돌아가지 못합니다. 내가 용서받도록 하기 위해 하나님의 아들이 죽으셨다는 그 엄청난 사실을 인정하고 받아들이는 사람은, 죄짓는 생활로 쉽게 돌아가지 못합니다. 내가 용서받도록 하기 위해 하나님의 아들이 대신 죽으셨다는 사실을 마음속 깊이 인식하고 그 은혜에 붙들려 살면 죄로 돌아가지 못합니다. 다시는 죄 속에 머물지 못합니다.

오늘날 이 세상은 너무나 음란합니다. 우리 앞에 무서운 세상이 입을 벌리고 있습니다. 특별히 젊은이들에게 부탁합니다. 성적인 범죄를 조금이라도 너그러이 생각한다면 지체 없이 잡아먹힐 것입니다. 우리가 사는 길은 오직 십자가의 은혜에 붙들리는 것입니다. 항상 십자가를 가까이하십시오. 그리고 그 십자가가 나를 대신한 십자가임을 고백하십시오. 그 죽음이 나의 죽음을 대신한 것이고, 내가 맞아야 할 돌을 대신 맞고 죽으신 죽음임을 인정하십시오. 그리고 그 십자가를 꼭 붙드십시오. 그러면 세상이 아무리 소돔과 고모라처럼 악해지고 음란해져도 우리는 승리할 수 있습니다.

우리 가운데 남에게 말 못할 성적인 고민을 가지고 있는 젊은이들도 없지 않을 것입니다. 그러나 십자가를 보십시오. 십자가의 죽음을 다시 한번 확인하십시오. 우리는 이길 수 있습니다. 당신은 승리할 수 있습니다. 당신은 거룩할 수 있습니다. 성적으로 잘못되어서 범죄하는 자들을 끌어낼 수 있고 치료할 수 있습니다.

28

세상의 빛 예수

요한복음 8장 12-30절

12 예수께서 또 말씀하여 이르시되 나는 세상의 빛이니 나를 따르는 자는 어둠에 다니지 아니하고 생명의 빛을 얻으리라 13 바리새인들이 이르되 네가 너를 위하여 증언하니 네 증언은 참되지 아니하도다 14 예수께서 대답하여 이르시되 내가 나를 위하여 증언하여도 내 증언이 참되니 나는 내가 어디서 오며 어디로 가는 것을 알거니와 너희는 내가 어디서 오며 어디로 가는 것을 알지 못하느니라 15 너희는 육체를 따라 판단하나 나는 아무도 판단하지 아니하노라 16 만일 내가 판단하여도 내 판단이 참되니 이는 내가 혼자 있는 것이 아니요 나를 보내신 이가 나와 함께 계심이라 17 너희 율법에도 두 사람의 증언이 참되다 기록되었으니 18 내가 나를 위하여 증언하는 자가 되고 나를 보내신 아버지도 나를 위하여 증언하시느니라 19 이에 그들이 묻되 네 아버지가 어디 있느냐 예수께서 대답하시되 너희는 나를 알지 못하고 내 아버지도 알지 못하는도다 나를 알았더라면 내 아버지도 알았으리라 20 이 말씀은 성전에서 가르치실 때에 헌금함 앞에서 하셨으나 잡는 사람이 없으니 이는 그의 때가 아직 이르지 아니하였음이러라 21 다시 이르시되 내가 가리니 너희가 나를 찾다가 너희 죄 가운데서 죽겠고 내가 가는 곳에는 너희가 오지 못하리라 22 유대인들이 이르되 그가 말하기를 내가 가는 곳에는 너희가 오지 못하리라 하니 그가 자결하려는가 23 예수께서 이르시되 너희는 아래에서 났고 나는 위에서 났으며 너희는 이 세상에 속하였고 나는 이 세상에 속하지 아니하였느니라 24 그러므로 내가 너희에게 말하기를 너희가 너희 죄 가운데서 죽으리라 하였노라 너희가 만일 내가 그인 줄 믿지 아니하면 너희 죄 가운데서 죽으리라 25 그들이 말하되 네가 누구냐 예수께서 이르시되 나는 처음부터 너희에게 말하여 온 자니라 26 내가 너희에게 대하여 말하고 판단할 것이 많으나 나를 보내신 이가 참되시매 내가 그에게 들은 그것을 세상에 말하노라 하시되 27 그들은 아버지를 가리켜 말씀하신 줄을 깨닫지 못하더라 28 이에 예수께서 이르시되 너희가 인자를 든 후에 내가 그인 줄을 알고 또 내가 스스로 아무것도 하지 아니하고 오직 아버지께서 가르치신 대로 이런 것을 말하는 줄도 알리라 29 나를 보내신 이가 나와 함께하시도다 나는 항상 그가 기뻐하시는 일을 행하므로 나를 혼자 두지 아니하셨느니라 30 이 말씀을 하시매 많은 사람이 믿더라

1977년 7월 13일 뉴욕시 전체에서 갑자기 대규모 정전 사태가 발생했습니다. 정전은 무려 25시간 동안 계속되었는데 당시 천만 명 넘는 사람들이 암흑 속에서 무서움과 고통을 경험했습니다. 그 기간 동안 1,700여 개 점포가 약탈을 당했고, 3,800여 명의 약탈자들이 경찰에 체포되었으며, 체포 과정에서 500명 이상의 경찰들이 부상을 입었습니다. 이런 상황에서 어둠은 뉴욕 시민들에게 고통과 공포 그리고 죽음을 의미했습니다.

캄캄한 어둠 속에서 두려움에 떨던 뉴욕 사람들은 집과 거리를 밝혀줄 전기가 어서 들어오길 바랐을 것입니다. 이처럼 어둠 속에 있는 세상 사람들에게 가장 좋은 소식은 빛입니다. 세상이 너무도 어둡기 때문에 우리 모두는 간절히 빛을 기다립니다.

세상의 빛이신 예수님

예수님은 사람의 몸을 입고 이 세상에 오셔서 모든 사람들에게 "보라 나는 세상의 빛이라" 하고 선언하셨습니다. 얼마나 오랫동안 인류가 사모하던 음성이었는지 모릅니다. 예수님은 자기 자신에 대해서 위대하고 장엄한 주제를 가지고 계십니다. "나는 생명의 떡이다. 나는 세상의 빛이다. 나는 진리다. 나는 선한 목자다." 이 위대하고 장엄한 주제를 갖고 계시는 이유는 자신이 하나님이시고 하나님의 영광이 자신에게 충만하기 때문입니다. 오직 예수님만이 하실 수 있는 선언이요 예수님만이 들려줄 수 있는 위대한 주제입니다. 약점이나 한계나 모순을 안고 있는 인간은 아무리 성자라 할지라도 "나는 빛이다. 나는 생명이다"라는 말은 하지 못했고, 앞으로도 할 수 없습니다.

… 예수께서 또 말씀하여 이르시되 나는 세상의 빛이니…(12절).

'세상의 빛'이라고 선언하신 주님의 음성은 요한복음 1장의 위대한 명제를 다시금 생각하게 합니다. "말씀이 육신이 되어 우리 가운데 거하시매 우리가 그의 영광을 보니 아버지의 독생자의 영광이요 은혜와 진리가 충만하더라"(요 1:14). 영광 중에 계시는 하나님이 우리 가운데 임하셔서 "나는 세상의 빛"이라고 말씀하셨습니다. 그러나 사람들은 세상의 빛이라고 주장하시는 예수님을 거부했습니다. 그 말을 믿으려고 하지 않았고 받아들이지 않았습니다. 바리새인들과 그들의 동조 세력들은 세상의 빛이라고 하신 예수님의 말씀을 집요하게 물고 늘어지면서 따지고 공격했습니다.

그들은 자기 자신을 가리켜 빛이라고 말하는 사람이 천하에 어디 있느냐고 비난했습니다. 상식이라는 잣대로 보면 그들의 주장은 맞습니다. 만일 누군가가 자신의 정직성을 증명하고자 자기 입으로 "나는 정직한 사람"이라고 떠벌린다면 한낱 웃음거리가 되고 말 것입니다. 정직성을 입증하기 위해서는 본인이 하는 말이 아니라 다른 사람이 내놓는 증거가 필요합니다. 그러므로 상식적인 관점에서 바라보면 바리새인들이 예수님께 "만약 네가 세상의 빛이라면 다른 사람이 그걸 증언해야지 자신의 입으로 세상의 빛이라고 말하는 사람이 어디 있어. 누가 그 말을 믿을 수 있느냐?"라고 비난하는 것도 무리는 아닙니다.

바리새인들과 그의 추종자들은 예수님을 제정신 가진 사람으로 보지 않았습니다. 그래서 그들은 예수님께 아주 모욕적인 질문들을 합니다. 예수님이 "내 아버지가 계신다, 내 아버지가 나와 함께 계신다, 내 아버지가 말씀하라고 해서 나는 그렇게 말한다"라고 거듭 말씀하니까 그들은 모욕적으로 "네 아버지가 도대체 누구냐?"라는 질문을 던지고 있습니다. 속된 말로 하면 "네 아비가 누구야?"라는 말입니다. 그리고 더 나아가서는 "도대체 당신은 누구냐?"라는 질문을 합니다. 어떤 사람을 상대하다가 답답하면 "당신 도대체 어떤 사람이야?"라는 말이 나옵니다. 바리새인들이 예수님께 이런 식으로 질문을 하면서 빈정거리는 것을 본문에서 볼 수 있습니다.

바리새인들이 예수님을 비난하는 태도를 보면서 "빛이 어둠에 비치되 어둠이 깨닫지 못하더라"(요 1:5)는 말씀을 떠올릴 수 있습니다. 지금도 마찬가지입니다. 많은 사람이 예수님이 세상의 빛이 되어 이 땅을 환하게 비추시는 것을 보면서도 그 빛을 깨닫지 못하고 예수님 앞으로 나아오지 않고 있습니다.

바리새인들처럼 세상의 상식을 가지고 반박하는 사람들에게 예수님은 어떻게 대답하셨습니까? 예수님은 자신이 세상 상식이라는 잣대를 가지고 말하는 것이 아니라 하나님의 아들로서 말하는 것이라고 단호하게 말씀하십니다.

이에 예수께서 이르시되 너희가 인자를 든 후에 내가 그인 줄을 알고 또 내가 스스로 아무것도 하지 아니하고 오직 아버지께서 가르치신 대로 이런 것을 말하는 줄도 알리라 나를 보내신 이가 나와 함께하시도다 나는 항상 그가 기뻐하시는 일을 행하므로 나를 혼자 두지 아니하셨느니라(28-29절).

"하나님이 말씀하라고 하니까 말씀하는 것이고 하나님께서 나를 세상의 빛으로 내세웠기 때문에 세상의 빛이라고 하는 것이지, 내가 스스로 하는 것이 아니다. 그러므로 하나님 아버지의 신적인 권위를 가지고 내가 세상의 빛이라고 말하는데 너희들이 왜 듣지 않느냐?"라는 말씀입니다.

사람들이 예수님을 영접했든 영접하지 않았든, 예수님을 구주로 인정했든 안 했든 예수님은 세상의 빛이십니다. 왜냐하면 하나님께서 그분을 세상의 빛으로 이 세상에 보내셨기 때문입니다. 오늘도 예수님은 세상의 빛이십니다. 그러므로 예수님만이 온 세상을 밝힐 수 있습니다. 예수님만이 세상 사람들의 마음을 밝히고 진리를 보여줄 수 있습니다. 우리는 이것을 믿습니다.

영국의 유명 화가인 핸드의 작품 중에 예수님이 손에 등불을 들고 서 계시는 〈세계의 빛〉이라는 그림이 있습니다. 등불에서 비치는 빛이 어두운 복도를 밝히면서 이 세상의 어둠을 한탄하시는 예수님의 얼굴까지 비추고 있습니다. 한때 그 그림이 인기가 있어서 많은 사람들이 샀다고 합니다.

그러나 미술 평론가 그린호프가 그 그림을 호되게 비판하고 나섰습니다. "어떻게 예수님의 손에 들린 등불에서 빛이 나올 수 있는가? 예수님 자신이 빛인데 빛이 나오려면 예수님에게서 나와야지 왜 손에 든 등불에서 나오는가? 저 그림은 성경적이지 않다."

그린호프가 예수님을 제대로 보았습니다. 예수님은 손에 등불을 들고 우리를 인도하시는 인도자가 아닙니다. 예수님은 큰 태양의 빛을 받아서 반사하는 작은 달이 아닙니다. 그분은 빛 자체입니다. 그분은 세상을 밝히기 위해 오신 구세주요, 세상을 밝히기 위해서 오신 하나님의 아들입니다. 우리는 "나는 세상의 빛이라" 하신 예수님의 명제를 경건한 마음으로 받아들여야 합니다.

생명의 빛은
주님을 따르는 자에게

세상의 빛이신 예수님께서는 우리에게 자기를 따르라고 요구하십니다. 그리고 따르는 자에게는 생명의 빛을 주시겠다고 약속하십니다.

> 예수께서 또 말씀하여 이르시되 나는 세상의 빛이니 나를 따르는 자는 어둠에 다니지 아니하고 생명의 빛을 얻으리라(12절).

예수님은 먼저 자신을 따르라고 말씀하십니다. 따른다는 것은 믿는 것에서부터 시작합니다. 믿는다는 것은 따름의 조건이요, 따름은 믿음의 결과입니다. 따르기 위해서는 믿어야 하고, 믿는 사람은 반드시 따릅니다. 예수님이 세상의 빛이심을 알려면 먼저 그를 하나님의 아들로 믿어야 합니다. 그러나 믿음은 "나를 따르라" 하신 예수님의 명령에 순종하는 출발점에 지나지 않습니다. 믿음은 한곳에 머무르는 정적인 개념이 아닙니다. 계속 나아가는 행동입니다. 믿음은 전진하는 과정을 가지고 있습니다.

성경에 보면, 예수님께서 "나를 따르라" 하고 말씀하신 사람들이 있습니다. 열두 제자에게 그렇게 말씀하셨고 또 주변에 있는 많은 사람들에게도 말씀하셨습니다. 그런데 예수님의 말씀 속에는 굉장한 긴장이 흐르고 있습니다. 믿으라고 할 때에는 별로 그렇지 않은데, 나를 따르라고 할 때는 그 말씀 안에, 또 그 말씀을 듣는 모든 사람에게 긴장이 감도는 것을 느낍니다. 따르라는 말씀을 듣자마자 제자들은 예수님을 따르기 위해서 한동안 가정을 버렸습니다. 직업도 포기했습니다. 경우에 따라서는 생명을 내놓고 따라가야 했습니다. 마가복음 8장 34절은 예수님을 따르려면 인생에서 값을 치러야 한다고 분명히 말해줍니다. "누구든지 나를 따라오려거든 자기를 부인하고 자기 십자가를 지고 나를 따를 것이니라."

예수님을 믿으면서도 마음 저편에서 회의적인 생각이 밀려올 때가 있습니다. '예수님이 빛이시라면 내 마음도 밝아야 하고, 내가 보는 것도 환해야 하고, 내 인생길이 어둠에서 맴도는 불행한 모습이 없어야 하는데, 왜 나는 예수님을 믿으면서도 이렇게 앞이 캄캄하고 마음이 답답할까?' 대답은 간단합니다. 예수님을 믿는다고 하면서 주님을 따르는 일에 문제가 있지 않습니까? 예수님을 따른다는 것은 자기를 부인하는 것인데 끝까지 자기를 부인하고 있습니까? 예수님을 따르려면 자기 몫의 십자가를 져야 하는데 십자가는 전부 다 벗어던지고 그저 편안하게 예수 믿으려고 하니까 문제가 일어나는 것은 아닙니까? 스스로 자기를 돌아보기 바랍니다.

말씀을 통해서

주님을 따르고자 한다면 가장 먼저 주의 말씀을 배워야 합니다. 주님이 유령처럼 나타나 우리 앞길을 환하게 비춰주시니 그저 따라가는 것이 아닙니다. 주님은 빛이십니다. 그리고 빛이신 주님은 말씀을 통해 그분의 빛을 우리에게 비추어주십니다. 성경 말씀이 주님의 등불이요 빛입니다. 그래서 우리는 말씀을 주야로 읽고 묵상하며 배워야 합니다.

종교개혁이 한창이던 16세기에 제네바를 하나님의 거룩한 도시로 만들어보겠다는 꿈을 품고 개혁에 생명을 다했던 존 칼빈은, 제네바의 모토를 "어둠 후의 빛"이라고 정했습니다. 빛 되신 예수 그리스도를 통해서 사람들의 마음에 있는 어둠을 몰아내자는 의미입니다. 칼빈과 그의 동역자들은 제네바에서 어둠을 몰아내고 빛이 오게 하려면 먼저 하나님의 말씀을 부지런히 가르쳐야 한다고 믿었습니다. 그래서 1541년 시의 규정을 보면, 설교자는 일주일에 여섯 번 설교하게 돼 있었습니다. 그리고 시민들은 적어도 여섯 번은 교회에서 설교를 들어야 했습니다. 왜냐하면 눈이 열리고, 듣고 배워야 빛을 볼 수 있다고 믿었기 때문입니다.

예수 그리스도가 세상의 빛임을 체험하기 원합니까? 그렇다면 그분의 말씀을 바로 배우는 일부터 시작해야 합니다. 이것이 주님을 따르는 길이기 때문입니다. 베드로와 요한, 야고보는 주님을 따르기 위해서 목숨을 거는 비장한 각오를 했습니다. 모든 사람이 예수님을 버리고 도망갔을 때 그들은 "영생의 말씀이 주께 있사오니 우리가 누구에게로 가오리이까"(요 6:68)라고 주저 없이 대답했습니다. 예수님을 따른다는 것은 주님의 말씀이 생명인 줄 알고 끝까지 포기하지 않는 것을 말합니다. 예수님이 빛이심을 알기 원합니까? 그 빛을 보기 원합니까? 하나님의 말씀 앞으로 오십시오. 그 말씀을 배우면서 깨달아야 합니다. 깨달을 때 비로소 그 빛이 내 마음을 비추며 내 발에 등불이 됩니다.

예수님은 자기를 따르면 어둠에 다니지 않도록 하겠다고 약속하셨습니다. 여기서 어둠은 온 세상을 덮은 영적인 무지와 악을 말합니다. 아울러 사람들의 마음을 지배하는 영적 흑암을 의미하기도 합니다. 오늘날 어둠은 사회의 말초신경까지 파고들어 사람들을 짓누릅니다. 영적인 눈으로 바라보면 한국 사회를 캄캄하게 만드는 이 무서운 어둠을 직시할 수 있습니다. 아이들의 인격이 파괴되고, 사회의 도덕이 무너질 대로 무너져도, 나라가 부패의 고리에서 벗어나지 못해 썩은 냄새가 진동을 해도, 나만 잘살고 즐기면 그만이라는 생각이 지도층은 말할 것도 없고 순수해야 할 어린아이들까지 물들이고 있습니다. 이 모든 게 어둠이 그들을 지배하기 때문입니다.

얼마 전 어떤 자료를 읽다가 마음이 짓눌리는 듯 괴로웠습니다. 한 시민 단체가 스포츠 신문의 만화를 모니터한 뒤 결과를 공표했는데, 그 내용이 입에 담기 어려울 만큼 음란하고 저속했기 때문입니다. 이처럼 대중매체는 돈벌이를 위해서라면 어떤 수단을 사용해서라도 사람들을 충동하고 유혹하는 데 혈안이 되어 있습니다.

너무도 무서운 어둠의 세력이 이 세상을 덮고 있습니다. 사회는 갈수록 맘몬(Mammon)의 노예가 되어 짙은 어둠의 골짜기를 죽음의 길인 줄 모르고 가고 있습니다. 이것이 우리가 사는 현실입니다. 어둠의 권세는 우리가 숨을 쉴 수 없을 만큼 우리 목을 옥죄어옵니다. 말씀으로 깨어 있는 자만이 이것을 볼 수 있습니다.

세상이 어둠에 물들어갈수록 우리에게는 어둠을 밝힐 빛이 절실합니다. 이 땅에 수많은 교회가 있고 지금도 날마다 새로운 교회들이 생겨나지만, 세상은 날로 악해지며 젊은이들이 안심하고 숨 쉴 공간조차 부족한 상황입니다. 21세기의 주요 매체로 등장한 인터넷은 뱀의 혓바닥처럼 널름거리며 젊은이들을 유혹합니다. 과학 기술

이 급속하게 발달해 인터넷에서 가상 세계가 현실화되면, 남자는 상상 속의 여자를 찾아나설 필요가 없어집니다. 마우스의 버튼을 몇 번만 클릭하면 컴퓨터를 통해서 가상의 여자를 마음대로 선택하여 관계를 가질 수도 있는 시대가 곧 도래할 것입니다. 어둠의 세력은 지금도 우리를 집어삼키기 위해서 굶주린 사자처럼 입을 쩍 벌리고 있습니다.

이처럼 무서운 어둠의 세력에서 벗어나려면 어떻게 해야 합니까? 예수님을 따르는 것 외에는 다른 길이 없습니다. 예수님을 따르는 자는 어둠에 다니지 않습니다. 예수님이 그리 말씀하셨습니다. 그러므로 우리는 예수님을 더 열심히 전해야 합니다. 전도는 단순히 사람을 인도하는 것이 아닙니다. 어둠을 예수님의 이름으로 몰아내는 것이 참된 전도입니다.

진정으로 예수님을 따르면 어둠 속에서 헤매지 않습니다. 영의 눈이 활짝 열립니다. 무엇이 선이고 무엇이 악인지 구별할 수 있습니다. 진리와 비진리가 무엇인지, 좁은 길이 어디며 넓은 길은 어디인지, 하나님의 손과 세상의 손은 어떻게 다른지 알 수 있습니다. 그러므로 가정에서, 직장에서 어떤 것을 선택해야 할 기로에 서더라도 더 이상 고민할 필요가 없습니다. 하나님의 말씀에 비추어보면 명확한 답이 나옵니다.

전국검사신우회에서 설교를 할 기회가 있었습니다. 40~50명의 검사들이 모였는데, 집회 중에 검사들이 했던 간증에서 많은 은혜를 받았습니다. 현재 300명 정도를 전도했는데 앞으로 천 명 전도가 목표라는 한 지검장의 말에 고개가 숙여졌습니다. 이처럼 전도는 어둠을 쫓는 일입니다.

예수님을 믿는 사람은 눈이 활짝 열려 어둠 속에서 헤매지 않습니다. 주변이 아무리 어두워도 빛이신 예수님을 모신 사람은 길을 찾아갈 수 있습니다. "내 발에 등이요 내 길에 빛"(시 119:105)이신 예수님의 말씀이 내 앞을 비추어주시므로 결코 헤맬 이유가 없습니다. 주변을 보면 10년, 20년 동안 엉뚱한 길에서 헤매다가 돌아오는 사람들이 있습니다. 회개하고 돌아오는 건 좋은 일이지만, 진즉부터 빛을 따라갔더라면 인생을 그렇게 낭비하지 않았을 텐데 너무도 답답한 일입니다.

전적으로 믿고 의지하라

다윗처럼 빛 되신 예수 그리스도를 모시고 살면 세상을 비실비실 비겁하게 살지 않습니다. 그는 시편 18편 28-29절에서 주님을 모신 자의 모습이 어떠해야 하는지를 분명하게 보여줍니다. "주께서 나의 등불을 켜심이여 여호와 내 하나님이 내 흑암을 밝히시리이다 내가 주를 의뢰하고 적군을 향해 달리며 내 하나님을 의지하고 담을 뛰어넘나이다." 할렐루야! 주님을 모신 자는 우리 앞을 가로막은 높은 담도 거뜬히 뛰어넘으면서 두려움 없는 삶을 살 수 있습니다.

'빌리 그레이엄 복음전도협회'에서 발행하는 잡지 〈디시전〉에 실린 실화를 소개합니다. 캘리포니아에 있는 작은 마을 '벤추라'에 한 가정이 이사를 왔습니다. 그 가정의 두 자녀는 모두 앞을 볼 수 없는 시각장애인이었습니다. 그래서 그 무엇보다 두 아이에게 길을 가르쳐주는 것이 급했습니다. 어머니는 매일 아침 두 아이와 함께 학교에 가면서 아주 작은 부분까지도 일일이 설명했습니다. "얘야, 여기는 철조망이 있어. 조심해야 돼. 이쪽에서는 길이 굽어져 있단다. 여기는 길이 두 개 나 있는데 오른쪽은 차도니까 조심해야 돼." 그렇게 여러 날 동안 아이들에게 학교 가는 법을 가르쳤습니다. 얼마 후에 아이들은 엄마가 더 이상 따라가지 않아도 학교를 갈 수 있을 정도가 되었습니다. 그런데 어렴풋이나마 앞을 볼 수 있었던 아들 다니엘은 엄마가 하는 말을 소홀히 여기고 앞서 걸어갔습니다. 그러나 딸아이 게일은 엄마가 하는 말을 마음 깊이 새겼습니다. 앞을 전혀 보지 못하는 게일에게는 엄마의 말이 생명이요 빛이었기 때문입니다. 그래서 엄마가 자세하게 가르쳐준 것을 마음에 담아 그 말대로 길을 걸으며 학교를 다녔습니다.

얼마 동안 두 아이가 학교를 잘 다녔는데 어느 날 아침 갑자기 짙은 안개가 마을을 덮었습니다. 그러자 약간의 시력으로 그동안 자신만만하게 걸어갔던 다니엘은 짙은 안개 속에서 조금도 앞으로 나갈 수 없었습니다. 보도블록에 걸려 넘어지기도 하고 담장에 부딪힐 때마다 비명을 지르다가 나중에는 누나의 손을 꼭 잡고 따라갔습니다. 그러나 전혀 못 보는 게일은 안개가 끼든 햇빛이 나든 아무 상관이 없었습니다. 엄마가 가르쳐준 대로만 발을 옮겨놓으면 되었으니까요. 안개가 끼었지만 게일에게는 여전히 길이 환히 열려 있었습니다. 눈은 감았지만 게일의 마음은 활짝 열려 있었던 것입니다. 그러므로 안개도 아무런 문제가 안 되었습니다.

사람들은 다니엘처럼 앞을 조금 본다는 사실에 엉뚱한 자신감을 안고 길을 걸어갑니다. 그래서 하나님 말씀에 별로 주의를 기울이지 않습니다. 설교도 건성으로 듣고, 성경도 눈으로 대충 훑기만 합니다. 세상에서 조금만 똑똑하다 싶으면 하나님의 말씀을 경시하곤 하지요. 그러나 그러다가 어떤 일이 일어납니까? 갑자기 폭풍이 몰아치고 안개가 덮쳐오면 어디로 가야 할지 몰라 속수무책이 되고 맙니다. 무작정 앞으로 가다가 넘어져서 비명을 지르고 진흙 구덩이에 빠져서 몸은 엉망진창이 됩니다.

그러나 주님의 말씀을 배우고 그 말씀을 마음의 등불로 간직하는 사람은 어둠 따위가 그를 가리지 못합니다.

> 너는 마음을 다하여 여호와를 신뢰하고 네 명철을 의지하지 말라 너는 범사에 그를 인정하라 그리하면 네 길을 지도하시리라(잠 3:5-6).

하나님을 인정하십시오. 어린 게일이 엄마를 인정하여 그 말을 꼭 마음에 담고 길을 걸었을 때 안개가 그의 길을 막을 수 없었듯이, 하나님을 인정하여 그 말씀을 마음에 담고 인생의 길을 걸어가면 헤맬 필요가 없습니다.

예수님은 자신을 따르는 자는 어두운 길에서 인도하실 뿐 아니라 그에게 생명의 빛을 주시겠다고 약속하십니다. 구원받을 수 있다고 말씀하십니다. 예수님만 믿으면 죽음에서 해방되어 영생을 얻을 것이요, 마지막 심판을 피하고 영원한 하나님 나라에서 복된 삶을 살 수 있습니다.

그러나 이 말씀은 여기에서 끝나지 않습니다. 여기에는 현실적인 의미도 들어 있습니다. 이 말씀에는 세상에서 생명의 환희를 다시 불러일으키는 복을 누리게 하겠다는 뜻이 내포되어 있습니다. 절망에 빠져 죽음만이 최선의 길이라고 생각하던 사람들이 예수님을 만나고 예수님의 말씀을 배우면서 드디어 빛을 보고 삶의 의욕을 가지게 됩니다. 이런 사람들은 주변에 있는 모든 이웃들의 눈을 부시게 할 만큼 밝고 기쁘게 인생을 사는 사람으로 바뀝니다. 저는 이 말씀 안에 이런 복도 들어 있다고 믿습니다.

생명의 빛을 체험하는 삶

우리 가운데에는 이러한 생명의 빛이 필요한 분들이 많습니다. 예배에는 나와서 앉아 있지만 삶에 지친 자들이 있습니다. 등잔의 불꽃이 사그라지듯 살고 싶다는 의욕이 자꾸 사그라들고 힘이 없어지는 분들이 있습니다. 몸이 아파서 그럴 수도 있고, 자식 때문에 그럴 수도 있고, 가정이 깨지는 고통 때문에 그럴 수도 있습니다. 교회에 왔지만 찬송을 부를 힘도 없고 설교도 잘 들어오지 않고, 그저 살고 싶지 않다는 절망 속에서 허우적거리는 분들도 있습니다. 어떻게 하면 이런 고통에서 벗어날 수 있을까요?

생명의 빛이신 예수님을 마음에 모시는 것만이 유일한 길입니다. 주님을 모시고 생명의 빛을 받으면 이 세상을 누구보다도 밝고 힘 있게 기쁨을 누리면서 사는 생명의 능력을 체험할 수 있습니다.

《낮은 데로 임하소서》는 안요한 목사님의 일대기를 다룬 책입니다. 그분은 아버지가 목사인데도 예수님을 믿지 않았습니다. 그런데 성인이 되어 가정을 꾸리고 살던 어느 날, 갑자기 두 눈을 실명합니다. 그러자 두 딸과 아내가 그를 버리고 떠났습니다. 그는 어둠 속에서 헤매고 절망하다가 드디어 예수님을 다시 만납니다. 그러고는 미국 헬렌켈러재단으로부터 후원을 얻어서 신학교에 들어갑니다. 신학교에 다니면서 나름대로 행복한 인생을 살고 있었습니다.

어느 날 인천에 있는 국립결핵요양원에 아름다운 꽃시계 동산이 있다는 말을 들었습니다. 이상하게 그 꽃시계가 보고 싶어서 도무지 참을 수 없었습니다. 그래서 같은 기숙사에 있는 친구를 꾀어 햇살이 따사로운 가을날 인천으로 내려갔습니다. 가보니 정말 아름다웠습니다. 화사한 국화꽃들이 만발했는데 그 향기가 얼마나 짙은지 너무도 황홀했습니다. 그는 꽃향기를 맡으며 감격하고 맑은 가을 날씨에 취해 정신없이 시간을 보냈습니다. 한동안 이렇게 넋이 빠져 있는데 자기를 데리고 온 친구가 느닷없이 그의 손을 잡고 어디론가 끌고 갔습니다. 누가 부른다는 것입니다. 그래서 친구의 손에 끌려 벤치에 앉았는데 그 옆에 어떤 남자가 앉아 있는 것을 알았습니다.

그는 요양원에 입원해 있는 결핵 3기 환자라고 했습니다. 그러고는 아무 말도 없이 안 목사의 얼굴만 뚫어져라 쳐다보고 앉아 있었습니다. 안 목사를 데리고 간 친구가 답답해서 "하시고 싶다는 이야기가 무엇인지 빨리 말씀하시지요"라고 재촉했습니다. 그는 그제야 비로소 입을 열어 안 목사에게 물었습니다. "선생, 사는 게 그토록 즐거우세요?" 안 목사는 가만히 웃기만 했습니다. "아까부터 저는 여기에 앉아서 선생의 모습을 지켜보고 있었어요. 그런데 뭐라고 할까, 선생의 표정이 그토록 평화롭고 행복해 보일 수가 없었어요. 웃음이 떠날 줄 모르는 선생의 그 맑고 부드럽고 행복한 얼굴빛이 도대체 무엇 때문인지 알 수 없었어요. 무엇이 그토록 선생을 즐겁게 해주는지 궁금했습니다. 선생에게는 산다는 것이 그토록 행복한 것입니까?"

그 말을 들은 안 목사는 대답도 하지 않고 그저 잠시 웃기만 하고는 일어섰습니다. 그러자 그 결핵 환자가 "그러면 선생, 이름하고 주소만 저에게 좀 주십시오" 하며 요청했습니다. 그래서 주소하고 이름을 써 주었습니다.

며칠이 지나서 편지가 날아왔습니다. 그 편지 속에 이런 말이 있었습니다.

"선생님을 본 그날이 내게는 새로 태어난 날이 되었습니다. 저는 결핵 3기 환자로 아무리 약을 먹어도 병이 나을 기미가 보이지 않았기 때문에 완전히 생을 포기하고 절망하고 있었는데, 앞을 볼 수 없는 사람이 그처럼 행복해하는 것을 보고는 저도 다시 살아야겠다는 의욕이 생겨났습니다. 그래서 이제는 약을 다시 열심히 먹기 시작했습니다. 기분도 훨씬 좋아졌습니다. 그런데 하나 묻겠습니다. 앞을 볼 수 없으면서 그렇게 행복해하는 비결이 무엇인지 나에게 가르쳐 주십시오."

안 목사는 그제야 그에게 답을 보냈습니다. "예수 그리스도께서 나에게 생명의 빛을 비추어주셨어요. 육신의 눈은 보지 못하지만 내 영혼은 조금도 어둡지 않습니다. 오직 예수님이 나에게 생명의 기쁨을 안겨주었고, 희열을 안겨주었고, 하늘을 보아도 감사하고, 땅을 보아도 감사하고, 냄새도 감사하고, 모든 것이 감사할 수밖에 없는 사람으로 만들어주셨습니다."

우리 모두는 빛 되신 예수님을 마음에 모시고 세상을 사는 거룩한 백성입니다. 입술로만 예수님이 세상의 빛이라고 하지 마십시오. 우리 모두가 생명의 빛이 비치는 진정한 체험을 할 수 있기를 바랍니다. 좌절했을 때 좌절하지 않게 하시는 그 생명의 빛, 눈앞이 캄캄할 때 환히 내다보면서 기뻐할 수 있는 그 생명의 빛, 몸져누운 병상에서도 찬송할 수 있는 그 생명의 빛, 이 빛을 우리가 예수님을 통해서 얻는다면 우리는 이 세상에서 어느 누구도 부럽지 않은 멋진 생을 살 수 있습니다. 그러면 어둠 속에서 숨이 막혀 어쩔 줄 몰라 하는 수많은 심령이 우리를 통해서 생명의 빛이신 예수님을 발견할 것이고, 그들도 우리와 같이 생명의 빛을 가지고 인생을 새롭게 사는 기쁨을 맛볼 수 있습니다.

예수님은 세상의 빛이십니다. 그분을 따르기만 하면 생명의 빛이 주는 감격을 느낄 수 있습니다.

29

거짓 믿음이란 이런 것이다

요한복음 8장 31-59절

31 그러므로 예수께서 자기를 믿은 유대인들에게 이르시되 너희가 내 말에 거하면 참으로 내 제자가 되고 32 진리를 알지니 진리가 너희를 자유롭게 하리라 33 그들이 대답하되 우리가 아브라함의 자손이라 남의 종이 된 적이 없거늘 어찌하여 우리가 자유롭게 되리라 하느냐 34 예수께서 대답하시되 진실로 진실로 너희에게 이르노니 죄를 범하는 자마다 죄의 종이라 35 종은 영원히 집에 거하지 못하되 아들은 영원히 거하나니 36 그러므로 아들이 너희를 자유롭게 하면 너희가 참으로 자유로우리라 37 나도 너희가 아브라함의 자손인 줄 아노라 그러나 내 말이 너희 안에 있을 곳이 없으므로 나를 죽이려 하는도다 38 나는 내 아버지에게서 본 것을 말하고 너희는 너희 아비에게서 들은 것을 행하느니라 39 대답하여 이르되 우리 아버지는 아브라함이라 하니 예수께서 이르시되 너희가 아브라함의 자손이면 아브라함이 행한 일들을 할 것이거늘 40 지금 하나님께 들은 진리를 너희에게 말한 사람인 나를 죽이려 하는도다 아브라함은 이렇게 하지 아니하였느니라 41 너희는 너희 아비가 행한 일들을 하는도다 대답하되 우리가 음란한 데서 나지 아니하였고 아버지는 한 분뿐이시니 곧 하나님이시로다 42 예수께서 이르시되 하나님이 너희 아버지였으면 너희가 나를 사랑하였으리니 이는 내가 하나님께로부터 나와서 왔음이라 나는 스스로 온 것이 아니요 아버지께서 나를 보내신 것이니라 43 어찌하여 내 말을 깨닫지 못하느냐 이는 내 말을 들을 줄 알지 못함이로다 44 너희는 너희 아비 마귀에게서 났으니 너희 아비의 욕심대로 너희도 행하고자 하느니라 그는 처음부터 살인한 자요 진리가 그 속에 없으므로 진리에 서지 못하고 거짓을 말할 때마다 제 것으로 말하나니 이는 그가 거짓말쟁이요 거짓의 아비가 되었음이라 45 내가 진리를 말하므로 너희가 나를 믿지 아니하는도다 46 너희 중에 누가 나를 죄로 책잡겠느냐 내가 진리를 말하는데도 어찌하여 나를 믿지 아니하느냐 47 하나님께 속한 자는 하나님의 말씀을 들나니 너희가 듣지 아니함은 하나님께 속하지 아니하였음이로다 48 유대인들이 대답하여 이르되 우리가 너를 사마리아 사람이라 또는

귀신이 들렸다 하는 말이 옳지 아니하냐 49 예수께서 대답하시되 나는 귀신 들린 것이 아니라 오직 내 아버지를 공경함이거늘 너희가 나를 무시하는도다 50 나는 내 영광을 구하지 아니하나 구하고 판단하시는 이가 계시니라 51 진실로 진실로 너희에게 이르노니 사람이 내 말을 지키면 영원히 죽음을 보지 아니하리라 52 유대인들이 이르되 지금 네가 귀신 들린 줄을 아노라 아브라함과 선지자들도 죽었거늘 네 말은 사람이 내 말을 지키면 영원히 죽음을 맛보지 아니하리라 하니 53 너는 이미 죽은 우리 조상 아브라함보다 크냐 또 선지자들도 죽었거늘 너는 너를 누구라 하느냐 54 예수께서 대답하시되 내가 내게 영광을 돌리면 내 영광이 아무것도 아니거니와 내게 영광을 돌리시는 이는 내 아버지시니 곧 너희가 너희 하나님이라 칭하는 그이시라 55 너희는 그를 알지 못하되 나는 아노니 만일 내가 알지 못한다 하면 나도 너희같이 거짓말쟁이가 되리라 나는 그를 알고 또 그의 말씀을 지키노라 56 너희 조상 아브라함은 나의 때 볼 것을 즐거워하다가 보고 기뻐하였느니라 57 유대인들이 이르되 네가 아직 오십 세도 못 되었는데 아브라함을 보았느냐 58 예수께서 이르시되 진실로 진실로 너희에게 이르노니 아브라함이 나기 전부터 내가 있느니라 하시니 59 그들이 돌을 들어 치려 하거늘 예수께서 숨어 성전에서 나가시니라

초막절을 맞아 유대인들이 원근 각처에서 예루살렘으로 모여들었습니다. 이들 가운데 성전에서 가르치시는 예수님의 말씀을 듣고 예수님을 믿는다고 고백하는 사람들이 많이 생겨났습니다.

> 이 말씀을 하시매 많은 사람이 믿더라(30절).

당시 배경에 비추어보면 이는 참으로 놀라운 말씀입니다. 지금 예루살렘은 예수님을 믿겠다는 말을 쉽게 할 수 있는 분위기가 아닙니다. 유대인들은 누구든지 예수님을 그리스도로 시인하면 이유 여하를 막론하고 출교하기로 이미 결의한 상황입니다(요 9:22). 함부로 입을 열어 예수님이 메시아라는 말을 할 수 없는 공포 분위기가 예루살렘 거리에 깊게 드리워 있었습니다. 그러므로 사회적으로 완전히 매장을 당할 수 있는 상황에서도 예수님을 믿는다고 고백했다면, 그들의 믿음은 굉장히 순수할 뿐만 아니라 어떤 시험에도 꺾이지 않을 정도로 강하다고 할 수 있습니다. 그리고 예수님도 그들을 보시고 흡족해하시면서 그들의 믿음을 칭찬하시리라 기대할 수 있습니다.

그러나 그런 기대를 가지고 본문을 읽어 내려가다 보면 대단히 당황스러운 말씀에 부딪힙니다. 예수님께서는 자기를 그리스도로 믿겠다고 말하는 유대인들에게 이렇게 말씀하셨습니다.

> … 너희가 내 말에 거하면 참으로 내 제자가 되고 진리를 알지니 진리가 너희를 자유롭게 하리라(31-32절).

이 말씀은 다음과 같은 의미입니다. "너희들은 믿는다고 하지만 내 말에 거하지 않으니 내 제자가 아니다. 너희는 진리가 자유롭게 하는 은혜가 무엇인지 아직도 모른다." 공포 분위기에서 예수님을 믿는다고 고백할 정도면 그 믿음이 대단할 것 같은데 어떻게 예수님 눈에는 거짓으로 비쳐졌을까요?

유대인들이 이 말씀을 듣고 감격하여 "주여, 옳습니다. 아멘"이라고 했다면 문제는 간단했을 것입니다. 그러나 유대인들이 보인 반응을 보면, 주님께서 그렇게 말씀하신 이유를 충분히 알 수 있습니다. 입으로는 예수님을 믿는다고 고백하지만 그들의 믿음이 순수하고 진실하지 않음을 예수님은 아셨습니다. 예수님은 유대인들이 믿는다고 고백은 했지만 실상은 심각한 문제가 있음을 간파하셨습니다.

어떤 분들은 33절의 "그들이 대답하되"라는 구절에서 '그들'이 예수님을 믿는다고 말하는 자들이 아니고, 그들 가운데 끼여 있던 믿지 않는 사람이거나 아니면 아예 다른 사람을 두고 하신 말씀이라고 생각할지도 모르겠습니다. 그러나 그런 가정을 가지고 8장 전체를 읽으면 문맥이 자연스럽지 않습니다. 그러므로 31절 이하에 전개되는 모든 내용은 예수님과 예수님을 믿는다고 고백한 유대인들과

의 관계에서 일어난 일이라고 인정하고 성경을 보아야 합니다. 그렇다면 정말 놀라운 이야기가 아닐 수 없습니다. 어떻게 예수님을 믿는다고 하던 사람들이 예수님을 귀신 들렸다고 몰아붙였는지 그리고 나중에는 돌멩이를 들고 그를 쳐서 죽이려고 했는지 의문을 갖지 않을 수 없습니다.

하지만 냉정을 되찾고 깊이 생각해보면 그것은 그렇게 이상한 일도 아닙니다. 예수님을 배신하고 팔아먹은 사람이 예수님을 믿는다고 따라다니던 열두 제자 중에서 나오지 않았습니까? 기독교 핍박사를 보면 수많은 순교자들이 강물을 이룰 만큼 많은 피를 흘렸습니다. 그런데 그런 사건 하나하나를 들추어보면 예수님을 향해 칼을 들이대고 그리스도인들을 끌어다가 불에 던진 사람들은 대부분 교회에서 나왔습니다. 믿는다고 하던 사람들이 오히려 믿는 형제들에게 핍박의 칼날을 들이대는 짓을 했습니다. 이러한 역사적인 사실을 미루어볼 때, 믿는다고 하다가 금세 얼굴을 돌려 예수님을 향해 돌멩이를 든 사람들이 그리 낯설지만은 않습니다.

그런 의미에서 이 말씀이 우리에게 주는 교훈은 사이비 신앙에 대한 경고임을 알아야 합니다. 사이비 신앙은 무신앙, 즉 믿음이 없는 것과 똑같이 불행합니다. 거짓 믿음은 믿음이 없는 것보다 오히려 더 불행해질 수 있다고 본문은 이야기합니다. 그렇다면 무엇이 거짓 믿음입니까? 본문에서는 네 가지를 거론합니다.

영적 절박성의 결여

첫 번째로, 거짓 믿음을 가진 사람들은 구원의 필요성을 절실히 느끼지 못합니다. 베드로가 성령의 감동하심으로 예루살렘에서 능력 있는 설교를 하자, 그 설교를 들은 사람들에게 어떤 반응이 일어났습니까? "형제들아 우리가 어찌할꼬" 하면서 가슴을 치며 회개했습니다(행 2:37). 그들은 "형제여 우리가 어떻게 하면 구원받을 수 있는가? 어떻게 하면 예수님을 십자가에 못 박아 죽인 죄를 용서받을 수 있는가?" 하고 간절히 매달렸습니다.

빌립보 지방의 간수가 바울에게 보인 반응도 마찬가지였습니다. 그는 바울 앞에 무릎을 꿇고 "어떻게 하면 내가 구원을 얻을 수 있습니까?" 하고 물었습니다. 참믿음을 가진 사람이라면 일반적으로 이런 반응을 보입니다. '어떻게 하면 내가 구원받을 수 있을까? 구원받지 못하면 내게는 아무런 소망도 없다. 하나님께 죄 용서를 받지 못하면 나의 앞날에 기다리는 것은 죽음밖에 없다.' 이런 생각을 가지고 구원을 절실히 사모하는 믿음이라야 진짜 믿음이라고 할 수 있습니다.

그러나 본문을 보면 그들은 예수님을 믿는다고 하면서 정작 구원에 대하여는 이처럼 절실한 필요성을 보이지 않습니다. 예수님의 말씀 중에서 "자유롭게 하리라"에는 모든 사람이 죄의 노예가 되었다는 뜻이 담겨 있습니다. 죄를 지으면 죄의 종이 됩니다. 죄의 종이 되면 남는 것은 영원한 멸망밖에 없습니다. 그러므로 "진리가 너희를 자유롭게 하리라"(32절)는 말씀은 주님이 그들을 죄에서 해방시키고 구원에 이르게 하시겠다는 뜻입니다.

그들이 정말 믿는 사람이라면 그 말씀 앞에 감격하여 "주여, 우리를 구원해주옵소서. 나는 죄인이로소이다" 하고 나왔어야 합니다. 그러나 그들은 예수님의 말씀에 대뜸 반박하고 나섭니다.

> … 우리가 아브라함의 자손이라 남의 종이 된 적이 없거늘 어찌하여 우리가 자유롭게 되리라 하느냐(33절).

그들이 "자유롭게 하리라"는 말씀을 영적으로 받아들이지 못하고 정치적으로 이해했다고 생각할 수도 있습니다. 그러나 만일 그들이 그렇게 받아들였다 하더라도, "우리가 언제 종이 된 일이 있으며 도대체 무슨 자유가 필요하다는 말인가"라니 이 얼마나 뻔뻔스러운 태도입니까?

사실 그때껏 이스라엘의 역사는 한마디로 노예의 역사입니다. 그들은 아브라함의 자손으로서 애굽에 끌려가 수백 년 동안 종 노릇한 수치스러운 역사를 가지고 있습니다. 누구도 그런 역사적인 사실을 부인할 수 없습니다. 사사기를 읽어보면 이스라엘 백성은 일곱 번이나 주변 국가의 속국이 되어서 공물을 바치며 노예 생활을 했습니다. 앗수르에게 정복되어 포로로 끌려갔던 북이스라엘의 열 지파는 타민족과 통혼함으로써 혈통마저 지키지 못하고 온 세계에 뿔뿔이 흩어져 결국에는 행방을 찾을 수 없을 정도로 사라져버렸습니다. 한편 남쪽에 있는 두 지파는 바벨론에 잡혀가서 모욕적인 포로 생활을 하다가 겨우 목숨만 건지고 돌아온 역사가 있습니다.

그리고 예수님과 이야기하는 지금 이 순간에도 그들은 로마의 식민지 백성입니다. 지금 이스라엘 민족은 종교적인 자유 외에는 모든 주권을 완전히 빼앗겨 로마 정부에 세금을 바치면서 종살이를 하고 있습니다. 그러면서도 "우리가 언제 종 된 일이 있는가? 우리에게 도대체 무슨 자유가 필요한가?"라며 뻔뻔하게 되묻습니다. 그들에게는 구원이 그다지 절실해보이지 않습니다.

믿음은 영적인 절박성, 즉 구원받지 않으면 나는 죽는다는 절박성을 깊이 인식할 때 생깁니다. 예수님께서도 마가복음 2장 17절에서 이런 사실을 말씀하셨습니다. "건강한 자에게는 의사가 쓸데없고 병든 자에게라야 쓸데 있느니라." 병들어 아픈 사람만이 절박하게 의사를 찾는 법입니다. 그러므로 자기 스스로 의인인 체하는 사람은 구원이 절박하지 않습니다. 오직 자기가 죄인임을 깊이 인식하는 순간 비로소 나를 구원하신 예수님을 사모하고 그분께 매달리는 법입니다. 구원이 간절해져 매달릴 때 생겨나는 그 믿음이 바로 진짜 믿음이 됩니다.

존 버니언의 《천로역정》 첫 장을 넘기면 주인공인 그리스도인이 나옵니다. 주인공은 성경을 읽다가 자기가 하나님 앞에 무서운 죄인이라는 것을 깨닫습니다. 그러고는 벌벌 떨면서 '어떻게 하면 모든 죄를 용서받고 구원받을 수 있을까?' 하고 가슴을 치는 장면이 나옵니다. 무거운 짐을 지고 손에는 책 한 권을 들고 있던 그는, 이윽고 책을 펴서 읽기 시작했는데 읽어 내려가면서 몸을 떨며 울었습니다. 그러더니 마침내 더 이상 참을 수 없다는 듯이 슬픈 소리로 "어찌할꼬, 어찌할꼬" 하며 울부짖었습니다. 참믿음을 가진 사람은 바로 이렇게 반응합니다.

물론 교회를 한두 번 드나들면서 설교를 들었다고 해서 자신이 구원받아야 하고, 구원받기 위해서는 예수 그리스도가 필요하다는 진리를 즉시 깨달을 수 있는 것은 아닙니다. 그렇지만 정말 믿음을 가진 사람이라면 구원의 필요성을 절실하게 인정합니다. 예수님이 아니면 자기에게는 더 이상 아무런 소망이 없음을 스스럼없이 고백하는 사람이 됩니다. 이럴 때 그 사람의 믿음을 진짜 믿음이라고 말합니다. 그러나 믿는다고 하면서도 그런 필요성을 절실하게 느끼지 못한다면 그런 사람의 믿음은 다시 한번 점검해보아야 합니다.

대법원 판사로서 기독교 법조인 모임인 애중회 회장직을 맡았던 이용훈 장로님의 간증을 가까이에서 들은 적이 있습니다. 그는 대학 4학년 때 고시에 합격하여 모든 사람에게 부러움을 샀습니다. 그리고 어떤 계기 덕분에 그 후 10여 년 동안 교회를 열심히 다녔다고 합니다. 법관으로서 또 신실한 신앙인으로서 모범적인 모습을 보이자 성도들이 그를 믿음 좋은 청년으로 인정했던 것 같습니다. 본인도 스스로 예수님을 잘 믿는다고 생각했습니다. 그러다가 1978년에 국비 장학생으로 독일 유학을 갔습니다.

조그마한 대학촌에서 공부를 했는데 그곳에는 한국인이 거의 없었습니다. 그렇게 외롭고 답답한 생활을 하면서 공부하던 어느 날 한국 선교사를 만났습니다. 이런 이야기 저런 이야기를 나누다가 선교사가 조금 이상하다고 느꼈는지 이용훈 판사에게 질문을 했습니다.

"실례지만 제가 질문을 하나 하겠습니다. 예수님을 믿습니까?"

"예. 저는 지금까지 10여 년 동안 교회를 열심히 다녔습니다."

그렇게 대답하자, 선교사는 "교회를 다녔냐고 묻지 않고 예수님을 믿냐고 물었습니다"라고 재차 질문했습니다. 그러자 그만 말문이 막혔습니다. 그 질문의 깊은 의미를 이해하지 못했기 때문입니다. 그래서 대답을 못하고 난처한 표정으로 머뭇거리고 있으니 선교사가 이런 말을 했습니다.

"제가 생각하기에 이 선생님은 예수님을 믿는 분이 아닌 것 같습니다."

"그래요? 그럼 난 뭡니까?"

"다시 말하면, 선생님은 중생받은 성도 같지 않다는 것입니다."

"그럼 어떻게 하면 중생을 받습니까?"

"집에 돌아가셔서 죄를 회개하십시오. 하나님 앞에 죄를 회개하시고 용서를 구하십시오. 그러면 하나님이 선생님의 마음에 아주 희한한 기쁨을 주실 것입니다. 그 기쁨이 일어나면 선생님이 중생받았다는 것을 믿으셔도 됩니다."

선교사의 말이 가슴에 와서 콱 박혔습니다. 집에 돌아와서도 회개하라는 선교사의 말이 계속 머릿속에서 맴돌았습니다. 그래서 회개 기도를 시작했습니다. 그러나 한참 동안 회개 기도를 하려고 애를 쓰는데도 회개할 거리가 생각나지 않았다고 합니다. 충분히 그럴 수 있는 일입니다. 대학 4년 내내 공부에만 정신을 쏟았고, 그 후에는 젊은 나이에 법관이 되어 직무에 충실하게 살아서 그런지 특별히 회개할 거리가 생각나지 않았습니다. 회개할 거리를 찾느라 끙끙 앓는데 갑자기 어떤 기억 하나가 떠올랐습니다. 초등학교 3, 4학년 때 학교에서 짚을 가져오라는 숙제를 내주었는데, 자기 집에 있는 짚을 가져가지 않고 이웃집 볏가리에서 몇 단을 뽑아 학교에 가지고 간 것이 생각났습니다. 법조인의 입장에서 볼 때 그것도 절도에 해당하는 죄였습니다. 그래서 "하나님, 어릴 때 짚단 두서너 개를 뽑아서 학교에 가지고 갔는데 그것은 절도입니다. 하나님 용서해주세요" 하면서 회개를 시작했답니다.

어쩌면 우리도 그럴 수 있습니다. 교회를 10년이나 다녔는데 막상 회개하라고 하면 무슨 잘못을 크게 범한 일이 없기 때문에 지은 죄가 딱히 생각나지 않습니다. 따라서 십자가의 죽음이 마음에 심각하게 와닿지 않을 수 있습니다. 드러나게 죄를 지은 적도 없고, 사람들의 입에 오르내릴 만한 잘못을 한 적도 없기 때문에 회개하고 구원받으라고 말하면 그것이 절실하게 느껴지지 않을 수 있습니다. 그래서 본문에 등장하는 유대인들처럼 "내가 잘못한 게 뭐가 있다고 나에게 구원이 필요하다는 거야?" 하는 식의 반응을 얼마든지 보일 수 있습니다.

그러나 이런 식의 생각은, 사람 앞에서 가능할지 모르지만 하나님 앞에서는 있을 수 없습니다. '사람이 보기에는 몰라도 하나님이 보시기에는 죄인 중의 죄인이다. 나는 용서받아야 한다. 구원받아야 한다.' 마음속에서 이런 절규가 뜨겁게 우러나지 않는다면 당신의 믿음에는 문제가 있습니다.

말씀에 매력을 느끼지 못할 때

두 번째로, 거짓 믿음을 가진 사람은 하나님의 말씀을 잘 듣지 못합니다. 예수님과 마주 서서 대화를 나누면서도 유대인들은 예수님의 말씀이 귀에 들어오지 않았습니다. 그들은 예수님의 말씀을 귀담아듣기보다는 자꾸 말꼬리를 붙잡고 늘어졌습니다.

> … 그러나 내 말이 너희 안에 있을 곳이 없으므로 나를 죽이려 하는도다(37절).

> 어찌하여 내 말을 깨닫지 못하느냐 이는 내 말을 들을 줄 알지 못함이로다(43절).

일반적으로 볼 때, 믿음에 문제가 있는 사람들은 하나님의 말씀에 별로 관심이 없습니다. 설교도 건성으로 듣습니다. 말씀을 가르쳐도 잘 이해하지 못합니다. 정치적인 이슈나 세상 돌아가는 일을 이야기하면 엄청 관심 있게 듣고 또 말합니다. 그러나 신앙생활이나 성경 이야기를 하면 이내 얼굴을 푹 숙이고 심지어 눈을 감고 졸기까지 합니다. 그 믿음에 문제가 있기 때문입니다. 교회를 몇 년 다녔든지 근본적으로 하나님의 말씀에 그다지 매력을 느끼지 못하는 사람들이 있습니다. 그들에게는 성경 말씀 읽는 일이 너무나도 고역입니다. 신앙 이야기를 하면 몸이 쑤시고 불편해서 견디지 못합니다. 당신이 이런 사람이라면 자신의 믿음을 되돌아보아야 합니다.

예수님이
하나님이심을 믿지 못함

세 번째, 거짓 믿음을 가진 사람은 예수님이 하나님이심을 믿지 못합니다. 51절 이하에 기가 막힌 말씀이 나옵니다.

> 진실로 진실로 너희에게 이르노니 사람이 내 말을 지키면 영원히 죽음을 보지 아니하리라(51절).

할렐루야! 이 말씀은 예수님께서 복음을 가지고 세상 모든 사람을 구원하시고 영생을 주시겠다는 영광스러운 말씀입니다. 그러나 유대인들은 예수님의 말씀에 어떤 반응을 보였습니까? "아니 네가 이미 죽은 우리 조상 아브라함보다 크다는 말이냐? 또 선지자들도 죽었는데 너는 너를 누구라 하느냐? 네가 아브라함보다 더 오래 살았느냐? 어찌 네 말을 들으면 죽지 않는다고 건방진 소리를 하느냐?"(53절) 그러나 예수님께서는 유대인들의 비난에 놀라운 말씀으로 대답하십니다.

> 너희 조상 아브라함은 나의 때 볼 것을 즐거워하다가 보고 기뻐하였느니라(56절).

영적으로 캄캄한 유대인들로서는 도무지 알아듣기 힘든 말씀입니다. 아브라함은 수천 년 전에 살았던 사람이지만 그는 그때부터 하나님의 아들을 바라보았고, 하나님의 아들이 세상을 구원하실 것을 내다보면서 기뻐하며 즐거워하다가 죽었다는 이야기입니다. 달리 말하면, 아브라함도 예수님을 보고 좋아하다가 죽었다는 뜻이 됩니다.

이 말씀에 유대인들은 기분이 매우 상한 나머지 화를 냅니다. "아니 아직 50살도 안 된 사람이 아브라함을 봤다고?" 이 질문에 예수님이 다음과 같이 대답하십니다.

> 예수께서 이르시되 진실로 진실로 너희에게 이르노니 아브라함이 나기 전부터 내가 있느니라…(58절).

예수님은 그분 자신이 하나님이라 선포하십니다. "아브라함이 나기 전부터 내가 있었느니라"가 아닙니다. 예수님은 시간의 구애를 받으시는 피조물이 아닙니다. "내가 있느니라"라는 말씀은 아브라함 때나 지금이나 똑같이 있다는 뜻입니다. '있느니라'를 뜻하는 'I am'이라는 말은 하나님 자신의 이름입니다. 출애굽기 3장 14절에 하나님께서 자신을 모세에게 소개하실 때에 '여호와'라고 밝히셨습니다. 영어로 표현하면 'I am who I am'입니다. '내가 있는 바 내가 바로 하나님, 영원한 지존자'라는 뜻입니다. 'I am'이라고 하는 하나님의 이름을 예수님이 공포하셨습니다. 그 말에 유대인들은 돌을 들어 치려고 달려들었습니다. 유대인들은 예수님을 하나님으로 믿지 않았기 때문입니다. 이처럼 그들은 거짓 믿음을 가진 사람들이 할 법한 행동을 했습니다.

1988년에 기독교 출판사인 하베스트하우스에서 《설교단의 약탈자》(Predators in Our Pulpits)라는 이상한 제목을 붙인 책을 광고하면서 이런 내용을 실었습니다. "일단의 목사 그룹을 설문 조사한 결과 그 가운데 60퍼센트가 예수님이 동정녀 마리아에게서 탄생하셨다는 사실을 믿지 않았다." 예수님이 처녀의 몸에서 탄생하셨음을 믿지 않는다면, 그것은 곧 예수님이 하나님이심을 부정한다는 이야기입니다. 또 어느 교단에 가서 조사를 했더니 35퍼센트의 목사들이 예수님께서 육체로 부활하심을 믿지 않았다고 합니다. 예수님이 육체로 부활하신 것을 안 믿었다면 예수님이 하나님이 아니라고 선언하는 것과 같습니다. 또 어느 교단에 가서 설문 조사를 했더니 82퍼센트, 심지어 어떤 그룹에서는 95퍼센트의 목사들이 성경이 하나님의 말씀인 것을 믿지 않는다는 결과가 나왔습니다.

이 광고를 낸 필립 켈러는 이렇게 결론을 내렸습니다. "오늘날 예수 그리스도 교회의 가장 큰 위협은 외부로부터가 아니라, 내부에 있는 교회 지도자들에게서 온다." 예수님이 하나님의 아들이심을 믿지 않는 지도자들이 많다는 이야기입니다.

지도자들 중에는 이렇게 잘못된 사람들이 많이 있는 반면, 평신도들 가운데 오히려 훌륭한 믿음을 보이는 사람들이 있습니다. 1988년까지 20년 동안 미국에서 자유주의 신학에 물들어 예수님이 하나님이심을 믿지 않는 지도자들 밑에 있던 감리교 신자 가운데 180만 명이 그 교회를 빠져나갔습니다. 그러고는 예수님이 하나님이심을 분명하게 전하는 교회로 들어갔습니다. 교회 다니는 사람들 중에서도 예수님을 믿지 않는 사람들이 분명히 있습니다. "예수님이 하나님이시다"라고 하면 체한 것처럼 속이 불편하고 기분이 안 좋은 사람들이 있습니다. 이런 사람들은 믿음에 문제가 있습니다.

예수님을 떠남

네 번째로, 거짓 믿음을 가진 사람은 결국 예수님을 떠납니다. 믿는다고 하던 유대인들이 나중에는 오히려 손에 돌을 들고 주님을 치려 했던 것처럼 예수님을 떠납니다. 거짓 믿음은 결국 세상으로 다시 되돌아갑니다.

거짓 믿음은 "나는 죄인이다. 나는 구원받아야 한다"라는 절실한 영적 요구가 없습니다. 하나님의 말씀을 듣지 않으려고 합니다. 예수님이 하나님이심을 인정하려고 하지 않습니다. 그리고 언제든지 예수님을 떠날 가능성이 있습니다.

만약 위 네 가지 문제 가운데 하나라도 마음속으로 찔리는 것이 있으면 "주여 나의 믿음 없음을 도와주소서"라고 기도해야 합니다. 물론 저는 요한복음 8장에 나오는 유대인들이 모두 멸망받았다고 보지는 않습니다. 주님께서는 28절에 "너희가 인자를 든 후에 내가 그인 줄을 알리라"고 예언하셨습니다. 이 말씀은 "지금은 너희들이 나를 하나님으로 인정하지 않지만, 내가 십자가에 못 박혀 죽은 뒤 부활하고 나중에 교회에 성령이 임하시면 비로소 내가 메시아, 세상의 구원자임을 알리라"는 뜻입니다. 이 예언대로 돌을 들고 주님을 치려고 했던 사람들 가운데는 나중에 성령을 받고 예수님이 구원자이심을 알게 되어, 십자가를 붙들고 눈물로 회개하면서 하나님의 거룩한 자녀가 된 사람이 많았다고 저는 믿습니다.

그러므로 거짓 믿음은 한순간의 문제여야 하지 평생의 문제가 되면 안 됩니다. 오늘 잘 믿지 못한다 할지라도, 내일은 정말로 주님이 기뻐하고 칭찬할 수 있는 믿음의 사람으로 바뀌어야 합니다. 주님은 이런 사람을 원하십니다. 혹시 자신의 믿음에 문제가 있다고 생각하는 분이 있습니까? 그렇다면 이용훈 판사처럼 무릎을 꿇고 "주님 나에게 문제가 있습니다. 도와주옵소서"라고 기도하십시오. 그러면 하나님께서 정말로 아름다운 믿음을 주실 줄 믿습니다.

믿음을 선물로 받은 은혜

그리스도인은 예수님이 자신의 주요 하나님 되심을 믿고, 주님이 아니면 자신은 소망이 없는 죄인임을 항상 믿습니다. 하나님의 말씀이 영혼의 양식이요, 하나님의 영원한 진리임을 믿습니다. 온 세상이 다 예수님에게서 등을 돌려도 나만은 주님 곁에 있고 싶어 하는 간절한 소망이 있습니다. 이러한 믿음이 있음은 너무도 감사한 일이 아닐 수 없습니다.

물은 아래로 흐릅니다. 인간의 심성도 항상 아래로 흘러갑니다. 예수님이 하나님의 아들이라고 고백하는 것보다는, 내가 하나님처럼 살기를 원하는 것이 인간의 심성입니다. 하나님의 말씀이 진리라고 받아들이기보다는 세상의 말을 진리로 받아들이기가 훨씬 쉬운 것이 우리의 심성입니다. 내가 꼭 구원받아야 할 죄인이라고 인정하기보다는, 나에게는 아무런 잘못이 없다고 생각하기 쉬운 것이 우리의 심성입니다. 그러므로 우리의 본성으로는 믿음을 갖기가 100퍼센트 불가능하기만 합니다. 우리의 죄악 된 심성으로는 예수님을 하나님의 아들로 믿고, 하나님의 말씀이 진리인 줄 알고, 자신이 죄인임을 고백하며 눈물을 흘리기란 불가능합니다.

그럼에도 이 불가능한 믿음을 우리가 갖게 되었다는 것은, 참으로 이해하기 어렵고 놀라운 일입니다. 에베소서 2장 8-9절에 해답이 있습니다.

너희는 그 은혜에 의하여 믿음으로 말미암아 구원을 받았으니 이것은 너희에게서 난 것이 아니요 하나님의 선물이라 행위에서 난 것이 아니니 이는 누구든지 자랑하지 못하게 함이라.

믿음은 하나님께서 주신 선물입니다. 선물은 주는 자 마음입니다. 그런데 어떻게 하나님께서 나 같은 것을 골라서 그 귀한 선물을 주셨을까요? 나는 아무것도 모르고 받았는데 받고 보니 기가 막힌 선물입니다. 이런 믿음을 선물로 받고 보니 비로소 예수님이 하나님이신 것을 알게 되었습니다. 하나님의 말씀이 진리라는 것을 고백하게 되었습니다. 이 믿음을 갖게 되자 예수님을 통해서 내가 구원받아야 할 사람이요, 주님을 통해서 영생을 얻었음을 확신하게 되었습니다. 할렐루야! 이제는 물불을 가리지 아니하고 주님을 위해 살겠다고 하는 뜨거운 마음이 생겼습니다. 믿음을 선물로 받고 보니 나에게 이런 놀라운 일들이 일어났습니다. 정말 희한한 일입니다. 정말 기적이 일어났습니다.

그러니 이 기적을 인정하면 가슴이 뜨거워집니다. 내가 무엇이기에 하나님 앞에 이렇게 인정을 받고 믿음을 소유하게 되었습니까? 믿음을 선물로 받게 되었습니까? 주님 너무나 감사합니다. 그래서 나도 모르게 찬송이 내 입에서 나옵니다.

아 하나님의 은혜로 이 쓸데없는 자
왜 구속하여 주는지 난 알 수 없도다
왜 내게 굳센 믿음과 또 복음 주셔서
내 맘이 항상 편한지 난 알 수 없도다
왜 내게 성령 주셔서 내 맘을 감동해
주 예수 믿게 하는지 난 알 수 없도다

내가 믿고 또 의지함은 내 모든 형편 잘 아는 주님
늘 돌보아주실 것을 나는 확실히 아네

30

진리가 자유롭게 하리라

요한복음 8장 31-32절

31 그러므로 예수께서 자기를 믿은 유대인들에게 이르시되 너희가 내 말에 거하면 참으로 내 제자가 되고 32 진리를 알지니 진리가 너희를 자유롭게 하리라

1996년 5월 23일, 북한 전투기 조종사 한 명이 미그 19기를 몰고 대한민국으로 귀순했습니다. 자유를 찾았다고 감격하는 그의 모습이 신문에 대문짝만하게 실렸습니다. 우리는 그 사진을 보면서, 생명을 걸고 철의 장막을 넘어온 젊은이에게 다시 한번 축하의 마음을 아끼지 않았습니다. 그런데 그의 귀순 기사를 읽으면서 기뻐하면서도 한편으로 아주 상반된 감정이 일었습니다. 신문에는 그의 가족사진이 실렸습니다. 27세 아내와 한 살, 세 살배기 어린 두 꼬마와 함께 찍은 사진이었습니다. 또 한 번 슬픔으로 가슴이 저려왔습니다. 무서운 사지에 버려진 가족에게 가해질 혹독한 시련을 떠올리며 비애를 금치 못했습니다. 그때 주변에서 이런 말들이 들려왔습니다. "아무리 자유가 소중하다고 하지만, 죄 없는 가족을 죽이고 자기 혼자 살려고 하는 사람이 남자야? 사람이야? 가족은 어떻게 하라는 말이야?" 자유! 그것이 그다지도 중요한 것입니까? 생명을 걸 만큼 그렇게도 값진 것인가요?

성경을 펴고 뜻을 새기면서 읽으면, 놀랍게도 하나님께서는 이 자유가 엄청나게 소중하다는 것을 우리에게 깨우쳐주십니다. 무엇보다도 놀라운 것은, 하나님 자신을 자유를 선언하는 해방자로 계시하신다는 사실입니다. "나는 해방자다. 나는 너희를 자유롭게 하기를 원하노라." 자신이 포로 된 자에게 자유를 주시고 갇힌 자에게 놓임을 선포하시는 해방자라고 예언하십니다. 하나님이 예수 그리스도를 우리에게 보내신 이유도 우리를 자유롭게 하기 위함이라고 했습니다. 이런 의미에서 예수님도 해방자요, 동시에 그분이 전하는 복음은 우리에게 자유의 선언문이라고 할 수 있습니다.

하나님 자신이 이처럼 자유를 주는 분이시므로 노예, 종, 압박, 핍박, 멍에, 종살이와 같이 자유와 반대되는 말들을 굉장히 혐오하신다는 사실을 성경을 보면 알 수 있습니다. 물론 하나님이 선포하시는 자유는 영적 자유를 의미합니다. 1941년 1월 6일, 프랭클린 루스벨트 대통령이 연설을 하면서, 그는 인류에게 꼭 필요한 네 가지 자유를 선언했습니다. 표현의 자유, 종교의 자유, 궁핍으로부터의 자유 그리고 공포로부터의 자유입니다. 그는 미국이 이 네 자유를 충분히 누리는 나라가 되게 하겠다고 선언했습니다. 네 가지 자유는 우리가 생명을 유지하는 데 꼭 필요한 물과 공기처럼 소중합니다. 그러나 하나님께서 말씀하시는 영적 자유는, 우리가 세상에서 사는 데 필요한 네 가지 자유보다 더 소중하고, 네 가지 자유를 보장받기 위해 꼭 전제되어야 하는 근본적인 자유입니다.

무엇이 영적 자유입니까? 죄의 권세로부터 해방되는 것입니다. 이미 교회를 다니고 신앙생활을 하는 분들은 영계(靈界)를 어느 정도 알 것이고, 이 세상에서는 하나님의 역사와 마귀의 역사가 무섭게 충돌한다는 사실을 느낄 것입니다. 눈으로 보이지는 않지만 바람이 불면 가지가 흔들리듯이, 오늘날 악의 세력이 얼마나 무섭게 사람들을 낚아채어 죄의 소굴로 끌고 가는지 매스컴을 접할 때마다 생생하게 느낄 수 있습니다. 이 무서운 죄악의 쇠사슬에서 우리를 구원하는 것이 하나님이 주시는 영적 자유입니다.

죄의 종으로서 사는 세상

… 죄를 범하는 자마다 죄의 종이라(요 8:34).

내가 자유인인지 아니면 죄의 멍에를 메고 가는 사람인지 판단하기는 어렵지 않습니다. 죄를 범합니까? 그렇다면 죄의 종입니다. 죄를 짓지 않는 사람이 누가 있습니까? 현장에서 간음하다가 잡힌 여인에게 죄 없는 자가 돌로 치라고 주님이 말씀하시자 돌을 들었던 사람들은 슬금슬금 자리를 피하여 모두 도망갔습니다. 그들이 왜 그렇게 했습니까? 모두가 똑같은 죄의 종이었기 때문입니다. 그러므로 예수님께서 말씀하십니다. "누구든지 죄의 종으로 있는 사람은 내가 자유롭게 하리라."

그런데 이 영적 자유가 자기에게 얼마나 필요하고 절실한지 사람들은 잘 모릅니다. 영적으로 무지해서인데, 참으로 심각한 문제입니다. 예수님께서 "내가 너희를 자유롭게 하리라"고 말씀했을 때 유대인들은 크게 반발했습니다. 이것은 오늘날에도 마찬가지입니다. "우리가 종이 된 일이 없는데 왜 자유가 필요하다고 말하느냐?"라고 반발했던 유대인들처럼, 오늘날 사람들에게 "당신은 영적 자유가 필요합니다"라고 하면 "우리는 이미 온갖 자유를 다 누리고 있는데 더 이상 무슨 자유가 필요하냐?"라고 반문하면서 마치 이상한 소리를 한다는 식으로 쳐다봅니다.

감옥에서 종신형을 사는 사람을 한번 생각해보십시오. 교도소에서 10년 정도 살다 보면, 그래도 경력이란 것이 붙어서 갓 들어온 죄수가 누릴 수 없는 특혜를 많이 누립니다. 표현의 자유도 어느 정도 보장을 받습니다. 못 먹어서 굶어 죽는 법도 없습니다. 그러니 두려울 게 없어집니다. 그리고 이제 갓 들어온 죄수들에 비해서는 상당히 자유롭게 생활합니다. 그래서 종신형을 받은 죄수는 다른 죄수들과 자기를 비교하면서 자신은 그런 대로 행복하다고 여길 것이고 자유롭다고 느낄 것입니다.

그러나 교도소 안에 있으면서 표현의 자유를 누리면 얼마나 누리고, 공포로부터의 자유를 누리면 얼마나 누리겠습니까? 아무리 모든 자유를 다 누린다고 해도 교도소 안에 갇힌 이상 그 자유는 진정한 자유가 아닙니다.

오늘을 사는 우리 인간들은 모두 다 종신형을 사는 감옥 안의 죄수와 같습니다. 아무리 세상적인 자유를 다 누리며 산다 할지라도 죄의 굴레에서 벗어나지 못하고 사탄의 권력에서 헤어나오지 못하면 참된 자유인이 아닙니다.

신문을 보노라면 참 기막힌 사건들이 일어납니다. 몇 년 전 충남 아산에서 아무 힘도 없고 보호자도 없는, 더군다나 아직 성인이 되지도 않은 열한 살 소녀 가장에게 열네 명의 남자들이 차마 입에 담기조차 힘든 짓을 한 사건이 있었습니다. 작은 시골 마을입니다. 그 어린 나이에 가장 역할 하는 열한 살 소녀에게 무슨 힘이 있었을까요? 그 마을에 있는 남자들은 그 소녀에게 오빠가 되어주고, 아버지가 되어주고, 선생이 되어주어야 마땅했습니다. 그런데 당연히 그렇게 해야 하는 사람들이 오히려 어린아이에게 몸서리쳐지는 못된 짓을 자행했습니다. 그들은 무서운 악당과 천인공노할 폭군이 되어버린 것입니다. 그 14명 중에 아직 철이 들지 않은 십대 소년은 둘밖에 없었습니다. 나머지 12명은 성인입니다. 십대가 포함된 남자 무리가 그 어린 소녀를 끌어다가 술을 먹여 취하게 하고, 본드를 흡입하게 해서 자기 욕구를 채우는 짐승만도 못한 짓을 저질렀습니다. 이런 사람들이 자유인입니까?

이름만 대면 누군지 다 알 만한 사람들이 술집에 들어가서 무릎 위에 자기 손녀딸 나이밖에 안 되는 소녀들을 앉혀놓고 히히거리면서 즐기는 모습을 한번 생각해보십시오. 이들이 자유인입니까? 가짜를 진짜라고 속여서 팔아먹고 거기에서 취한 폭리로 축재하여 자식들 호강시키고 즐기는 사람들이 자유인인가요? 우리는 그런 사람들을 자유인이라고 하지 않습니다. 그들은 노예입니다. 인류를 위협하는 가장 무서운 적은 핵이 아닙니다. 죄입니다. 자연 공해가 아닙니다. 죄의 공해입니다.

우리 모두는 죄의 노예가 되어 비참하게 끌려가면서 마귀가 시키는 대로 유린당하고 있습니다. 그러므로 우리에게는 자유가 필요합니다. 우리를 자유롭게 해주실 구원자가 필요합니다. 예수 그리스도가 바로 그 구원자이십니다. 그분만이 죄를 이기고 우리를 해방시킬 수 있는 하나님의 아들이시요 구원자입니다.

말씀 안에 거하라

이 놀라운 자유를 우리에게 주시려고 예수님께서는 우리에게 한 가지 요구를 하십니다.

… 너희가 내 말에 거하면 참으로 내 제자가 되고 진리를 알지니 진리가 너희를 자유롭게 하리라(요 8:31-32).

예수님께서 자신들을 좇는 사람들에게 하신 말씀입니다. 그러므로 이 말씀의 핵심이 무엇인지 분명히 알아야 합니다. 간결한 말씀이지만 그 심오한 의미를 조금만 생각해보면 마치 맑고 깊은 샘을 들여다보는 듯한 느낌이 듭니다. 예수님이 원하시는 사람은 입술로만 믿는다고 고백하는 사람이 아니라, 하나님의 말씀 안에 거해서 참제자가 되고 진리가 자유롭게 하는 은혜를 누리는 사람입니다. 예수님은 하나님의 말씀에 거하여 자유를 누리는 참제자를 원하십니다. 당신에게 주님이 원하시는 소원이 있다면, 당신이 참제자가 되는 것입니다. 참제자가 무엇입니까? 자유인입니다.

여기에서 키워드는 '거한다'입니다. 이 말은 신약성경에서 무려 112번이나 등장하는 굉장히 중요한 용어입니다. 그 112번 가운데 66번을 사도 요한이 요한복음과 요한 1, 2, 3서에서 사용합니다. '하나님이 예수님 안에 거하신다', '예수님이 하나님 안에 거하신다', '신자가 예수님 안에 거한다', '예수님이 신자 안에 거하신다', '신자가 하나님의 말씀 안에 거한다', '하나님의 말씀이 신자 안에 거하신다' 등으로 다양하게 표현합니다.

그만큼 '거한다'는 요한이 가장 좋아하는 단어 중에 하나였던 것 같은데, 그중 대표적인 예가 요한복음 15장 7절입니다.

> 너희가 내 안에 거하고 내 말이 너희 안에 거하면 무엇이든지 원하는 대로 구하라 그리하면 이루리라.

여기서 '거한다'는 말은 일종의 유추적인 표현법입니다. 사람이 집 안에 들어가서 머물면 '집 안에 거한다'고 말합니다. 이때 '거한다'는 말에는 떠나지 않고 한 장소에 머문다는 의미도 있고, 그 집에 사는 식구들과 사랑의 교제를 나눈다는 의미도 있습니다. 더 나아가서는 순종한다는 의미도 있습니다. 부모가 어린 자녀를 집에 남겨놓고 외출하면서 이렇게 말합니다. "얘들아, 집 밖에 나가면 안 돼. 문 꼭 잠그고 엄마 아빠 돌아올 때까지 집에만 있어야 돼." 그러면 애들이 "예, 알겠어요. 안녕히 다녀오세요" 하고는 문을 걸어 잠그고 집 안에 있습니다. 이렇게 아이들이 집 안에 거하는 것은 엄마 아빠의 말씀에 순종한다는 의미가 담겨 있습니다. 한곳에 머물고 그 안에서 교제하고 또 순종한다는 의미가 이 '거한다'는 말에 담겨 있는 것입니다.

자유인이 되려면 말씀 안에 거해야 합니다. 믿는다고 고백은 하면서도 죄에 끌려다니는 삶이 아니라, 죄로부터 자유를 누리는 그리스도의 제자로 살아가려면 "내 말에 거하라"고 하시는 주님의 말씀을 따라야 합니다. 제자의 삶은 말씀 안에 머무는 것이고 말씀 안에서 주님과 교제하는 것이고 그 말씀에 순종하는 것입니다. 그러면 우리가 구체적으로 어떻게 말씀 안에 거하면서 예수님의 참제자가 되어 자유를 누리는 삶을 살 수 있을까요?

말씀에 열려 있어야 한다

첫째로, 항상 하나님의 말씀을 청종할 수 있어야 합니다. 다시 말하면 말씀에 마음을 열고 살아야 한다는 말입니다. 기분 좋다고 듣고 기분 나쁘다고 듣지 않고, 형통한다고 귀를 기울이고 형통하지 않는다고 귀를 막아버리는 식의 변덕을 부려서는 안 됩니다. 항상 귀와 마음을 열어놓는 자세, 이것이 말씀을 청종하는 자세입니다. 예수님은 교회의 머리요 우리는 그의 지체입니다. 그렇기 때문에 "예수님이 내 안에, 내가 예수님 안에 거한다"는 말이 성경 안에서는 통합니다.

흔히 부부는 한 몸이라고 말합니다. 부부는 이처럼 독특한 관계를 갖고 있기 때문에 부부 생활을 하려면 서로에게 항상 귀와 마음이 열려 있어서 언제 어디서나 무슨 말이든지 들을 수 있어야 합니다. 이것이 바람직한 부부 관계입니다. 직장에서 상관에게 좋지 못한 말을 들었다고 감정이 상하여 집에 와서는 입을 꾹 다문 채 자기 방에 들어가 문을 잠가버리는 남자를 한번 생각해보십시오. 부인이 와서 뭐라고 합니까? "여보 무슨 일이 있었어요? 다른 사람은 몰라도 나에게만은 말해줘요." 그러자 "시끄러워. 날 좀 가만히 둬. 아무 하고도 말하고 싶지 않아" 하면서 소리를 꽥 지릅니다. 겉으로는 부부일지 모르지만 실상은 한 몸을 이루는 진정한 부부 관계를 보여주지 못하고 있습니다. 진정한 부부 관계를 지키기 위해서는 서로에게 항상 열려 있어야 됩니다. 마찬가지로 예수님과 우리 사이도 항상 열려 있어야 합니다. 이것이 말씀 안에 거하는 태도입니다.

말씀에 끌려 배워야 한다

둘째로, 말씀을 배워야 합니다. 배운다는 말은 끌린다는 말과 통합니다. 끌리기 때문에 알고 싶습니다. 누구든지 예수님을 믿음으로 고백하면 그는 예수님의 영광을 볼 수 있습니다. 하나님 아들로서의 영광입니다. 예수님은 이 세상의 성자가 아닙니다. 아인슈타인 같은 천재가 아닙니다. 예수님을 믿음으로 고백하면 믿음의 눈으로 그분이 하나님이심을 발견할 수 있습니다. 하나님의 영광을 볼 수 있습니다. 그러므로 자연스레 마음이 끌립니다. 예수님을 믿고 나서도 예수님께 마음이 끌리지 않습니까? 그럼 문제가 있는 믿음입니다. 참믿음을 가진 사람은 예수님을 더 알고 싶어집니다. 좀 더 가까워지고 싶어 합니다. 왜냐하면 그분께 우리 마음이 끌리기 때문입니다.

예수님이 하나님의 아들이심을 발견하면 그 영광에 자연스레 끌립니다. 끌리는 사람은 배우려고 합니다. 한편 예수님은 오직 성경 안에서 자기를 계시하십니다. 그리고 성령은 성경에 계시된 예수 그리스도만 알게 하십니다. 그러므로 예수님을 알고 싶다면 오직 성경 말씀을 배워야만 가능합니다. 성경 앞으로 가까이 다가가서 배우면 진리를 발견합니다.

> … 너희가 내 말에 거하면 참으로 내 제자가 되고 진리를 알지니…(요 8:31-32).

이 진리는 단지 우리가 외우는 성경 구절 몇 개를 가리키는 것이 아닙니다. 하나님의 말씀을 통해서 나를 만나주시는 예수 그리스도 자신입니다. 그러므로 성경 말씀을 배우면 주님을 자연스럽게 알 수 있습니다. 하나님의 말씀을 더 깊이 배우고 싶어서 그 바쁜 시간을 쪼개 먼 길을 오가는 성도들이 많습니다. 그들이야말로 하나님 말씀 안에 거하기를 원하고, 그 말씀을 통해 진리를 알고, 진리 되신 예수 그리스도가 주시는 자유를 가지고 살기 원하는 사람입니다. 예수님에게로 우리의 마음이 끌려야 합니다. 마음이 끌려야 진리이신 예수님을 배울 수 있습니다.

말씀을 즐거워해야 한다

셋째로, 말씀을 마음에 담고 묵상하고 즐거워해야 합니다. 성경에는 여호와의 말씀을 즐거워하고 묵상하는 성도의 모습이 곳곳에 등장합니다.

> 복 있는 사람은 … 오직 여호와의 율법을 즐거워하여 그의 율법을 주야로 묵상하는도다(시 1:1-2).

> 주의 말씀의 맛이 내게 어찌 그리 단지요 내 입에 꿀보다 더 다니이다 (시 119:103).

> 사람이 많은 탈취물을 얻은 것처럼 나는 주의 말씀을 즐거워하나이다 (시 119:162).

얼마 전에 이사야서를 읽다가 50장 4절 말씀을 보면서 어찌나 좋았던지 말씀의 매력에 푹 빠졌습니다.

> 주 여호와께서 학자들의 혀를 내게 주사 나로 곤고한 자를 말로 어떻게 도와줄 줄을 알게 하시고 아침마다 깨우치시되 나의 귀를 깨우치사 학자들같이 알아듣게 하시도다.

여기서 '학자'는 '제자'라는 말도 됩니다. 이 말씀은 평소 잘 아는 구절이었지만 그날따라 마음속 깊이 젖어들더니, 한번 젖어든 말씀이 마치 깊은 곳에서 스며나는 샘물처럼 마음을 채우고 풍성하게 만들었습니다. 눈을 감고 있어도 그 말씀이 생각나고 길을 가다가도 말씀이 떠오릅니다. 어떤 때는 그 말씀이 너무 좋아서 꼭 미친 사람처럼 웃습니다. "주님 좋습니다"라는 말이 저도 모르는 사이에 입가에서 흘러나옵니다. 이처럼 내 속에서 살아 움직이는 하나님의 말씀을 즐거워하고 묵상하자 나도 모르게 예수 그리스도의 품에 안겨 사는 사람이 되어버립니다. 말씀을 즐거워해야 합니다. 그래야 주님의 말씀 안에 거할 수 있습니다.

말씀에 순종해야 한다

넷째로, 순종해야 합니다. 성경 말씀은 지적으로 만족하고 즐기라고 주신 것이 아닙니다. 성경을 공부하는 목적은 단지 성경을 많이 알기 위해서가 아닙니다. 성경을 공부하는 이유는 진리 되신 주님을 더 알고 싶어서입니다. 그러므로 항상 듣고 배우고 묵상하는 사람은 최종적으로 그 말씀이 우리 생각을 지배하고, 성격을 다스리고, 생활을 가르치는 원리와 법칙이 되어야 합니다. 달리 말하면 하나님의 말씀은 우리가 삶에서 순종할 수 있는 진리여야 한다는 말입니다. 하나님의 말씀은 반드시 인격화되어야 합니다. 비록 글과 활자로 된 성경책이지만 이 책의 말씀은 우리 삶에서 나타나야 합니다.

이 말씀은 예수님을 통해서 인격화되었습니다. "말씀이 육신이 되어 우리 가운데 거하시매"(요 1:14). 하나님의 말씀이 육신이 되어 우리 앞에 나타나셔서 그 말씀대로 사셨고 그 말씀을 통해서 하나님의 모습을 보여주셨습니다.

또한 말씀은 순종하는 자를 통해 인격화되어야 됩니다. 우리가 배우고 묵상한 말씀이 마음속에서 주님의 음성으로 살아나면, 그 말씀에 순종하게 됩니다. 우리가 순종하면 세상 사람들이 우리에게서 예수님을 발견합니다. 다시 말하면 하나님의 말씀이 나를 통해서 사람들에게 인격으로 보여진다는 말입니다.

진정한 자유인이 되기를 원하십니까? 말씀에 순종하십시오. 항상 귀를 기울이고, 항상 배우고, 항상 묵상하면서 그 말씀에 순종하면, 하나님의 아들 예수 그리스도께서 주신 진리가 우리를 자유롭게 하는 것을 체험할 수 있습니다. 주님이 주시는 자유는 이론적인 사상이 아닙니다. 예언에서 끝나는 공허한 말이 아닙니다. 실제적이요 체험적인 자유입니다.

자신이 진정 예수님의 제자가 되었는지를 점검해보십시오. 어려운 일이 아닙니다. 당신에게 죄를 짓지 않을 자유가 있습니까? 죄짓지 않겠노라 결단하고 정말 죄를 짓지 않습니까? 그렇다면 자유인입니다. 그러나 죄를 안 짓겠다고 하면서 짓습니까? 그렇다면 자유인이 아닙니다.

자유를 누리는 생활

어느 전쟁터에서 사병이 무선 통신으로 포로를 잡았다는 보고를 했습니다. 소대장이 "이리로 끌고 와" 하고 명령했습니다. 그런데 사병이 "소대장님, 포로가 가지 않으려고 합니다"라고 말합니다. 그러자 소대장이 "그러면 너 혼자라도 빨리 와" 했더니, "소대장님, 포로가 저를 못 가게 합니다"라고 사병이 대답했다면 도대체 그런 넌센스가 어디 있습니까? 누가 포로입니까? 그런데 오늘날 우리가 예수님을 믿으면서 그처럼 이상한 짓을 하고 있습니다. 분명히 우리는 자유인입니다. 이 자유는 하나님의 아들이 선포한 자유입니다. 요한복음 8장 36절을 봅시다.

… 아들이 너희를 자유롭게 하면 너희가 참으로 자유로우리라.

예수님이 하나님의 아들의 권세로서 우리에게 자유를 선언하셨습니다. 우리는 죄의 노예가 아닙니다. 그렇다면 그 자유는 분명한 자유요, 우리가 마음대로 행사할 수 있는 자유입니다.

> 이는 그리스도 예수 안에 있는 생명의 성령의 법이 죄와 사망의 법에서 너를 해방하였음이라(롬 8:2).

로마서 8장 4절을 보면, 이제는 우리가 육신을 좇지 않고 그 영을 좇아 행한다고 말씀했습니다. 육신을 좇는 것은 죄를 짓는다는 말이고, 성령을 좇는다는 것은 죄를 짓지 않는다는 말입니다. 육신을 좇아 죄를 짓습니까? 그러면 죄에서 자유한 자가 아닙니다. 성령을 좇아 말씀에 순종합니까? 죄에서 자유한 자입니다.

몇 년 전 일간지의 기사 중에서 감동 깊게 읽은 이야기가 있습니다. 제가 잘 아는 김귀형 장로님에 관한 기사였습니다. 그는 창업 7년 만에 카오디오 수출 1위를 달성한 글로리아전자의 책임자입니다. 그는 장애인입니다. 불편한 몸 때문에 대학에 입학할 때도 굉장히 어려움을 겪었습니다. 그런 그가 믿음을 가지고 사업을 시작했습니다. 밑바닥에서부터 시작했습니다.

그는 사업을 시작하면서 반드시 지켜야 할 철학을 시편 1편에서 얻었다고 합니다. "복 있는 사람은 악인들의 꾀를 따르지 아니하며 죄인들의 길에 서지 아니하며 오만한 자들의 자리에 앉지 아니하고"(시 1:1). 그는 '악인의 꾀를 좇지 않는다는 것은 부정하게 돈을 벌지 않는다는 말이다. 그러므로 절대로 부정한 돈은 벌지 않겠다'고 결심했습니다. 즉 돈, 술, 여자를 동원하는 비즈니스를 절대로 하지 않기로 마음먹었습니다. 또 '오만한 자의 자리에 앉지 않는다는 말씀은 교만하게 행하지 않겠다는 말이다. 자기 분수를 잊지 않고 일하며 자기 분수 이상의 것은 욕심내지 않겠다'고 결심했습니다.

하나님의 말씀을 주목하고 그 말씀을 즐거워하고 그 말씀을 묵상하다 보니 사업할 때의 가이드라인을 시편 1편에서 찾아낸 것입니다. 많은 사람들이 그런 식으로는 한국에서 사업을 하지 못한다고 염려했지만 7년 만에 그는 엄청난 일을 이루었습니다. 얼마나 멋진 자유인입니까? 악인의 꾀를 좇지 않겠다고 결심하고서 그렇게 실천했습니다. 이런 사람이 자유인입니다.

이런 자유가 김 장로님에게만 있는 것은 아닙니다. 오늘 예수님을 믿고 예수님 앞에 나아온 사람에게는 누구에게나 주시겠다고 주님께서 약속하시고 선언하신 자유입니다. 그런데 왜 그분만 그런 자유를 누려야 합니까? 우리도 안 한다 하면 안 할 수 있는 자유, 한다 하면 하는 자유를 누려야 합니다.

만약에 내가 그런 자유를 누리지 못하고 죄에 끌려다닌다면 그 원인이 어디에 있는지 살펴보기 바랍니다. 주님의 말씀 안에 거하지 못하기 때문에 죄에 끌려가는 비참한 모습을 하고 있는 것은 아닌지 진지하게 자신을 돌아보아야 합니다.

우리에게 자유를 주신 주님을 찬양합시다. 죄로부터 우리를 구속하신 주님을 찬양합시다. 그분이 주신 자유는 하나님의 아들로서 주신 자유이기 때문에 체험적이요, 또한 실제적입니다. 그러므로 그 자유를 가진 사람에게는 좇지 말아야 할 것은 좇지 않을 자유가 있고, 좇아야 할 것은 좇을 자유가 있습니다. 이런 멋진 자유인이 되기 위해서 우리 모두 다시 한번 말씀 안에 거하는 삶에 최선의 노력을 다하길 바랍니다.

말씀 안에 거합시다. 그러면 진리를 알게 되고, 진리를 알면 그 진리가 우리를 자유롭게 하는 행복과 기쁨을 맛볼 것입니다. 이 놀라운 자유를 가지고 병들고 더럽고 냄새나는 세상을 치유할 뿐만 아니라, 이 땅 위에서 죄에서 자유로워지지 못해 신음하는 수많은 사람을 그리스도 안에서 자유롭게 하는 아름다운 하나님의 도구가 될 수 있기를 바랍니다.

31

영의 눈을 멀게 하는 것들

요한복음 9장 1-41절

1 예수께서 길을 가실 때에 날 때부터 맹인 된 사람을 보신지라 2 제자들이 물어 이르되 랍비여 이 사람이 맹인으로 난 것이 누구의 죄로 인함이니이까 자기니이까 그의 부모니이까 3 예수께서 대답하시되 이 사람이나 그 부모의 죄로 인한 것이 아니라 그에게서 하나님이 하시는 일을 나타내고자 하심이라 4 때가 아직 낮이매 나를 보내신 이의 일을 우리가 하여야 하리라 밤이 오리니 그때는 아무도 일할 수 없느니라 5 내가 세상에 있는 동안에는 세상의 빛이로라 6 이 말씀을 하시고 땅에 침을 뱉어 진흙을 이겨 그의 눈에 바르시고 7 이르시되 실로암 못에 가서 씻으라 하시니(실로암은 번역하면 보냄을 받았다는 뜻이라) 이에 가서 씻고 밝은 눈으로 왔더라 8 이웃 사람들과 전에 그가 걸인인 것을 보았던 사람들이 이르되 이는 앉아서 구걸하던 자가 아니냐 9 어떤 사람은 그 사람이라 하며 어떤 사람은 아니라 그와 비슷하다 하거늘 자기 말은 내가 그라 하니 10 그들이 묻되 그러면 네 눈이 어떻게 떠졌느냐 11 대답하되 예수라 하는 그 사람이 진흙을 이겨 내 눈에 바르고 나더러 실로암에 가서 씻으라 하기에 가서 씻었더니 보게 되었노라 12 그들이 이르되 그가 어디 있느냐 이르되 알지 못하노라 하니라 13 그들이 전에 맹인이었던 사람을 데리고 바리새인들에게 갔더라 14 예수께서 진흙을 이겨 눈을 뜨게 하신 날은 안식일이라 15 그러므로 바리새인들도 그가 어떻게 보게 되었는지를 물으니 이르되 그 사람이 진흙을 내 눈에 바르매 내가 씻고 보나이다 하니 16 바리새인 중에 어떤 사람은 말하되 이 사람이 안식일을 지키지 아니하니 하나님께로부터 온 자가 아니라 하며 어떤 사람은 말하되 죄인으로서 어떻게 이러한 표적을 행하겠느냐 하여 그들 중에 분쟁이 있었더니 17 이에 맹인 되었던 자에게 다시 묻되 그 사람이 네 눈을 뜨게 하였으니 너는 그를 어떠한 사람이라 하느냐 대답하되 선지자니이다 하니 18 유대인들이 그가 맹인으로 있다가 보게 된 것을 믿지 아니하고 그 부모를 불러 묻되 19 이는 너희 말에 맹인으로 났다 하는 너희 아들이냐 그러면 지금은 어떻게 해서 보느냐 20 그 부모가 대답하여 이르되 이 사람이 우리 아들인 것과 맹인

으로 난 것을 아나이다 21 그러나 지금 어떻게 해서 보는지 또는 누가 그 눈을 뜨게 하였는지 우리는 알지 못하나이다 그에게 물어보소서 그가 장성하였으니 자기 일을 말하리이다 22 그 부모가 이렇게 말한 것은 이미 유대인들이 누구든지 예수를 그리스도로 시인하는 자는 출교하기로 결의하였으므로 그들을 무서워함이러라 23 이러므로 그 부모가 말하기를 그가 장성하였으니 그에게 물어보소서 하였더라 24 이에 그들이 맹인이었던 사람을 두 번째 불러 이르되 너는 하나님께 영광을 돌리라 우리는 이 사람이 죄인인 줄 아노라 25 대답하되 그가 죄인인지 내가 알지 못하나 한 가지 아는 것은 내가 맹인으로 있다가 지금 보는 그것이니이다 26 그들이 이르되 그 사람이 네게 무엇을 하였느냐 어떻게 네 눈을 뜨게 하였느냐 27 대답하되 내가 이미 일렀어도 듣지 아니하고 어찌하여 다시 듣고자 하나이까 당신들도 그의 제자가 되려 하나이까 28 그들이 욕하여 이르되 너는 그의 제자이나 우리는 모세의 제자라 29 하나님이 모세에게는 말씀하신 줄을 우리가 알거니와 이 사람은 어디서 왔는지 알지 못하노라 30 그 사람이 대답하여 이르되 이상하다 이 사람이 내 눈을 뜨게 하였으되 당신들은 그가 어디서 왔는지 알지 못하는도다 31 하나님이 죄인의 말을 듣지 아니하시고 경건하여 그의 뜻대로 행하는 자의 말은 들으시는 줄을 우리가 아나이다 32 창세 이후로 맹인으로 난 자의 눈을 뜨게 하였다 함을 듣지 못하였으니 33 이 사람이 하나님께로부터 오지 아니하였으면 아무 일도 할 수 없으리이다 34 그들이 대답하여 이르되 네가 온전히 죄 가운데서 나서 우리를 가르치느냐 하고 이에 쫓아내어 보내니라 35 예수께서 그들이 그 사람을 쫓아냈다 하는 말을 들으셨더니 그를 만나사 이르시되 네가 인자를 믿느냐 36 대답하여 이르되 주여 그가 누구시오니이까 내가 믿고자 하나이다 37 예수께서 이르시되 네가 그를 보았거니와 지금 너와 말하는 자가 그이니라 38 이르되 주여 내가 믿나이다 하고 절하는지라 39 예수께서 이르시되 내가 심판하러 이 세상에 왔으니 보지 못하는 자들은 보게 하고 보는 자들은 맹인이 되게 하려 함이라 하시니 40 바리새인 중에 예수와 함께 있던 자들이 이 말씀을 듣고 이르되 우리도 맹인인가 41 예수께서 이르시되 너희가 맹인이 되었더라면 죄가 없으려니와 본다고 하니 너희 죄가 그대로 있느니라

앞을 볼 수 없으면 얼마나 답답할까요? 물론 우리 몸의 어떤 부분이 아프거나 상처를 입으면 환부가 아무리 작다 해도 괴롭고 견디기 어렵기는 마찬가지입니다. 그러나 모든 고통과 불편함 가운데서 앞을 못 보는 것만큼 답답하고 고통스러운 일은 없을 것입니다. 저는 언젠가 앞을 볼 수 없는 사람의 사정이 어떤지 한번 알아보려고 눈을 감고 걸어가다가 무언가에 머리를 부딪쳐 혼이 난 적이 있습니다. 그때 '앞을 볼 수 없는 사람들은 정말 어떻게 살까?' 하면서 많은 생각이 들었습니다.

당뇨병 합병증으로 시력을 잃어버린 여집사님 한 분이 계십니다. 자상하기 그지없는 남편이 항상 곁에서 눈이 되어 함께 손을 잡고 교회에 나오시는데 그 모습이 참 아름답습니다. 그러다 한편으로는 앞을 볼 수 없으니 얼마나 답답할까 하는 생각에 마음이 아프기도 합니다.

선진국일수록 앞을 볼 수 없는 사람들의 불편을 덜어주기 위해 다양한 편의 시설을 마련하고 보조 기구들을 개발하는 등 많은 배려를 합니다. 그래서 시각장애인들이 이러한 시설을 이용해 일반인들과 거의 다를 바 없이 생활합니다. 그러나 우리나라는 아직 그 정도 수준에는 미치지 못하는 듯합니다.

미국의 모 대학 총장이 겪었던 간단한 에피소드를 소개하겠습니다. 그가 사는 지방 도시 번화가 옆에는 조그마한 공터가 하나 있었습니다. 그곳에는 언제나 까만 선글라스를 끼고 손에 작은 컵 하나를 들고 서서 구걸하는 시각장애인이 한 명 있었습니다. 하루는 이 총장이 그곳을 지나가다가 그를 보고 호주머니에 있던 25센트짜리 동전 하나를 끄집어내어 컵 속에 넣어주었습니다. 그러고 나서 몇 발자국을 지나왔는데 뭔가 낌새가 이상해서 자기도 모르게 뒤를 돌아봤다고 합니다. 그랬더니 그 구걸하던 사람이 검은 안경을 위로 치켜들고 컵에서 그 동전을 꺼내들고는 얼마짜리인가 하고 들여다보고 있더랍니다.

그 모습이 하도 이상해서 총장은 되돌아가서 물었습니다. "여보시오, 당신은 시각장애인 아니었소? 그런데 어떻게 그렇게 돈을 들여다보며 살피고 있소?" 그러자 그가 대답했습니다. "아, 죄송합니다. 사실 저는 시각장애인이 아닙니다."

"아니, 그런데 왜 시각장애인인 척하면서 구걸을 하는 거요?"

"예, 원래 여기에 서서 구걸하던 시각장애인이 제 친구인데요, 잠깐 없는 동안 제가 대신 있는 겁니다."

"그래, 당신의 친구는 어디에 간 거요?"

"저 앞에 있는 영화관에 영화 보러 갔습니다."

참 재미있는 이야기입니다. 시각장애인이라도 이렇게 조금 웃어가면서 살 수 있는 여유가 있으면 얼마나 좋겠습니까? 그러나 우리나라는 아직 시각장애인들이 여유를 가지고 살 수 있을 정도로 많은 배려를 해주지 못하는 실정입니다.

예수님이 사셨던 그 시대에는 이러한 사정이 더욱 심각했을 것입니다. 당시만 해도 시각장애인은 인간 이하의 취급을 받았습니다. 나중에는 부모로부터도 버림을 당해 혼자 구걸을 하든 해서 겨우 목숨을 연명하다가 죽으면 그만인 인생을 살았습니다.

영의 눈이 감긴 사람들

예수님은 성전에서 하나님의 말씀을 가르치시다가 군중이 그 말씀에 반발하며 돌로 치려고 하자, 살벌한 분위기를 피해 성전 밖으로 걸어 나오셨습니다. 그때 예수님의 눈에 나면서부터 시각장애인인 사람이 막대기로 길을 짚어가며 지나가는 것이 보였습니다. 제자들은 그를 가리키며 예수님께 물었습니다. "선생님, 저 사람을 보십시오. 저 사람이 앞을 못 보는 것은 누구의 죄 때문입니까? 자기 죄가 많아 저렇게 되었습니까? 아니면 조상들의 죄가 많아 저렇게 되었습니까?" 그러자 예수님은 유명한 대답을 하셨습니다. "그가 저렇게 된 것은 자기 죄 때문도 아니요, 그 부모의 죄 때문도 아니다. 하나님이 그를 통해서 큰일을 나타내시려고 시각장애인이 되게 하셨다."

이 말씀을 하신 후 주님은 그 사람을 부르시더니 침으로 진흙을 이겨 눈에 발라주신 다음, 실로암 못에 가서 씻게 하셨습니다. 그런데 놀라운 일이 일어났습니다. 그가 예수님의 말씀대로 실로암 못에 가서 눈을 씻자 하나님께서 그 눈을 열어 밝히 보게 하신 것입니다. 그는 너무나 기쁘고 감격한 나머지 춤을 추면서 예수님을 찾아와 엎드려 사례했습니다.

주님은 너무 불쌍하고 딱해서 그를 고쳐주셨습니다. 그러나 그를 고쳐주신 데는 또 한 가지 중요한 목적이 있었습니다. 못 보는 사람을 보게 함으로써 자신이 이 세상의 빛이요, 구원자이심을 드러내어 사람들이 믿게 하시려고 고쳐주신 것입니다. 주님은 그 사실을 39-41절에서 설명하십니다.

> 예수께서 이르시되 내가 심판하러 이 세상에 왔으니 보지 못하는 자들은 보게 하고 보는 자들은 맹인이 되게 하려 함이라 하시니 바리새인 중에 예수와 함께 있던 자들이 이 말씀을 듣고 이르되 우리도 맹인인가 예수께서 이르시되 너희가 맹인이 되었더라면 죄가 없으려니와 본다고 하니 너희 죄가 그대로 있느니라.

예수님을 영접하는 자는 보지 못하는 자라도 눈을 뜨고, 예수님을 거역하는 자는 본다고 하는 사람이라 할지라도 영원히 눈을 감게 된다는 말씀입니다. 예수님이 이 세상에 오신 이유는, 볼 사람은 보게 하고 감아야 할 사람은 감게 함으로써 이 세상을 심판하기 위해서입니다.

여기서 말하는 눈은 영적인 눈입니다. 우리 가운데 육신의 눈을 뜨지 못해 고통을 겪는 사람은 별로 없습니다. 그러나 영의 눈이 제대로 보이지 않아 고통받는 사람은 너무나 많습니다. 사람이 영적으로 본다는 것은 무엇을 의미합니까? 성경적으로 말하면 영적으로 본다는 것은 "예수 그리스도가 하나님의 아들이요, 구원자 되심을 믿고 고백하는 것"을 의미합니다. 요한복음은 이것을 일컬어 "하나님의 영광을 본다"고 표현합니다. 또 영적으로 본다는 것은 하나님의 말씀을 통해서 하나님의 뜻을 분별하고 깨닫고 순종하는 것을 의미합니다. 정리하자면 예수님을 나의 구주로 믿는 사람이 영적으로 보는 사람이요, 하나님의 말씀을 바로 깨닫고 그 말씀에 순종하며 사는 사람이 영적으로 보는 사람입니다.

그러나 불행하게도 이 세상에는 영적으로 눈을 뜨지 못하고 한평생을 캄캄한 데서 헤매다가 가는 사람이 얼마나 많습니까? 세상에서 이 사람들보다 더 불행한 사람이 어디 있겠습니까? 하나님의 뜻이 있어서 그렇겠지만 평생 눈을 뜨고 살면서도 예수 그리스도를 보지 못할 숙명을 타고난 불쌍한 사람들이 너무 많습니다. 로마서 11장 8절을 보십시오. "기록된 바 하나님이 오늘까지 그들에게 혼미한 심령과 보지 못할 눈과 듣지 못할 귀를 주셨다 함과 같으니라."

하나님이 혼미한 심령을 주신 사람은 평생 하나님의 영광을 보지도 듣지도 못합니다. 하나님의 영광은 사람이 보고 싶다고 해서 볼 수 있는 것이 아닙니다. 시각장애인 중에 자기가 보고 싶다고 해서 볼 수 있는 사람은 아무도 없습니다. 빛을 더 환하게 밝혀준다고 해서 볼 수 있는 것도 아닙니다. 그들에게는 환한 대낮이나 칠흑같이 어두운 한밤이나 볼 수 없기는 마찬가지입니다. 시각장애인이 사물을 볼 수 있으려면 먼저 시력을 회복해야 합니다. 영적인 눈 역시 마찬가지입니다. 영적인 눈이 열리려면 반드시 하나님이 그 눈을 열어주셔야 합니다.

세상에는 하나님이 영적인 눈을 열어주시지 않는 사람들이 너무 많습니다. 더욱이 스스로 눈을 열고 싶어 하지도 않고 보고 싶어 하지도 않는 불행한 자들도 많습니다. 얼마 전에 가슴 아픈 이야기를 읽었습니다. 제2차 세계대전 때 독일에서 있었던 일입니다. 어떤 부인이 해산이 임박해서 산부인과에 입원했습니다. 분만 대기실 침상에 누워서 보니 벽에 예수님의 사진이 걸려 있었습니다. 그 부인은 간호사를 급히 불러서 이렇게 말했답니다. "이봐요, 간호사. 벽에 있는 저 사진 너무 보기 싫어요. 저것 좀 안 보이는 데로 치워줘요." 그러자 간호사가 대답했습니다. "죄송합니다만 그것은 제 권한으로 할 수 없는 일입니다. 병원에서 결정해서 걸어놓은 것이기 때문에 저도 어쩔 수 없습니다." 부인은 화를 냈습니다. "세상에! 그럼 당신 윗사람 좀 오라고 해요." 잠시 뒤 수간호사가 왔습니다. 하지만 수간호사 역시 "저 역시 저 사진을 뗄 권한이 없어요"라고 답했습니다. "그래요? 우리 남편은 고급 장교예요. 며칠 후면 이 방에 올 텐데 분명 저 사진을 몹시 싫어할 거예요. 좋아요. 우리 남편이 오면 그때 병원 책임자하고 이야기해서 떼도록 하지요."

며칠 후 남편이 병원을 찾아왔습니다. 아니나 다를까 그는 벽에 걸린 사진을 보고 불같이 화를 냈습니다. 그는 씩씩거리며 그 병원 최고 책임자를 찾아가서 자기는 예수라는 유대인이 싫으니 그 사진을 빨리 치워달라고 말했습니다. 그렇게 한참 흥분해서 쏘아대는데 간호사에게 급한 전갈이 왔습니다. 부인이 드디어 사내아이를 낳았는데, 글쎄 아이가 앞을 볼 수 없는 시각장애인으로 태어났다는 것입니다. 그렇게 예수님 사진을 보기 싫어하고 아이가 태어나서 저 사진을 보아서는 안 된다고 난리를 피우더니 아예 그 사진을 영원히 보지 못하는 아이를 낳은 것입니다.

이 세상에는 이들 부부처럼 불행한 사람들이 참 많습니다. 육신의 눈을 뜨지 못하고 더듬거리는 사람도 불행하지만 영의 눈이 어두워진 사람은 그보다 더 불행합니다. 하나님의 영광이 이 세상에 환하게 비치고 하나님의 아들이 우리를 구원하기 위해 세상에 오셨는데도 그분을 보지 못한 채 살다가 아예 영의 눈을 뜨지 못하고 죽는 사람이 너무 많습니다. 이런 사람들에 비하면 우리 모두는 얼마나 행복한 사람들입니까? 성령께서 우리의 영안을 활짝 열어주셔서 예수 그리스도를 믿게 하셨습니다. 우리는 육의 눈으로 예수님을 확인한 적도 없고, 손으로 예수님을 만져보지도 못했습니다. 그럼에도 우리가 갑바도기아 성도들처럼 '예수 그리스도를 말할 수 없는 영광스러운 즐거움으로 믿으면서' 나의 구주로 모시고 사니 이 얼마나 감사한 일입니까? 우리가 하나님의 말씀을 읽을 때마다 그 말씀이 꿀송이처럼 달게 느껴지고 깨달아져서 벅찬 감격과 기쁨을 누리게 되었으니 이 얼마나 감사한 일입니까? 이 혼탁한 세상을 하나님의 말씀의 빛을 비추면서 걸어갈 수 있도록 하신 하나님께 감사해야 합니다. 이 모든 일이 하나님께서 우리의 영안을 뜨게 하셨기에 가능했습니다.

우리가 명심해야 할 한 가지 중요한 사실이 있습니다. 우리가 비록 주님의 은혜로 영의 눈을 떴습니다만, 이 영의 눈은 너무 예민해서 자칫 잘못하면 쉬이 흐려집니다. 심한 경우 다시 감길 수도 있습니다. 우리 몸의 지체 중에 눈만큼 예민한 것은 없습니다. 그래서 하나님은 비상한 방법으로 눈을 항상 깨끗하게 유지할 수 있도록 만들어놓으셨습니다. 눈은 하루에 2만 5천 번 이상 깜박인다고 합니다. 깜박이는 중에 눈물샘에서 너무 많지도 적지도 않은, 적절한 양의 눈물이 끊임없이 나와서 눈을 항상 깨끗하게 유지해줍니다. 그래야만 눈이 흐려지지 않기 때문입니다.

눈이 나빠 안경을 끼고 다니는 사람들이 많습니다. 저는 늘 주머니에 안경 닦는 수건을 넣고 다닙니다. 한두 시간만 안경을 끼고 있으면 안경알에 먼지가 앉아 흐려지기 때문입니다. 그래서 밝히 보려면 자주 닦아줘야 합니다. 우리 영의 눈 역시 마찬가지입니다. 자주 닦아주지 않으면 그만큼 흐려집니다.

요한복음 9장은 예수님께서 나면서 시각장애인이 된 사람을 고쳐주는 매우 감격스러운 이야기로 시작합니다. 그러나 이후 전개되는 내용은 이상하게도 살기가 서려 있고 숨 막히는 이야기뿐입니다. 태어나서 한 번도 눈을 뜨고 본 일이 없는 사람을 주님께서 고쳐주셨다면 축제 분위기가 되어야 마땅할 텐데, 9장에서 오가는 대화들을 보면 살벌하기 짝이 없습니다. 도대체 그 이유가 무엇일까요? 여기 등장하는 수많은 사람들의 영의 눈이 감겨 있기 때문입니다. 그들은 아예 처음부터 못 보는 사람들로, 무엇 때문에 그들이 앞을 볼 수 없는지 본문에서 설명합니다.

우리가 그들과 달리 하나님의 은혜를 입어 영의 눈이 뜨인 것은 사실이지만, 우리 영의 눈도 잘못하면 흐려질 수 있고 심한 경우 다시는 볼 수 없게 된다는 것을 명심해야 합니다. 그들처럼 되지 않으려면 무엇이 그들의 영안을 어둡게 했는지 분명히 알고, 우리 자신의 모습을 철저하게 돌이켜보아야 합니다. 이 시간 성령께서 눈을 열어 깨닫게 하시도록 마음을 열고 듣기 바랍니다.

잘못된 생각이
영의 눈을 흐리게 한다

무엇이 우리 영의 눈을 흐리게 할까요? 본문에서는 세 가지 요소를 이야기합니다. 첫 번째는 잘못된 생각입니다. 잘못된 생각이나 지식, 통념, 시각이 우리의 영안을 흘릴 수 있습니다. 심하면 우리 눈을 가려버릴 수도 있습니다. 제자들이 지팡이로 땅을 더듬거리면서 지나가는 눈먼 사람을 보고 무엇이라고 말했습니까? "주님 저 사람이 누구 죄 때문에 저런 불행을 겪습니까? 자기 죄 때문입니까? 아니면 그 부모 죄 때문입니까?"

제자들뿐만 아니라 당시 유대 사람들 대부분이 이렇게 생각했는데, 사실 이는 잘못된 지식이요, 생각이었습니다. 당시 사람들은 시각장애인은 죄가 있어 형벌을 받는다고 생각했습니다. 이처럼 사람들이 겪는 고통이나 불행을 전부 죗값으로 몰아세웠습니다. 그러나 예수님은 이렇게 대답하셨습니다.

> … 이 사람이나 그 부모의 죄로 인한 것이 아니라 그에게서 하나님이 하시는 일을 나타내고자 하심이라(3절).

예수님은 남의 고통을 바라보는 우리의 통념이 얼마나 잘못되었는지 분명히 말씀하셨습니다. 많은 사람이 고통당하는 사람을 놓고 죗값을 받는다며 그들에게 더 큰 고통을 안겨줍니다. 비단 유대 사람들만 그렇게 생각한 것은 아닙니다. 어쩌면 전 세계 사람들이 공통적으로 가진 생각인지도 모릅니다. 특별히 불교 문화권과 유교 문화권에 젖어 있는 동양 사회에서는 모든 것을 일종의 윤회설로 설명합니다. "조상의 죄를 뒤집어쓰고 자녀가 그 고생을 한다." "전생에 무슨 죄가 있어서 내가 이런 고생을 하나?" 이렇게 모든 불행을 인과응보로 해석합니다.

태국은 불교가 국교입니다. 그 나라에서는 장애를 안고 태어나면 전생의 죗값을 치른다고 말합니다. 태국에서 국제맹인선교회를 운영하시는 분의 말에 의하면, 태국 부모들은 아이들을 불러놓고 이렇게 주의를 시킨다고 합니다. "눈먼 사람하고는 절대 악수하지 마라. 눈먼 사람에게는 가까이 가지도 마라. 가까이 있다 보면 병에 걸리거나 액운을 당한다."

안 그래도 앞을 볼 수 없어서 이런저런 고통을 당하며 사는데, 그들의 불행을 잘못 해석하고는 이처럼 잔인하게 대하다니요! 심지어 사람들은 시각장애인을 그렇게 대함으로써 자신은 전생에서나 이

생에서 아무런 죄가 없기 때문에 눈을 뜨고 볼 수 있다며 과시한다고 합니다.

물론 이 세상에 불행이나 고통이 들어와서 앉은뱅이나 눈먼 사람, 문둥병자가 생기고, 결국에는 죽는 이 모든 비극의 연속은 죄 때문에 왔습니다. 인간이 죄를 범함으로써 모든 불행을 자초한 것입니다. 그러나 이것은 어디까지나 본질적인 설명입니다. 따라서 그와 같은 본질적 해석을 모든 사람의 고통과 불행에 일일이 적용해서는 안 됩니다.

요한복음 9장에 등장하는 눈먼 사람을 보십시오. 만일 그가 맹인이 된 것이 본질적인 죄 때문이라고 한다면 왜 그 사람만 그런 불행을 당해야 합니까? 우리 모두는 한 사람의 예외 없이 인류의 모든 죄를 고스란히 끌어안고 세상에 태어났습니다. 그 죄 때문에 슬픔과 고통이 많은 세상을 살고 있습니다. 만일 눈먼 것이 죄 때문에 당해야 하는 불행이라면 모두가 똑같이 그 일을 당해야 하지 않겠습니까? 왜 어떤 사람은 눈을 감고 있는데, 우리는 눈을 뜨고 있습니까? 우리가 장애인이 아니라는 것이 도리어 이상하지 않습니까?

그러므로 남의 불행을 보고 본질적인 설명을 적용하면서 죗값 때문이라고 단정해서는 안 됩니다. 이는 너무나 위험천만한 생각입니다. 오늘날 우리도 본문에 나오는 제자들이나 유대 사람들처럼, 또 우리 주변에 있는 사람들처럼 잘못된 생각 때문에 바람직하지 못한 해석을 할 가능성이 충분히 있습니다.

9장에 등장하는 눈먼 이에 대해 예수님은 "자기 죄도 아니요, 자기 조상의 죄 때문도 아니요, 하나님의 하시는 일을 나타내고자 하심이니라"고 말씀하십니다. 무슨 말씀입니까? 하나님이 저 사람을 통해서 선하신 어떤 일을 이루기 위해 그를 앞을 볼 수 없는 이로 태어나게 하신 것이며, 그래서 지금까지 수십 년 동안 앞을 보지 못하는 불편한 생활을 할 수밖에 없었다는 이야기입니다. 얼마나 기가 막힙니까? 그가 당하는 고통에 이렇게 굉장한 의미가 숨어 있다는 것을 예수님이 말씀하시기 전에 도대체 누가 알았겠습니까? '아, 저 사람이 저렇게 된 것은 하나님의 일을 나타내기 위함이구나. 그래서 몇십 년 동안 저렇게 고통을 당하면서 기다렸구나. 이제 드디어 때가 되자 하나님이 저 사람의 눈을 열어주셨구나.' 이것을 미리 깨달았더라면 누가 그를 천대했겠습니까? 그의 부모가 자기 자식을 왜 그런 식으로 길거리에서 구걸하도록 내버려뒀겠습니까? 그들의 영안이 잘못된 생각으로 어두웠기 때문에 그 사람의 고통을 바로 해석하지 못했고 그 결과 잘못된 일을 많이 한 것입니다.

이것이 어찌 그들만의 문제이겠습니까? 우리 주변에도 잘못된 생각이나 지식 때문에 영안이 흐려진 사람들이 많습니다. 예수님을 믿는 우리도 예외는 아닌 것 같습니다. 그도 그럴 것이 우리가 얼마나 많은 잘못된 정보나 지식에 노출되어 있습니까? 그런 것들 때문에 예수님을 믿는 우리의 판단력도 충분히 흐려질 수 있습니다.

더욱이 오랫동안 불교와 유교 문화권에서 살면서 우리 의식 속에 자연스럽게 자리 잡은 통념들은, 우리가 예수님을 믿고 10년 이상 신앙생활을 해도 마음에서 잘 씻기지 않습니다. 그래서 예수님을 믿고 영안이 뜨인 다음에도 안 믿는 사람들과 마찬가지로 잘못 생각하는 경우가 왕왕 생깁니다. 이를테면 토정비결이니, 사주팔자니, 궁합이니, 관상학이니 하는 잘못된 통념의 영향을 받는 그리스도인들이 여전히 많습니다.

인터넷에 매일 사주팔자를 봐주는 프로그램이 등장하고, 젊은이들 가운데는 아예 컴퓨터 앞에 앉아 자기 사주팔자를 보고 하루를 시작하는 사람들이 늘어나고 있다고 합니다. 이런 기막힌 현실을 놓고도 우리가 영안을 바로 뜨고 사탄의 무서운 도전을 막지 않는다면 자기도 모르는 사이 끌려다니고 맙니다. 점치는 집에 예수 믿는 사람들이 많다는 소리도 자주 듣습니다. 예수 믿는 집사 중에서 인터넷을 켜놓고 '오늘 내 팔자가 어떨까?' 하고 쳐다보는 사람도 있다고 합니다. 참 기가 막히는 노릇이 아닐 수 없습니다.

모 주간지를 보니까 대선 후보자들과 십 대 재벌 회장들의 토정비결에 관한 기사가 크게 실려 있었습니다. "그들의 토정비결이 이러이러하니 금년 운수가 이러이러할 것이다" 하고 분석한 내용이었습니다. 우리나라 최대 재벌 회장이라 할 수 있는 사람에 대해서는 "고기가 못의 물을 잃으니 활기가 다 빠졌구나. 올해에는 횡액을 조심해야 할 운수로다" 하고 써놓았고, 또 다른 재벌 회장에 대해서는 "목마른 용이 물을 마시니 기쁜 일이 겹치리로다"라고 써놓았습니다. 그리고 대통령이 되겠다는 모 후보에 대해서는 "49세 이전에는 큰 발전이 없었지만 49세 이후부터 복이 터져 79세까지 대길하리라" 하고 적어놓았습니다.

기가 막히는 이야기입니다. 정말 이 나라가 어디로 가는지 도무지 알 수가 없습니다. 가장 충격적인 것은 아무것도 아닌 그런 엉터리 같은 소리에 오염된 그리스도인들도 적지 않다는 사실입니다. 사탄이 주는 이와 같은 잘못된 사상이 얼마나 무서운지 아십니까? 이 글을 읽고 엊그제 저녁에 잠을 자다가 잠시 깼는데 나도 모르게 "고기가 못의 물을 잃으니 활기가 다 빠졌구나" 하는 말이 떠올라 깜짝 놀랐습니다. 순간 '사탄의 역사가 정말 대단하구나!' 하는 생각이 들었습니다. 목사가 이렇게 헷갈릴 정도라면 평신도들이야 오죽하겠습니까? 이런 소리를 들으면서도 하나님의 말씀으로 그 모든 것을 물리치고 영안을 똑똑히 뜨고 인생길을 제대로 걸어갈 수 있을까, 심히 걱정스럽습니다.

거짓 정보나 지식에 영향을 받아 잘못된 생각을 하는 것은 아닌지, 영안이 흐려 있지는 않은지 스스로를 정직하게 살펴보시기 바랍니다. 그리고 다시 한번 하나님의 말씀 앞으로 돌아갑시다.

> … 여호와의 계명은 순결하여 눈을 밝게 하시도다(시 19:8).

그렇습니다. 우리 눈을 환하게 닦아주고 우리가 갈 길을 인도해 줄 수 있는 것은 하나님 말씀밖에 없습니다. 그 외의 다른 지식들은 모두 거짓이고, 일시적일 뿐입니다. 그런 것들은 우리 눈을 어둡게 합니다. 그러므로 눈이 밝기를 원한다면 거짓 정보나 지식에 마음을 쏟으면 안 됩니다. 오로지 하나님의 말씀에만 우리의 마음을 쏟아야 합니다.

율법주의가
영의 눈을 흐리게 한다

우리의 영안을 흐리게 하는 두 번째 요소는 율법주의입니다. 예수님께서 눈먼 사람을 고쳐주시자 곁에서 그 광경을 보고 있던 바리새인들과 추종자들은 예수님을 물고 늘어졌습니다. 그들의 주장은 안식일에 왜 소경을 고쳐주느냐는 것입니다. 안식일에는 아무 일도 하지 말아야 하는데, 예수님이 침을 뱉어 손으로 진흙을 이기고 소경의 눈에 발라주기까지 했으니 이보다 더 큰일이 어디에 있었겠습니까? 우리가 잘 알다시피 그들은 안식일에 위층에서 아래층으로 손수건도 못 던지게 합니다. 손톱도 못 깎고,

발을 삐어도 찬물로 냉수마찰조차 못 합니다. 이 모든 것을 일이라고 생각해 하지 않습니다. 그런 그들의 눈에 침을 뱉어 진흙을 이겨서 소경의 눈에 바르는 행동이 곱게 비쳤을 리 만무합니다. 그래서 그들은 평생 앞을 못 보던 자가 광명을 찾는 놀랍고 감사한 일을 보면서도 율법을 내세우며 예수 그리스도를 공격합니다. 이것이 율법주의가 아니고 무엇이겠습니까?

율법주의란 법이나 형식을 앞세워 남을 판단하는 일체의 태도를 말합니다. 본질보다는 형식을 중시하고, 내용보다는 외형을, 정신보다는 법을 우선에 두고 사람을 잡으려 드는 것이 바로 율법주의입니다. 이와 같은 율법주의는 당시에만 성행했던 것이 아닙니다. 오늘날의 교회 안에도 율법에 매인 사람이 너무 많습니다. 평신도들은 물론이거니와 심지어 교회 지도자들까지도 율법주의에 빠져 영의 눈이 흐려져서 잘못 보는 일들이 자주 일어납니다.

예배의 본질은 신령과 진정으로 드리는 것에 있습니다. 하지만 어떤 사람들은 예배의 형식이나 예배 순서를 가지고 이러쿵저러쿵 비판을 합니다. 율법주의에 빠진 것이지요. 주일 성수의 본질은 안식일의 주인이신 예수 그리스도를 높이고 기쁘게 해드리는 것인데, 어떤 사람은 '이것은 하고 저것은 하지 말아야 한다'는 식의 조건들을 내세우며 사람들을 비판하고 괴롭힙니다. 기도의 본질은 은밀히 보시는 하나님 앞에 마음을 쏟고 구하는 데 있지만 어떤 사람은 '몇 시에 일어나서 얼마나 오래 기도했는가?'를 가지고 사람을 판단합니다. 하나님 말씀을 배우는 목적은 그 말씀을 영혼의 양식으로 받아먹고 순종하는 데 있지만, 어떤 사람은 '성경을 몇 번이나 읽었으며 얼마나 아느냐'를 가지고 판단하려 듭니다. 제자훈련의 본질은 그리스도를 닮고 그를 따르는 데 있지만, 어떤 사람들은 '누구한테 제자훈련을 받았으며 언제 어디서 받았느냐'를 가지고 모든 것을 평가하려고 달려듭니다. 헌금의 본질은 기쁨으로 자기의 최선을 다하는 데 있지만, 어떤 사람은 액수를 가지고 헌금의 경중을 따집니다.

이 모든 것이 무엇을 의미합니까? 교회 안에서도 율법주의가 맹위를 떨치고 있다는 뜻입니다. 이런 율법주의에 사로잡히면 우리 영의 눈이 흐려집니다. 스스로 기도를 많이 한다고 생각하시는 분들은 특별히 조심해야 합니다. 이런 분들 가운데 율법주의에 빠지는 사람이 꽤 많기 때문입니다. 성경을 많이 안다고 생각하시는 분 역시 마찬가지입니다. 이들 가운데서도 율법주의에 빠진 사람이 많습니다. 교회 생활도 열심히 하고 온갖 일들로 충성한다고 하는 분들 중에도 자기의 전통에 매여서 눈이 흐려진 사람들이 많습니다. 본질을 보는 눈을 열길 바랍니다. 주님께서 우리 눈이 형식과 법 때문에 흐려지지 않도록 은혜를 주셔서 항상 밝게 해주시기를 바랍니다.

교만이 영의 눈을 흐리게 한다

영안을 흐리게 하는 세 번째 요소는 교만입니다. 요한복음 9장 마지막으로 가봅시다. 예수님은 나중에 고침받은 소경이 찾아왔을 때 이런 말씀을 하셨습니다.

> … 내가 심판하러 이 세상에 왔으니 보지 못하는 자들은 보게 하고 보는 자들은 맹인이 되게 하려 함이라 하시니(39절).

40절을 보면 바리새인들은 이 말씀을 듣고 발끈하고 나섰습니다. "우리가 소경이란 말이냐? 어떻게 그런 말을 할 수 있는가?" 자신들은 다 안다고 하는 교만을 드러내는 반응입니다. 그들은 분명 성경을 가장 많이 아는 지식 계급이었습니다. 성경에 관한 한 그들은 충분한 지식을 가지고 있었습니다. 예수님도 그 사실을 인정했습니다. 그러나 그들은 자기가 아는 그 지식대로 살지 않았습니다. 그들은 하나님의 영광의 빛이 비쳐도 그 빛을 보지 못했습니다. 하나님의 아들 예수 그리스도를 앞에 놓고도 알아보지 못했습니다. 그래서 그들은 어리석게도 돌을 들어 주님을 치려고 했을 뿐 아니라 나중에는 십자가에 못 박아 죽였습니다.

아는 것이 전부가 아닙니다. 아는 대로 살지 않으면 그 사람은 눈을 뜨고 있어도 보지 못하는 사람이요, 빛이 비쳐도 여전히 죄 속에 거할 수밖에 없는 사람입니다. 지식은 사람을 교만하게 만들기 쉽습니다. 한번 한국교회 안을 들여다보십시오. 성경 지식이 너무 많아서 오히려 손해를 보는 사람들이 참 많습니다. 다시 말해 성경을 너무 많이 가르쳐서 손해를 보는 목사들이나 성경을 너무 많이 배워서 손해 보는 성도들이 많다는 뜻입니다. 그래서 어떤 목사는 아예 가르치기를 포기한 사람도 있습니다. 심지어 "설교만 들으면 된다. 설교만 듣고 다른 것은 공부하지 말라"고까지 가르치는 사람도 있다고 합니다. 차라리 조금 무식해도 순종하는 것이 조금 안다고 교만해져서 나중에 영적으로 잘못되어 비참한 결과를 초래하는 것보다 백배 낫기 때문입니다.

그러나 이것은 다 잘못 배웠기 때문에 일어나는 현상들입니다. 하나님과 그의 진리를 아는 지식은 끝이 없습니다. 에베소서 1장 17-19절에서 바울은 이렇게 기도했습니다. "오! 우리 주 예수 그리스도시여, 지혜와 계시의 정신을 주셔서 하나님을 더 알게 하시고 마음 눈을 밝히사 나를 부르신 하나님의 소망이 어떠하며 그 성령의 능력의 역사하심이 어떠함을 알게 하옵소서."

왜 바울이 로마 감옥의 차디찬 바닥에 무릎을 꿇고서 자기 자신을 위해 그리고 에베소교회를 위해 하나님을 더 알게 해달라고 기도했는지 아십니까? 하나님을 알고 하나님의 뜻을 분별하는 데는 다 알았다는 법이 없기 때문입니다.

세상에 누가 십자가 사랑의 풍성함을 다 알 수 있을까요? 누가 하나님의 지혜와 지식의 오묘함을 다 통달한다 말할 수 있습니까? 우리는 배우면 배울수록, 알면 알수록, 주님의 영광의 자리 앞으로 가까이 나가면 나갈수록 더 모르는 자가 되고, 더 겸손해질 수밖에 없습니다. 우리가 그리스도를 아는 지식에서 계속 자라가야 할 이유가 바로 여기에 있습니다. 만일 조금 안다고 교만해진다면, 그는 벌써 영적으로 눈이 가려진 사람입니다.

성경을 너무 많이 알아서 누가 무슨 소리를 해도 '또 그 소리냐? 나도 다 안다' 하는 식으로 생각한 적이 있습니까? 성경을 펴고도 '다 아는 내용인데 뭐' 하면서 자세히 읽지도 않고 몇 장씩 넘기며 거만을 떠는 분이 있습니까? 그런 사람이 한 명도 없기를 바랍니다. 만일 마음속에 은연중에 그와 같은 교만이 도사리고 있다면 영안이 벌써 흐려졌다는 증거입니다. 이와 같은 사실을 명심하고 그런 교만을 속히 버리십시오.

우리에게는 여러 가지 필요한 것들이 많습니다. 건강한 몸이나 가정의 평안도 중요하고 이 사회도 경제적으로 어렵지 않아야 하고, 내가 하는 일들도 뜻대로 잘 풀려야 합니다. 그러나 이 모든 것보다 중요하고 우선적인 것은 영의 눈을 뜨고 똑바로 보는 것입니다. 영의 눈이 감겨 못 보는 사람만큼 불쌍한 사람은 없습니다.

교회 주변 도로를 걸어가다 보면 가게를 뜯어고치는 모습을 보게 됩니다. 사흘이 멀다 하고 그런 공사가 벌어집니다. 저는 이 동네에서 꽤 오래 살아서 구석구석을 꿰뚫고 있습니다. 이곳에만 벌써 20여 년을 살았으니 어떤 면에서 이 지역 터줏대감이라고 할 수 있습니다. 그래서 척 보면 장사가 될 만한 곳인지 아닌지, 무슨 장사가 되고 무슨 장사가 안 될지 감이 옵니다. 눈으로 보는 게 있기 때문이지요. 제가 지나가면서 보고 '아이고 저 양반 또 눈이 멀었구먼. 아마 반년도 못 갈걸' 하고 생각했던 가게들은 정말 반년도 못 갔습니다. 보는 사람과 보지 못하는 사람의 차이는 큽니다.

영적으로도 마찬가지입니다. 똑바로 봐야 합니다. 눈이 흐려지면 안 됩니다. 좁은 길과 넓은 길이 무엇인지 똑바로 보아야 합니다. 진리와 비진리가 무엇인지 바로 볼 줄 알아야 합니다. 하나님의 뜻과 사람의 뜻을 분별할 수 있어야 합니다. 선과 악이 무엇인가를 분별할 줄 알아야 합니다. 본질과 형식이 어떻게 다른지도 볼 수 있어야 합니다. 보는 눈, 이것이야말로 우리가 건강하게 승리하며 살 수 있는 가장 중요한 비결입니다.

우리 눈이 흐려지지 않도록 합시다. 잘못된 생각 때문에 우리 눈이 흐려지지 않도록 합시다. 율법주의 때문에 우리 눈이 흐려지지 않도록 합시다. 안다고 하는 교만 때문에 우리 눈이 흐려지지 않도록 합시다. 항상 하나님의 말씀으로 우리 영의 눈을 닦고, 날마다 성령의 손수건으로 눈을 씻어내서 정확하게 보고 우리 주님이 계시는 그 나라까지 바로 걸어가기에 조금도 어려움이 없는 멋진 생활을 하기를 바랍니다.

32

믿음과 경배

요한복음 9장 1-41절

1 예수께서 길을 가실 때에 날 때부터 맹인 된 사람을 보신지라 2 제자들이 물어 이르되 랍비여 이 사람이 맹인으로 난 것이 누구의 죄로 인함이니이까 자기니이까 그의 부모니이까 3 예수께서 대답하시되 이 사람이나 그 부모의 죄로 인한 것이 아니라 그에게서 하나님이 하시는 일을 나타내고자 하심이라 4 때가 아직 낮이매 나를 보내신 이의 일을 우리가 하여야 하리라 밤이 오리니 그때는 아무도 일할 수 없느니라 5 내가 세상에 있는 동안에는 세상의 빛이로라 6 이 말씀을 하시고 땅에 침을 뱉어 진흙을 이겨 그의 눈에 바르시고 7 이르시되 실로암 못에 가서 씻으라 하시니(실로암은 번역하면 보냄을 받았다는 뜻이라) 이에 가서 씻고 밝은 눈으로 왔더라 8 이웃 사람들과 전에 그가 걸인인 것을 보았던 사람들이 이르되 이는 앉아서 구걸하던 자가 아니냐 9 어떤 사람은 그 사람이라 하며 어떤 사람은 아니라 그와 비슷하다 하거늘 자기 말은 내가 그라 하니 10 그들이 묻되 그러면 네 눈이 어떻게 떠졌느냐 11 대답하되 예수라 하는 그 사람이 진흙을 이겨 내 눈에 바르고 나더러 실로암에 가서 씻으라 하기에 가서 씻었더니 보게 되었노라 12 그들이 이르되 그가 어디 있느냐 이르되 알지 못하노라 하니라 13 그들이 전에 맹인이었던 사람을 데리고 바리새인들에게 갔더라 14 예수께서 진흙을 이겨 눈을 뜨게 하신 날은 안식일이라 15 그러므로 바리새인들도 그가 어떻게 보게 되었는지를 물으니 이르되 그 사람이 진흙을 내 눈에 바르매 내가 씻고 보나이다 하니 16 바리새인 중에 어떤 사람은 말하되 이 사람이 안식일을 지키지 아니하니 하나님께로부터 온 자가 아니라 하며 어떤 사람은 말하되 죄인으로서 어떻게 이러한 표적을 행하겠느냐 하여 그들 중에 분쟁이 있었더니 17 이에 맹인 되었던 자에게 다시 묻되 그 사람이 네 눈을 뜨게 하였으니 너는 그를 어떠한 사람이라 하느냐 대답하되 선지자니이다 하니 18 유대인들이 그가 맹인으로 있다가 보게 된 것을 믿지 아니하고 그 부모를 불러 묻되 19 이는 너희 말에 맹인으로 났다 하는 너희 아들이냐 그러면 지금은 어떻게 해서 보느냐 20 그 부모가 대답하여 이르되 이 사람이 우리 아들인 것과 맹인

으로 난 것을 아나이다 21 그러나 지금 어떻게 해서 보는지 또는 누가 그 눈을 뜨게 하였는지 우리는 알지 못하나이다 그에게 물어보소서 그가 장성하였으니 자기 일을 말하리이다 22 그 부모가 이렇게 말한 것은 이미 유대인들이 누구든지 예수를 그리스도로 시인하는 자는 출교하기로 결의하였으므로 그들을 무서워함이러라 23 이러므로 그 부모가 말하기를 그가 장성하였으니 그에게 물어보소서 하였더라 24 이에 그들이 맹인이었던 사람을 두 번째 불러 이르되 너는 하나님께 영광을 돌리라 우리는 이 사람이 죄인인 줄 아노라 25 대답하되 그가 죄인인지 내가 알지 못하나 한 가지 아는 것은 내가 맹인으로 있다가 지금 보는 그것이니이다 26 그들이 이르되 그 사람이 네게 무엇을 하였느냐 어떻게 네 눈을 뜨게 하였느냐 27 대답하되 내가 이미 일렀어도 듣지 아니하고 어찌하여 다시 듣고자 하나이까 당신들도 그의 제자가 되려 하나이까 28 그들이 욕하여 이르되 너는 그의 제자이나 우리는 모세의 제자라 29 하나님이 모세에게는 말씀하신 줄을 우리가 알거니와 이 사람은 어디서 왔는지 알지 못하노라 30 그 사람이 대답하여 이르되 이상하다 이 사람이 내 눈을 뜨게 하였으되 당신들은 그가 어디서 왔는지 알지 못하는도다 31 하나님이 죄인의 말을 듣지 아니하시고 경건하여 그의 뜻대로 행하는 자의 말은 들으시는 줄을 우리가 아나이다 32 창세 이후로 맹인으로 난 자의 눈을 뜨게 하였다 함을 듣지 못하였으니 33 이 사람이 하나님께로부터 오지 아니하였으면 아무 일도 할 수 없으리이다 34 그들이 대답하여 이르되 네가 온전히 죄 가운데서 나서 우리를 가르치느냐 하고 이에 쫓아내어 보내니라 35 예수께서 그들이 그 사람을 쫓아냈다 하는 말을 들으셨더니 그를 만나사 이르시되 네가 인자를 믿느냐 36 대답하여 이르되 주여 그가 누구시오니이까 내가 믿고자 하나이다 37 예수께서 이르시되 네가 그를 보았거니와 지금 너와 말하는 자가 그이니라 38 이르되 주여 내가 믿나이다 하고 절하는지라 39 예수께서 이르시되 내가 심판하러 이 세상에 왔으니 보지 못하는 자들은 보게 하고 보는 자들은 맹인이 되게 하려 함이라 하시니 40 바리새인 중에 예수와 함께 있던 자들이 이 말씀을 듣고 이르되 우리도 맹인인가 41 예수께서 이르시되 너희가 맹인이 되었더라면 죄가 없으려니와 본다고 하니 너희 죄가 그대로 있느니라

요한복음을 1장부터 마지막까지 읽어보면, 예수님이 행하신 이적 기사들 가운데 특별히 일곱 개만 선택해서 기록했음을 알 수 있습니다. 예수님이 세상에 계실 때 행하신 이적 기사는 이보다 훨씬 많습니다. 다른 복음서에는 요한복음에 소개하지 않은 이적 기사들이 많이 나옵니다. 요한은 그 많은 이적 기사들 가운데 무엇 때문에 유독 일곱 가지만 선택해서 소개했을까요? 그것은 일곱 기사가 하나같이 예수 그리스도가 하나님의 아들이심을 밝히 드러내는 것이어서, 이를 통해 사람들이 그를 믿게 하려 했기 때문입니다.

요한복음 9장에는 나면서부터 맹인이었던 사람이 예수님께 고침을 받아 눈을 뜨고 보게 되는 놀라운 기사가 나옵니다. 다른 여섯 개의 이적 기사와 마찬가지로 이것 역시 하나의 중요한 목적을 가지고 있습니다. 그것은 예수님이 세상의 빛이요, 우리를 어둠에서 건져내어 영원한 하나님 나라로 인도하시는 유일한 구원자 되심을 온 천하에 선포하는 것입니다. 9장 전체를 보면 맹인이었던 자가 눈을 뜨자마자 여러 사람들에게 예수님에 대해 이야기하는 모습이 나옵니다. 자신에게 관심을 가지고 주변으로 몰려든 무리에게 예수님이 자기 눈을 뜨게 해주었다고 증거 했습니다. 그리고 바리새인들에게 불려갔을 때도 두 번이나 예수 그리스도가 자기 눈을 뜨게 해주었다고 증거 했으며, 자기 부모에게도 그 사실을 알렸습니다.

예수님을 부르는 호칭

여기서 한 가지 흥미로운 것은, 맹인이었던 사람이 다니면서 예수 그리스도를 증거 할 때 예수님을 부르는 호칭이 조금씩 바뀌어간다는 사실입니다. 이것은 그가 어떤 과정을 거쳐서 예수님을 믿는 믿음에 이르렀는지 보여주는 좋은 자료가 됩니다.

원래 맹인이었던 사람이 밝히 보게 되자 사람들 사이에 적지 않은 소동이 일어났습니다. 어떤 사람은 그가 전에 구걸하던 걸인이 분명하다고 하는가 하면, 어떤 사람은 전혀 다른 사람이라고 우겼습니다. 그래서 그들은 사실을 확인하고자 그를 데려와서 여러 가지 질문을 던졌습니다. 그는 그들의 질문에 이렇게 대답했습니다.

> … 예수라 하는 그 사람이 진흙을 이겨 내 눈에 바르고 나더러 실로암에 가서 씻으라 하기에 가서 씻었더니 보게 되었노라(11절).

그는 자신이 앞을 볼 수 있도록 해주신 분을 "예수라 하는 그 사람"이라고 소개했습니다. 이 호칭은 당시 사람들이 통상적으로 예수님을 부를 때 사용했던 이름으로, 소위 '나사렛 예수'를 말합니다. 그 역시 소문으로 '나사렛 예수'라는 이름을 익히 들어 알았던 것이지요. 사람들이 이 이름으로 예수님을 부를 때는 존경의 의미도 다소 담겨 있었겠지만, 실상은 '나사렛 촌구석 출신의 무식한 놈'이라고 하는 멸시와 조롱의 의미가 더 많이 담겨 있었습니다. 그러므로

'예수라 하는 그 사람'이라는 호칭은 이와 같은 대중적이고 세상적인 예수님관을 나타냅니다.

오늘날에도 세상 사람들은 예수님을 이런 식으로 부릅니다. 그들은 예수님을 기독교의 창시자로, 석가모니나 공자와 같은 현인이나 성자 가운데 하나로 부릅니다. 예수님을 그런 식으로 부르는 자들에게는 예수 그리스도에 대한 믿음이 절대로 생길 수 없습니다. 그렇기 때문에 그들에게는 구원도 없습니다. 맹인이었던 사람도 처음에는 이 정도 수준에서만 예수님을 알았습니다.

종교적인 예수님관

17절을 보십시오. 맹인이었던 사람이 바리새인들에게 불려가서는 어떻게, 그리고 누구에 의해 눈을 뜨게 되었으며, 그가 누구라고 생각하는지 집중적으로 질문을 받는 장면이 나옵니다. 그때 그는 이렇게 대답했습니다.

… 대답하되 선지자니이다 하니.

그가 예수님을 가리켜 왜 '선지자'라고 했는지 33절에 이유가 나옵니다.

이 사람이 하나님께로부터 오지 아니하였으면 아무 일도 할 수 없으리이다.

예수님이 하나님께로부터 온 선지자가 아니고는 자기 눈을 뜨게 하는 기적을 행하실 수 없다 생각했던 것입니다. '선지자'는 유대에서 하나님이 말씀을 전하시려고 친히 세우신 영적 지도자를 가리키는 호칭입니다. 맹인이었던 사람은 예수님을 그런 선지자들 가운데 하나로 보았습니다. 예수님을 종교적인 관점에서 보았다는 점에서 '나사렛 예수'라는 세속적인 관점을 가지고 있을 때보다는 믿음이 진일보한 듯 보입니다.

그러나 예수님을 선지자로 보는 믿음 역시 구원받는 믿음은 못 됩니다. 니고데모를 보십시오. 그는 예수님을 찾아왔던 사람들 가운데 가장 지위가 높았고 신분이 특별했던 사람으로서, 예수님을 선지자로 보았던 전형적인 인물이었습니다. 그는 예수님을 만나자마자 이렇게 인사합니다. "랍비여 우리가 당신은 하나님께로부터 오신 선생인 줄 아나이다"(요 3:2). '하나님께로부터 오신 선생'은 간단하게 '선지자'라는 말로 바꿀 수 있습니다. 예수님을 선지자로 고백하는 것은 좀 더 진일보한 관점이기는 하지만 진정한 믿음이 될 수 없고, 따라서 구원도 없습니다. 예수님께서 니고데모에게 들려주신 말씀에서도 이 사실을 분명히 확인할 수 있습니다.

> … 진실로 진실로 네게 이르노니 사람이 거듭나지 아니하면 하나님의 나라를 볼 수 없느니라(요 3:3).

"나를 하늘로부터 온 선지자 정도로 보는 네 눈이 바뀌지 않으면 너는 절대로 하나님 나라에 들어갈 수 없다"는 말씀입니다.

오늘날에 교회 안에도 이처럼 종교적인 관점을 가지고 신앙생활을 하는 사람들이 생각보다 많습니다. 저는 어떤 형제가 자기의 답답한 심정을 토로해놓은 것을 읽어본 적이 있습니다. "교회를 다니면서 이제 하나님이 누구신가는 조금 알겠는데, 예수님이 왜 필요한지, 예수님과 하나님은 또 어떻게 다른지는 아직 잘 모르겠다."

이런 사람들은 교회에서 예수님 이야기를 워낙 많이 들으니 예수님에 대해 잘 아는 것처럼 말하기도 하고, 찬양하기도 합니다. 그러나 사실상 내면에는 예수님을 믿는 믿음이 없습니다. 예수님을 더 깊이 알지 못하니 믿음이 생기지 않을밖에요. 종교적인 관점으로 예수님을 보는 것이 대단한 수준인 것 같아도 그것으로는 구원 얻는 믿음이 생기지 않습니다.

영생을 얻는 참믿음

35절을 보면 맹인이었던 사람이 예수님을 다시 만나는 장면이 나옵니다. 그때 예수님이 그에게 대뜸 질문을 던지셨습니다.

> 예수께서 그들이 그 사람을 쫓아냈다 하는 말을 들으셨더니 그를 만나사 이르시되 네가 인자를 믿느냐.

여기서 '인자'란 '하나님의 아들'을 가리키는 별칭입니다. 그러므로 이 질문은 "네가 하나님의 아들을 믿느냐?"라는 뜻입니다. 그는 지금까지 예수님을 '나사렛 예수라는 그 사람'이나 '선지자' 정도로만 알았는데 이제 전혀 들어본 적이 없는 '인자' 곧 '하나님의 아들'이라는 이름을 들었습니다. 이에 그는 이렇게 대답했습니다.

> … 주여 그가 누구시오니이까 내가 믿고자 하나이다(36절).

누가 하나님의 아들인지 가르쳐만 주면 그를 믿겠다 말합니다.

그러자 예수님이 대답하셨습니다.

> … 네가 그를 보았거니와 지금 너와 말하는 자가 그이니라(37절).

예수님은 '내가'라고 하지 않으시고 '너하고 지금 말하는 자가 바로 그, 곧 하나님의 아들'이라고 말씀하셨습니다. 이에 그는 너무나 감동한 나머지 "주여, 내가 믿나이다"라고 고백하며 예수님 앞에 엎드려 절을 했습니다(38절). 드디어 그의 믿음이 예수님을 하나님의 아들로 고백하는 자리에 이르렀습니다. 비록 하루 동안 있었던 과정이지만 '나사렛 예수'에서 '선지자'로 그리고 드디어 '하나님의 아들'로 그의 믿음이 발전했습니다. 예수님을 하나님의 아들로 믿고 고백하고 바라보는 이 믿음이야말로 성경이 말하는 참믿음이요, 우리에게 구원을 줄 수 있는 살아 있는 믿음입니다. 이 믿음을 가진 자만이 영생을 얻을 수 있습니다.

맹인이었던 사람은 예수님을 '하나님의 아들'로 고백하는 참믿음을 가지면서 완전히 딴사람이 되었습니다. 그는 주변 모든 사람과 구별된 사람이 되었습니다. 자기 주변에 있는 사람들은 예수님을 하나님의 아들로 인정하지 않았습니다. 부모도 마찬가지였습니다. 바리새인들이야 말할 것도 없습니다. 사람들은 예수님에게서 '나사렛 예수' 그 이상을 보지 못했습니다. 그리고 당시 사회도 누구든지 예수님을 하나님의 아들로 인정하기만 하면 완전히 매장당하는 공포 분위기였습니다(22절). 그런 살벌한 상황에서도 맹인이었던 이 사람은 예수님의 말씀을 듣자마자 그가 하나님의 아들이심을 알았고, 알자마자 "내가 믿나이다" 하고 고백하는 놀라운 변화를 맛보았습니다. 이것이 바로 참믿음입니다.

참믿음에 발을 들여놓기까지 이와 비슷한 과정을 거칩니다. 세상에서 흔히 말하는 예수님에서 시작해 교회가 흔히 말하는 예수님으로 발전하고, 그다음에는 하나님의 아들인 예수님을 자기 자신이 직접 발견하고 고백합니다. 자신을 한번 돌이켜보십시오. 어떤 사람은 전도받고 믿은 그날 하루에 이 모든 과정을 다 거치고 참믿음에 이르기도 합니다. 참 복된 사람이 아닐 수 없습니다.

하지만 어떤 사람은 1년 이상 걸리기도 합니다. 심한 경우 20년 혹은 30년이 걸리기도 합니다. 주일학교에서 배워 막연히 믿은 예수님에서 부모가 자꾸 믿으라고 하기 때문에 믿는 예수님으로, 그러다가 수십 년이 지난 후에 자기 입술로 하나님의 아들이라고 고백하는 예수님으로 발전하는 것입니다. 그러나 무엇보다 가장 불행한 사람은 죽는 순간까지도 예수님을 하나님의 아들로 고백하지 못하는 사람입니다. 그들은 세상이 이야기하는 예수님이나 믿음 좋은 부모가 이야기하는 예수님 이상은 모릅니다. 그래서 결국 예수님이 하나님의 아들이심을 믿지 못하고 눈을 감고 맙니다. 우리 중에는 이런 불행한 사람이 한 분도 없기를 바랍니다.

이왕 믿으려면 구원받는 믿음을 가져야 하지 않겠습니까? 구원받는 믿음이란 예수님을 하나님의 아들로 발견하는 믿음입니다. 하나님의 영광을 보는 믿음입니다. 중심으로부터 예수님을 '나의 주 나의 하나님'이라고 고백하는 믿음입니다. 그런 믿음만이 당신을 하나님 나라로 인도할 수 있습니다.

당신의 믿음은 어느 과정에 있습니까? 아직도 사람들이 말하는 예수님에 머물러 있나요? 아니면 교회가 말하는 예수님인가요? 아직도 구원받는 참믿음에 이르지 못했다면 이 말씀을 받는 중에 예수 그리스도가 나를 구원하시는 하나님의 아들 되심을 분명히 알고 고백하는 아름다운 은혜가 있기를 바랍니다.

믿음과 경배

9장에는 또 한 가지 흥미로운 사실이 있습니다. 38절을 보십시오. 짧지만 저에게 깊은 감동을 주었고, 뿐만 아니라 많은 생각을 하게 했던 구절입니다.

> 이르되 주여 내가 믿나이다 하고 절하는지라.

맹인이었던 사람은 믿음을 고백하는 동시에 예수님께 엎드려 절을 했습니다. 경배를 했다는 말입니다. 믿음과 경배는 결코 분리할 수 없습니다. 믿는 사람은 반드시 예배합니다. 믿음이 없이는 예배할 수 없습니다. 믿음과 예배는 하나입니다. 내가 믿는다고 고백하는 것은 하나님께 경배하는 것입니다. 내가 경배하고 예배하는 것은 믿는다고 고백하는 것입니다.

이 짧은 본문에 담겨진 하나님의 놀라운 음성이 들리는 듯합니다. "내가 하나님의 아들이라는 것을 믿느냐? 엎드려 절하라. 진실로 믿으면 너는 절하게 될 것이다. 네가 눈을 열어 하나님의 영광을 보았느냐? 보았다면 반드시 너는 엎드려 경배할 것이다."

어떤 이는 맹인이었던 사람이 엎드려 절한 사실을 대수롭지 않게 여길지도 모릅니다. 예수님께 고침을 받아 기적적으로 눈을 뜨고 보게 된 것이 너무 감사해서 절을 했을 것이라고 보는 견해도 있습니다. 그러나 다른 사람들이 예수님을 그저 그런 촌사람으로 보는 데 반해, 오직 그만은 예수님을 하나님의 아들로 알고 고백했다는 사실을 기억하십시오. 이 고백과 함께 우러나온 절은 여느 때 하는 행동과 다릅니다. 절하는 것 자체가 특별한 신앙고백이며, 그 속에 예배가 담겨 있습니다.

세상적으로 보아도 처한 형편이나 나라에 따라서 절의 의미가 다를 수 있습니다. 얼마 전에 제자훈련 일본 컨벤션에 참석하느라 며칠 동안 일본에 다녀왔습니다. 6회째 참석하는 컨벤션인데 580명의 일본 목회자들과 일본 교회 평신도 지도자들이 모였습니다. 그런데 그 컨벤션에서 만난 어떤 선교사님에게서 굉장히 부담스러운 이야기를 들었습니다. 4년 전에 그 집회에 참석했을 때 일본에서 저명한 지도자급에 있는 목사님 한 분이 저를 특별히 방문한 일이 있었습니다. 그분이 방문을 열고 들어서시기에 우리 일행은 일어서서 그분을 맞이했습니다. 그런데 그분이 방으로 들어오자마자 다짜고짜 다다미에 무릎을 꿇고 엎드려서 저에게 절을 했습니다. 그러니 제가 얼마나 당황했겠습니까? 저도 다급하게 엎드려 함께 맞절을 했습니다. 그때 저는 '아, 다다미방이니까 인사를 하려면 이렇게 해야 하는 것인가 보구나' 하고 대수롭지 않게 넘겼습니다.

그러고는 그 일을 잊어버렸는데, 일본에서 10년 이상 사역하신 선교사님이 저와 가까운 어떤 분에게서 4년 전 그 일을 들었던 모양입니다. 그분은 그때 일을 전해 듣고 굉장히 충격을 받았던지 나중에 저에게 찾아와서 이런 말씀을 하셨습니다.

"목사님, 그게 무슨 의미인지 아십니까?"

"예? 뭐 말입니까?"

"무릎을 꿇고 절하는 것 말입니다."

"아, 다다미방이니까 그랬겠지요."

"아닙니다. 그렇지 않습니다. 일본에서는 무릎을 꿇고 허리를 굽혀서 바닥에 엎드려 절하는 것은 신하가 왕에게 하는 경우를 제외하고는, 특별히 존경하는 스승이나 자기가 평생 섬기고 싶은 사람이 있을 때 심사숙고하고 나서 하는 일입니다."

그 말을 듣고 제가 얼마나 부담이 되었는지 모릅니다. 그분은 저에게 이런 말까지 들려주셨습니다. "일본 사람은 한번 무릎 꿇고 절하면 절대 배신하지 않습니다."

저는 "존경합니다"라는 말을 들을 때가 제일 겁이 납니다. "사랑합니다"라는 말은 정을 주고받는 말이기에 그리 부담스럽지 않은데, 편지로든 말로든 존경한다고 하면 보통 부담스럽지가 않습니다. 하물며 일본 사람들의 절에 담긴 의미는 더욱 부담스러웠습니다. 그 경험으로 엎드려 절한다는 것이 이처럼 나라나 문화에 따라서 의미가 크게 다를 수 있다는 사실을 확실히 알았습니다.

맹인이었던 사람이 예수님 앞에 엎드려 절한 것 역시 특별한 의미가 있습니다. 그는 하나님의 영광을 보았습니다. 초라한 옷을 입은 나사렛 청년에 지나지 않았지만, 그 말씀을 듣고 다시 보니 자기 앞에 계신 예수님이 바로 하나님이셨습니다. 그분에게서 하나님의 영광이 비치고 있었습니다. 성경을 보십시오. 창세기에서 계시록에 이르기까지 하나님의 영광을 발견한 사람치고 뻣뻣하게 서 있었던 사람이 누가 있습니까? 모든 사람이 그 영광 앞에 무릎을 꿇었습니다. 창조자 되신 하나님, 온 우주의 주가 되신 하나님, 인류의 생사화복을 주관하시는 하나님, 그 하나님이 임재해 계시다는 사실을 확인했을 때 모두가 무릎을 꿇고 엎드렸습니다. 어떤 이는 아예 영혼이 떠난 듯 그 영광에 압도되기도 했습니다.

믿음이 무엇입니까? "주여, 내가 믿나이다"는 "예수 그리스도는 하나님이십니다"라는 선포요, 동시에 "믿음의 눈으로 당신이 하나님의 아들이심을 봅니다"라는 고백입니다. 그러므로 그 믿음의 고백에는 무릎을 꿇고 엎드려 절하는 경배와 예배가 따라올 수밖에 없습니다. 이런 의미에서 믿음은 예배요, 예배는 믿음입니다. 보는 것은 경배하는 것이요, 경배하는 것은 보는 것입니다. 예수님이 하나님의 아들이심을 믿음의 눈으로 봅니까? 그러면 날마다 그 영광의 빛이 우리에게 비칩니다. 운전을 하다가도 예수님이 나의 하나님이심을 고백하는 순간이 있습니까? 그 고백이 마음에서 우러날 때 자기도 모르게 그분의 이름을 찬양하고 싶은 생각이 불일 듯 일어납니다. 그 이름을 존귀하게 하고 싶은 충동이 일어납니다.

그러나 "믿습니다" 하면서도 마음으로는 경배가 안 됩니까? "믿습니다" 하면서도 그 이름을 높이고 싶은 충동을 느끼지 못합니까? "믿습니다" 하면서도 마음에 하나님의 영광을 바라보는 황홀과 감격이 없습니까? 그렇다면 그 믿음은 병들었든지 아니면 엉터리입니다. 왜냐하면 "내가 믿나이다" 하는 믿음은 반드시 경배를 수반하기 때문입니다.

우리는 흔히 믿는 것과 예배하는 것을 별개로 생각하는 경향이 있습니다. 물론 형식으로 따지자면 이 둘은 다를 수 있습니다. 그러나 본질적으로는 믿는 것이 곧 예배하는 것입니다. 우리는 믿음이 시간이나 형식의 제한을 받지 않는다고 생각합니다. 그러므로 교회에 와서는 예수님을 믿는다고 말하고 회사에 가서는 믿는다고 말하지 않는 것은 올바른 처신이 아닙니다. 교회에서나 회사에서나, 가정에서나 길에서나, 앉았을 때나 일어섰을 때나, 심지어 자다가 눈을 떠도 "주여, 내가 주님을 믿습니다" 하고 고백해야 합니다. 언제 어느 곳에 있든지 믿음의 눈으로 예수 그리스도가 하나님이심을 보고 압니다. 이것이 곧 믿음입니다.

예수님은 우리와 동행하시는 하나님입니다. 우리를 구원하신 하나님입니다. 우리가 "믿습니다"라고 고백할 때 우리의 얼굴에는 하나님의 영광의 빛이 환하게 비치게 됩니다. 주일날 예배당에 왔기 때문에 예배를 드리는 것입니까? 아닙니다. 우리의 예배는 언제, 어디서나 가능합니다. 믿음과 경배는 하나이기 때문입니다.

즐겨 부르는 복음성가에 이런 가사가 있습니다. "주 예수 이름 내가 생각할 때 내 마음속에 기쁨 넘치네." 그렇습니다. 예수님의 이름을 생각할 때마다, 하나님이신 예수 그리스도를 생각할 때마다 마음에 기쁨이 넘칩니다. 주님의 이름을 높이고 예배하고 싶은 충동이 불같이 일어납니다.

당신의 믿음이 예배로 이어지고 있습니까? 당신에게는 그 영광의 빛 앞에서 너무나 감격스러워서 언제든지 예수님의 이름을 찬양하고, 예수님을 사랑한다고 고백하며, 그 이름을 자랑하고 싶어 하는 예배자의 심정이 있습니까? 입으로는 "예수님, 내가 믿습니다" 하지만 정작 마음은 온통 다른 것에 가 있지는 않습니까? 만약 그렇다면 당신의 믿음은 병들어가고 있음을 알아야 합니다.

병든 예배와 살아 있는 예배

요즈음 '예배를 갱신하자'는 말을 많이 합니다. 우리가 드리는 예배에 무언가 잘못된 점이 있기 때문입니다. 예배가 병들었든지, 아니면 오염되었거나 세속화되었기 때문에 예배를 갱신해서 새롭게 하자는 것입니다. 요즈음 많은 사람들이 교회를 떠나는 이유 역시 예배가 병들어서 그렇습니다.

몇 년 전에 미국의 한 신학교에서 어떤 교수가 박사 과정 학생들에게 과제를 냈습니다. 어떤 도시에 가서 교회에 처음 몇 번 나오다가 나오지 않는 사람들, 또는 몇 년 동안 나오다가 더 이상 나오지 않는 사람들을 찾아가 교회 출석을 하지 않는 이유를 조사하는 것입니다. 학생들이 300여 명의 대상자를 찾아다니면서 조사했는데 약 90퍼센트에 해당되는 사람들의 대답이 무엇이었는지 압니까? 예배가 지루해서 못 가겠다고 했습니다. 무슨 의미일까요? 그들이 출석했던 교회에서 "믿습니다"라고 고백했던 사람들이 드리던 예배에 무엇인가 문제가 있었다는 뜻입니다

우리가 드리는 예배에는 하나님이신 예수 그리스도께서 임재해 계십니다. 그분은 우리를 위하여 십자가에 죽으신 하나님의 어린양이십니다. 사흘 만에 죄와 사망의 권세를 이기고 부활하심으로써 우리를 하나님 앞으로 인도하시는 유일한 구원자요, 나의 하나님이요, 영광의 주님이십니다. 그 주님을 믿는다고 고백하는 사람들이 모여서 예배하는 자리라면, 그곳에는 언제나 놀라운 감동과 뜨거운 찬송이 있어야 합니다. 하나님의 이름을 부를 때마다 우리 가슴속에 있는 모든 병이 물러가고, 하나님의 영광의 빛 앞에 우리의 염려와 불안이 전부 다 흩어지는 기적을 맛보는 생명의 역사가 있어야 정상입니다. 예배가 모양은 그럴듯한데 그 속에 생명이나 능력이 없는 이유가 무엇입니까? 입으로는 믿는다고 고백하지만, 경배하는 마음이 따라가지 못하기 때문입니다. 그러니 사람들이 들어왔다가는 모두 싫증을 내고 떠날 수밖에 없습니다.

예수님을 믿는 한 가정이 있었습니다. 남편은 교회를 다니기는 하지만 교회에 가는 일이 별로 재미가 없었습니다. 그러다 보니 토요일만 되면 괜히 마음이 무거웠습니다. 부인이 자꾸 가자고 하니 안 갈 수도 없고, 안 간다고 버티자니 싸움이 일어날 것 같고, 정말 고민이 아닐 수 없었습니다. 그래서 남편은 주일 아침만 되면 입버릇처럼 이런 말을 했습니다. "여보, 오늘은 우리 둘 중에 당신이 우

리 집안 대표로 예배에 참석하고 와요." 그러고는 자리에서 안 일어 나니까 부인이 말 그대로 집을 대표해서 예배에 참석하러 가는 일이 왕왕 있었습니다. 그러던 어느 날 남편이 꿈을 꾸었습니다. 부인 하고 같이 죽어 천국 문 앞에까지 갔습니다. 문지기가 그들을 알아 보고는 이렇게 말했습니다. "아, 당신들은 부부지요?" 그렇다고 대답 했더니 문지기가 이렇게 말하더랍니다. "잘됐네요. 두 사람 중에 대표로 부인만 이리로 들어오십시오."

웃자고 하는 이야기지만 예배가 살아 있으면 "대표로 갔다 오시오"라는 말이 어떻게 나올 수 있겠습니까? 모든 성도가 예배를 사모하며 주일을 기다릴 것입니다. 그러나 오늘날 우리의 예배는 어딘가 모르게 병이 들어 있기 때문에, 예수님을 이제 막 믿은 성도에게 매력을 주지 못하는 것입니다.

예배라고 해서 꼭 주일날 함께 모여 드리는 예배만 생각하면 안 됩니다. 우리의 삶 전부가 하나님께 드리는 신령한 예배입니다. 믿음의 고백이 언제 어디서나 가능한 것처럼 우리의 심령 역시 언제 어디서나 예배자의 심정이 되어야 합니다. 하나님의 영광을 본다는 믿음을 고백하면서 어떻게 가만히 있을 수 있습니까? 마음이 기쁨으로 가득 차서 주의 이름을 높이는 사람이 되어야 합니다. 심지어 병상에 있을 때라도, 고통으로 일그러진 얼굴을 하고서라도 "예수님, 믿습니다. 예수님은 나의 하나님이십니다"라고 고백하면 가슴속에 감격이 일어야 합니다.

찬송하고 싶은 열정이 불타올라야 합니다. 사업에 실패한 순간에라도, 불안과 근심이 마음을 짓누르는 캄캄한 밤일지라도, "예수님, 당신은 나의 하나님이십니다"라고 고백하면 자기도 모르게 모든 불안과 고통을 박차고 일어나서 하나님 되신 그분을 찬양하며 그 앞에 엎드려 경배하는 예배자의 심정이 되어야 합니다. 이럴 때 우리 삶 전부를 통해서 믿음과 예배가 일치됩니다. 우리 모두가 그런 자들이 될 때 주일날 교회에 모여 드리는 예배가 살아납니다. 그리고 이 예배에 하나님의 영광이 임합니다.

믿음과 경배의 일치

유명한 목회자 A. W. 토저가 이런 말을 했습니다. "하나님을 최고로 알지 아니하는 한 아무도 그를 경배할 수 없다." 하나님을 최고로 알고 예수님이 하나님이심을 믿는 자라야 예배할 수 있습니다. 혹시 당신 마음속에 예배하고 싶은 강력한 충동이 없습니까? 그렇다면 당신은 예수님이 하나님의 아들이심을 믿지 않는 것입니다. 입으로는 "주여, 주여" 하지만 실상은 그의 영광을 보지 못하고 있습니다. 예수님 외의 엉뚱한 것들에 마음을 빼앗겨서 예수님을 향한 사랑이 차갑게 식어 있습니다.

만약 이와 같은 모순에 빠져 있다면 예수님 앞에서 자신을 돌아보는 시간을 가져야 합니다. 집에 앉았을 때든지, 차를 타고 갈 때든지, 일을 할 때든지, 사람이 있는 자리든지, 아무도 없는 자리든지 "주여, 내가 믿습니다. 예수님은 하나님이심을 믿습니다" 하고 고백할 때면 언제나 예수님을 높이고, 경배하고, 최고의 사랑을 드리고자 하는 예배자의 심정이 뜨겁게 타올라야 합니다. 그 믿음이 진짜 믿음입니다.

"믿습니다"라고 고백할 때 찬양이 따라오는 삶을 연습하십시오. 예수님을 하나님의 아들이라고 마음으로 믿을 때, 자기도 모르게 "주여, 주의 이름 높이기를 원합니다" 하면서 찬양과 경배가 터져 나오도록 훈련하십시오. 그러면 마음을 시험하던 마귀가 혼쭐나서 도망칩니다. "믿습니다" 하고 말만 해서는 마귀가 떠나지 않습니다. 마귀는 우리가 성경을 보는 시간에도 우리 마음을 충동질합니다. "빨리빨리 넘어가." 무릎 꿇고 기도하는 순간에도 마귀는 우리 귀에다 대고 끊임없이 속삭입니다. "대충하고 빨리 마쳐." 그 속삭임에 넘어가면 그때부터 마귀는 우리를 자기 마음대로 주물러댑니다. 그 이유가 무엇입니까? "믿습니다"라고 하는 고백에 예배가 따라가지 못하기 때문입니다.

가슴에 찬양을 담고 다니십시오. 가슴에 하나님의 영광을 보는 감격을 담고 다니십시오. 가슴에 주님의 이름을 높이고자 하는 여러 가지 방법을 생각하면서 다니십시오. 그러면 감히 마귀가 와서 우리 마음에 기웃거리지 못합니다. 당신의 마음에 하나님의 아들이 계신데 어찌 감히 마귀가 들어와서 건드릴 수 있습니까? "내가 믿나이다 하고 절하는지라." 이 고백이 우리 모두의 고백이 되기를 간절히 바랍니다.

33

양의 문 되신 예수

요한복음 10장 1-10절

1 내가 진실로 진실로 너희에게 이르노니 문을 통하여 양의 우리에 들어가지 아니하고 다른 데로 넘어가는 자는 절도며 강도요 2 문으로 들어가는 이는 양의 목자라 3 문지기는 그를 위하여 문을 열고 양은 그의 음성을 듣나니 그가 자기 양의 이름을 각각 불러 인도하여 내느니라 4 자기 양을 다 내놓은 후에 앞서 가면 양들이 그의 음성을 아는 고로 따라오되 5 타인의 음성은 알지 못하는 고로 타인을 따르지 아니하고 도리어 도망하느니라 6 예수께서 이 비유로 그들에게 말씀하셨으나 그들은 그가 하신 말씀이 무엇인지 알지 못하니라 7 그러므로 예수께서 다시 이르시되 내가 진실로 진실로 너희에게 말하노니 나는 양의 문이라 8 나보다 먼저 온 자는 다 절도요 강도니 양들이 듣지 아니하였느니라 9 내가 문이니 누구든지 나로 말미암아 들어가면 구원을 받고 또는 들어가며 나오며 꼴을 얻으리라 10 도둑이 오는 것은 도둑질하고 죽이고 멸망시키려는 것뿐이요 내가 온 것은 양으로 생명을 얻게 하고 더 풍성히 얻게 하려는 것이라

이스라엘을 떠올릴 때면 목자들이 양을 이끌고 이 언덕 저 언덕을 넘어 다니는 목가적인 분위기가 그려집니다. 그러나 요즈음에는 목자와 양이 어울려다니는 아름다운 모습을 찾아보기가 어렵습니다. 저도 성지순례를 하면서 시편 23편에서 다윗이 노래한 것과 같은 정경을 보고 싶어 유심히 살펴보았지만, 도로 대부분이 차가 다니는 길이어서 그런지 찾기가 어려웠습니다. 세상이 너무나 많이 변했으니 그도 그럴 수밖에 없을 것입니다.

그러나 예수님이 사시던 당시 예루살렘 주변과 갈릴리 일부 지역은 목초지로 아주 유명했습니다. 많은 목자들이 자기 양을 이끌고 다니며 풀을 뜯기고 물을 먹이는 평화로운 모습을 어디서든지 볼 수 있었습니다. 이런 의미에서 예수님이 요한복음 10장에서 말씀하신 비유는 당시 사람들에게 전혀 낯선 이야기가 아니었습니다. 오히려 너무나 익숙한 말이었기 때문에 왜 저런 말씀을 할까 하고 의아해했을 정도입니다.

목자들은 하루 종일 양에게 풀을 뜯기다가 해가 기울어 그림자가 길게 늘어질 때면 자기 양들을 몰고 공동우리로 옵니다. 형편이 넉

넉한 사람은 개인 우리가 있기도 했지만 대부분의 목자들은 양들을 여러 가정이 공동으로 만든 우리에 둡니다. 공동우리는 보통 돌담을 사각형 모양으로 둘러 만드는데, 거기에는 문이 하나 있습니다. 목자들이 양 떼를 안으로 다 들이고 나면 그 문 옆에는 문지기가 있어 밤새도록 그 양들을 지킨다고 합니다.

그리고 다시 아침이 되면 목자들은 하나둘 나와서 문지기에게 확인을 받고 우리 안에 들어가 자기 양을 부릅니다. 수십 혹은 수백 마리 양 가운데서 눈으로 자기 양을 구분하기란 거의 불가능합니다. 그래서 목자들은 자기 양들만 알아들을 수 있는 소리를 냅니다. 그러면 그를 자기 목자로 아는 양들은 전부 그 목자 앞으로 나온다고 합니다. 참 멋있는 풍경입니다. 자기 양의 수가 조금 적은 경우에는 가끔 양들의 이름을 일일이 부르기도 합니다. 그러면 그 목자의 양들은 그 소리를 듣고 전부 모입니다. 이제 목자가 문을 나와 초원을 향해 가면 그 목자의 양들만 우르르 따라 나갑니다. 그러면 또 다른 목자가 와서 자기 양들을 마찬가지 방식으로 불러냅니다.

이와 같은 배경을 알면 본문에서 예수님이 자신을 양의 문에 비유하신 뜻이 무엇인지 짐작할 수 있을 것입니다. 그러나 이 구절은 막연히 짐작하고 넘어가기에는 너무나 엄청난 말씀입니다. 기독교의 가장 본질적인 진리가 담겨 있기 때문입니다. 그러므로 이 말씀을 통해서 왜 예수님이 자기를 양의 문이라고 하셨는가 깊이 깨닫고 그 은혜를 다시 한번 체험해야 하겠습니다.

모든 사람에게 필요한 구원

왜 예수님은 자기 자신을 일컬어 '양의 문'이라고 하셨을까요? 첫 번째 이유는 자신이 생명을 주는 구원자이기 때문입니다.

> 내가 문이니 누구든지 나로 말미암아 들어가면 구원을 받고 또는 들어가며 나오며 꼴을 얻으리라(9절).

예수님은 양의 문이시므로 누구든지 예수님을 통해 들어가기만 하면 구원받을 수 있습니다. 10절은 그 의미를 조금 더 풀어서 설명합니다.

> 도둑이 오는 것은 도둑질하고 죽이고 멸망시키려는 것뿐이요 내가 온 것은 양으로 생명을 얻게 하고 더 풍성히 얻게 하려는 것이라.

9절의 '구원을 얻는다'는 말은 10절의 '생명을 얻게 한다'와 같은 의미입니다. 요약하자면 예수님은 우리 인간에게 영생을 주시는 구원자라는 말씀입니다. 주님께서 자신을 일컬어 '양의 문'이라고 하신 이유가 바로 여기에 있습니다.

구원이 필요하지 않은 사람은 아무도 없습니다. 이 세상에 태어난 사람은 누구나 7, 80년이면 다 소진하여 없어지는 유한한 생명을 가지고 있습니다. 이와 같은 육신의 생명으로는 영원한 삶을 보장받을 수 없습니다. 육신의 생명은 일시적이요 불완전하기 때문입니다. 왜 육신의 생명은 영적 생명과 일치하지 못하는 것일까요? 왜 영생으로 이어지지 못할까요? 성경은 이에 대해 간단하고 명확한 답을 내놓습니다. 바로 죄 때문입니다. 로마서 5장 12절은 이 진리를 간단 명료하게 가르쳐주는 가장 대표적인 말씀입니다.

그러므로 한 사람으로 말미암아 죄가 세상에 들어오고 죄로 말미암아 사망이 들어왔나니 이와 같이 모든 사람이 죄를 지었으므로 사망이 모든 사람에게 이르렀느니라.

한 사람 아담이 범죄함으로 모든 사람이 죄의 노예가 되었고, 그 결과 죽음이 모든 사람에게 임했습니다. 여기에는 유대인이나 헬라인이나 예외가 없습니다. 죽음의 씨를 가지고 태어나기 때문에 누구든지 구원받지 못하면 반드시 죽을 수밖에 없습니다. 서울시만 해도 하루에 463명의 아이가 태어난다고 합니다. 그러나 그 아이들 중 어느 누구도 피할 수 없는 사실이 하나 있습니다. 죽음의 씨를 안고 이 세상에 태어난다는 것입니다. 태어나는 그 순간부터 죽음을 향한 카운트다운이 시작됩니다.

여기에는 한 사람의 예외도 있을 수 없습니다. 그래서 사람은 누구나 구원이 필요합니다. 제아무리 죄인이 아닌 것처럼 가장해도 절대 속일 수 없습니다. 공부를 아무리 많이 해도, 세상에서 아무리 많은 재물을 쌓아놓고 있어도, 성자나 위인이라는 소리를 들으며 모든 사람의 존경을 받는다 해도 자기가 죽을 수밖에 없는 죄인이라는 사실은 절대 숨기지 못합니다.

갑자기 얼굴이 예뻐지고 맵시가 나는 것처럼 보이면 사람들은 성형수술을 했느냐고 묻습니다. 주저앉았던 콧대가 우뚝 솟고, 밋밋했던 작은 눈에 쌍꺼풀이 예쁘게 드리워진 것을 보면 "너 성형수술 했구나. 어느 병원에 갔니?" 하면서 부러워합니다. 세상 모든 여성들이 다 아름답게 보이면 그것도 천국의 일면일 것입니다. 그러나 문제는 그에게서 태어날 자식입니다. 자신은 성형수술을 해서 코를 높이고, 눈을 크게 만들고, 광대뼈를 깎아 아름답게 됐는지 모르지만 자식만큼은 어쩌지를 못합니다. 엄마가 성형수술을 받는다고 아기가 배 속에서 성형수술을 받고 태어날 리는 만무합니다. 아이는 엄마의 원래 모양을 닮아 납작한 코나 작은 눈을 가지고 태어날 수밖에 없습니다. 아무리 성형수술로 자기 모습을 감추려 해도 자식만큼은 어쩔 도리가 없습니다.

죄 역시 마찬가지입니다. 사람들이 배 속에서 교양을 배우고 나올 리도 만무하고, 죄인이 아닌 것처럼 특별한 옷을 입고 나올 수도 없습니다. 자녀를 보십시오. 그들 역시 결국은 죽을 수밖에 없는 운명입니다. 그러므로 우리 모두는 구원이 필요합니다.

히브리서 9장 27절을 보십시오. "한 번 죽는 것은 사람에게 정해진 것이요 그 후에는 심판이 있으리니." 구원받지 못한다고 할 때 단순히 육신의 생명이 죽는 것만 의미하는 것이 아닙니다. 하나님 앞에서 죗값을 치러야 할 무서운 형벌이 우리를 기다립니다. 그러므로 우리 모두는 한 사람도 예외 없이 구원이 절실합니다. 나이가 얼마나 들었든지 상관이 없습니다. 많이 배웠든 적게 배웠든 상관없습니다. 재물이 많고 적은 것도 의미가 없습니다. 중요한 것은 단 한 사람도 예외 없이 다 구원이 필요하다는 사실입니다. 구원받지 못하면 망할 수밖에 없습니다.

생명을 주시는 구원의 문, 예수님

그러면 어떻게 구원받을 수 있을까요? 우리 힘으로 구원받을 수 있습니까? 노력하면 영적인 생명을 얻을 수 있습니까? 천만의 말씀입니다. 영적인 생명은 하나님의 불꽃입니다. 우리는 절대 하나님의 불꽃을 훔칠 수 없습니다. 에베소서 2장 5

절에 보면 우리는 이미 죄와 허물로 죽은 자들입니다. 영적으로 죽은 존재라는 말입니다. 죽은 사람이 무엇을 할 수 있습니까? 시체가 스스로 몸부림친다고 살아납니까? 시체에게는 아무것도 기대할 수 없습니다. 우리는 본질적으로 우리 힘이나 노력으로 영적 생명을 받을 수 없는 존재입니다.

오직 예수 그리스도만이 우리에게 영원한 생명을 주실 수 있는 유일한 구원자십니다. 그러므로 누구든지 구원받으려면 그분을 찾아가야 합니다. 구원의 문이 되신 예수님 앞으로 나아가야 합니다. 그리고 그 문으로 들어가야 합니다. 즉, 그분을 믿어야 합니다. 그래야만 영적 생명을 얻을 수 있습니다. 그분을 믿는 순간 성령께서 우리 마음속에 썩지 않는 생명의 씨앗을 심어주십니다. 그 생명이 우리 안에 자리를 잡음과 동시에 우리 눈이 열려 예수 그리스도를 믿음으로 바라봅니다. 우리의 귀가 열려 드디어 우리의 구원자이신 예수님의 음성을 알아들을 수 있습니다. 이 생명은 하나님 자신의 생명으로, 장차 예수님께서 재림하셔서 우리를 부활하게 하실 때 우리는 이 생명을 받아 누릴 것입니다. 그러므로 예수님은 생명을 주시는 구원의 문이십니다.

아직도 예수 그리스도를 나의 구주로, 나에게 생명을 주시는 구원자로 확실히 믿지 못합니까? 주님께서 당신에게 말씀하십니다. 예수님을 믿고, 구원을 받으십시오. 영생을 얻으십시오. 당신을 위하여 십자가에서 죽으시고 부활하신 예수님이 오늘도 사랑하는 형제와 자매를 오라고 부르십니다. "나에게 오면 내가 영생을 주겠다. 나는 양의 문이라. 나로 말미암아 들어가면 구원을 얻을 것이다."

주님은 놀라운 구원을 주시는데 당신이 돌아서면 안 됩니다. 우리 모두에게 구원을 받는 은혜가 있기를 바랍니다. 우리 주변에는 아직도 예수님을 믿지 않는 사람들이 많습니다. 그들에게 예수 그리스도를 전함으로써 하나님이 주시는 영적 생명을 그들도 값없이 얻는 복을 누리도록 해야 합니다.

유일한 구원자

예수님이 자신을 '양의 문'에 비유하신 두 번째 이유는 예수님만이 세상의 구원자이시기 때문입니다. 구원받는 길은 오직 예수 그리스도밖에 없습니다.

양의 우리에는 문이 하나밖에 없습니다. 만일 그 문으로 들어가지 않고 담을 넘어가면 그는 도둑입니다. 예수님은 자기보다 앞에 온 모든 사람을 일컬어 "절도요 강도"라고 했습니다(8절). 이 말을 오해하지 않길 바랍니다. 구약 시대에 온 모든 선지자들을 두고 강도라고 말하는 것이 아닙니다. 요한복음 9장에 나오는 것처럼, 예수 그리스도를 통해서 눈을 뜨고 하나님의 아들 앞에 무릎 꿇고 절한 귀한 형제를 유대 사회에서 축출하는 바리새인 같은 사람들과, 예수님 당시에 자칭 '메시아'라고 하면서 사람들을 미혹하던 사람들을 두고 절도요 강도라고 하시는 것입니다.

양의 문은 하나밖에 없습니다. 누구든지, 심지어 목자라 해도 그 문으로 들어와야 합니다. 그렇다면 양은 말할 것도 없습니다. 그 문 말고는 우리 안으로 들어갈 수 있는 길이 없습니다. 담을 넘어가는 자는 참목자가 아니라 강도입니다. 요한복음 14장 6절을 보십시오. "내가 곧 길이요 진리요 생명이니 나로 말미암지 않고는 아버지께로 올 자가 없느니라." 예수님 외에는 구원이 없다는 이야기입니다. 그래서 예수님이 스스로를 가리켜 양의 문이라 하신 것입니다.

우리는 예수님의 이러한 말씀을 믿고 따르는 반면 세상 사람들은 바로 이것 때문에 독선주의니 배타주의니 하면서 기독교를 욕하고 비방합니다. 그들 생각에는 종교 다원주의가 말하는 바와 같이 '이 종교에도 구원이 있고 저 종교에도 구원이 있다. 따라서 어느 종교를 믿든 그 종교를 통해서 구원을 받을 수 있다'고 가르치면 좋겠는데, 기독교는 유달리 타 종교를 배척하고 오직 예수님만이 구원자라고 주장하니 독선이라는 것입니다. 지성인들 중에도 이런 독선이 싫어서 예수님을 믿지 않겠다고 하는 사람들이 많습니다.

사랑하는 것과
진리를 주장하는 것

카피라이터 이만재 씨가 수백 명의 젊은이들을 대상으로 설문조사를 하고, 그것을 토대로 《교회 가기 싫은 77가지 이유》라는 제목의 책을 펴내서 화제가 된 적이 있습니다. 대부분 우리가 익히 다 아는 상식적인 내용들인데, 그중에서 한 가지만 소개하겠습니다.

교회 가기 싫은 이유를 어떤 사람은 이렇게 말했습니다. "기독교는 너무 배타적인 것 같다. 타 종교, 타 종파를 존중할 줄 알아야 내 종교, 내 종파도 존중받는다는 것은 상식이 아닌가? '이웃을 사랑하라'는 말씀에서 그 이웃에 이웃 종교도 포함되어야 하지 않는가? 기독교 특유의 종교 이기주의를 이해할 수 없다. 그래서 나는 교회에 안 간다."

그러나 우리는 '사랑하고 존경하는 것'과 '진리를 주장하는 것'을 분명히 구별해야 합니다. 이 두 가지를 혼동하면 안 됩니다. 우리는 타 종교의 지도자들도 존경합니다. 우리는 부처를 따르는 사람들도 사랑합니다. 또 각 종교에 나름대로의 진리가 있다는 사실을 수

긍합니다. 그러나 하나님께서 우리에게 주신 구원의 길은 하나밖에 없습니다. 이것은 제가 지어낸 억지 주장이 아니라 하나님의 말씀입니다. 그러므로 이웃 종교를 사랑하고 존경해야 하지 않느냐는 이런 값싼 이론 때문에 진주와 같은 예수 그리스도를 돼지에게 던질 수는 없습니다. 우리 중에 서로 존경하고 사랑한다는 명분으로 "당신 아내가 내 아내이고, 내 아내가 당신 아내니 기분 좋은 대로 삽시다"라고 말하는 사람은 아무도 없습니다. 그렇게 중요한 것을 '존경한다', '사랑한다', '관용한다'라는 말 때문에 뒤죽박죽으로 만드는 바보 같은 짓은 아무도 하지 않습니다. 진리는 하나밖에 없습니다. 예수님께서 자신만이 구원의 길이라고 말씀하시는 이유가 바로 여기에 있습니다.

몇 해 전 성탄절에 불교 방송에서 스님 아나운서가 "세계의 성인 가운데 한 분인 예수님이 탄생한 것을 축하합니다"라고 축하 방송을 했습니다. 그런데 그 말에 감동한 어떤 가톨릭 신부가 요란스럽게 감사 답례를 했습니다. 이 일을 두고 한 뉴스 앵커는 흥분된 목소리로 "드디어 모든 종교의 벽이 무너지고 하나가 되는 아름다운 모습이 시작되었습니다"라고 했습니다.

그런 말에 속지 마십시오. 이 세상의 모든 종교 창시자들을 보십시오. 우리 죄를 대신 짊어지고 십자가에서 죽은 분이 예수님 외에 누가 있습니까? 죄와 사망의 권세를 이기고 부활하셔서 우리를 하나님 앞으로 당당하게 인도할 권한을 가진 구원자가 예수님 외에 누가 있습니까? 아무도 없습니다.

그러므로 세상 사람들의 생각이나 말에 흔들리지 마십시오. 그들에게 양보하지 마십시오. 우리에게 구원을 주시는 분은 오직 예수님밖에 없습니다. 이것은 독선이 아닙니다. 바른 진리를 이야기하는 것입니다. 우리가 믿고 말하는 것이 바른 진리라면 설혹 그것 때문에 사람들로부터 따돌림이나 미움을 받는다 해도, 심지어 순교를 당하게 된다 해도 우리의 주장을 굽히면 안 됩니다.

예수님의 동생 야고보는 예루살렘교회의 훌륭한 장로였습니다. 전해 오는 이야기에 따르면, 그는 유대 당국자들에게 체포되어서 재판을 받을 때 이런 질문을 받았다고 합니다. "예수님이 자기를 '양의 문'이라고 했는데 그게 무슨 뜻인가? 솔직하게 말하라." 이에 그는 마치 기다렸다는 듯이 이렇게 대답했다고 합니다. "예수님만이 우리의 구원자라는 뜻이다." 그러자 그들은 "이 못된 놈, 참람하고 건방진 놈" 하면서 야고보를 끌어다가 높은 벼랑에서 아래로 밀어버렸습니다. 야고보는 그렇게 순교를 당했습니다. '예수님만이 우리의 구원자'라는 사실은 순교를 당할지라도 절대로 굽혀서는 안 될 진리임을 명심하기 바랍니다.

아직도 "예수님만이 유일한 구원자다"라는 말만 들으면 비위가 상합니까? 물론 관용이 많고 너그러운 것은 좋은 일이지만, 진리란 그런 것이 아닙니다. 어떤 사람이 우리 손에 있는 진짜 보석을 두고 가짜라고 말하면 좋아할 사람이 아무도 없습니다. 그러나 자기 손에 있는 진짜 보석을 두고 "내 것은 진짜요!"라고 주장하는 것은 아무리 해도 지나친 법이 없습니다. "우리가 믿는 예수 그리스도만이 구원자다"라고 주장한다고 해서 속이 좁은 것도 배타적인 것도 아닙니다. 다만 바른 사실을 말하는 것뿐입니다.

아직도 이 사실을 확신하지 못하는 분이 계시다면 오늘 말씀을 통해서 다시 한번 확신을 가졌으면 합니다. 오직 예수님만이 인류의 구원자이십니다.

풍성한 생명

예수님이 자신을 '양의 문'이라고 하시는 세 번째 이유는 우리에게 풍성한 생명을 주시는 분이기 때문입니다. 9절을 보십시오. 우리가 예수님께로 나아가 그 문을 통과해서 들어가면 구원, 곧 생명을 얻을 뿐 아니라 들어가며 나오며 꼴을 얻는다고 하십니다. 양의 문이 되신 예수님께로 출입하는 자는 푸른 초장으로 인도함을 받는다는 이야기입니다.

10절은 이것을 약간 다른 비유로 설명합니다. 10절 중간을 보면 "생명을 얻게 하고 더 풍성히 얻게 하려는 것"이라고 말씀하십니다. 예수님은 우리를 구원하시고 하늘의 생명을 주셨습니다. 그런 다음에 우리가 그 생명을 더욱 풍성히 누릴 수 있도록 만들어주십니다. 예수님은 우리를 살려놓고 나 몰라라 하시는 분이 절대 아닙니다. 물에서 건져주고는 "이제 네 맘대로 해라" 하며 일어나지도 못하는 사람을 그대로 눕혀둔 채 그 자리를 떠나는 냉혹한 구조자가 아닙니다.

예수님은 선한 사마리아인 비유에서 자신이 어떤 분이신지 잘 보여주셨습니다. 사마리아인은 강도를 만나 두들겨 맞고 다 죽어가는 사람을 발견하자 그의 몸에 포도주와 기름을 붓고 싸매주었습니다. 그러고는 "이제 당신이 알아서 집으로 돌아가시오" 하고 일어나지도 못하는 사람을 그대로 내팽개친 채 떠나지 않았습니다. 환자를 자기 짐승에 태워 주막으로 데리고 가서 밤새도록 간호했습니다. 다음 날 아침 공무상 꼭 떠나야 했기에 그는 여관 주인에게 돈을 주어 환자가 건강을 완전히 회복할 때까지 간호해달라고 신신당부했습니다. 이것은 바로 예수님의 모습입니다.

예수님은 우리를 죄에서 구원해주시고는 손을 터시는 분이 아닙니다. 우리에게 새 생명을 주실 뿐만 아니라 그 생명이 우리 안에 풍성하게 넘쳐날 수 있도록 계속 은혜를 주십니다. 그래서 자기를 가리켜 '양의 문'이라고 말씀하신 것입니다.

양의 문을 드나들면서 목자를 따라 푸른 초장으로 인도함을 받는 양의 행복한 모습을 마음속으로 그려보십시오. 다윗은 그 모습을 이렇게 표현했습니다. "그가 나를 푸른 풀밭에 누이시며 쉴 만한 물가로 인도하시는도다"(시 23:2). 날마다 목자를 따라 푸른 초장과 쉴 만한 물가로 인도함을 받으며 생명이 터질 듯 풍성해지는 것이 느껴지지 않습니까? 바로 그와 같은 은혜를 예수님이 우리에게 주신다는 말씀입니다.

어떤 사람은 '생명을 더욱 풍성히 얻게 하신다'는 말씀을 오해하여, 예수님께서 만사형통을 약속하셨다 생각합니다. 어떤 면에서 그것은 이단보다도 더 큰 해를 끼칠 수 있는 잘못된 해석입니다. 교회 역사를 돌이켜보십시오. 예수님을 믿었다고 만사형통한 사람이 어디 있습니까? 현실을 보십시오. 예수님을 믿고 만사형통한 사람이 누가 있습니까? 우리 인간은 너무나 연약한 존재여서, 만사형통해지면 영적인 생명이 건강해지기보다 병들어버릴 가능성이 큽니다. 그래서 하나님은 우리를 만사형통하게 만들어주시지는 않습니다.

제가 이렇게 말하면 혹자는 "이런 찬송도 있지 않습니까?"라고 반문할지도 모릅니다. "나의 갈 길 다 가도록 예수 인도하시니 … 무슨 일을 만나든지 만사형통하리라." 이 찬송가를 작사한 화니 크로스비 부인은 일생을 시각장애인으로 살면서 수천 편의 찬송시를 지었습니다. 그녀는 많은 사람에게 '성자'라고 칭송받는 분입니다. 그러나 오해하지 마십시오. 찬송의 원래 가사는 다음과 같습니다. "우리가 세상을 살면서 무슨 일을 만나도 예수 그리스도께서 모든 것을 잘 인도해주실 것입니다." 다시 말해 "모든 것이 합력하여 선을 이루게 해주실 것입니다"라는 말입니다. 찬송을 번역한 사람이 이 말을 제대로 이해하지 못하고는 불교에서 자주 말하는 식으로 "만사형통하리라"라고 옮겨놓았을 뿐입니다. 주님께서 우리를 구원하신 것은 우리로 세상에서 만사형통하게 하려는 것이 아니라는 사실을 명심해야 합니다.

영적 생명의 질적 차이

생명이라고 해서 다 같은 생명이 아닙니다. 생명에도 엄연히 정도 차이가 있습니다. 오랫동안 병상에서 고생하는 환자를 보십시오. 그는 숨만 겨우 쉬고 있습니다. 생명이 틀림없이 붙어 있기는 하지만 생명의 활력이나 풍성함, 능력은 찾아볼 수 없습니다. 그러나 건강한 사람들을 보십시오. 지칠 줄 모르고 뛰는 젊은이들을 보십시오. 그들의 생명은 숨만 겨우 쉬는 정도가 아닙니다. 활화산같이 타오르는 활력으로 기뻐하고, 즐거워하고, 일하고, 창조하는 생명입니다. 예수님께서 우리에게 주신 생명은 바로 이런 것입니다. 그저 숨만 겨우 쉬다가 천당이나 들어갔으면 좋겠다는 그런 빈약한 생명이 아닙니다.

안타깝게도 교회에 다니는 사람들 중에 예수님이 주신 생명이 그런 정도밖에 안 되는 줄로 착각하는 사람들이 의외로 많습니다. 아침에 일어나 밥 먹을 때 잠깐 기도하는 것 말고는 그에게서 생명의 모습을 도무지 찾아볼 수 없습니다. 이래서는 안 됩니다. 주님은 우리가 그 문으로 오가며 꼴을 얻으면, 생명의 풍성함을 맛볼 수 있다고 말씀하셨습니다. 우리가 예수님의 손에서 은혜의 말씀을 열심히 받아먹고 성령의 생수를 맘껏 들이켜 주님이 베풀어주시는 은혜를 날마다 받으면, 우리는 절대 겨우 숨만 깔딱거리는 신앙생활을 할 수 없습니다.

스스로에게 이런 질문을 해보십시오. "마음에 불안이 있는가? '주여 믿습니다. 감사합니다'라고 말하면서도 불안이나 두려움이 떠나지 않는가? 마음에 자유함이 없는가? 번번이 죄의 유혹에 넘어가 죄에게 끌려다니지는 않는가? 그런 대로 살고 있는데도 만족함이 없는가?" 만일 그렇다면 당신의 생명은 아직 어린 생명입니다.

영적 생명이 어리면 원하는 대로 무엇이든지 얻어야만 평안과 자유와 만족을 느낍니다. 그러나 영적인 생명이 더욱 풍성해지면 젊은 이들과 같이 약동하는 생명을 누립니다. 생명과 아울러 우리의 믿음 역시 더욱 풍성해집니다. 그렇게 되면 설혹 내가 원하는 대로 얻지 못하는 경우가 있더라도 마음에서 평안과 만족이 사라지지 않습니다. 자유가 있습니다.

어느 제자반에서 저에게 카드 한 장을 보냈습니다. 누가 썼는지는 모르지만 아마 그들 모두의 생각을 담은 것 같았습니다. 그 카드를 읽으면서 많은 것을 생각했습니다. "목사님, 아직도 많이 부족하지만 이제야 세상을 이길 수 있는 믿음이 생겼어요. '항상 기뻐하라 쉬지 말고 기도하라 범사에 감사하라'는 말씀이 마음에 와닿는 하루하루를 살고 있습니다. 한때 가시로 생각했던 고통까지도 이제는 감사합니다."

그렇습니다. 원하는 것이 손에 다 들어오지 않아도, 바라는 것이 다 이루어지지 않아도, 어떤 경우에는 고통이 떠나지 않아도 그것이 우리를 억압하지 못합니다. 그것이 우리의 생명의 불을 끄지 못합니다. 그래서 우리 마음은 자유로울 수 있습니다. 주님께서 선한 길로 인도하실 것을 분명히 믿기 때문에 마음의 평안을 누릴 수 있습니다. 세상 사람들과 비교해볼 때 비록 모자라는 것이 많다 해도 자족할 수 있습니다. 이것이 바로 주님이 주시는 생명의 풍성함을 마음에 담고 있는 사람의 모습입니다.

믿음의 최고 경지

우리의 생명이 풍성해져서 믿음이 성숙한 단계에 이르면, 가진 것을 예수님을 위해 몽땅 내어놓아도 평안과 자유와 만족을 느낍니다. 무엇을 얻어서가 아니라 내 것을 주님께 다 드리고도 오히려 기쁨이 충만하고 평안과 만족을 얻는다는 말입니다. 그야말로 믿음의 최고 경지라 할 수 있습니다. 어떤 분은 이렇게 말할 수도 있습니다. "아이고, 목사님. 그런 사람이 세상에 어디 있습니까? 목사님도 그렇게 하지 못하시면서 왜 그러세요?" 그 말이 옳습니다. 저의 믿음도 아직 그 경지에 이르지 못했습니다. 그러나 그렇다고 해서 주님이 주시는 생명의 풍성함을 우리 수준으로 끌어내릴 수는 없습니다.

요즈음 선교사들이 자주 저를 찾아옵니다. 그들은 한창 젊고 배울 만큼 배웠기에 이 사회 어느 분야로 가도 제 몫을 할 만한 사람들입니다. 그럼에도 소위 말하는 세상에서의 출세도, 자녀 교육을 잘해서 일류 대학에 들여보내겠다는 꿈도, 중형 승용차를 굴리며 온 가족이 편안하고 행복하게 사는 삶도 다 포기했습니다. 그러고는 아프리카나 중동, 혹은 동남아 오지로 가서 말라리아와 싸우고 죽을 고비를 수없이 넘기며 하나님의 말씀을 증거 합니다.

그들을 볼 때마다 놀라움을 금치 못합니다. 아직 삼십 대 중반밖에 안 된 사람인데도 그 얼굴에 내가 아직 모르는 세계가 있습니다. 한국에 들어와 안식년을 보내면서 살 집이 없어 여기저기를 전전하면서도 그들의 눈빛이나 말에는 함부로 범할 수 없는 기쁨의 광채가 서려 있습니다. 그것은 예수님이 주시는 생명의 풍성함이 너무나 크기 때문에 자기 것을 다 주님을 위해 포기한 후에 누리게 되는 마음의 평안, 자유함, 만족에서 비롯되는 것입니다.

우리의 찡그린 모습과 얼마나 대조적입니까? 우리는 날마다 무엇을 얻으려고만 하지 않습니까? 주옵소서 주옵소서 하다 보면 얼굴에 주름살만 가득할 수밖에 없습니다. 날마다 안 준다고 조르고 있으니 마음에 무슨 평안이 있겠습니까? 무슨 자유가 있겠습니까?

주님의 말씀을 많이 받아먹기 바랍니다. 성령의 생수를 밤낮없이 마시기 바랍니다. 주님이 주시는 은혜를 매일매일 받아먹다 보면 주님이 나에게 심으신 생명은 점점 더 풍성해집니다. 그러다 보면 나중에는 내가 가진 것을 다 포기하고도 "할렐루야" 하고 춤추는 사람이 될 수 있습니다. 누가 감히 이런 사람을 범하겠습니까? 누가 감히 이 사람을 꺾어버리겠습니까? 아무것도 없는데도 기뻐하고, 찬송하고, 감사하고, 자유를 누리는 사람을 누가 감히 이길 수 있습니까? 이 세상에 그만큼 강한 사람이 또 어디 있겠습니까?

34

나는 선한 목자라

요한복음 10장 11-29절

11 나는 선한 목자라 선한 목자는 양들을 위하여 목숨을 버리거니와 12 삯꾼은 목자가 아니요 양도 제 양이 아니라 이리가 오는 것을 보면 양을 버리고 달아나나니 이리가 양을 물어가고 또 헤치느니라 13 달아나는 것은 그가 삯꾼인 까닭에 양을 돌보지 아니함이나 14 나는 선한 목자라 나는 내 양을 알고 양도 나를 아는 것이 15 아버지께서 나를 아시고 내가 아버지를 아는 것 같으니 나는 양을 위하여 목숨을 버리노라 16 또 이 우리에 들지 아니한 다른 양들이 내게 있어 내가 인도하여야 할 터이니 그들도 내 음성을 듣고 한 무리가 되어 한 목자에게 있으리라 17 내가 내 목숨을 버리는 것은 그것을 내가 다시 얻기 위함이니 이로 말미암아 아버지께서 나를 사랑하시느니라 18 이를 내게서 빼앗는 자가 있는 것이 아니라 내가 스스로 버리노라 나는 버릴 권세도 있고 다시 얻을 권세도 있으니 이 계명은 내 아버지에게서 받았노라 하시니라 19 이 말씀으로 말미암아 유대인 중에 다시 분쟁이 일어나니 20 그중에 많은 사람이 말하되 그가 귀신 들려 미쳤거늘 어찌하여 그 말을 듣느냐 하며 21 어떤 사람은 말하되 이 말은 귀신 들린 자의 말이 아니라 귀신이 맹인의 눈을 뜨게 할 수 있느냐 하더라 22 예루살렘에 수전절이 이르니 때는 겨울이라 23 예수께서 성전 안 솔로몬 행각에서 거니시니 24 유대인들이 에워싸고 이르되 당신이 언제까지나 우리 마음을 의혹하게 하려 하나이까 그리스도이면 밝히 말씀하소서 하니 25 예수께서 대답하시되 내가 너희에게 말하였으되 믿지 아니하는도다 내가 내 아버지의 이름으로 행하는 일들이 나를 증거 하는 것이거늘 26 너희가 내 양이 아니므로 믿지 아니하는도다 27 내 양은 내 음성을 들으며 나는 그들을 알며 그들은 나를 따르느니라 28 내가 그들에게 영생을 주노니 영원히 멸망하지 아니할 것이요 또 그들을 내 손에서 빼앗을 자가 없느니라 29 그들을 주신 내 아버지는 만물보다 크시매 아무도 아버지 손에서 빼앗을 수 없느니라

어떤 인물을 알고자 할 때 가장 먼저 "그는 누구인가" 하고 질문을 던집니다. 그 사람의 신분을 알기 위해 꼭 필요한 질문이지요. 사람들은 이에 대답하고자 "나는 이런 사람입니다" 하면서 명함을 내놓습니다. 명함에는 그의 이름과 일하는 직장, 직함이 기록되어 있기 때문에 그것만 보아도 그 사람이 누구인가를 어느 정도 짐작할 수 있습니다.

그러나 사람을 바로 알려면 이 질문만으로는 부족합니다. '그가 누구인가'라는 질문과 함께 반드시 물어야 할 질문이 또 하나 있습니다. '그가 어떤 사람인가'입니다. 즉 그 사람의 교양이나 인품, 성격 등과 같은 인물의 됨됨이가 어떠한가를 묻는 것이지요. 이 질문에 대답하기 위해서 명함을 가지고 다니는 사람은 아무도 없습니다. 명함에는 그런 것이 쓰여 있지 않기 때문입니다. 그러나 참 중요한 질문입니다. 오히려 '그가 누구인가'보다 '그가 어떤 사람인가'가 더 중요하다고 볼 수 있습니다.

안타깝게도 남에게 사기를 당해 곤란을 겪는 사람들이 많이 있습니다. 그런 일을 당한 데는 저마다 나름대로의 이유가 있겠지만, 대부분의 경우 '누구인가'라는 질문에 대한 답은 얻었는데 '어떤 사람인가'에 대한 답은 소홀히 했기 때문입니다. 너무 쉽게 믿어버리고 돈을 건네주거나 보증을 서주었다가 덜컥 사기를 당한 것입니다. 인간은 누구나 이와 같은 약점을 가지고 있습니다. '누구인가'에 대한 대답만 가지고는 어떤 사람을 믿을 수도 없고, 마음을 열 수도 없습니다. 그러므로 우리는 '그가 누구인가'는 물론이거니와 '그가 어떤 사람인가'도 반드시 알아야 합니다.

예수님은 선한 목자

하나님은 인간의 이러한 약점을 너무나 잘 아십니다. 그렇기 때문에 거룩한 자신을 계시하실 때 '하나님은 누구인가'뿐만 아니라 '어떤 분인가'도 분명하게 말씀해주셨습니다. 먼저 하나님이 누구인가에 대해서는 이렇게 대답하셨습니다. "나는 여호와니라." 자존자(自存者), 곧 '스스로 있는 자'라는 말입니다. 하나님은 영원부터 영원까지 자존하시는 분입니다. 이 대답을 들으면 '참 대단하신 하나님이시구나'라는 생각이 절로 듭니다.

그러나 이것만으로는 하나님이 어떤 분인지 제대로 알 수 없습니다. 그래서 하나님은 선지자들의 입을 빌려 '어떤 하나님이신가'에 대해서도 대답해주셨습니다. '자비로우시며, 은혜로우며, 노하기를 더디 하시며, 또 인자와 긍휼이 풍성하신 하나님'이시라는 것입니다. 이 대답을 들을 때에야 '우리 하나님이 이런 분이시구나' 하고 비로소 알게 됩니다.

예수님도 자신을 우리에게 계시하실 때 자신이 누구이며, 어떤 구원자인가를 함께 말씀해주셨습니다. 요한복음을 펼쳐보면 첫 구절에서 예수님을 '말씀'으로 소개합니다(요 1:1). 그리고 '빛'이니 '생명'이니 하는 말로 표현하기도 합니다(요 1:4). '예수님이 누구인가'에 대해서는 이런 용어들만으로도 어느 정도 대답이 되는 것이 사실입니다. 하지만 그분이 '어떤 분인가'에 대해서는 여전히 미흡합니다. 그러므로 예수님은 본문에서 드디어 자신이 어떤 구원자인지를 말씀해주십니다.

나는 선한 목자라…(11절).

예수님은 자신이 어떤 구원자이며, 어떤 하나님인지 가르쳐주기 위해 매우 목가적이고도 낭만적인 표현을 하셨습니다. 자신을 '선한 목자'에 비유하신 것입니다. 이것은 일종의 상징입니다. '선한 목자'라고 하면 우리 마음에 그려지는 이미지가 있습니다. 그러나 마음에 그려지는 그런 이미지만으로는 예수님의 선하심을 다 알 수 없습니다. 우리가 동원할 수 있는 그 어떤 비유도 예수님의 선하심이 얼마나 광범위하고, 차원이 높은지 다 표현할 수 없습니다. 그럼에도 예수님이 '선한 목자'라는 상징으로 자신이 어떤 구원자인가를 표현하신 데는 그럴 만한 이유가 있었습니다. '선한 목자'는 당시 목축업을 하면서 살아가던 유대인들에게 가장 정감 어린 상징으로 통했기 때문입니다.

"나는 선한 목자라" 하시는 주님의 말씀을 머리로만 받아들이지 마십시오. 마음으로 받아야 합니다. 왜냐하면 그것은 '예수님이 누구인가'에 대한 지식을 심으시려고 주시는 말씀이라기보다 '예수님이 어떤 하나님인가'를 가르쳐주기 위해 주시는 말씀이기 때문입니다. 여기서 '선한'이라는 말은 '좋은'이라고 번역하는 편이 더 낫다고 봅니다. '선하다'고 하면 흔히 '악하다'는 말의 반대 의미로 생각하기 때문입니다. '선하다'는 말은 그 성격상 도덕적인 의미를 함축할 수밖에 없습니다.

그러나 예수님이 자기를 '선한 목자'로 소개하면서 삯을 받고 남의 양을 치는 삯꾼 목자와 비교하신다는 사실을 놓쳐서는 안 됩니다. 삯꾼 목자가 악합니까? 그렇지는 않습니다. 다만 삯꾼 목자는 돈을 보고 일하기 때문에 양 떼를 진정으로 위하는 사람이 아닐 수 있습니다. 그래서 어떤 때는 양을 심하게 몰 수도 있고, 또 이리나 짐승이 덤비면 자기만 살려고 양을 버려둔 채 도망칠 수도 있습니다. 이런 의미에서 삯꾼 목자는 좋지 못한 목자이지 악한 목자라고 할 수는 없습니다. 그러나 예수님은 '선한 목자', 즉 '좋은 목자'이십니다. 양들을 위해서 일하는 진실한 목자이기 때문입니다.

자기 생명보다
양들을 더 사랑하는

예수님은 왜 자신을 선한 목자라고 하실까요? 첫 번째 이유는 양들을 자기 생명보다 더 사랑하는 분이시기 때문입니다.

나는 선한 목자라 선한 목자는 양들을 위하여 목숨을 버리거니와(11절).

참 마음에 와닿는 말씀입니다. 자기 생명보다 양을 더 사랑한다고 하십니다. 그렇기 때문에 자신이 선한 목자라는 것입니다. "나는 선한 목자"라고 말씀하시는 주님의 얼굴 표정을 한번 상상해보십시오. 온유하고 사랑과 정이 넘치는 환한 모습의 선한 목자가 그려질 것입니다.

목자가 양을 사랑해서 실제로 목숨까지 바치는 사례가 있었는지 조사해보았습니다. 그러나 사회에서 그런 사례를 찾기란 여간 어려운 일이 아니었습니다. 한 사례를 찾기는 했지만 그리 만족스럽지 못했습니다. 그래서 성경을 찾아보았습니다.

구약성경에는 다윗이라는 십 대 소년이 자기 아버지의 양 떼를 치면서 겪었던 일을 사울왕에게 이야기하는 내용이 나옵니다. 그는 자기가 어떻게 아버지의 양을 돌보기 위해서 생명을 걸고 목자 생활을 했는지 떠올리며 이렇게 말했습니다. "주의 종이 아버지의 양을 지킬 때에 사자나 곰이 와서 양 떼에서 새끼를 물어가면 내가 따라가서 그것을 치고 그 입에서 새끼를 건져내었고 그것이 일어나 나를 해하고자 하면 내가 그 수염을 잡고 그것을 쳐 죽였나이다"(삼상 17:34-35). 자기가 아버지의 양을 지킬 때 사자나 곰이 힘없는 새끼를 움켜서 도망가면 목숨을 걸고 쫓아가서 싸워 새끼를 구해냈다는 것입니다.

저는 성경에서 이 이야기를 읽을 때마다 '다윗이 아직 어려서 거짓말을 하는 게 아닌가?' 하는 생각이 듭니다. 곰을 만나본 분들은 잘 아시겠지만, 갑자기 곰을 만나면 간담이 내려앉습니다. 동물원에 있는 곰이야 우리 안에 갇혀 있으니 별로 겁날 것이 없지만, 실제 상황에서 곰을 만나면 문제가 달라집니다. 저도 캐나다에서 그런 적이 한 번 있었는데 얼마나 소름이 끼쳤는지 모릅니다. 그래서 사람들은 좁은 길을 산책할 때는 반드시 방울을 짤랑짤랑 흔들며 다닌다든지 라디오를 크게 틀어놓습니다. 곰이 미리 겁을 먹고 덤비지 못하도록 하려는 것입니다. 어미 곰이든 새끼 곰이든 야생의 곰은 위험하고 무서운 존재입니다.

그런데 다윗은 곰이 양 새끼를 물고 가면 쫓아가서 곰과 격투를 하여 새끼를 다시 찾았다고 합니다. 이것은 자기 생명을 내놓는 일입니다. 자기 생명을 아껴서는 아무도 그렇게 못 합니다. 자기 생명보다 양을 더 사랑할 때에야 그렇게 할 수 있습니다. 우리가 다윗의 말을 액면 그대로 진실하게 받아들인다면, 다윗이야말로 주님이 말씀하시는 선한 목자의 좋은 예가 될 것입니다.

예수님은 자신이 바로 그러한 목자라고 말씀하십니다. 자기 목숨을 버리면서까지 양을 위해 싸우는 목자라 하십니다. 본문 11절부터 18절에 이르기까지 예수님은 자신이 양들을 위하여 목숨을 버린다는 말씀을 네 번이나 반복하십니다. 마치 자신이 작사 작곡한 노래를 부르면서 마지막 후렴으로 "내가 양들을 위하여 목숨을 버리노라"를 거듭 반복하시는 것 같습니다. "내가 양들을 위하여 목숨을 버리노라"라는 말속에는 우리를 향한 예수님의 사랑이 진하게 배어 있습니다. 바로 이 사랑 때문에 주님은 자신이 '선한 목자'라고 거듭 강조하시는 것입니다.

그러므로 우리는 이 말씀을 절대 가볍게 듣고 넘겨서는 안 됩니다. 마음으로 진지하게 받아야 합니다. '정말 주님이 자기 생명보다 나를 그렇게 사랑하시는가?' 하고 주님의 사랑을 되새겨보아야 합니다. 예수님은 죄와 사망의 손아귀에서 우리를 구원하시기 위해 자기 생명을 바치지 않으면 안 되었습니다. 하나님의 무서운 심판에서 우리를 건지시기 위해 홀로 십자가에서 대신 형벌을 받으신 것입니다. 우리를 살리시고 하늘에 속한 모든 복을 안겨주시고자 자기 생명을 내놓지 않으면 안 되었던 것이 바로 예수님이 처하신 형편이었습니다. 자기 생명보다 우리를 더 사랑하지 않고는 결코 우리를 구원하실 수 없었던 것입니다.

그런데 예수님은 사자나 곰과 싸우다가 잘못해서 목숨을 잃는 목자가 아닙니다. 예수님은 강도와 싸우다가 힘이 모자라서 예상치도 못한 죽음을 당하는 목자도 아닙니다.

> 이를 내게서 빼앗는 자가 있는 것이 아니라 내가 스스로 버리노라 나는 버릴 권세도 있고 다시 얻을 권세도 있으니 이 계명은 내 아버지에게서 받았노라 하시니라(18절).

생명을 버릴 권세도 있고 버리지 않을 권세도 있지만 양들을 위해서 스스로 목숨을 내놓으셨습니다. 이 말씀에서 우리의 가슴을 뭉클하게 하는 주님의 사랑을 느낄 수 있습니다. 예수님의 사랑은 가슴에서 우러나오는 사랑이지 의무적인 사랑이 아닙니다. 주님은 그 사랑을 십자가에서만 우리에게 허락하신 것이 아닙니다. 지금도 예수님은 당신을 자기 생명보다 더 사랑하십니다. 그래서 그분이 당신의 선한 목자이신 것입니다.

심각한 영적 장애

헨리 나우웬이라는 학자가 있습니다. 그는 심리학자요, 신학자입니다. 오랫동안 노트르담 대학과 예일 대학, 하버드 대학에서 교수로 지냈으며, 매년 무게 있는 책을 한 권씩 써낼 정도로 부지런한 학자였습니다. 그는 1996년에 세상을 떠났는데, 세상을 떠나기 전 마지막 10년을 '데이 브레이크'(Day Break)라는 캐나다의 정신 지체 장애인 수용 기관에서 봉사하면서 보냈습니다. 그가 끝까지 맡아서 돌보던 장애인은 스물다섯 살 먹은 청년 아담이었습니다. 아담은 육체적, 정신적 장애가 있는 중증장애인으로 말도 못하고, 걷지도 못했습니다. 옷도 혼자 힘으로 입을 수 없었습니다.

지적장애도 심한 터라 자기를 돌봐주는 사람이 세계적인 학자라는 사실을 알 리가 만무했습니다. 그런 사람이 왜 자기에게 그렇게 정성을 쏟는지도 몰랐습니다.

그러나 나우웬 박사는 그런 것에 전혀 개의치 않고 매일 아침 일어나면 그의 얼굴을 씻기고, 이를 닦아주고, 면도도 해주고, 머리도 빗겨주고, 옷도 입혀주었습니다. 그리고 식사 시간에는 제 맘대로 움직이는 그의 손을 꼭 붙들고 음식을 입으로 가져갈 수 있도록 도와주었습니다. 이렇게 하는 데만도 두 시간 이상 걸렸습니다.

필립 얀시라는 유명한 기독교 저술가가 나우웬 박사를 찾아와 이야기를 나누면서 이렇게 물었다고 합니다. "박사님, 박사님에게는 해야 할 일이 너무나 많고 또 아직 써야 할 책도 많은데 왜 여기 와서 이런 일에 매여 계십니까? 이 일은 다른 사람이 해도 되는 일이 아닙니까?" 그러자 나우웬 박사가 이렇게 대답했다고 합니다. "내가 여기 와서 이 젊은이를 돕는 것은 그를 위해 무엇을 하는 게 아니라 나를 위해 하는 것입니다. 오히려 내가 많은 유익을 얻고 있습니다. 아담을 통해서 진정으로 사랑한다는 것이 무엇인가를 알 수 있고, 어떻게 하면 사랑할 수 있는가를 배우며, 또 영적으로 심한 장애를 안고 있는 우리들을 하나님이 어떻게 사랑하시는지도 조금이나마 깨달았습니다. 그래서 이 일을 하고 있습니다."

어느 잡지에 실린 이 인터뷰 기사를 읽고 참 많은 생각을 했습니다. '그래 맞다. 우리는 다 영적으로 심한 장애를 앓는 사람이다.' 아담이라는 청년을 보십시오. 자기를 위해서 아침저녁으로 수고하는 분이 세계적인 학자라는 것을 압니까? 모릅니다. 아무리 정성을 쏟아줘도 고마운 줄을 모릅니다. 그가 할 줄 아는 유일한 일이라고는 자기 기분에 안 맞으면 괴상한 소리를 지르며 발작하는 것뿐입니다.

하나님 앞에서 오늘 우리의 모습 역시 그와 별반 다르지 않습니다. 예수님께서 "나는 선한 목자라. 선한 목자는 양들을 위하여 목숨을 버리노라. 내가 내 생명보다도 너를 더 사랑한다. 그래서 내가 죽었노라. 그리고 지금도 나는 너를 사랑하노라"라고 말씀하셔도 우리는 별로 감동을 받지 못합니다. 하나님이 왜 그렇게 나를 사랑하셔야 하는지도 잘 모릅니다. 그만큼 우리는 영적으로 심각한 장애가 있습니다.

그럼에도 하나님은 이렇게 말씀하십니다. "나는 선한 목자라. 내가 너를 위하여 생명을 버리노라. 나는 내 생명보다 너를 더 사랑하노라." 그리고 그 사랑을 아낌없이 우리 각자에게 쏟아부으십니다. 이와 같이 자비로운 주님의 음성을 조용히 앉아서 듣는다는 것이 얼마나 행복한 일입니까?

저는 이따금씩 설교를 듣는 성도들이 참 부럽습니다. 저는 설교하는 입장에 있는 사람이기 때문에 이 은혜로운 말씀을 전하면서도 긴장할 수밖에 없습니다. 긴장은 감정을 억제시킵니다. 긴장은 말씀을 마음으로 전하기보다 머리로 전달하게 하는 독소를 가지고 있습니다. 설교를 듣는 사람들은 그런 긴장이 없기에 '선한 목자 되신 주님께서 자기 생명보다 나를 더 사랑하셨다'는 말씀 앞에 가슴이 뜨거워지면 눈물을 쏟을 수 있고, 감격에 겨워 마음껏 찬양할 수 있는 자유를 누리지만, 저는 그렇게 하지 못합니다. 말씀을 듣는 청중은 은혜를 받아도 설교자는 은혜를 못 받을 때가 자주 있습니다. 긴장하고 있기 때문에 그렇습니다.

영국의 유명한 설교자였던 스펄전 목사님의 이야기를 읽으면서 무척 공감했던 적이 있습니다. 스펄전 목사님이 한번은 지방을 여행하다가 주일이 되어 한 작은 교회에 예배를 드리러 들어갔습니다.

그는 조용히 뒷자리에 앉아서 예배를 드렸습니다. 젊은 목사가 열정적으로 설교를 했습니다. 설교 제목은 "십자가의 사랑"으로, 예수님이 십자가에서 죽으신 것은 우리를 사랑하셨기 때문이라는 내용의 설교였습니다. 스펄전 목사님은 그 설교를 듣는 동안 내내 손수건으로 눈물을 훔치면서 울었습니다.

예배가 다 끝난 다음에 스펄전 목사님이 젊은 설교자에게 가서 인사를 했습니다. "오늘 은혜 많이 받았습니다. 저는 스펄전 목사입니다." 그 말에 이 젊은 목사가 너무나도 놀랐습니다. 세계적인 설교자가 자기 설교를 들었다는 사실이 놀랍기도 했지만, 그가 그날 했던 설교는 다름 아닌 스펄전이 전에 했던 설교였기 때문입니다. 젊은 목사는 그 사실을 솔직히 털어놓았습니다. "목사님, 오늘 제가 한 설교는 목사님의 설교를 그대로 한 것입니다." 그랬더니 스펄전 목사님은 환한 표정으로 이렇게 대답했다고 합니다. "예, 저도 압니다. 하지만 저는 그 설교를 하면서 오늘과 같은 은혜를 받지 못했어요. 오늘 그 말씀이 얼마나 내 마음에 와닿았는지 모릅니다. 정말 은혜 많이 받았습니다. 설교할 때 받지 못한 은혜를 앉아서 들으면서 받았습니다."

"나는 선한 목자라. 선한 목자는 양들을 위하여 목숨을 버리노라. 나는 너를 내 생명보다 더 사랑하노라. 십자가에서도 그랬고 지금도 변함없이 너를 사랑하노라"고 하시는 이 말씀을 들을 때 성령께서 우리 마음속에 그 의미를 알아들을 수 있도록 은혜 주시기를 바랍니다. 이 말씀이 우리의 마음을 사로잡고 우리의 생각을 새롭게 해서 더러운 생각들이 씻기고 전인격적으로 정결케 되어 하나님의 자녀로서의 은혜와 능력과 지혜를 회복하기를 바랍니다.

양들을 잘 아시기에

예수님이 자신을 '선한 목자'라고 말씀하시는 두 번째 이유는 양들을 너무 잘 아시기 때문입니다.

나는 선한 목자라 나는 내 양을 알고 양도 나를 아는 것이 (14절).

내 양은 내 음성을 들으며 나는 그들을 알며 그들은 나를 따르느니라 (27절).

여기서 '안다'는 말은 양이 몇 마리인지 아는 정도의 지식이 아닙니다. 어떤 양이 남의 양이고 내 양인가를 알거나, 나이가 몇 살이나 되었는지, 혹은 새끼를 배었는지 안 배었는지를 아는 정도의 지식 또한 아닙니다. 그런 정도는 삯꾼 목자도 다 압니다. 예수님이 '안다'고 하실 때는 양들의 처지에서 양들을 생각한다는 뜻입니다. 목자가 양들의 처지에 서서 양들의 입장을 이해하고 동정한다는 말입니다. 양의 마음을 속속들이 알아준다는 말입니다. 그래야만 '양을 안다'고 말할 수 있습니다.

목자가 양들을 안다는 것이 구체적으로 어떤 의미인지 알고자 구약성경에서 그 사례를 찾아보았습니다. 구약성경에는 목자 이야기가 자주 나오는데 그중에서도 야곱 이야기가 가장 적절한 예입니다. 창세기 33장에 보면 야곱이 20년 동안의 처가살이를 끝내고 재산을 모아 자기 고향으로 돌아오는 장면이 나옵니다. 그가 돌아온다는 소식을 들은 형 에서는 부하 400명을 거느리고 의기양양하게 그를 맞으러 왔습니다. 두 사람은 누가 먼저랄 것도 없이 서로 부둥켜안고 감격의 눈물을 흘렸습니다.

그때 형 에서가 동생 야곱에게 이런 제안을 했습니다. "내 부하들이 이렇게 많으니 우리가 네 양 떼를 보호하며 인도하마. 그러니 우리와 같이 가자." 에서는 양들의 처지를 생각하지 않았습니다. 그의 목적은 그저 함께 빨리 가는 것뿐이었습니다. 그러므로 에서에게 양들을 맡겼다가는 하루아침에 양들을 몰살시킬 수도 있었습니다. 과하게 몰면 양들이 피곤해 쓰러질 것이고, 결국은 병이 들어 죽을 것이 분명했기 때문입니다.

그러나 양들을 잘 알았던 야곱은 생각이 달랐습니다. '급하게 몰면 안 되지. 새끼가 딸렸는데. 어떤 것은 새끼까지 배고 있어. 그러니 한 달이 걸리든 두 달이 걸리든 양들이 가는 대로 천천히 따라가면서 풀도 먹이고 물도 마시게 하자. 혹 새끼를 낳으면 그 새끼가 걸을 때까지 기다려주고 또 어두워지면 쉬자.' 양들이 가기에 좋은 속도와 형편을 따라 양들을 데리고 가겠다는 것이 야곱의 심정이었습니다. 그래서 야곱은 이렇게 말했습니다. "내게는 새끼 딸린 양과 소가 있습니다. 하루라도 과하게 몰면 전부가 죽을 수 있으니 형님은 종보다 앞서 가십시오. 나는 앞에 가는 짐승과 자식의 행보대로 천천히 인도하여 가겠습니다." 야곱은 양들을 이해하고 동정하는 선한 목자의 표본이라 할 수 있습니다. 양의 입장을 이해하고 양에게 좋게 해주려는 것, 그것이 바로 '양들을 안다'는 말의 의미입니다. 예수님은 자신이 바로 그러한 목자라고 말씀하셨습니다.

하나님이 예수님을
아시는 것처럼

그렇다면 예수님은 우리 처지를 얼마나 깊이 아실까요? 14-15절을 보십시오. 말로 설명하기 힘들 정도로 매우 놀라운 말씀을 하셨습니다. 어찌 보면 예수님이 지나치게 과장하시지 않았나 싶을 정도입니다.

> 나는 선한 목자라 나는 내 양을 알고 양도 나를 아는 것이 아버지께서 나를 아시고 내가 아버지를 아는 것 같으니…

예수님이 우리를 아시는 것을 하나님이 예수님을 아시는 것에 비유하십니다. 잘 알다시피 하나님과 예수님은 원 스피릿(one spirit), 곧 하나이십니다. 하나님이 예수님이시고 예수님이 하나님이십니다. 하나님의 모든 생각은 예수님의 생각이요, 예수님의 모든 생각은 하나님의 생각입니다. 두 분 사이에는 어떤 간격도, 어떤 틈도 없습니다. 하나님이 아시는 것은 예수님도 다 아시고, 예수님이 아시는 것은 하나님도 다 아십니다. 완벽한 상호 지식을 가지고 계십니다.

그러므로 이와 같은 지식은 인간의 논리로는 설명이 불가능합니다. 예수님은 그러한 상호 지식을 우리에게도 동일하게 적용하십니다. 예수님은 우리를 마치 하나님이 예수님을 아는 것처럼 세밀하고 정확하게 우리의 깊은 데까지 다 알고 계십니다. 그렇기 때문에 이 세상에서 나를 알아주시는 분은 오직 예수님밖에 없습니다. 나를 진정으로 이해해줄 수 있는 분은 예수님밖에 없습니다. 참으로 놀라운 은혜가 아닐 수 없습니다.

참으로 외로운 세상

가끔 나를 알아주는 사람이 없다는 생각에 고독감을 느낄 때가 있습니다. 세상은 갈수록 '나와 너' 사이를 갈라놓고 높은 벽을 쌓는 듯합니다. 알아주고 이해해줄 만한 어떤 여지도 남겨두지 않는 듯합니다. 세상이 숨쉴 틈 없이 바쁘게 돌아가는 가운데 너와 나 사이의 관계는 날로 더 삭막해지고, 나는 외톨이가 되어 빈 들판에 홀로 선 듯한 느낌을 자주 받습니다.

얼마 전에 목사님들 몇 분과 자리를 같이했습니다. 한참 동안 대화를 나누다가 화제가 요즈음의 삼사십 대 초반 목회자들 이야기로 흘렀습니다. 핵심은 신세대 목사들이 저와 같은 기성 목회자들과 많이 다르다는 것이었습니다. 한마디로 말하면 너무 이기적이라고들 했습니다. 인정도 없고, 자기밖에 모르며, 계산적이고, 인사성도 부족하다고들 퍼부었습니다. 제 옆에 있던 어떤 지긋하신 목사님은 심지어 이런 이야기까지 꺼냈습니다.

얼마 전에 불광동에 있는 조그마한 교회에 어떤 목회자가 부목사로 부임해왔습니다. 부목사 일을 시작한 후 드디어 첫 번째 사례금을 받았는데 액수가 마음에 안 들었는지 담임목사님 사무실로 찾아갔습니다. 그는 목사님에게 사례금을 내놓더니 "목사님, 이것 가지고 어떻게 일하라고 하십니까? 저는 이것 가지고 못 삽니다" 하며 단도직입적으로 말했습니다.

담임목사님은 "교회 재정이 허약하니 어떻게 하나? 우리가 헌신하는 자세로 일해야지" 하며 타일렀습니다. 그러자 그는 그 봉투를 책상에 내버려둔 채 "저는 못 합니다" 하고는 나가버렸다고 합니다. 그는 계단을 내려가면서 육두문자를 섞어가며 담임목사의 욕을 해댔습니다. 주변에 아무도 없다고 생각한 모양입니다. 그런데 공교롭게도 계단 밑에 있던 교회 사찰이 그 말을 들었습니다. 그 사찰이 들은 그대로를 전해들었는데 정말 기가 막혀 말이 안 나올 정도의 내용이었습니다.

우리 모두 세상이 이렇게 바뀌었구나 하고 흥분해 있는데 어떤 젊은 목사님이 대뜸 우리를 보고 이런 말을 했습니다.

"목사님, 제 말 좀 들어보세요. 우리만 나무라지 마세요. 요즘 신학교 자체가 구조적으로 사람을 그렇게 만듭니다. 생각을 해보세요. 신학교 시설은 열악한데 학생은 한 교실에 몇백 명씩 들어가서 강의를 듣도록 만들어놨으니 언제 남 생각할 틈이 있습니까? 어떤 때는 의자가 모자라서 옆방에서 빼와야 되는 형편인데요. 식당이 작아서 점심시간만 되면 수업도 끝나기도 전에 자리를 차지하려고 달려갑니다. 이런 상황에서 남 생각할 틈이 어디 있어요? 캠퍼스가 지방에 있어서 서울에서 다니는 사람들은 통학버스를 이용해야 합니다. 통학버스를 타고 두 시간 가까이 서서 가보세요. 얼마나 힘든지 모릅니다. 그러니까 앉아서 가려고 수업이 채 마치기도 전에 우르르 일어나 버스를 향해서 마라톤 경주를 하는 겁니다. 그러니 언제 남 생각할 틈이 있어요? 신학교에서 이런 식으로 3년을 공부했다고 생각해보세요. 내가 나빠서 그렇게 됩니까? 학교가 그렇게 만들었지."

그 말을 들으니 그야말로 말문이 막혔습니다. 우리 사회 역시 이와 다르지 않다고 봅니다. 언제 우리가 남 생각하고 알아줄 여유가 있었습니까? 너 안 죽으면 내가 죽는 판인데 말입니다. 이런 강박관념에 시달리면서 아침부터 저녁까지 뛰어야 하는 것이 오늘날 우리의 현실입니다. 내가 남을 알아줄 수도 없고 알아줄 틈도 없고, 다른 사람이 나를 알아주지도 않습니다. 그러다 보니 저마다 외로운 감정에 빠져 삽니다. 솔직히 말해서 내 마음을 깊이 알아주는 사람을 찾기가 어려운 것이 사실입니다. 그래서 그런지 요즈음 친구들 사이에도 대화의 깊이가 점점 얕아지고 있다고 합니다. 경쟁 사회에서 같이 뛰어야 하고, 바쁜 일상에 쫓기다 보니 깊은 대화가 불가능한 것입니다. 그래서 기능적 측면에서만 대화를 나눕니다. 쉽게 말해 "요즘 회사 사정은 어떠냐?", "골프는 좀 치니?", "요사이 건강은 괜찮니?" 하는 식의 이야기만 나누곤 합니다. 마음속 깊은 이야기를 주고받을 수가 없습니다. 서로 이야기를 나누면서도 실상은 서로를 모르는 세상이 되었습니다.

그래서 대부분의 사람들은 자기 존재 자체를 이해해줄 수 있는 누군가를 찾고 싶어합니다. 마음에 담아둔 이야기를 마음껏 하고 싶은 충동을 느낍니다. "아버지의 전화"라는 상담 전화가 개통이 되자마자 명예퇴직한 사람들이 하루에도 수십 명씩 전화로 상담을 해왔다고 합니다. 그들의 처지를 한번 생각해보십시오. 졸지에 직장을 잃었습니다. 가정에서도 가장으로서의 권위가 떨어졌습니다. 설상가상으로 생활이 위협받고 있습니다. 그러다 보니 속은 부글부글 끓어오릅니다. 그러나 그 힘든 마음을 알아줄 사람이 누가 있습니까? 그러니 전화통이라도 붙들고 속 얘기를 하고 싶은 것이지요. 오죽 답답했으면 그렇게 하겠습니까? 이 세상에는 우리를 알아주는 사람이 아무도 없습니다.

〈뉴욕 타임즈〉에 실렸던 유명한 칼럼 가운데 이런 제목이 있습니다. "남편에게는 여자 친구가 필요하다." 이게 무슨 소리인가 깜짝 놀라시는 분이 계실지도 모르겠습니다. 그러나 제가 읽어보니 참 재미있는 글이었습니다. 이 글을 쓴 필자가 이천여 명의 성인 남녀를 대상으로 조사한 바에 따르면, 남자 세 명 중 한 명이 여자 친구의 필요성에 긍정했으며, 또 실제로 여자 친구가 있다고 응답했다고 합니다. 여기서 여자 친구란 자기 어머니일 수도 있고, 여동생일 수도 있고, 학교 동창일 수도 있고, 회사 동료 직원일 수도 있습니다. 아무튼 마음을 툭 털어놓고 이야기할 수 있는 여자 친구가 필요하다고 했습니다.

저도 처음에는 잘 이해가 안 되었는데, 글을 계속 읽다 보니 그 말에 어느 정도 공감이 갔습니다. 왜 남자들이 아내와 부부 생활을 하면서도 여자 친구가 필요하다고 할까요? 그것은 아마 이런 이유 때문일 것입니다. 남편이 아내와 앉아서 어떤 이야기를 나누는 장면을 상상해보십시오. 예를 들어 남편이 "이번 여름에는 무슨 일이 있어도 휴가를 얻어 한두 주 동안 홍콩에 가서 쉬다가 와야겠어"라고 말하면, 부인은 대뜸 그 말을 이렇게 받습니다. "돈 있어요? 당신, 나 모르게 몰래 저축해둔 게 있나 봐요?" 가족들을 생각해서 나름대로 꿈을 가지고 이야기를 했던 남편은 기분이 상합니다. "왜 당신은 내가 무슨 말만 하면 돈타령이야?" 그러면 아내는 "그럼 내가 돈 걱정 안 하게 생겼어요?" 하고 받아칩니다. 이러다 보면 두 사람의 감정이 대립하고, 그다음부터는 하고 싶은 이야기가 있어도 쏙 들어가버립니다. 괜히 말을 꺼냈다가 궁지에 몰릴 바에야 무엇 때문에 말을 하겠습니까?

그러나 여자 친구는 다릅니다. 그에게 이번 여름 가족들을 데리고 홍콩에 가서 한두 주 정도 지내다가 오고 싶다고 말해도, 가도 그만 안 가도 그만입니다. 자기 이야기에 전혀 책임을 질 필요가 없습니다. 여자 친구는 "돈은 어디서 나와요?" 하는 소리는 절대 안 합니다. 오히려 이렇게 말합니다. "어머! 정말 멋진 계획이에요. 가서 뭐 할 거예요? 얼마 전에 아는 사람이 홍콩에 다녀왔다던데, 필요하시면 어디가 좋은지 물어봐줄게요!" 이러면 이 남자는 더 신이 나서 자기 속에 있는 이야기를 몽땅 털어놓습니다. '아, 이 여자는 그래도 나를 알아주는구나. 나를 이해해주는구나.' 순수하게 반응하는 사람 앞에서 마음껏 이야기를 하니 속도 후련해집니다. 결혼 생활을 하는 동안 조금씩 쌓였던 스트레스도 배출됩니다. 이런 의미에서 아내가 있음에도 여자 친구가 필요하다는 것입니다.

도와주시는 예수님

오늘날 우리는 참으로 외로운 세상을 살고 있습니다. 그러나 우리에게는 선한 목자 되신 예수님이 계십니다. 예수님이 왜 자기를 '선한 목자'라고 말씀하셨을까요? 내 속사정을 속속들이 잘 아시고, 내 처지를 이해해주시기 때문입니다. 내가 어디에 약한지, 왜 불안해하는지, 왜 자주 넘어지는지, 왜 우는지, 왜 기가 죽어 있는지 주님은 다 아십니다. 나를 사랑하시기 때문에, 나를 불쌍히 여기시기 때문에, 내 안에 계시기 때문에 나를 알아주십니다. 히브리서 2장 18절 말씀대로 자신이 시험을 받아 고난을 당해 보셨기 때문에 나를 알아주십니다.

'나를 알아주는 사람이 한 사람도 없다'는 외로운 생각이 들면 예수님을 바라보십시오. 그분은 선한 목자이십니다. 나를 알아주시는 분이십니다. 아신다는 말은 도와주시겠다는 약속과 다를 바 없습니다. 어린 자녀가 와서 무슨 이야기를 하면 아빠들은 곧잘 이렇게 말하지 않습니까? "알았어." 그래도 무슨 말을 또 하면 "알았다니까"라고 말합니다. 무슨 뜻입니까? 도와주겠다는 말입니다. 걱정하지 말라는 말입니다.

예수님이 나를 아신다는 말씀 역시 마찬가지입니다. 나를 도와주겠노라 말씀하십니다. 직장을 잃고 불안해합니까? 도와줄 테니 염려하지 말라고 말씀하십니다. "결혼도 해야 됩니다, 주님." "알았다니까." "앞으로 내 진로는 이렇게 택했으면 좋겠는데 벌써 시험에 다섯 번이나 떨어졌어요." "글쎄 알았다니까." 우리 주님이 우리의 마음과 형편을 다 아십니다. 도와주겠노라 하셨습니다. 그러므로 우리

35

내가 영생을 주노라

요한복음 10장 22-42절

22 예루살렘에 수전절이 이르니 때는 겨울이라 23 예수께서 성전 안 솔로몬 행각에서 거니시니 24 유대인들이 에워싸고 이르되 당신이 언제까지나 우리 마음을 의혹하게 하려 하나이까 그리스도이면 밝히 말씀하소서 하니 25 예수께서 대답하시되 내가 너희에게 말하였으되 믿지 아니하는도다 내가 내 아버지의 이름으로 행하는 일들이 나를 증거 하는 것이거늘 26 너희가 내 양이 아니므로 믿지 아니하는도다 27 내 양은 내 음성을 들으며 나는 그들을 알며 그들은 나를 따르느니라 28 내가 그들에게 영생을 주노니 영원히 멸망하지 아니할 것이요 또 그들을 내 손에서 빼앗을 자가 없느니라 29 그들을 주신 내 아버지는 만물보다 크시매 아무도 아버지 손에서 빼앗을 수 없느니라 30 나와 아버지는 하나이니라 하신대 31 유대인들이 다시 돌을 들어 치려 하거늘 32 예수께서 대답하시되 내가 아버지로 말미암아 여러 가지 선한 일로 너희에게 보였거늘 그중에 어떤 일로 나를 돌로 치려 하느냐 33 유대인들이 대답하되 선한 일로 말미암아 우리가 너를 돌로 치려는 것이 아니라 신성모독으로 인함이니 네가 사람이 되어 자칭 하나님이라 함이로라 34 예수께서 이르시되 너희 율법에 기록된 바 내가 너희를 신이라 하였노라 하지 아니하였느냐 35 성경은 폐하지 못하나니 하나님의 말씀을 받은 사람들을 신이라 하셨거든 36 하물며 아버지께서 거룩하게 하사 세상에 보내신 자가 나는 하나님의 아들이라 하는 것으로 너희가 어찌 신성모독이라 하느냐 37 만일 내가 내 아버지의 일을 행하지 아니하거든 나를 믿지 말려니와 38 내가 행하거든 나를 믿지 아니할지라도 그 일은 믿으라 그러면 너희가 아버지께서 내 안에 계시고 내가 아버지 안에 있음을 깨달아 알리라 하시니 39 그들이 다시 예수를 잡고자 하였으나 그 손에서 벗어나 나가시니라 40 다시 요단강 저편 요한이 처음으로 세례 베풀던 곳에 가사 거기 거하시니 41 많은 사람이 왔다가 말하되 요한은 아무 표적도 행하지 아니하였으나 요한이 이 사람을 가리켜 말한 것은 다 참이라 하더라 42 그리하여 거기서 많은 사람이 예수를 믿으니라

얼마 전 미국에서 귀국한 어느 사모님이 찾아오셔서 특별히 저를 생각하고 사 온 건강식품이라며 약병 하나를 놓고 가셨습니다. 약을 잘 안 먹는 성격이라 손을 대지 않은 채 식탁 위에 두고 여러 날을 보냈습니다. 그런데 어느 날 우리 집 아이가 와서 약병을 보더니 제게 물었습니다. "아빠, 이 약 대단한 건데, 왜 안 드세요?" 그래서 뭐가 그렇게 대단하냐고 물었더니 요즈음 미국에서는 그 약을 복용하면 불로장생한다고 해서 잡지들마다 야단법석을 떨며 소개한다고 했습니다. 그제야 약병을 자세히 보니 정말 미국에서 한참 센세이션을 일으키고 있다는 약이었습니다.

정력제라면 바퀴벌레라도 잡아먹을 만큼 물불을 가리지 않는 우리나라 사람들입니다. 더구나 먹으면 불로장생한다는데 그냥 지나칠 사람들이 아닙니다. 그래서 최근에 미국에 갔다 오는 사람 치고 가방에 그 약을 몇 병씩 넣어 오지 않는 사람이 거의 없을 정도라고 합니다. 너무 많이 가지고 들어오는 바람에 이제는 공항에서 아예 한 사람당 다섯 병 이상은 안 된다고 제한하는 것으로 알고 있습니다. 이처럼 건강하게 오래 살 수 있다고 하면 좋아하는 것에는 사실

남녀노소가 다르지 않습니다.

 그런데 예수님은 그런 약들보다 더 큰 선물을, 세상에서 가장 큰 선물을 우리에게 주신다고 말씀하십니다. ETLF, 즉 영생(Eternal Life)입니다. 불로장생 정도가 아닙니다. 영원히 사는 생명을 주신다고 말씀하십니다.

> 내가 그들에게 영생을 주노니 영원히 멸망하지 아니할 것이요 또 그들을 내 손에서 빼앗을 자가 없느니라(28절).

 '그들'을 '우리'로 바꿔서 읽어봅시다. 예수님이 우리에게 영생을 주신다는 말씀입니다. 세상에 이것보다 더 놀라운 복음이 또 어디에 있겠습니까? 이렇게 놀라운 복음을 말씀하시는 장면인데도 그 분위기는 사뭇 충격적입니다.

 당시 유대인들은 수전절을 지키려고 예루살렘 성전을 드나들었습니다. 수전절은 구약성경에는 나오지 않는 명절입니다. 이 명절의 유래를 알려면 예수님 당시로부터 170년을 거슬러 올라가야 합니다. 당시 수리아 왕이었던 안티쿠스 에피파네스는 예루살렘을 공격하여 8만여 명에 가까운 유대인들을 죽이고 수많은 사람을 포로로 잡아갔습니다. 또한 성전 안에 제우스 신상을 세우고 하나님 앞에 제사 지내던 제단에다 유대인들이 부정하게 여기는 돼지를 올리고 제사를 지내도록 했습니다. 일부러 성전을 더럽히고 하나님을 모욕하려 했던 것입니다.

 유대에 대한 만행은 여기에서 그치지 않았습니다. 율법책을 집에다 숨겨놓고 있다거나 아들이 태어났을 때 할례를 한 사실이 발각되면 여지없이 끌어다가 십자가에 못 박아 죽였습니다. 5, 6년을 이와 같은 학정 밑에서 신음하던 유대 사람들은 결국 분노가 폭발하여 지도자 마카비우스를 중심으로 총궐기했습니다. 그리고 마침내 그 전쟁에서 유대 사람들이 승리를 거두었습니다. 이 승리를 기념하기 위해서 1년에 한 번씩 8일 동안 절기를 지켰는데 그것이 바로 수전절입니다.

수전절을 맞아 예루살렘에 와 있던 유대인들은 성전 마당에 서 계신 예수님을 만났습니다. 그들은 예수님께 따지며 대들었습니다. "대체 언제까지 우리를 헷갈리게 만들 건가? 당신이 진짜 하나님이 보내신 메시아라면 그렇다고 분명히 말해라. 만일 그렇지 않다면 솔직하게 아니라고 말해라. 왜 우리를 헷갈리게 하느냐?" 그러자 예수님은 단호하게 대답하셨습니다.

> 예수께서 대답하시되 내가 너희에게 말하였으되 믿지 아니하는도다 내가 내 아버지의 이름으로 행하는 일들이 나를 증거 하는 것이거늘 (25절).

그렇습니다. 주님은 이미 분명히 말씀하셨습니다. 요한복음 1장부터 10장까지 읽어오면서 이미 살펴보았듯이 예수님은 자기가 하나님이 보내신 메시아라는 것을 직간접적으로 이야기하셨습니다. 뿐만 아니라 예수님은 행동이나 이적 기사를 통해서도 자기가 하나님이 보내신 자임을 증명하셨습니다. 그런데도 그들이 헷갈렸던 것은 그러한 증거들을 모두 보고도 믿지 않았기 때문입니다. 사람이 얼마나 간사한지요? 안 믿는 책임이 자신들에게 있음이 분명한데도 그들은 "왜 말을 애매하게 하느냐? 왜 확실하게 메시아라고 말하지 않느냐?"라며 모든 책임을 예수님께 돌렸습니다.

사람들의 이러한 근성은 2천 년 전이나 지금이나 다를 바가 없는 것 같습니다. 안 믿는 사람들은 아무리 말을 해도 안 듣습니다. 믿을 만한 증거를 눈앞에 들이대도 안 믿습니다. 그러면서도 그들은 자기가 안 믿는 책임이 자기에게 있다고 생각하지 않습니다. 그리고 믿을 수 없는 모든 이유가 하나님께 있고, 성경에 있고, 교회나 기독교에 있다고 탓합니다. 옛날이나 지금이나 차이가 없습니다.

하나님의 프로그램

그러면 왜 사람들이 이와 같이 완강하게 믿기를 거부할까요? 예수님은 그 이유를 이렇게 설명하셨습니다.

> 너희가 내 양이 아니므로 믿지 아니하는도다(26절).

얼마나 두렵고도 감사한 말씀인지요! 이 말을 거꾸로 뒤집으면 우리가 예수님을 하나님의 아들로 믿는 것은 자의(自意)에서라기보다 상당 기간 준비된 어떤 프로그램 때문에 가능했다는 말씀입니다.

요즈음 컴퓨터를 다루기가 얼마나 쉽습니까? 윈도우 시스템이 나온 이후로 문서 작성을 하고 싶으면 워드 프로그램을 띄우고, 소식을 전하고 싶으면 전자우편 프로그램을 띄우고, 정보를 얻고 싶으면 인터넷 프로그램을 띄우고, 노래를 하고 싶으면 노래방 프로그램을 띄우고, 게임을 하고 싶으면 게임 프로그램을 띄우지 않습니까? 컴퓨터를 자유자재로 만능 상자처럼 쓸 수 있는 것은, 그 안에 우리가 모르는 엄청난 프로그램들이 설치되어 있어서입니다. 누군가가 밤샘을 해가며 피땀 흘려 연구하여 만들어낸 프로그램들이 설치되어 있어서 마우스만 살짝 누르면 원하는 대로 작동합니다.

예수님을 믿는 것도 이와 마찬가지입니다. 우리가 예수님을 믿기까지 하나님은 이미 오래전부터 프로그램을 만들어두셨습니다. 로마서 8장 29-30절을 보면 하나님은 우리가 태어나기 전, 만세 전부터 미리 아시고, 자기 것으로 선택하시고, 나중에 예수님을 믿도록 만반의 준비를 다 해놓으셨다가 우리 마음을 열어 믿게 하셨습니다. 즉, 모든 프로그램이 하나하나 준비되어서 그 프로그램에 따라 내가 예수님을 믿은 것이지요. 당신이 예수님의 양으로 선택받았기에 믿게 된 것입니다.

반면에 죽을 때까지 안 믿는 사람들은 예수님의 백성으로 선택받은 프로그램이 없어서입니다. 예수님이 자기를 안 믿는 유대인들을 보고 "내 양이 아니기 때문"이라고 말씀하신 것도 바로 이러한 이유에서입니다. 이 얼마나 비참하고 절망적인 이야기입니까?

영생이란 무엇인가

본문에서 반드시 알아야 할 사실이 있습니다. 영생을 얻으려면 믿어야 한다는 것입니다. 영생이란 무엇입니까? 영원히 사는 생명을 말합니다. 사도 요한은 요한복음을 기록하면서 '생명'과 '영생', 이 두 단어를 구분하지 않고 사용했습니다. 여기에는 굉장한 의미가 담겨 있습니다.

하나님께는 진정한 생명이란 영원히 사는 생명밖에 없습니다. 그분께 생명은 곧 영생입니다. 우리 육신에 깃든 생명을 하나님은 '생명'이라고 여기시지 않습니다.

> 내일 일을 너희가 알지 못하는도다 너희 생명이 무엇이냐 너희는 잠깐 보이다가 없어지는 안개니라(약 4:14).

우리 육신의 생명은 아침에 잠시 생겼다가 햇살과 더불어 스러지는 안개와 같습니다. 장차 하늘에서 누릴 영생에 비하면 생명이라고 할 수도 없지요. 그러므로 하나님이 말씀하시는 '생명'은 곧 '영생'과 같은 의미입니다.

성경에는 '영원한'이라는 형용사가 붙어 있는 말이 세 가지 있습니다. 먼저는 하나님입니다. 하나님은 '영원한 하나님'이십니다. 둘째는, 그분의 나라입니다. 하나님의 나라는 '영원한 나라'입니다. 셋째는, 주님이 우리에게 주시는 생명, 곧 '영원한 생명'입니다. 영생이란 영원하신 하나님, 자신의 생명을 가리킵니다. 하나님은 나지도 않고, 병들지도 않으며, 늙지도 않고, 죽지도 않는 영원하고 자존하신 분이십니다. 그러므로 영생을 얻은 우리는 생로병사의 과정을 통과하지 않는 새로운 생명을 소유하게 됩니다. 하나님이 영원히 사시므로 그 곁에 있을 우리도 영원히 살아야 합니다. 하나님께서 나지도, 죽지도 않는 알파와 오메가의 생명을 가지셨기 때문에 그 곁에서 영원히 살아야 하는 우리도 알파와 오메가의 생명을 가져야 합니다. 이것이 바로 영생입니다.

영생을 놓친 인생의 허무함

사람답게 사는 것만큼 중요한 것은 없습니다. 그런데 사는 것도 두 가지 모양이 있습니다. 하나는 잠깐 사는 것이고, 다른 하나는 영원히 사는 것입니다. 이 두 가지 중 어느 것이 더 중요합니까? 저와 같이 어느 정도 인생을 사신 분들은 이런 말을 비교적 쉽게 하십니다. "이리 사나 저리 사나 한세상이다." 저를 염세주의자라고 보지는 마십시오. 솔직히 껍질을 벗겨놓고 보면 인생은 별것이 아닙니다. 세상의 삶은 진정한 생명을 누리는 것이 아니어서 그저 성실하게 살다 가면 됩니다. 하나님의 뜻을 이 땅에 펴기 위해서 작은 일이든, 큰일이든 하나님을 기쁘시게 하는 일에 쓰임받다가 가면 됩니다. 이 세상에 연연해서 너무 오래 살려고 발버둥 칠 필요가 없습니다. 육신의 생명은 주님이 주시는 영생에 비하면 그림자에 지나지 않습니다. 그러므로 우리는 안 믿는 세상 사람들처럼 너무 오래 살겠다고 추하게 굴지 말아야 합니다.

〈뉴스위크〉가 미국 성인 남녀 752명의 독자들을 대상으로 전화 설문조사를 했다고 합니다. 전제는 21세기에는 우리 인체의 모든 기관을 경우에 따라서 얼마든지 교체할 수 있는 시대가 온다는 것입니다. 자동차 부품이 고장 나면 교체하듯이 우리 인체를 구성하는 기관들을 교체하면서 살 수 있는 때가 온다는 것입니다. 눈의 동공에 문제가 생겨서 말썽을 피우면 그것을 뽑아버리고 감쪽같이 다른 것으로 바꿔 끼울 수 있습니다. 마찬가지로 심장을 갈아 끼울 수도 있고, 허파를 마음대로 떼었다 붙였다 할 수도 있고, 다리가 보기 싫으면 각선미가 뛰어난 매력적인 다리로 바꾸어 달 수도 있습니다. 그렇게만 되면 노후가 되어 마음에 안 드는 기관이 있을 때 새것으로 바꿔가면서 장수할 수 있을 것입니다. 생각만 해도 얼마나 대단한 일입니까?

그러나 앞으로 그런 시대가 올 경우 인체 기관을 교체해가면서 오래 살고 싶은가 하는 전화 설문에 대해, 10명 중 4명이 그렇지 않다고 대답했답니다. "난 그렇게 살고 싶지 않아요. 그저 우리가 누리는 지금 이 수명대로 살다가 가고 싶어요." 대단히 흥미로운 결과가 아닐 수 없습니다.

이 세상에서 오래 살겠다고 발버둥 칠 필요가 없습니다. 우리에게는 더 중요한 생명이 있으니까요. 우리가 진정으로 사모해야 할 것은 하나님과 함께하는 영원히 삶입니다. 그래서 예수님이 이렇게 경고하시지 않았습니까? "사람이 만일 온 천하를 얻고도 자기 목숨을 잃으면 무엇이 유익하리요"(막 8:36). 그렇습니다. 우리가 이 세상의 모든 영화를 다 누리고 온 천하를 통일하고 모든 권세를 다 누렸다고 할지라도 나중에 숨을 거두면 그가 소유하고 있던 재산이나 누리던 권력이 무슨 소용이 있습니까? 우리 인생이 아무리 호의호식하고 모든 영광을 다 누리며 모든 욕구를 다 충족하면서 오래 산다 해도, 하나님이 주시는 영원한 생명을 놓친다면 그것이 무슨 소용 있느냐는 말입니다.

샤를마뉴대제를 압니까? 그는 8세기경 서부 유럽 기독교 국가를 전부 묶어 통일 국가를 이룬, 역사에 굉장한 발자취를 남긴 황제입니다. 약 200여 년 전 샤를마뉴의 묘지를 발굴했는데, 발굴에 참여했던 일꾼들은 그의 모습을 보고 깜짝 놀랐습니다. 그는 황제 의복을 걸치고 황제의 홀을 손에 쥔 채로 앉아 있었습니다. 무릎에 성경을 펼쳐놓았는데, 손가락으로 성경 구절 하나를 가리키고 있었습니다. 그 구절은 다름 아닌 마가복음 8장 36절이었습니다. "사람이 만일 온 천하를 얻고도 제 목숨을 잃으면 무엇이 유익하리요." 얼마나 멋진 모습입니까? 그는 천하를 통일한 황제요, 모든 영화를 다 누린 사람이었습니다. 그러나 죽고 나면 그게 무슨 소용 있습니까? 이 세상 모든 영광을 누리고 수백 년을 살았다 하더라도 하나님이 주시는 영생을 놓치면 그게 무슨 소용이 있습니까?

연세가 50에 가까워지시는 분들은 그동안 즐기고 만족하고 기뻐했던 일들을 한번 돌이켜보십시오. 나름대로 행복하게 살았다고 생각하십니까? 50년 인생에 당신에게 남는 것이 무엇입니까? 희미한 추억입니까? 아무리 날마다 일기를 조목조목 써놓았다 해도 지금

들춰본들 그것이 무슨 의미가 있습니까? 지나가고 나면 다 끝나는 것이 세상의 삶 아닙니까? 그러므로 지나간 영화가 중요한 것이 아니라 우리 앞에 있는 내일의 삶이 중요합니다.

부모님 슬하에서 한 30년을 고생하지 않고 호의호식하면서 행복하게 자란 분들이 있습니까? 그러다가 4, 50대에 들어서서 생각지도 못한 고생을 겪으며 얼굴에 주름이 잡히고 그야말로 단 하루도 한숨이 그칠 날이 없는 삶을 사는 분들이 있습니까? 한번 솔직하게 대답해보십시오. 부모님 밑에서 한 30년 동안 호강하며 자라고 행복을 누린 것이 지금 무슨 의미가 있습니까? 그때를 돌이켜본다 한들 그게 무슨 소용이 있습니까? 행복했던 과거 30년은 현재의 고통스러운 삶에 아무런 도움도 되지 않습니다.

세상을 다 살고 나서 영생을 소유하지 못한다면 이것만큼 후회스럽고 고통스러운 일은 없을 것입니다. 우리에게 영생은 그만큼 중요합니다. 아무리 오랫동안 살면서 세상 모든 것을 다 소유했다 할지라도 마지막 순간에 영생을 소유하지 못했다면 지나간 것은 아무런 의미가 없습니다.

값으로 따질 수 없는 영생

주님께서는 이 영생을 우리에게 '선물'로 주겠노라 말씀하십니다. 이 영생을 값으로 따질 수 있습니까? 절대 그럴 수 없습니다. 어떤 부자 청년이 예수님께로 와서 "내가 어떻게 하면 영생을 얻을 수 있습니까?" 하고 물었습니다. 예수님은 그가 부자인 것을 아시고 "네 재산을 다 팔아서 가난한 자들에게 주라. 그리고 너는 나를 좇으라. 그러면 네가 영생을 얻으리라" 하고 말씀하셨습니다. 청년은 이 말에 큰 충격을 받았습니다. 영생을 자기 재산을 다 포기해야만 얻을 수 있다고 생각했기 때문입니다. 결국 고민에 빠져서 슬픔을 안고 집으로 돌아갑니다.

하나님이 주시는 영원한 생명을 값으로 매길 수 있습니까? 가격표를 붙일 수 있습니까? 만약 가격을 정하여 우리에게 판다면 우리 가운데 살 수 있는 사람이 누가 있습니까? 아무도 없습니다. 영생은 너무나 고귀하고 엄청난 가치가 있기 때문에 값을 매길 수 없습니다. 그렇기 때문에 주님께서는 우리가 믿기만 하면 영생을 거저 주시겠다고 말씀하십니다.

그럼에도 공짜라서 그런지, 아니면 뜬구름 잡는 소리처럼 들려서 그런지, 아직 살 날이 많이 남았다고 생각해서 그런지 모르겠지만, 영생에 관심이 없는 사람들이 너무나 많아서 참 안타깝습니다. 그들은 도무지 믿으려고 하지 않습니다. 예수님 말씀이 믿어지지 않아 씩 웃으면서 적당히 받아넘기는 것 같습니다.

IMF의 직접적인 원인이 되었던 '한보 사건'을 우리는 지금도 선명하게 기억합니다. 한보 회장 정태수 씨는 007 가방에 세탁한 돈을 넣고 다니면서 천만 원을 줘도 말을 안 들으면 1억을 주고, 1억을 줘도 안 되면 2억을 찔러주는 등 목적을 달성하려고 온갖 비양심적인 일을 자행했습니다. 그러나 이 사건과 관련되어 거론되는 이름의 정치인들은 하나같이 "나는 모른다", "그 사람 만난 일도 없다"라며 시치미를 뗐습니다. 물론 진짜 그런 분들도 없지 않겠지만 그들 가운데 상당수가 거짓말로 책임을 회피한다는 것은 누구나 다 아는 사실입니다. 수서 사건이 터졌을 때도 발뺌하다가 나중에 몇 억씩 얻어먹었다는 것이 들통나서 줄줄이 쇠고랑을 차고 들어갔지 않습니까? 그러니 누가 정치인들의 말을 곧이곧대로 믿을 수 있습니까?

우리 가운데 예수님의 말씀도 정치인들의 말처럼 그렇게 듣고 흘리는 사람이 있을까 두렵습니다. 예수님은 우리에게 영생을 주신다고 분명히 약속하십니다. 자기를 믿으라고 하십니다. 예수님은 신실하신 하나님이십니다. 이 예수님을 믿고 영생을 얻기 바랍니다. 지나간 과거보다 내일이 더 풍성하고 영광스럽다는 것을 날마다 확인하며 살길 바랍니다. 그래야 이 숨 막히는 세상에서 조금이라도 웃을 수 있지 않겠습니까? 그것마저 없다면 정말 이 세상 살맛이 전혀 나지 않을 것입니다. 아직도 예수님을 안 믿는 분이 있다면 꼭 믿고 영생을 얻으십시오.

믿음과 의심

또 한 가지 생각해볼 것이 있습니다. 영생의 확신에 관한 문제입니다. 예수님을 믿는 분들 중에도 영생을 확신하지 못하고 흔들리는 사람들이 많습니다. 겉으로 봐서는 분명 믿는 사람입니다. 믿으니까 영생이 있습니다. 그럼에도 흔들립니다. '내가 영생을 받았나 안 받았나? 정말 내가 영생할 수 있을까?' 하고 흔들리기 때문에, 오늘 우리에게 주신 이런 영광스런 복음을 보고도 마음에 감격이 일어나지 않습니다.

물론 확신이 부족하다고 해서 믿지 않는다고 말할 수는 없습니다. 믿어도 확신이 부족한 사람이 있을 수 있습니다. 루터나 칼빈 같은 위대한 종교개혁자들은 믿음과 의심의 균형을 기독교 영성의 핵심적인 문제 중의 하나로 꼽기도 했습니다. 믿음과 의심이 얼마나 균형을 잘 유지하느냐가 기독교 영성의 중요한 과제라고 본 것입니다. 그만큼 의심이 없는 완전한 믿음을 갖기란 매우 어렵기 때문입니다. 1퍼센트라도 의심이 있게 마련입니다.

믿음은, 보이지 않고 아직 확인되지 않은 하나님의 약속에 기꺼

이 마음을 두는 것입니다. 루터는 신자가 된다는 것은 어둠과 의심 속으로 자신을 내던지는 것이나 다름없다고 말했습니다. 이런 의미에서 믿는다는 것은 가장 어려운 일 중의 하나입니다. 믿음이란 감각의 세계로부터 보이지 않고 만져지지도 않으며 이해할 수도 없는 세계, 다시 말해 하나님이 계시는 세계로 들어가는 것을 의미하기 때문입니다.

이런 면에서 믿음은 우리의 경험을 완전히 떠나 공중에 매달리는 것과 같습니다. 공중에 매달린 사람이 떨어지지 않을까 불안해하는 것은 자연적인 현상입니다. 믿으면서도 의심이 일어납니까? 이것은 머리의 문제가 아니라 마음의 문제입니다. 칼빈은 배를 가지고 비유했습니다. 배가 한 척 있습니다. 이것은 의심할 필요가 없는 사실입니다. 배가 실재하기 때문입니다. 그러나 그 배를 타느냐, 안 타느냐는 마음의 문제입니다. 타느냐 마느냐를 가지고 우리 마음에 혼란이 일어날 수 있습니다. 마찬가지로 우리가 예수님이 하나님의 아들이심을 믿고, 또 그가 영생을 주신다는 사실도 믿습니다만 그 영생이 내게 있느냐 없느냐에 대한 혼란이 마음속에 생길 수 있습니다. 이와 같은 의심은 순전히 마음의 문제입니다.

그러므로 의심을 처리하는 길은 의지적인 결단을 동원하는 것밖에 없습니다. '자, 저 배가 가다가 폭풍을 만나면 조금 위험할 것 같기도 하지만, 그럼에도 불구하고 타자' 하며 올라타는 것입니다. 이것이 바로 의지적인 결단입니다. 하나님은 말씀을 통해서 "내가 너희에게 영생을 주노라" 하고 말씀하십니다. '하나님의 말씀'이라는 생각은 하면서도 쉽게 마음이 따라가지 않습니까? 이럴 때는 의지를 가지고 결단해야 합니다. '하나님이 말씀했으니 믿자. 믿고 보자' 하는 마음으로 올라타면 모든 의심이 물러갑니다.

이러한 의지적인 결단이 부족해서 자꾸만 흔들리는 신앙생활을 하는 사람이 한둘이 아닙니다. 어떤 면에서 의심은 믿음에서 빼놓을 수 없는 현상입니다. 그러나 그렇다고 해서 의심이 좋은 것은 절대 아닙니다. 하나님의 말씀이나 그 신실하심을 의심한다는 것은 하나님을 그만큼 믿지 못한다는 것을 말합니다. 그것은 한편으로 우리가 하나님 자신의 인격을 불신하는 것이나 마찬가지입니다.

> 내가 그들에게 영생을 주노니 영원히 멸망하지 아니할 것이요 또 그들을 내 손에서 빼앗을 자가 없느니라(28절).

얼마나 대단한 말씀입니까? 누가 우리에게 영생을 주신다고 했습니까? "내가!" 여기서 '내가'란 누구를 말합니까? 하나님이십니다.

> 나와 아버지는 하나이니라 하신대(30절).

예수님은 곧 하나님이십니다. 하나님이 자기 인격을 걸고, 자기 이름을 걸고 "내가 너희에게 영생을 주노라. 그러므로 너희는 절대로 멸망치 아니할 것이다. 아무도 아버지의 손에서 영생 얻는 자를 빼앗아 갈 수 없는 것처럼 내 손에서 영생 얻는 너희를 빼앗아 갈 자가 아무도 없느니라. 내가 너희의 안전을 전적으로 보장한다. 내 이름과 명예를 걸고 보장한다"라고 말씀하시는 것입니다. 이렇게 예수님이 자기 자신을 걸고 확실하게 말씀하시는데도 마음이 흔들립니까? 의심의 물결에 요동합니까? 그것은 예수님을 모독하는 행위입니다. 이런 면에서 확신을 갖지 못하는 것은 결코 자랑할 만한 것이 못 됩니다.

인생의 성패를 좌우하는 영생

우리 예수님은 만유보다 크신 하나님이십니다. 이 하나님이 자기를 믿으면 영생을 얻는다고 말씀하셨으니 절대 그 말씀을 의심하지 맙시다. 우리의 믿음은 일기처럼 맑았다 흐렸다 할 수 있지만, 예수님의 약속은 하늘의 태양과 같아서 절대로 일기에 좌우되지 않습니다.

> 내가 진실로 진실로 너희에게 이르노니 내 말을 듣고 또 나 보내신 이를 믿는 자는 영생을 얻었고 심판에 이르지 아니하나니 사망에서 생명으로 옮겼느니라(요 5:24).

무슨 일을 만나든지, 어떤 형편에 처하든지 예수님이 주신 영생이 우리에게 있다는 사실을 의심하지 말길 바랍니다. 우리는 죽지 않습니다. 하나님께서는 우리 육신의 생명이 떠나는 것을 "잔다"고 말씀하시지, "죽는다"고 말씀하시지 않습니다. 우리는 영원히 삽니다. 하나님의 생명을 가졌기에 죽지 않습니다. 주님은 우리에게 죽어도 살 것이라고 말씀하셨습니다(요 11:25). 이 말씀을 굳게 믿으십시오. 이 확신만 가지면 거지 나사로와 같이 고된 인생을 살다가 가도 실패자가 아닙니다. 하나님의 품에 안겨 있는 사람은 세상에서 어떤 삶을 살다 왔든지 그것을 두고 후회할 필요가 없습니다. 그러나 하나님의 품에 안기지 못하고 영생을 소유하지 못하면, 이 세상에서 아무리 훌륭한 삶을 살다 가도 그 인생은 실패작이요, 후회할 거리가 되고 말 것입니다.

몇 년 전에 라이언 화이트라는 18세 소년이 에이즈로 세상을 떠났습니다. 이 소년이 열세 살 되던 해에 혈루병으로 수술을 받았는데, 수혈했던 피에 에이즈균이 있었던 것입니다. 그래서 죄 없는 소년은 에이즈에 걸리고 말았습니다. 그가 5년간 병상에서 투병 생활을 하는 동안 미국의 텔레비전 방송과 언론이 그의 여러 가지 형편을 계속 보도했습니다. 결과적으로, 미국 사람들은 이 일로 인해 동성연애자들만 에이즈에 걸리는 것이 아니라 아무런 잘못 없이 에이즈에 걸릴 수 있다는 경각심을 가지게 되었습니다.

라이언 화이트가 누워 있는 동안 그의 병상에는 별의별 사람들이 다 찾아왔습니다. 레이건 대통령도 특사를 보내 이 소년을 위로했고, 마이클 잭슨도 찾아와서 선물을 주었습니다. 그러나 5년간의 투병에도 불구하고 끝내 임종을 맞게 되었습니다. 아버지와 단둘이 있는 동안 아버지가 아들을 보면서 "나는 무척 가슴이 아프고 슬프단다. 네가 이렇게 빨리 가야 하다니…" 하고 탄식을 했습니다. 그러자 아버지를 물끄러미 쳐다보던 아들은 죽음을 앞두고 이런 말을 했다고 합니다. "아빠. 아빠는 나에게 18년 동안 이 세상을 즐겁게 살아갈 수 있도록 생명을 주셨어요. 그뿐 아니라 아빠는 저에게 예수 그리스도를 가르쳐주셨어요. 저는 예수님 때문에 영원한 생명을 선물로 얻었어요. 아빠는 저에게 이 세상 누구도 줄 수 없는 가장 귀한, 가장 놀라운 영원한 생명을 선물로 주신 거예요. 아빠, 사람은 누구나 다 죽지 않아요? 저는 조금 일찍 가는 것뿐이에요. 그러니 슬퍼하지 마세요. 저는 영원한 생명이 있으니까요. 아빠가 말하는 천국에 틀림없이 들어갈 수 있을 거예요." 소년은 이렇게 말하고 세상을 떠났습니다. 얼마나 멋지고 아름답습니까?

우리에게 정말 중요한 것은 영원한 생명입니다. 이 영생은 인생의 성패를 좌우합니다. 이 영생은 우리 인생의 마지막이 행복하게 끝나느냐 아니면 비극적인 종말로 끝나느냐를 판가름하는 중요한

변수가 됩니다. 그래서 주님은 믿기만 하면 우리에게 값없이 영생을 주겠다고 말씀하셨습니다. 믿기만 하면 영생이 내 것으로 되는 줄 믿으십시오!

하나님께서 오늘 주신 말씀을 마음에 담고 내게 영생이 주어진 것을 평생 의심하지 마십시오. 어떤 형편에서든지 '나는 영원히 죽지 않는다. 나는 영원히 산다. 나는 하나님의 생명을 가지고 있다'는 사실을 마음에 명심하고 믿음으로 고백하며 찬송하면서 삽시다. 어떤 때는 인생의 파도에 휩쓸려 어디로 밀려가는지도 모를 만큼 암담할지도 모릅니다. 그러나 "나에게는 영생이 있다, 나에게는 하늘나라가 기다린다, 하나님의 생명이 나에게 있다"고 고백하는 사람은 이 세상 어떤 고통도 능히 이겨낼 수 있습니다. 우리 모두 이러한 믿음을 가지고 살아갑시다.

혹시 아직 예수님을 믿지 않는 분이 있다면 속히 믿으시기 바랍니다. 믿으면 영원히 사는 생명을 얻습니다. 또 믿으면서 흔들리는 분들이 있다면 간곡히 부탁합니다. 그 믿음이 흔들리지 않도록 의심을 쫓아버리고 하나님의 말씀을 굳게 잡으십시오. 그럴 때 당신은 이 세상을 능력 있게 살 수 있습니다.

36

예수님의 사랑이 의심스러울 때

요한복음 11장 1-16절

1 어떤 병자가 있으니 이는 마리아와 그 자매 마르다의 마을 베다니에 사는 나사로라 2 이 마리아는 향유를 주께 붓고 머리털로 주의 발을 닦던 자요 병든 나사로는 그의 오라버니더라 3 이에 그 누이들이 예수께 사람을 보내어 이르되 주여 보시옵소서 사랑하시는 자가 병들었나이다 하니 4 예수께서 들으시고 이르시되 이 병은 죽을병이 아니라 하나님의 영광을 위함이요 하나님의 아들이 이로 말미암아 영광을 받게 하려 함이라 하시더라 5 예수께서 본래 마르다와 그 동생과 나사로를 사랑하시더니 6 나사로가 병들었다 함을 들으시고 그 계시던 곳에 이틀을 더 유하시고 7 그 후에 제자들에게 이르시되 유대로 다시 가자 하시니 8 제자들이 말하되 랍비여 방금도 유대인들이 돌로 치려 하였는데 또 그리로 가시려 하나이까 9 예수께서 대답하시되 낮이 열두 시간이 아니냐 사람이 낮에 다니면 이 세상의 빛을 보므로 실족하지 아니하고 10 밤에 다니면 빛이 그 사람 안에 없는 고로 실족하느니라 11 이 말씀을 하신 후에 또 이르시되 우리 친구 나사로가 잠들었도다 그러나 내가 깨우러 가노라 12 제자들이 이르되 주여 잠들었으면 낫겠나이다 하더라 13 예수는 그의 죽음을 가리켜 말씀하신 것이나 그들은 잠들어 쉬는 것을 가리켜 말씀하심인 줄 생각하는지라 14 이에 예수께서 밝히 이르시되 나사로가 죽었느니라 15 내가 거기 있지 아니한 것을 너희를 위하여 기뻐하노니 이는 너희로 믿게 하려 함이라 그러나 그에게로 가자 하시니 16 디두모라고도 하는 도마가 다른 제자들에게 말하되 우리도 주와 함께 죽으러 가자 하니라

요한복음 11장에는 나사로의 집안 이야기가 펼쳐집니다. 그런데 말씀을 읽다 보면 예수님이 그의 가족을 편애하시는 듯한 인상을 받습니다.

> 예수께서 본래 마르다와 그 동생과 나사로를 사랑하시더니(5절).

예수님께서 세 남매를 '사랑하셨다'는 것입니다. 예수님이 한 가족을 각별히 사랑하셨다는 내용은, 이곳 외에 성경 어느 곳에서도 찾아볼 수가 없습니다. 더욱이 3절을 보면 나사로가 병들었을 때 그의 가족이 예수님께 사람을 보내 "주여 보시옵소서 사랑하시는 자가 병들었나이다"라고 말함으로써 나사로가 예수님의 사랑을 특별히 받는 자임을 분명하게 보여줍니다. 그리고 나중에 죽은 나사로의 무덤 앞에서 예수님이 눈물을 흘리시는 것을 본 주변 사람들도 이렇게 수군거렸습니다.

> … 보라 그를 얼마나 사랑하셨는가…(요 11:36).

도대체 그를 얼마나 사랑하셨기에 저토록 눈물까지 흘리느냐는 이야기입니다. 예수님이 이 가정을 특별히 총애하셨다는 것은 모든 사람이 인정하는 사실인 것 같습니다.

누구를 편애한다는 것은, 우리가 믿는 예수님께 너무나 어울리지 않습니다. 왜냐하면 그분은 하나님이시기 때문입니다. 하나님의 품은 넓고 크기 때문에 그분의 품에 안기는 자는 그 누구도 사랑이 모자라서 마음의 병이 생긴다든지, 소외를 당해서 상처를 입는 일이 절대 없습니다. 하나님은 우리 모두를 만족스럽게 사랑하실 수 있는 완전한 사랑의 소유자이십니다. 바로 이러한 사실 때문에, 예수님이 나사로 세 남매를 유달리 사랑하셨다는 뉘앙스를 보여주는 본문이 의아스럽다는 느낌을 떨쳐버릴 수 없었습니다.

그래서 예수님께서 나사로와 그 자매를 사랑하셨다는 구절에서 '사랑하셨다'는 말을 원어로 어떻게 표현했는지 살펴보았습니다. 헬라어에서는 '사랑하다'를 여러 가지 단어로 표현합니다. 우리는 그중 적어도 세 가지 정도는 이미 잘 알고 있습니다. '아가페'와 '필로스' 그리고 '에로스'가 그것이지요. 흔히 이 세 단어를 그 뉘앙스에 따라 '아가페'는 하나님의 사랑이나 무조건적인 사랑을 말하고, '필로스'는 친구 간의 사랑을 말하고, '에로스'는 남녀 간의 육체적인 사랑을 말한다고 설명하기도 합니다. 그러나 예수님의 사랑은 '아가페'와 '필로스'를 별다른 구별 없이 사용했습니다. 따라서 원어를 가지고 이것은 '하나님만이 하시는 사랑'이라거나 '인간적인 사랑'이라는 결론을 내리기가 어렵다는 사실을 발견했습니다.

이 문제를 가지고 계속 묵상하는 가운데 저는 예수님이 사람이셨다는 사실에서, 다시 말해 예수님의 인성에서 그 해답을 찾을 수 있겠다는 생각을 했습니다. 예수님은 이 땅에 계실 때 하나님이신 동시에 사람이셨습니다. 사람은 누구나 정을 나누면서 삽니다. 그런데 정이라는 것은 아무에게나 줄 수 있는 관대한 것이 아닙니다. 정은, 마음이 특별히 가는 사람에게 따라가기 마련입니다. 마음이 가면 자연히 정이 흐르고, 정이 흐르면 남보다도 더 애정을 갖고 대할 수 있습니다. 우리는 이 애정을 일컬어서 '사랑'이라는 말로 표현하기도 합니다. 예수님이 나사로와 그 누이동생들에게 각별한 애정을 쏟으신 것 역시 이러한 인간적인 측면에서 이해할 수 있습니다.

예수님의 안식처가 되었던
나사로의 집

어떤 연유로 예수님은 그들에게 그렇게 각별한 애정을 쏟으셨을까요? 저는 나름대로 그럴 만한 이유가 있었다고 생각합니다.

우리가 대충 아는 상식만 가지고 정리를 해봐도 나사로의 가정은 약간 특이합니다. 먼저, 부모님이 안 계신 것 같습니다. 삼 남매만 살고 있습니다. 그런데 이들 남매는 십 대 청소년들이 아닙니다. 예수님과 거의 비슷비슷한 세대니까 이십 대 후반이나 삼십 대 초반에서 중반 정도 된 사람들입니다. 그럼에도 삼 남매가 모두 결혼하지 않고 한 집에서 살고 있습니다. 성경은 그러한 배경을 자세하게 설명하지 않기 때문에 단정지어 말할 수 없지만, 뭔가 사연이 있는 집안같이 느껴집니다.

생활 형편은 부모에게서 얻은 것이 많았는지 그런 대로 여유가 있었던 것 같습니다. 이것은 요한복음 12장에서 마리아라고 하는 그의 누이동생이 예수님께로 와서는 향유 옥합을 깨뜨려 발을 씻기는 장면을 봐도 충분히 짐작해볼 수 있는 일입니다. 마리아는 값비싼 향유가 든 옥합을 가지고 있었습니다. 요즘 시가로 따지면 5백만 원에서 6백만 원 정도 되는 패물을 가지고 있었다는 말과 같습니다. 요즘도 5, 6백만 원짜리 패물을 끼고 있는 사람은 그리 많지 않을 것입니다. 경제적으로 꽤 여유가 있는 집안이 아니고는 그런 고가의 패물을 구비하기가 힘든 것은 그때나 지금이나 마찬가지입니다. 따라서 나사로의 집안은 적어도 비싼 향유를 살 정도의 여유는 있었던 것 같습니다. 그리고 그들은 예수님이 하나님의 아들이자 세상의 구원자라는 것을 철저하게 믿었던 얼마 안 되는 사람들 중에 속해 있었습니다.

이런 점으로 미루어 보아 예수님께서 나사로의 가정을 부담 없이 드나드실 수 있었으리라 생각합니다. 더욱이 예수님이 유대 지방으로 자리를 옮겨 사역을 하시며 예루살렘을 드나드시던 때는 그야말로 하루하루가 영적으로 치열한 전투를 치르는 나날이었습니다. 부패한 종교 지도자들이 끊임없이 예수님을 따라다니면서 감시했고, 말 한마디라도 책잡으려고 눈에 불을 켜고 있었습니다. 그런 영적 전쟁을 하루 종일 치르고 나면 유달리 몸이 피곤한 때도 있었을 것이고 또 마음이 무거울 때도 많았을 것입니다. 그때마다 예수님은 자기도 모르게 제자들을 데리고 예루살렘에서 별로 멀지 않은 베다니라는 동네로 발걸음을 옮기셨고, 자연스럽게 나사로의 집으로 들어가신 것 같습니다. 나사로의 집은 찾아가기만 하면 침대 옆에 예쁜 촛대가 있는 아담한 침실이 예수님을 위해서 항상 준비되어 있었을 것입니다. 또한 제자들이 묵을 만한 큰 거실이 준비되어 있었을 것입니다. 이들은 언제라도 예수님이 들르면 한결같이 반갑게 맞아주었을 것입니다.

나사로의 집이 예수님께서 어느 때 찾아가도 사랑받고 인정받고 평안하게 쉴 수 있는 안식처였다는 것을 생각하면 예수님이 그 가족에게 각별한 정을 느끼실 만도 합니다. 우리가 잘 아는 바와 같이 예수님은 원래 머리 둘 곳이 없는 떠돌이 신세였습니다. 갈릴리에는 그래도 몸 붙일 집이라도 있었지만, 유대 지방은 마땅한 거처가 전혀 없으셨습니다. 그래서 예수님은 "머리 둘 곳조차 없다"라고 말씀하셨습니다. 이런 예수님께 나사로의 집은 예수님이 머리 둘 곳이 되었고, 마음의 보금자리가 되었습니다. 자주 들르고 만날수록 서로가 더욱 반가워하고, 더욱 친밀해지면서 주님과 그 식구들 사이에는 정이 오갔습니다. 이렇게 주고받는 정이 점점 두터워지다 보니, 사람들 사이에 예수님이 그 가정을 각별히 사랑하신다는 소문도 난 것이지요.

물론 오늘날에는 예수님께서 누구를 특별히 사랑하시는 일은 없습니다. 주님은 사람이 아니라 하늘에 계시는 영이신 하나님이시기 때문입니다. 주님은 우리 모두를 똑같이 사랑하십니다. 완전하고 한이 없는 풍성한 사랑으로 우리를 사랑하십니다.

예수님의 사랑이
의심스러울 때

그런데 어느 날 갑자기 나사로의 가정에 먹구름이 드리웠습니다. 집안의 기둥이요, 두 여동생이 하늘처럼 믿고 있던 오빠 나사로가 병석에 누운 것입니다. 그 후 며칠이 되지 않아 병세는 점점 위독하게 되어 생사의 기로에 설 만큼 숨 가쁜 상황이 되어버렸습니다. 요즈음이야 응급실도 있고, 금방 입원할 수 있는 병원도 있지만 당시에는 그렇지 않았을 것입니다. 그러니 그 식구들이 얼마나 난감했을까요? 그의 누이동생들은 급하게 사람을 보내 예수님께 사랑하는 자가 병들었다고 전했습니다. 그러고는 애타게 기다렸지만 웬일인지 예수님은 시간을 지체하고 계셨습니다. 결국은 오빠가 숨을 거두고 말았습니다. 두 자매가 할 수 없이 손수 장례를 치렀지만 그때도 예수님은 오시지 않았습니다. 하늘이 무너지는 것 같은 절망에 빠져 그들은 거의 날마다 통곡을 하며 보낼 수밖에 없었습니다.

저는 숨 가쁘게 돌아가는 이 집안의 불행을 보면서 그들이 예수님의 남다른 사랑을 받고 있었기 때문에 마음의 고통이 훨씬 더 심했으며, 마음의 상처를 더 많이 입었을 것이라 생각합니다. 왜 그렇습니까? 그들은 예수님이 하나님이시라는 사실을 분명히 믿고 있었습니다. 그들은 예수님이 만병을 치료하는 의사라는 것도 너무나 자주 봐서 알고 있었습니다. 그래서 예수님께 특별히 사람을 보내 전갈까지 했습니다. "주여 보시옵소서 사랑하시는 자가 병들었나이다"(3절). 그럼에도 주님이 며칠이 지나도록 나타나지 않으시는 것을 보고 그들의 마음속에는 틀림없이 이런 의심이 생겨났을 것입니다. '정말 예수님이 우리를 사랑하시는 것일까?' 연약한 인간인지라 충분히 그럴 수 있다고 봅니다. 예수님의 사랑을 믿었던 만큼 그들의 마음에는 더 커다란 시험이 찾아온 것입니다.

사실 오늘 우리에게도 이처럼 주님의 사랑을 의심할 만한 신앙의 위기가 언제든지 찾아올 수 있습니다. 이런 점에서 본문을 통해 우리가 어떤 경우에 예수님의 사랑을 의심할 위험에 빠질 수 있는지, 어떤 경우에 하나님의 사랑을 의심하게 만드는 시험에 빠지는지 함께 살펴보기를 바랍니다.

갑작스러운 불행

우리는 나사로처럼 갑작스런 불행을 당할 때 주님의 사랑을 의심하기 쉽습니다. 예수님은 전능하신 하나님이십니다. 그 전능하신 하나님의 총애를 받는 사람이 젊은 나이에 병으로 쓰러진다는 것은 보통 모순이 아닐 수 없습니다. 절대 있을 수도 없고, 있어서도 안 되는 일입니다. 예수님이 사랑하는 자라면 모든 질병에서 그를 지켜주어야 정상이고, 아프지 않아야 정상이고, 역경의 바람이 불 때도 안전하게 비켜가도록 해주어야 정상이라고 우리는 생각합니다.

나사로와 그 누이들 역시 틀림없이 그런 생각을 품고 있었을 것입니다. 그들은 예수님이 특별히 자기들을 사랑하신다는 것을 마음으로 알고 있었습니다. 그렇기 때문에 "예수님이 우리 집을 드나드시는 이상 병 따위는 두려워할 이유가 전혀 없다"라고 큰소리치며 살았을 것입니다. 그러나 오빠가 병이 들어 급기야 젊은 나이에 세상을 떠나는 갑작스런 불행 앞에서 그들의 믿음이 흔들리지 않았을까요? 예수님의 사랑을 의심하지 않았을까요? 충분히 그럴 수 있었으리라 생각합니다.

이런 시험이 어디 나사로 집안에만 불어닥치겠습니까? 우리 역시 그런 시험을 당할 수 있습니다. 그러나 나사로 삼 남매가 우리에게 던져주는 매우 중요한 메시지가 있습니다. 아무리 이해할 수 없는 불행이 우리 앞에 나타나도, 그 불행을 통해서 고통을 당한다 할지라도 예수님의 사랑을 의심하는 것은 어리석은 짓이요, 잘못된 일이라는 것입니다. 왜냐하면 나사로가 병이 든 배후에는 사람이 깨닫기 어려운 심오한 하나님의 뜻, 선하신 하나님의 목적이 숨어 있었기 때문입니다.

예수님은 두 누이동생들이 보내온 전갈을 듣고 이렇게 말씀하셨습니다.

… 이 병은 죽을병이 아니라 하나님의 영광을 위함이요 하나님의 아들이 이로 말미암아 영광을 받게 하려 함이라…(4절).

쉽게 말하면 "안 죽는다. 걱정하지 말아라. 오히려 네가 병이 든 것 때문에 하나님께서 영광을 받으실 것이요, 내가 모든 사람에게 찬송을 받을 것이다. 그러므로 염려하지 말아라" 하는 이야기입니다. 나사로의 병과 죽음 뒤에는 하나님의 심오하고 사랑이 넘치는 목적과 뜻이 숨어 있었습니다. 그렇기 때문에 갑작스런 불행을 당했다고 해서 예수님이 나를 정말 사랑하시나 의심하는 것은 어리석은 태도입니다.

이 말씀을 통해 깊은 진리를 깨달아야 합니다. 우리 역시 주님의 사랑을 받는 하나님의 자녀입니다. 그럼에도 원하지 않는 일들이 일어날 수 있습니다. 질병으로 고통받는 분이 계십니까? 사업에 실패했습니까? 사기를 당했습니까? 내 힘으로 지고 갈 수 없는 무거운 짐으로 어깨가 짓눌리고 있습니까? 인생을 사는 것이 두렵습니까? 이 모든 불행이 우리에게 찾아올 수 있습니다. 아무리 우리가 주님의 사랑을 받는 자녀라고 하더라도 이런 일이 있을 수 있습니다. 그럴 때면 솔직히 우리 마음속에 갈등이 생겨납니다. '정말 주님이 날 사랑하시나? 사랑한다면 어떻게 이런 일이 일어날 수 있나?' 하는 섭섭한 감정을 가질 수 있습니다.

그때는 조용히 마음의 귀를 기울여 주님의 음성을 듣기 바랍니다. 나에게 있는 고통을 떠올리며 그 음성에 귀를 기울이십시오. "이 병은 죽을병이 아니라. 하나님의 영광을 위함이요, 하나님의 아들로 이를 인하여 영광을 얻게 하려 함이라." 다시 말해 "너의 실패는 망할 실패가 아니다. 그것을 통해서 하나님이 영광 받으시고 내가 영광 받기 위한 것인 줄 네가 믿기 바란다"라고 하시는 주님의 음성을 들으십시오. 당신이 어떤 일을 당하든지 주님의 사랑을 의심해서는 안 되는 이유가 바로 여기에 있습니다.

지체되는 응답

둘째로, 응답이 지체될 때면 주님의 사랑을 의심하기 쉽습니다. 나사로의 병세는 시간이 흐를수록 악화되어만 갔습니다. "보시옵소서, 사랑하는 자가 병들었나이다" 하고 다급히 기별을 보냈건만 예수님은 오지 않으셨습니다. 우리는 두 자매의 처신에서 그 믿음을 엿볼 수 있습니다. 그들은 주님께 자기 오빠가 지금 위기를 당해서 죽어간다는 사실을 전하면서도 "주여, 와 주십시오"라는 말은 한마디도 안 했습니다. "주님, 만약에 시간이 없으면 멀리서 말씀 한마디만이라도 하세요. 그러면 우리 오빠가 살아날 것입니다." 이런 말도 안 했습니다. 어떤 조건도 내밀지 않고 "주여, 사랑하는 자가 병들었나이다"라는 이 한마디 말만 전했습니다. 왜 그랬을까요? 그 말씀만 들어도 예수님께서 자신들에게 가장 좋은 길을 선택하시고, 가장 좋은 해답을 주시리라 믿었기 때문입니다.

그런데 이렇게 믿었음에도 주님이 오시지 않았습니다. 초를 다투는 위기에서는 한 시간이 1년처럼 길어 보이지 않습니까? 마리아는 10분이 멀다 하고 문밖을 내다보며 마을로 올라오는 좁은 오솔길에 예수님과 제자들이 나타나기를 목이 빠지도록 기다렸습니다. 그러나 끝내 주님은 오시지 않았고, 오빠는 결국 숨을 거두었습니다. 장례식도 치렀습니다. 그런데도 주님은 나타나지 않으셨습니다. 그즈음 주님은 요단강 근처에서 일하고 계셨습니다. 성지순례를 가보신 분들은 알겠지만, 요단강에서 예루살렘까지 오는 데는 걸어서도 하룻길이면 충분합니다. 오신다면 벌써 왔을 텐데 지체하고 계셨던 것입니다. 이럴 때 마리아와 마르다의 심정이 어떠했을까요? '예수님이 정말 우리를 사랑하시는 것일까? 사랑한다면 어떻게 이럴 수 있을까?' 분명 마음속에 이런 의심이 자리 잡았을 것입니다.

나흘 뒤, 그제야 예수님은 나사로의 집을 찾아오셨습니다. 그때 마르다가 예수님을 만나자마자 처음으로 내뱉은 말은 이것이었습니다.

> … 주께서 여기 계셨더라면 내 오라버니가 죽지 아니하였겠나이다 (요 11:21).

마리아도 예수님을 만나자마자 똑같이 말했습니다(요 11:32). 이 말을 바꾸면 "왜 이렇게 늦게 오셨어요? 빨리만 오셨으면 이런 일이 없었을 텐데" 하는 이야기입니다. 이 말에서 예수님의 지체하심으로 두 자매가 그만큼 마음의 상처를 크게 입었음을 알 수 있습니다. 주님의 사랑에 실망했다는 증거이지요.

참믿음, 기다림의 미학

마리아와 마르다의 태도에서 또 한 가지 값진 메시지를 얻을 수 있습니다. 응답이 아무리 늦어도 주님의 사랑을 의심하면 절대로 안 된다는 것입니다. 의심은 어리석은 일입니다. 예수님은 비록 더디지만 그들에게 찾아오셨고, 나사로를 다시 살리셨습니다.

　인생의 고통을 당할 때마다 이들처럼 주님 앞에 빨리 가서 알려야 합니다. "보시옵소서. 사랑하는 자가 병들었나이다." "보시옵소서. 사랑하는 자가 실직을 당했나이다." "보시옵소서. 사랑하는 자의 집안에 고통이 찾아왔습니다." "보시옵소서. 사랑하는 자의 자녀가 지금 집을 뛰쳐나갔습니다." 무슨 내용이든지 좋습니다.

　주님의 사랑을 받는 하나님의 자녀도 때로 이런 어려움을 당할 수 있습니다. 그럴 때마다 주저하지 말고 예수님께 가서 알려야 합니다. 시편 50편 15절을 기억하기 바랍니다. "환난 날에 나를 부르라 내가 너를 건지리니 네가 나를 영화롭게 하리로다." 환난을 당할 때 '부르라'고 했습니다. 환난 날에 주님을 '찾으라'고 했습니다. 그렇게 하기만 하면 주님이 우리를 '건지시리라' 약속하셨습니다. 그러므로 어려운 일을 당할 때 그것이 무엇이든지 마리아와 마르다처럼 예수님께 나아가 아뢰어야 합니다.

　물론 예수님께 기도했다고 해서 반드시 우리가 원하는 대로 금방 응답하시지는 않음을 기억해야 합니다. 주님 앞에 우리의 고통을 아뢰면 금방 응답이 올 때도 많지만, 응답이 늦어지거나 전혀 응답이 없는 듯 보일 때도 있습니다. 아무리 기도해도 응답이 오지 않을 때면 우리는 마음속으로 시험을 받습니다. '주님이 정말 날 사랑하시나? 사랑한다면 어떻게 이렇게 잠잠할 수 있을까?' 저도 가끔 그런 심정일 때가 있습니다.

　영국의 유명 설교자 맥클라랜이 요한복음 11장을 놓고 이런 재미있는 표현을 했습니다. "나사로의 식구들에게 예수님이 더디 가신 것은 사랑의 지연이었다. 사랑하시기 때문에 지연하신 것이다." 옳은 말이라고 봅니다. 예수님이 일부러 이틀이나 지체하신 것은 사랑하지 않아서가 아니라 사랑하기 때문이었다는 말입니다. 예수님이 비록 늦게 응답하신 것같이 보이지만 그것은 최상의 응답이었고, 결과적으로는 예수님의 응답이 절대 늦지 않았습니다. 적시의 응답이었습니다. 왜 그렇습니까? 나사로가 살아났고, 살아난 나사로를 통해서 예수님이 영광을 받으셨으며, 주변에 있는 많은 유대인이 예수님을 믿게 되었기 때문입니다. 그러니 어떻게 이 응답이 늦은 응답입니까? 어떻게 시효가 끝난 응답입니까? 절대 그렇지 않습니다. 우리가 보기에는 늦게 온 응답이지만, 하나님 편에서 볼 때는 가장 적절할 때 주신 응답이었습니다. 따라서 응답이 늦는다고 예수님의 사랑을 의심하는 일은 절대 없어야 합니다.

참믿음이 무엇입니까? 응답이 없을수록 더 잘 믿는 것이 참믿음입니다. 아마 아직 믿음이 적은 분들이나 교회에 다닌 지 얼마 안 되는 분들은 속으로 이렇게 생각할지도 모르겠습니다. '야, 참 잘 끼워 맞춰 말한다.' 그러나 이것이 성경의 진리입니다. 아브라함을 보십시오. 성경에 나오는 위대한 믿음의 조상들과 믿음 때문에 하나님께 엄청난 복을 받아 누렸던 위대한 선배들을 보십시오. 그들에게서 무엇을 배울 수 있습니까? 진짜 믿음이란, 하나님이 응답하지 않으실 때일수록 더욱 잘 믿는 것입니다.

이사야 30장 18절에 이런 말씀이 있습니다. "여호와께서 기다리시나니 이는 너희에게 은혜를 베풀려 하심이요." 하나님이 기다리신다는 것입니다. 왜 하나님이 기다리실까요? 우리가 원하는 대로 달라고 할 때 그냥 주려고 하니까 때도 안 맞고 우리에게 유익이 안 되겠기에, 하나님이 응답을 지체하시는 것입니다. 조금 기다렸다 주는 것이 오히려 우리에게 더 큰 유익과 기쁨이라는 것을 하나님은 다 아시기에 적절한 때를 기다리시는 것입니다. 우리에게 은혜를 주시려고 기다리시는 것입니다. 이 기다림을 누가 나쁘다 말할 수 있겠습니까? 하나님의 기다림은 절대 나쁘지 않습니다. 더 나아가 주님은 "무릇 하나님을 기다리는 자는 복이 있도다"라고 말씀하셨습니다. 예레미야애가 3장 25-26절에도 비슷한 말씀이 나옵니다.

> 기다리는 자들에게나 구하는 영혼들에게 여호와는 선하시도다 사람이 여호와의 구원을 바라고 잠잠히 기다림이 좋도다.

기다릴 줄 아는 것, 이것이 바로 믿음입니다. 그러므로 우리가 하나님 앞에 가서 "주여, 사랑하는 자가 병들었나이다", "사랑하는 자가 직장을 잃었나이다" 하고 기도하지만, 어떤 경우에는 속이 타도록 대답을 안 하실 수도 있음을 기억하기 바랍니다. 그럴 때라도 하나님의 사랑을 의심하면 안 됩니다. 배후에는 하나님의 선하신 뜻이 있다는 사실을 명심하십시오. 그래야 참고 기다릴 수 있습니다.

의미 없는 불행은 없다

사랑의교회 신문에 실렸던 어느 형제의 이야기를 소개하겠습니다. 이 본문의 의미와 상통하고, 또 기다림을 통해 좋은 것을 주시는 하나의 좋은 예증이 되리라 믿습니다.

한 대학생이 있었습니다. 그는 믿음이 굉장히 좋았을 뿐 아니라 꿈도 많고 머리도 좋았습니다. 그런데 대학을 졸업할 즈음 몸에 갑자기 이상이 생겼습니다. 온몸에 기운이 빠지고 모든 일에 의욕을 잃어가는 병이었습니다. 이 병원, 저 병원을 다니며 진찰을 받았습니다. 정확한 병명을 찾아내지 못하다가 나중에야 밝혀졌는데, '근육무력증'이라는 무서운 병이었습니다. 이 병은 갈수록 근육에서 힘이 빠져서 나중에는 드러누워 말라죽는 병이었습니다.

아직 새파란 학생이, 그것도 예수님을 그렇게 잘 믿는 학생이 이런 병에 걸렸으니 얼마나 눈앞이 캄캄했겠습니까? 치료받을 길이라도 있으면 좋으련만 병원에서는 치료가 불가능하다 했습니다. 나중에는 연필 들 힘조차 없을 정도로 악화되었습니다. 자연히 방 안에 틀어박혀 누워 있는 시간이 많아졌습니다. 그는 하나님께 고쳐달라고 간절히 기도했습니다. 그러나 하나님은 입을 다무신 채 가만히 계시는 것 같았습니다.

우리 생각에는 그런 병이 들면 하나님 앞에 나아가 "주여, 사랑하는 자가 병들었나이다" 하고 구하면 하나님이 "오냐! 알았다. 가만히 기다려라" 하시면서 금방 고쳐주실 것 같습니다. 그런데 1년이 지나고, 2년이 지나고, 3년이 지나도록 아무런 소식이 없었습니다.

투병 기간 동안 그에게는 새로운 취미가 생겼습니다. 조금이라도 기운이 날 때면 기를 쓰고 책을 읽기도 하고, 신문에서 유용한 자료를 찾아 스크랩하기도 했습니다. 그러는 동안 5년이라는 세월이 흘러갔습니다. 그런데 5년이 다 갈 무렵 그에게 기적이 일어났습니다. 하나님이 하루아침에 그를 고쳐주신 것입니다.

그로부터 10여 년이 지난 후에 그는 캄캄한 터널같이 고통스러웠던 5년을 돌아보면서 이런 간증을 했습니다.

"왜 하나님께서 이런 불필요해 보이는 어려운 상황을 주셨을까 곰곰이 생각해보았습니다. 그때 저는 하나님께서 저에 대한 놀라운 계획을 가지고 계셨고, 그 일을 위해 저를 준비시키셨다는 사실을 깨달았습니다. 성공적인 기업 경영을 하기 위해 꼭 필요한 준비가 두 가지 있는데, 하나는 기업을 하나님의 뜻대로 정직하게 경영할 수 있는 신앙적 준비요, 다른 하나는 다방면에서 많은 사람을 이끌어갈 수 있는 광범위한 지식을 준비하는 것입니다. 그런데 하나님은 병석에 있을 때 저에게 이 두 가지를 준비시켜주셨음을 깨달았습니다. 5년 동안 읽었던 책과 모든 자료들이 그 뒤 10년 동안 회사를 경영하는 데 꼭 필요한 기본적인 재산이 되었습니다. 질병도 그것이 죄로 말미암지 않았다면 하나님의 귀한 은혜임을 다시 한번 깨닫고 있습니다. 하나님이 주신 모든 것은 귀합니다. 질병이든, 실패든, 성공이든, 하나님이 주신 것이면 그것은 귀합니다. 장애물은 하나님의 뜻 안에서 훌륭한 기회가 됩니다."

이 글을 읽고 얼마나 감동을 받았는지 모릅니다. 그는 다름 아닌 이랜드 그룹을 경영하고 있는 박성수 사장입니다. 하나님의 자녀에게 일어나는 불행은 절대 의미 없는 일이 아닙니다. 그 배후에는 "이 병은 죽을병이 아니다. 하나님의 영광을 위함이다" 하시는 하나님의 선하신 뜻이 있음을 믿어야 합니다. 그 뜻이 있으므로 불행을 당해도 하나님의 사랑을 의심하면 안 됩니다. "주여 사랑하는 자가 병들었나이다" 하고 부르짖지만 1년, 아니 3, 4년이 가도록 대답을 안 주시는 절망적인 상황에서도 주님의 사랑을 의심해서는 안 됩니다. 하나님께서는 반드시 응답하시기 때문입니다.

약속이 의심스러울 때

마지막으로, 붙잡고 있던 주님의 말씀이 아무런 도움이 되지 않는다고 느낄 때 주님의 사랑을 의심하기 쉽습니다. 상상의 날개를 펴고 이 본문을 다시 한번 검토해봅시다. 예수님이 베다니를 찾아오셨을 때 나사로를 장례한 지가 이미 나흘이 지났다고 성경은 기록하고 있습니다. 심부름꾼이 가서 연락하는 데 하루 정도 걸렸다고 하면 예수님은 일부러 이틀을 지체하셨습니다.

또 예수님이 베다니로 오시는 데 하루 정도 걸렸을 테니, 이렇게 계산하니까 나흘이 됩니다. 만일 이 계산이 맞는다면 예수님이 나사로가 병들었다는 연락을 받았을 때는 이미 나사로가 숨을 거둔 때였는지도 모릅니다. 그렇지 않다면 소식을 전했던 사람이 밤길을 이용해서 다시 돌아간 바로 그 밤에 무슨 일이 터졌는지도 모릅니다.

두 가지를 상상해볼 수 있습니다. 먼저 나사로가 아직 의식이 남아 있을 때 심부름 갔던 사람이 돌아왔다고 가정해봅시다.

"아, 예수님이 뭐라고 하시든가?"

"그분이 이렇게 말씀하시던데요. '이 병은 죽을병이 아니라. 하나님의 영광을 위함이다.'"

"아, 그래? 죽을병이 아니라고 그러시더냐? 감사하구나."

그런데 나사로가 어떻게 되었습니까? 죽었습니다. 본인이야 의식이 사라졌기 때문에 잘 모르겠지만 옆에서 지켜보는 사람은 얼마나 허망했을까요? 얼마나 마음이 텅텅 비었겠느냐는 말입니다.

또 나사로가 죽은 다음에 심부름 갔던 사람이 예수님의 말씀을 듣고 도착했다고 가정해봅시다.

"예수님은 안 오시느냐?"

"네, 예수님이 오시지는 않고 이런 말씀을 하시던데요. '이 병은 죽을병이 아니라 하나님의 영광을 위함이요, 하나님의 아들로 이를 인하여 영광을 얻게 하려 함이니라.'"

"죽을병이 아니라고? 벌써 죽었는데?"

나사로가 이미 죽었는데, 예수님이 하신 말씀이 마르다와 마리아에게 어떻게 들렸겠습니까? 그 모호한 말씀 앞에 그들은 마음에 오히려 더 큰 상처를 입었을지도 모릅니다.

이런 상황에 처하면 우리도 자칫 예수님의 사랑을 의심할 수 있습니다. 예수님의 말씀을 불신하기 쉽습니다. 그러나 마리아와 마르다가 우리에게 들려주는 메시지가 있습니다. 아무리 우리가 의지하는 하나님의 말씀이 우리 현실과 도무지 동떨어진 듯 허황하게 들려도 그 말씀을 의심하면 안 된다는 것입니다. 어떤 경우에도 예수님의 사랑을 의심하면 절대 안 됩니다. 왜 그렇습니까? 마리아와 마르다가 처음에는 예수님의 사랑을 의심하는 시험을 받았지만, 나중에 지나고 보니 주님의 말씀이 참이었음을 깨달았기 때문입니다. "이 병은 죽을병이 아니라"는 말씀대로 나사로가 살아났으며, "하나님이 영광을 받으신다"는 말씀대로 그를 통해 모든 사람이 하나님 앞에 영광을 돌리는 역사가 일어났기 때문입니다.

그러므로 비록 우리가 의지했던 말씀이 우리에게 실제로 도움을 주지 못한다 할지라도 그 말씀 때문에 주님의 사랑을 의심해서는 안 됩니다. 나사로와 마르다와 마리아가 우리에게 바로 이와 같은 메시지를 전해주고 있습니다.

반드시 이루어지는
진리의 말씀

성경 말씀이 우리가 맞닥뜨린 실제적인 문제에 항상 원하는 대로 해답을 주지는 않습니다. 예를 들어 어떤 사람이 병이 들었다고 합시다. 그에게 본문의 "이 병은 죽을병이 아니다"라는 말씀이 얼마나 눈에 확 들어오겠습니까? 병든 사람에게 이 말씀은 그야말로 생명수입니다. "아, 주여, 감사합니다. 나를 두고 하신 말씀인 줄 믿습니다. 주님!" 하면서 얼마나 철저하게 붙들겠습니까? 그 말씀이 생명이기 때문입니다. 그러나 그 약속을 주장했음에도 그가 죽었다고 해봅시다. 예수님께서 나사로를 다시 살리셨듯이 그를 살려주십니까? 그렇지 않습니다. 이럴 때 주변에 있는 많은 사람들, 특히 그의 가족에게 그 말씀이 얼마나 무의미하게 여겨지겠습니까? '하나님이 나를 진짜 사랑하실까?' 하는 의심이 마구 밀려오지 않겠습니까?

또 구직이 여의치 않아서 생활이 몹시 쪼들린다고 해봅시다. 성경을 읽다가 "무엇을 먹을까 무엇을 마실까 염려하지 말라. 너희는 먼저 그의 나라와 그의 의를 구하라. 그리하면 이 모든 것, 먹고 마시는 것, 다 내가 알아서 너희에게 주마" 하시는 말씀을 볼 때 얼마나 눈이 번쩍 뜨이겠습니까? 그래서 그 말씀을 붙들고 "주여 믿습니다. 내가 주님의 나라를 마음에 먼저 두고 생각하면 주님이 내 직장, 내 생활, 내 가족들이 살아갈 모든 길을 준비해주실 줄 믿습니다" 하고 있는데 1년이 가도, 2년이 가도 일자리가 없다면 그 마음에 얼마나 시험이 되겠습니까? '내가 지금 지푸라기를 잡고 있는 것이 아닌가?' 하는 생각이 들지 않겠습니까? 그럴 때 잘못하면 마음에 시험이 찾아올 수 있습니다. 인간이기 때문에 '하나님이 날 사랑하신다는 말은 거짓말이야. 하나님의 말씀이 진리라는 것은 믿을 수가 없어'라는 생각을 가질 수 있습니다.

그러나 우리는 믿고 의지한 말씀이 우리에게 어떤 실제적인 효과나 응답을 주지 않는다 할지라도 절대 그 말씀을 의심하면 안 됩니다. 아무리 하나님의 말씀을 통해서 직접적인 도움을 받지 못한다 할지라도, 또 어떤 면에서 믿었던 말씀 때문에 실망했다 할지라도 주님의 사랑을 의심하면 안 됩니다. 왜 그렇습니까?

> 예수께서 이르시되 나는 부활이요 생명이니 나를 믿는 자는 죽어도 살겠고 무릇 살아서 나를 믿는 자는 영원히 죽지 아니하리니 이것을

네가 믿느냐(요 11:25-26).

부활이요 생명이신 주님 때문에 우리가 실망하지 않을 수 있고, 하나님의 말씀과 하나님의 사랑을 의심하지 않을 수 있습니다. 부활이요 생명이신 주님이 하셨던 말씀은 영원토록 진리입니다. 비록 우리 앞에 닥친 문제에 구체적인 대답이 되지 않을 때에라도 그 말씀은 진리입니다. 지금 우리 눈앞에서 어떤 효력을 발휘하지 못한다고 해서 그 말씀이 주의 말씀이 아니라고 부인하면 안 됩니다. 지금 당장 나에게 효력이 없어도 내 자손을 통해서 열매 맺을 것이기 때문입니다. 그리고 설사 내 자손이나 그 어떤 사람에게도 우리가 믿었던 말씀이 구체적인 복으로 임하지 않는다 해도, 주님이 다스리는 하나님 나라에서 그것이 복으로 임할 수 있기 때문입니다.

주님은 부활이요 생명이십니다. 그는 우리의 현실만 다스리시는 하나님이 아니십니다. 우리의 현실은 부활이요 생명이신 주님 안에서 영원한 하나님 나라와 이어져 있습니다. 가운데에 죽음이라는 매듭이 있어서 마치 현실과 저세상이 나뉜 듯 보일 뿐이지, 사실은 부활이요 생명이신 주님 안에서 우리는 이미 하나님 나라의 삶을 살고 있습니다. 우리는 지금 자연스럽게 영원히 사는 하나님 나라로 옮겨지는 것입니다. 모든 세계의 주가 되시고, 부활이요 생명 되신 주님의 말씀은 영원토록 진리입니다. 그러므로 반드시 이루어집니다. 그렇기 때문에 나의 문제에 실제적인 해결책이 되지 않는다고 해서 주님의 사랑을 의심하면 안 된다는 말입니다.

이제 말씀을 정리합시다. 병이 들었습니까? 경제적인 위기를 만났습니까? 사기를 당했습니까? 아니면 자녀가 말썽을 피웁니까? 인생을 살기가 두렵고 자신이 없습니까? 그런 일이 내 앞에 일어났다고 해서 우리 하나님의 변함없는 사랑을 의심하면 안 됩니다. 우리가 당하는 모든 고통 뒤에는 이런 말씀이 새겨져 있습니다. "이 병은 죽을병이 아니라 하나님의 영광을 위함이니라."

주님 앞에 나가서 "주여, 사랑하는 자가 병들었나이다. 사랑하는 자가 경제적으로 어려움을 당합니다" 하고 모든 아픔을 주님께 다 아뢰었지만 여전히 응답이 없습니까? 그렇다고 하더라도 주님의 사랑을 의심하면 안 됩니다. 응답이 지체되는 것은 우리를 사랑하신다는 증거입니다. 주님의 응답은 항상 가장 알맞은 때에 우리에게 임하기 때문입니다.

"이 병은 죽을병이 아니라"는 말씀을 붙들고 있었는데 죽었습니까? 소망의 불이 꺼졌습니까? 무산된 소망이 때로 마음을 아프게 하지만 그렇다고 주님의 사랑을 의심하면 안 됩니다. 왜 그렇습니까? 그 말씀은 부활이요 생명이신 주님의 말씀이요, 영원히 진리이기 때문입니다. 반드시 어느 때인가는 이루어져 내게 복을 안겨줄 것입니다. 우리가 의지했던 말씀이 실제적으로 도움이 되지 않는다고 해서 '주님은 정말 나를 사랑하실까?' 하고 의심하는 어리석은 시험에 빠지면 안 됩니다. 믿음으로 허리띠를 졸라매야 합니다. 우리가 하나님의 사랑받는 자녀라는 사실을 한순간도 잊지 맙시다. 그럴 때 하나님이 약속하신 그 모든 복을 우리 것으로 받아 누릴 수 있습니다.

37

나사로야 나오라

요한복음 11장 17-44절

17 예수께서 와서 보시니 나사로가 무덤에 있은 지 이미 나흘이라 18 베다니는 예루살렘에서 가깝기가 한 오 리쯤 되매 19 많은 유대인이 마르다와 마리아에게 그 오라비의 일로 위문하러 왔더니 20 마르다는 예수께서 오신다는 말을 듣고 곧 나가 맞이하되 마리아는 집에 앉았더라 21 마르다가 예수께 여짜오되 주께서 여기 계셨더라면 내 오라버니가 죽지 아니하였겠나이다 22 그러나 나는 이제라도 주께서 무엇이든지 하나님께 구하시는 것을 하나님이 주실 줄을 아나이다 23 예수께서 이르시되 네 오라비가 다시 살아나리라 24 마르다가 이르되 마지막 날 부활 때에는 다시 살아날 줄을 내가 아나이다 25 예수께서 이르시되 나는 부활이요 생명이니 나를 믿는 자는 죽어도 살겠고 26 무릇 살아서 나를 믿는 자는 영원히 죽지 아니하리니 이것을 네가 믿느냐 27 이르되 주여 그러하외다 주는 그리스도시요 세상에 오시는 하나님의 아들이신 줄 내가 믿나이다 28 이 말을 하고 돌아가서 가만히 그 자매 마리아를 불러 말하되 선생님이 오셔서 너를 부르신다 하니 29 마리아 이 말을 듣고 급히 일어나 예수께 나아가매 30 예수는 아직 마을로 들어오지 아니하시고 마르다가 맞이했던 곳에 그대로 계시더라 31 마리아와 함께 집에 있어 위로하던 유대인들은 그가 급히 일어나 나가는 것을 보고 곡하러 무덤에 가는 줄로 생각하고 따라가더니 32 마리아가 예수 계신 곳에 가서 뵈옵고 그 발 앞에 엎드리어 이르되 주께서 여기 계셨더라면 내 오라버니가 죽지 아니하였겠나이다 하더라 33 예수께서 그가 우는 것과 또 함께 온 유대인들이 우는 것을 보시고 심령에 비통히 여기시고 불쌍히 여기사 34 이르시되 그를 어디 두었느냐 이르되 주여 와서 보옵소서 하니 35 예수께서 눈물을 흘리시더라 36 이에 유대인들이 말하되 보라 그를 얼마나 사랑하셨는가 하며 37 그중 어떤 이는 말하되 맹인의 눈을 뜨게 한 이 사람이 그 사람은 죽지 않게 할 수 없었더냐 하더라 39 예수께서 이르시되 돌을 옮겨놓으라 하시니 그 죽은 자의 누이 마르다가 이르되 주여 죽은 지가 나흘이 되었으매 벌써 냄새가 나나이다 40 예수께서 이르시되 내 말이 네가 믿으면 하나님의 영광

을 보리라 하지 아니하였느냐 하시니 41 돌을 옮겨놓으니 예수께서 눈을 들어 우러러 보시고 이르시되 아버지여 내 말을 들으신 것을 감사하나이다 42 항상 내 말을 들으시는 줄을 내가 알았나이다 그러나 이 말씀 하옵는 것은 둘러선 무리를 위함이니 곧 아버지께서 나를 보내신 것을 그들로 믿게 하려 함이니이다 43 이 말씀을 하시고 큰 소리로 나사로야 나오라 부르시니 44 죽은 자가 수족을 베로 동인 채로 나오는데 그 얼굴은 수건에 싸였더라 예수께서 이르시되 풀어놓아 다니게 하라 하시니라

주일 예배를 드린 후 집에서 쉬고 있는데 여섯 살 먹은 손녀가 방문을 열고 살그머니 들어오더니 침대에 몸을 기댄 채 장난기가 흐르는 표정으로 저를 쳐다보면서 이렇게 말했습니다.

"할아버지, 할아버지는 죽어도 조금 뒤에 죽으세요."

"갑자기 그게 무슨 뚱딴지같은 소리니?"

"할아버지도 죽을 거 아니에요? 죽어도 좀 늦게 죽었으면 좋겠다는 거예요."

그러고는 도망치듯이 문밖으로 사라져버렸습니다.

어린아이가 뭘 알고 그런 소리를 하겠습니까? 그저 어디서 주워들은 말을 한번 해본 것입니다. 그러나 저는 그 말을 들으면서 '사람이 세상에 나서 불과 대여섯 살만 되어도 죽는다는 말을 입에 올리면서 살아야 한다는 사실 자체가 얼마나 비극적인 일인가?' 하는 생각이 들었습니다.

어떻게 보면 산다는 것은 죽음의 공포와 끊임없이 치르는 치열한 전쟁이라고 말할 수 있습니다. 산다는 것은 죽음의 슬픔을 지고 비틀거리며 걸어가야 하는 잔인한 여정이라고도 말할 수 있습니다. 그래서인지 우리의 의식 속에서는 언제나 죽음이라는 그림자가 짙게 드리워 있다는 것을 느끼며 삽니다. 그만큼 죽음은 굉장한 힘으로 우리를 끌고 가며 막강한 영향력을 행사합니다.

본문에는 나사로라는 훌륭한 믿음의 사람이 젊은 나이에 죽어 그 누이동생들인 마르다와 마리아가 여러 날을 눈물 속에서 보냈다는 이야기가 나옵니다. 유대에서는 사람이 죽으면 슬픔을 좀 더 진하게 표현하기 위해서 전문적으로 곡하는 여인들을 불러 나흘에서 일주일 동안, 길게는 십여 일 동안 집에서 곡을 하게 만듭니다. 그리고 장례식을 할 때도 장례 행렬 앞에 이 여인들을 세워서 무덤에 이르기까지 곡을 하게 합니다. 이 세상에 죽음이 들어오도록 제일 먼저 죄를 범한 것이 바로 여자이기 때문이라고 생각하여 이런 풍습이 생겨났다고 합니다.

잘못을 범한 것으로 따지면 어디 여자만 죄를 지었습니까? 같이 북 치고 장구 친 남자도 분명 잘못을 범했습니다. 그러나 어쨌든 유대인들은 인류를 죽음으로 몰고 간 죄를 여자가 먼저 범한 것이니만큼 죽은 자 앞에서 곡을 하는 것도 여자의 몫이라고 해석했던 모양입니다.

죽음이라는 것은 숨을 거두는 자를 두렵게 하고 절망하게 할 뿐 아니라 유족들에게는 말로 표현할 수 없는 슬픔과 상실감과 분노를 안겨줍니다. 마리아와 마르다 역시 그 마음속에 죽음에 대한 분노와 원한이 있었습니다. 예수님이 찾아오자마자 왜 여기 계시지 않았느냐고 따지고 드는 그들의 모습에서 이 사실을 엿볼 수 있습니다.

우리 역시 마음속에 죽음에 대한 분노를 가지고 있습니다. 인간을 너무나 비참하게 만드는 죽음의 실체에 맞서 우리 모두는 가슴 떨리는 전율을 가지고 분노하고 또 대적합니다. 죽음은 인류 최대의 원수입니다. 교통사고로 하루에 10명 넘게 목숨을 잃는 우리나라의 형편을 보아도 죽음의 횡포가 얼마나 대단한지를 피부로 느낄 수 있습니다.

역사를 돌이켜 보건대 인간이 발악을 하며 일을 저지르면 세계 여기저기에서 끔찍스러운 사건들이 터집니다. 제럴드 라이트링거라는 독일 사람이 히틀러가 580여 만 명의 유대인을 학살한 것에 대해 쓴 글을 본 적이 있습니다. 말이 580만 명이지, 총이나 칼로, 혹은 목을 매어 죽이기에는 너무나 엄청난 숫자입니다. 그래서 히틀러는 가스실을 만들어 집단 학살을 자행했습니다.

라이트링거는 수백 명의 유대인들이 발가벗겨진 채 가스실로 들여보내진 후 한꺼번에 죽어 나오는 장면을 이렇게 묘사합니다.

"잠시 후 가스실에 들어간 유대인들은 가스가 새어나오는 것을 느끼고 서로 모여들면서 작은 창문이 달린 거대한 철문을 거세게 두드리며 몸부림친다. 철문 앞에서 그들은 서로 할퀴고 치고받으면서 결국은 끈적끈적한 피를 뿌리며 피라미드처럼 시체로 쌓인다. 그로부터 25분 후 전기 펌프 식 배출기가 가스로 가득 찬 실내 공기를 제거하면 거대한 철문이 열리고 그 안으로 고무 장화를 신고 가스마스크를 쓰고 호스를 손에 든 유대인 모범수들이 들어간다. 그들이 처음에 하는 일은 피와 오물을 제거하는 것이었다. 그다음에는 엉킨 시체를 올가미와 갈고리로 떼어내어 금을 찾거나 독일인이 전략물자로 간주하는 이와 머리털을 뽑는 소름 끼치는 일이 시작된다. 그 일을 한 다음에 시체들은 들것이나 화차에 실려서 용광로로 옮겨져 태워진 후, 분쇄기로 들어가 아주 고운 재로 변하여 화물 트럭으로 솔라강 하류에 뿌려진다."

예수님의 눈물

죽음의 횡포나 죽음으로 인해 인간이 당하는 처절한 고통은 말로 다 표현하기가 어렵습니다. 너무나 잔인한 죽음의 횡포는 하나님도 울게 만들었습니다.

예수께서 눈물을 흘리시더라(35절).

유족들과 그들을 찾아온 사람들이 무덤 앞에서 통곡하는 모습을 보고 예수님께서 눈물을 흘리셨다고 했습니다. '눈물을 흘리셨다'는 말은 헬라어로 '에다크뤼센'(edakrusen)인데, 이 말은 막연히 '눈물을 흘렸다'는 뜻이 아닙니다. '눈물이 와락 쏟아졌다'는 의미를 담을 때 쓰는 단어입니다. 죽음이 인간에게 안겨주는 슬픔과 절망이 얼마나 대단했던지 하나님 자신마저도 눈물 없이는 그 모습을 지켜볼 수 없으셨던 것입니다. 성경은 눈물을 흘리시던 주님의 감정을 두 마디 말로 표현합니다.

예수께서 그가 우는 것과 또 함께 온 유대인들이 우는 것을 보시고 심령에 비통히 여기시고 불쌍히 여기사(33절).

'비통히 여긴다'는 말은 '분이 나서 씩씩거린다'는 뜻을 가지고 있습니다. 주님께서 무엇에 분노하신 것일까요? 저는 죽음을 이 세상에 끌어들인 죄를 향해 거룩한 분노를 발하신다고 봅니다. 인간을 처참한 지경으로 몰아넣은 죽음의 실체를 보고 진노하시는 것입니다. 이것이 '비통히 여긴다'는 말의 의미입니다.

한편 '불쌍히 여긴다'는 말은 하나님 자신이 죽음의 슬픔과 공포 아래서 학대받는 인간의 처지로 내려오셔서 그 고통을 자기 것으로 맛보시는 심정을 나타냅니다. 예수님은 하나님이시지만 우리처럼 인간의 몸을 입고 오셨기에 사랑하는 자를 죽음에 빼앗기고 슬퍼하며 고통스러워하는 사람들의 마음을 고스란히 받으셨고, 그들과 똑같은 심정을 느끼셨습니다. 예수님은 우리 인간이 겪는 이 죽음의 공포와 슬픔을 놓고 눈물을 흘리실 뿐 아니라, 마음으로 분노하고 우리의 모든 아픈 감정을 함께 나누시는 하나님으로 지금 서 계시는 것입니다.

사망의 권세를 이김

그러나 주님이 흘리신 눈물은 패배와 절망의 눈물이 아니었습니다. 왜냐하면 주님은 자기를 '부활이요, 생명'이라고 선언하셨기 때문입니다.

> 예수께서 이르시되 나는 부활이요 생명이니 나를 믿는 자는 죽어도 살겠고 무릇 살아서 나를 믿는 자는 영원히 죽지 아니하리니 이것을 네가 믿느냐(25-26절).

주님은 비록 눈물을 흘리셨지만 "나는 부활이다, 나는 생명이다"라고 외치고 계십니다. 뿐만 아니라 이 사실을 믿는 자는 죽어도 다시 살아날 것이며, 아직 죽지 않고 믿는 자들은 영원히 죽지 않으리라고 선언하십니다. 다시 말해 믿는 자들에게는 육신의 죽음이 진정한 죽음이 아니라는 말입니다. 예수님을 믿는 자는 죽음의 영역에서 이미 해방되었기 때문에 죽지 않는다는 말입니다.

육신의 죽음이 주님 보시기에 진정한 죽음이 아니라고 한다면,

우리는 죽음에서 벗어난 사람들입니다. 예수 그리스도가 부활이요, 생명이기 때문입니다. 아직 세상에 사는 성도는 죽음을 기다리는 자들이 아닙니다. 믿는 자에게 죽음은 잠자는 것일 뿐입니다.

> … 우리 친구 나사로가 잠들었도다 그러나 내가 깨우러 가노라(요 11:11).

주님은 나사로의 죽음을 잠으로 여기십니다. 이 얼마나 권위 있는 말씀입니까? 자신이 죽음을 극복하시고 우리에게 생명이요 부활이 되시는 구세주임을 강력하게 선언하시는 것입니다.

디모데후서 1장 10절은 이렇게 말씀합니다. "이제는 우리 구주 그리스도 예수의 나타나심으로 말미암아 나타났으니 그는 사망을 폐하시고 복음으로써 생명과 썩지 아니할 것을 드러내신지라."

예수님은 사망을 폐하셨습니다. 사망을 무력화시키셨습니다. 그리고 복음으로 생명과 썩지 아니할 것을 드러내셨습니다.

예수님이 마리아와 마르다 앞에 서 계신 이유가 무엇입니까? 왜 눈물을 흘리고 계십니까? 히브리서 기자는 그 이유를 웅변적으로 설명합니다.

> … 그도 또한 같은 모양으로 혈과 육을 함께 지니심은 죽음을 통하여 죽음의 세력을 잡은 자 곧 마귀를 멸하시며 또 죽기를 무서워하므로 한평생 매여 종 노릇 하는 모든 자들을 놓아주려 하심이니(히 2:14-15).

사망의 권세를 잡은 마귀를 정복하고 죽음의 쇠사슬에 묶여서 일생 동안 종 노릇하는 우리들을 놓아주시려고 인간의 몸을 입고 세상에 오셨다는 말씀입니다. 예수님을 의지하고 믿는 자에게 죽음은 더 이상 죽음이 아닙니다. 이것을 입증하기 위해서 예수님은 나사로를 다시 살리셨습니다. 요한이 요한복음을 쓰면서 선정한 일곱 가지 이적 기사가 있는데, 그중에서도 가장 장엄하면서 감동적인 것이 바로 나사로의 부활이었습니다. 더욱이 이 이적은 사복음서 전체에 기록된 예수님의 36가지 이적 가운데 유대 지도자들에게 가장 큰 충격을 안겨주었습니다.

요한복음 11장 47절 이하를 보면 나사로가 부활하는 이 사건을 전해들은 후 그들이 곧바로 산헤드린 공회를 소집하고 예수님을 처형해야 되겠다고 최종 합의하는 장면이 나옵니다. 예수님은 세상을 죽음의 손아귀에서 건져내고자 사망의 손에 죽지 않으면 안 되는 몸이 되셨습니다. 이것이 예수님의 운명이었습니다.

나사로야 나오라

예수님은 나사로의 무덤으로 가셨습니다. 그의 무덤은 굴로 되어 있었는데, 큰 돌이 입구를 막고 있었습니다. 예수님은 그 돌을 옮겨놓으라고 말씀하셨습니다. 그러자 마르다가 예수님의 말을 가로막고 나섰습니다.

> … 주여 죽은 지가 나흘이 되었으매 벌써 냄새가 나나이다(39절).

상식적으로 볼 때 틀린 말이 아닙니다. "이미 죽어 부패했는데 이제 와 무덤 입구를 열어 어떻게 하자는 것입니까?"라고 말하는 것입니다. "네 오라비가 다시 살아나리라"(23절) 하신 예수님의 말씀을 믿지 못한 것이지요. 합리적인 사고는 언제나 믿음과 하나님의 역사를 방해합니다. 하나님의 영광을 가립니다. 인간적인 계산으로 하나님의 일을 생각하는 사람들은 도리어 하나님의 일을 가로막습니다. 마르다가 바로 그와 같은 역할을 합니다.

이처럼 인간의 이성적인 생각은 우리가 하나님 앞으로 나아가는 데 큰 걸림돌이 될 수 있습니다. 하나님에 대한 우리의 믿음이 인간의 생각과 감정에 결코 제한받아서는 안 됩니다. 예수님은 마르다의 인간적인 생각을 꾸짖었습니다.

> … 내 말이 네가 믿으면 하나님의 영광을 보리라 하지 아니하였느냐 하시니(40절).

예수님이 "왜 내 말을 네가 믿지 않느냐? 왜 나를 의심하느냐?" 하고 추궁하시는 듯한 인상을 받습니다.

드디어 무덤 입구를 막고 있던 돌을 옮겼습니다. 무덤이 열렸습니다. 그때 예수님은 하늘을 향해 감사 기도를 드렸습니다.

> 돌을 옮겨놓으니 예수께서 눈을 들어 우러러보시고 이르시되 아버지여 내 말을 들으신 것을 감사하나이다(41절).

주님은 하나님께 감사 기도를 드리신 이후에 왜 나사로를 살리기 원하시는지 이유를 말씀하셨습니다.

> 항상 내 말을 들으시는 줄을 내가 알았나이다 그러나 이 말씀 하옵는 것은 둘러선 무리를 위함이니 곧 아버지께서 나를 보내신 것을 그들로 믿게 하려 함이니이다(42절).

둘러선 무리가 하나님 아버지께서 예수님을 세상에 보내신 것과, 예수님이 부활이요 생명인 것을 믿게 하시려고 나사로를 살리신다 말씀하십니다. 이어 주님은 기도를 마치자마자 무덤을 향해 큰 소리로 말씀하셨습니다. "나사로야, 나오라!" 정말 기가 막힌 말씀이 아닐 수 없습니다. 상상력이 풍부하다면 그 장면을 한번 그려보고 싶은데, 아무리 잘 그리려고 해도 마치 컵으로 바닷물을 뜨는 것처럼 부족할 따름입니다. 무덤 안에는 "나사로야, 나오라" 하시는 하나님 아들의 음성이 메아리쳤습니다.

잠시 후에 수의를 걸친 나사로가 뚜벅뚜벅 걸어 나왔습니다. 주님은 그 수의를 풀어주어 자유롭게 다니게 하라고 명령하셨습니다. 주님은 나사로에게 생명을 주셨을 뿐 아니라 자유도 주신 것입니다. 그렇습니다. 우리에게 생명과 자유를 주실 수 있는 분은 오직 예수님밖에 없습니다.

예수님은 나사로를 살리심으로써 자신이 부활이요 생명임을 실제적으로 증명하셨으며, 며칠 후에 십자가에서 죽으시고 다시 부활하실 것을 미리 예고하셨습니다. 그리고 더 나아가 세상 끝 날 예수님이 재림하실 때 하늘의 별과 같이 무수한 성도들이 천사의 나팔 소리를 듣고 무덤에서 일어날 것을 가르쳐주셨습니다.

선택된 모델

이런 의미에서 나사로의 부활은 선택된 모델이었습니다. 반복해서 똑같은 모델을 만들 필요가 없습니다. 다시 말하면 제2, 제3의 나사로 사건을 계속 일으킬 필요가 없다는 말입니다. 예수님이 부활이요 생명이라는 것을 전하는 데는 나사로의 부활 하나만으로도 충분합니다.

이제 초등학교에 갓 들어간 아들을 데리고 등산을 하는 아버지를 한번 생각해보십시오. 어린 자녀의 눈에 아버지라는 존재는 언제나 천하에서 제일 크고 힘도 세고 제일 잘난 남자입니다. 아들이 산을 오르는 도중에 제법 큰 돌덩이를 보고 아버지에게 이렇게 말을 건다고 해봅시다. "아버지, 이 돌을 들 수 있어요?" "그래 들 수 있지. 우선 네가 한번 들어봐라." 아들이 젖 먹던 힘까지 다해 들어보려 했지만 돌덩이는 꿈쩍도 하지 않습니다. 아버지가 나섭니다. "아버지는 너보다 힘이 세단다. 얼마나 센지 보여줄까?" 그러고는 그 돌덩이를 들어 멀리 던져버립니다. 그러면 아들은 "우아. 아버지, 정말 힘세네요" 하고 으쓱해합니다. 아버지는 자기가 힘이 세다는 것을 증명하기 위해 그 산에 있는 돌을 다 던질 필요가 없습니다. 돌덩이 하나만 던져도 충분합니다.

예수님 역시 마찬가지입니다. 예수님이 부활이요 생명인 것을 인류에게 전하기 위해서 이 세상에 있는 무덤마다 찾아다니며 죽은 자를 다 일으킬 필요가 없습니다. 나사로 한 사람만 일으켜도 예수님이 부활이요, 생명이시라는 움직일 수 없는 증거를 얻을 수 있기 때문입니다. 우리는 나사로를 다시 살리신 예수님을 통해 영원히 죽음을 보지 아니하는 거룩한 하나님의 백성이 되는 줄 믿습니다.

우리가 예수님을 믿게 되었다는 것이 얼마나 큰 복입니까? 우리가 부활이요 생명이신 주님을 알고 그분의 생명 속에 우리가 감추어져 있다는 것이 얼마나 복입니까?

> 우리 주 예수 그리스도로 말미암아 우리에게 승리를 주시는 하나님께 감사하노니(고전 15:57).

예수님의 승리가 곧 나의 승리요, 예수님의 부활이 곧 나의 부활이요, 예수님의 생명이 곧 나의 생명입니다. 그러므로 예수님을 믿는 사람은 이제 죽음에 질질 끌려다니지 말고 오히려 그 죽음 때문에 하나님께 감사해야 합니다.

석연치 않은 고백

본문에서 조금 어두운 면도 살펴보아야 합니다. 마르다의 신앙에 드리운 일면입니다. 마르다는 믿음이 독실한 사람입니다. 그녀는 베드로와 함께 성경에서 가장 완벽한 신앙고백을 한 사람으로 꼽힐 만큼 믿음이 대단합니다. 23절 이하를 보십시오. 예수님께서 울고 있는 마르다에게 "네 오라비가 다시 살리라"고 말씀하시자 그는 이 말을 대뜸 이렇게 받습니다.

… 마지막 날 부활 때에는 다시 살아날 줄 내가 아나이다(24절).

마르다는 마지막 날 부활을 믿었습니다. 또 예수님께서 "나는 부활이요 생명이니" 하고 말씀하시자 마르다는 "주여 그러하외다 주는 그리스도요 세상에 오시는 하나님의 아들이신 줄 내가 믿나이다" 하고 말했습니다(27절). 이 얼마나 기가 막힌 신앙고백입니까?

그러나 우리는 마르다를 보면서 석연치 않은 구석을 발견합니다. 이렇게 완벽한 신앙고백을 가졌음에도 그 믿음이 오빠를 잃어버리고 슬퍼하는 자신에게 별 도움이 되지 않는 것처럼 보인다는 사실입니다. '이런 신앙 때문에 달라진 것이 뭐가 있나?' 아무리 눈을 씻고 봐도 달라진 면모를 찾을 수 없습니다. 물론 상을 당한 지 일주일이 안 된 마당에 마음이 상하고 슬픔을 가누지 못하는 것은 조금도 이상한 일이 아닙니다. 아무리 믿음이 좋은 사람이라 해도 사랑하는 사람을 죽음에게 빼앗기고 나면 슬픔을 한순간에 다 몰아내지는 못합니다. 아무리 믿음이 특별하다 해도 죽음의 공포 앞에서는 불안을 느끼는 것이 정상입니다. 그게 바로 인간입니다.

그레그라는 목사님이 자기 교회에서 자녀를 잃은 부모들의 슬픔을 조사해서 정리한 글을 읽어보았습니다. 그레그 목사님에 따르면, 자녀를 잃은 슬픔이 얼마나 큰지 불면에 시달리기도 하고, 잠을 자도 피곤이 풀리지 않고, 다른 사람과 대화를 해도 나중에 그 말을 전혀 기억하지 못할 만큼 슬픔에 정신을 빼앗긴다고 합니다. 그런 슬픔이 매우 오래 지속된다고 합니다. 아무리 믿음이 좋아도 그 슬픔이 최소한 2년 이상 간다는 것입니다. 제가 우리 교회 성도들을 볼 때도 그분의 분석이 사실인 것 같습니다.

어떤 면에서 슬픔은 하나님께서 사람에게만 주신 특별한 감정이라 할 수 있습니다. 가끔 '동물의 왕국'이라는 텔레비전 프로그램을 보면 평화롭게 풀을 뜯는 얼룩말 떼에 사자가 덤벼들어 그 가운데서 한 놈을 잡는 장면이 나옵니다. 그러면 다른 놈들은 다 도망가버립니다. 그런데 한 놈을 잡으면 사자가 더 이상 추격을 안 하니까 얼룩말들도 조금 도망가다가 그냥 멈추어 섭니다. 자기 동료 하나가 사자 밥이 되어 피를 흘리며 죽었는데도, 언제 그런 일이 있었냐는 듯 꼬리를 치면서 풀을 뜯으며 자기들끼리 장난을 합니다. 얼룩말에게는 슬픔이라는 것이 없습니다. 슬픔은 하나님께서 인간에게만 주셨습니다.

저는 하나님께서 왜 우리 인간에게 슬픔을 주셨는지 잘 모릅니다. 그러나 분명한 것은 슬픔은 불에 데인 살갗과 같다는 것입니다. 불에 한번 데이면 아무리 좋은 약을 발라도 한동안은 쓰리고, 아프고, 고통스럽지 않습니까? 통증은 시간이 지나야 가라앉습니다. 슬픔도 마찬가지입니다. 아무리 믿음이 좋아도 믿음이라는 약을 가지고 슬픔을 금방 씻어낼 수는 없습니다.

멀리 있는 진리는 믿지만

이 사실을 충분히 인정한다 해도 마르다를 보면서 깊이 생각해야 하는 문제가 있습니다. 마르다는 멀리 있는 진리를 믿는 데는 조금도 주저하지 않습니다. "주여 마지막 날에 살아날 줄을 믿습니다." 그는 그때가 언제일지 몰라도 마지막 날의 진리를 믿고 있습니다. 그때에는 모든 성도들이 부활할 것이고, 자기 오빠도 살아날 것이라는, 멀리 있는 진리를 믿는 것입니다. 그러나 "네 오라버니가 살리라"는, 가까이에서 주님이 하신 말씀은 믿지 못했습니다. 당장 적용되어 그 결과가 눈앞에 드러나야 되는 문제이기 때문에 믿기가 쉽지 않은 것입니다.

마르다는 고백적인 진리는 의심하지 않습니다. 고백적인 진리가 무엇입니까? 주님이 그리스도시요, 살아 계신 하나님의 아들이시라는 진리입니다. 그는 이 사실을 틀림없이 믿습니다. 그러나 실제적인 진리는 받아들이지 못합니다. "나는 부활이요 생명이라"고 하시는 주님의 말씀은 받아들이지 못하는 것입니다. 왜냐하면 이 진리를 받아들이면 당장 죽은 자기 오빠에게서 예수 그리스도의 부활과 생명을 체험해야 하는 부담이 있기 때문입니다.

마르다의 경우 얼마나 유리한 입장에 있습니까? 예수님이 자기 앞에 서 계십니다. 사람이 되신 하나님을 인격 대 인격으로 만나고 있습니다. 그리고 그 하나님으로부터 직접 "나는 부활이요 생명이라"는 말씀과 "네 오라비가 살리라"는 말씀을 들었습니다. 따라서 주님의 말씀은 먼 훗날의 진리일 수 없습니다. 당장 효력을 나타낼 수 있는 진리입니다. 그러므로 "주여, 옳습니다. 내가 믿습니다" 하고 주님께 전적으로 믿음을 의탁했더라면 나사로가 살아난 이후에 느낀 기쁨과 감격을 나사로가 살아나기 이전에 벌써 체험할 수 있었을 것입니다. 마음을 짓누르는 슬픔이 말끔히 사라졌을 것입니다. 무어라고 말로 표현할 수 없는 하늘의 평화가 그의 마음을 고요히 감싸는 것을 느꼈을 것입니다.

하지만 마르다에게서는 이러한 변화를 찾아볼 수 없습니다. 마르다는 예수님을 지금 나에게 일어난 일에 도움을 줄 수 있는 하나님의 아들로, 부활로, 생명으로 받아들이지 못했습니다.

우리에게는 그와 비슷한 신앙의 음지가 없습니까? 마르다처럼 "마지막 날 주님이 재림하시면 모든 성도가 부활할 것이다"라는, 멀리 있는 진리는 잘 믿으면서 가까이 있는 진리는 좀처럼 믿으려 들지 않는 절름발이 믿음을 가지고 있지 않습니까? "전능하사 천지를 만드신 하나님 아버지를 내가 믿사오며" 하고 교리적인 진리는 주저 없이 고백하면서, 천지를 만드신 하나님께서 지금 당장 나에게 창조의 능력으로 역사하실 수 있다는 사실은 의심하지 않습니까? 이는 우리 모두가 가지기 쉬운 약한 부분이라고 생각합니다.

물론 어떤 사람은 '그래도 마르다는 주님에게서 직접 그 말씀을 듣기라도 했지' 하며 변명하려 들지도 모릅니다. 그러나 사람이 되신 하나님을 만난 마르다와, 부활이요 생명이신 예수 그리스도를 안에 모시고 있는 우리 둘 중 누가 더 유리한 입장에 있다고 생각합니까? 오히려 더 유리한 것은 마르다가 아니라 지금 예수 그리스도를 모시고 있는 우리입니다. 그러므로 이 부활의 능력과 생명의 능력은 멀리 있는 남의 일이 아닙니다. 지금 당장 우리 안에서 일어나는 일이요, 가장 가까이 존재하는 하나님의 기적이요, 하나님의 역사입니다. 그러므로 이 능력은 우리가 매일 체험할 수 있는 하나님의 은혜요, 하나님의 존재 그 자체입니다.

그런데도 우리는 현실 문제에 부딪히면 "나는 부활이요 생명이라"고 하시는 주님의 말씀을 들어도 쉽게 은혜를 받지 못합니다. 죽음에 대해서도 예수님이 나의 부활이요 생명이 되신다고 고백하는 신자다운 태도를 취하지 못하고, 세상 사람들처럼 반응합니다. 본능의 반응이 믿음의 반응을 삼키는 것입니다.

신앙생활을 한다는 사람들 중에 죽음에서 자유하기는 고사하고, 죽음의 노예가 되어 질질 끌려다니는 사람들을 많이 봅니다. 물론 우리는 연약한 인간이므로 죽음을 의식하지 않을 수 없습니다. 의식하는 것 자체는 잘못이 아닙니다. 그러나 그 의식에 끌려다니는 것은 비극이 아닐 수 없습니다. 우리는 이미 부활이요 생명이신 주님의 손에 붙들린 자유인입니다. 그러므로 죽음에 대해서도 자유로워야 합니다. 슬픔을 당해도 자유인으로서 슬퍼해야 하고, 죽음의 실체 앞에 공포를 느낄 수는 있지만 자유인으로서 그 공포를 처리해야 합니다. 우리가 그렇게 하지 못하고 여전히 죽음에 끌려다니는 이유는 다른 데 있지 않습니다. 마르다처럼 부활이요 생명이신 주님이 실제로 나에게 어떤 은혜를 주시는가를 잘 모르기 때문입니다.

**날마다 죽지만
날마다 부활하는**

우리는 바울 사도의 생활 태도를 모범으로 삼아야 합니다. 고린도전서 15장 31절에서 바울은 참으로 기가 막힌 고백을 했습니다. "나는 날마다 죽노라." 바울의 생활은 매일 매

순간이 죽음과의 대결이었습니다. 삶이 얼마나 힘든지, 사는 일이 죽는 일과 같다고 말합니다. 목숨을 잃는 것만 죽음입니까? 아닙니다. 목숨을 잃는 것보다 더 지독한 죽음이 있습니다. 이 세상을 살면서 살고 싶지 않을 정도로 시달리고 고통받는 것입니다. 우리 역시 "날마다 죽는다"는 바울의 말이 마음에 그대로 와닿을 때가 있지 않습니까? 인생은 죽음과의 대결입니다. 그리고 그 죽음을 경험하는 것이 매일의 삶입니다.

우리는 "날마다 죽는다"는 바울의 고백에서 한 가지 중요한 진리를 생각해보아야 합니다. 날마다 죽기 위해서는 날마다 부활해야 합니다. 한 번 죽고 끝나면 '날마다'라는 말을 쓸 수가 없습니다. 사실 우리 인생은 한 번 죽으면 그걸로 끝나는 게 아닙니까? 그런데 사람이 어떻게 '날마다' 죽을 수 있겠습니까? 바울은 이 '날마다'라는 표현을 통해 예수님의 생명과 부활의 능력을 우리에게 전합니다. "내가 날마다 죽는다"는 말은 "내가 날마다 산다. 날마다 부활한다"는 말과 같습니다. 매일 죽음의 위기를 당하지만 그때마다 부활이요 생명이신 예수님이 주시는 능력을 체험하면서 산다는 말입니다.

바울은 이와 같은 사실을 고린도후서 4장 8절 이하에서 생생하게 묘사합니다. 이것은 바울의 체험적인 고백입니다.《현대어성경》을 보면 좀 더 실감이 납니다. "우리는 사면에서 닥치는 고통에 짓눌리지만, 움츠러들지도 쓰러지지도 않습니다. 너무나 어처구니없는 일에 당황할 때도 있지만 절망하거나 자포자기하지 않습니다. 우리가 박해를 받을 때도 하나님께서는 결코 우리를 버리지 아니하셨습니다. 우리는 얻어맞고 넘어져도 다시 일어나서 달려 나갑니다. 우리 몸은 예수님께서 그러하셨던 것처럼 부단히 죽음에 직면하고 있습니다. 그러나 분명한 것은 생명이신 그리스도께서 우리 속에 살아 계시다는 사실입니다. 예수님의 생명이 우리 죽을 육체를 통해서 증거되고 있으며 나타나고 있으며 체험되고 있습니다."

이 얼마나 멋있는 고백입니까? 날마다 죽는 체험을 하고 더 나아가 날마다 부활하게 하시는 하나님의 능력을 맛볼 수 있다면, 우리 모습이 얼마나 달라지겠습니까? 죽음에 대해서도 우리가 얼마나 당당할 수 있겠습니까? 이 시간 당신에게 이와 같은 은혜가 있는지 스스로 돌이켜보기 바랍니다.

한 형제가 예배 시간에 간증을 했습니다. 그는 학원을 차려 꿈을 가지고 일했지만 여러 가지 고통이 몰려왔습니다. 하나님 앞에 매달려도 응답이 없어 괴로웠습니다. 저는 그 간증을 들으면서 '야, 저 형제는 날마다 죽는구나' 하고 생각했습니다. 그러나 그런 삶을 사는 사람이 어디 그 형제뿐이겠습니까? 날마다 죽어야 하는 고통스러운 삶을 사는 사람은 한둘이 아닐 것입니다. 그렇다면 죽음에 당신이 반응하는 태도는 세상 사람들과 분명 달라야 합니다. 부활이요 생명이신 주님을 모시고 산다면 날마다 죽는 그 체험 속에 뭔가 다른 점이 있어야 합니다.

폴 투르니에는 스위스의 정신의학자요, 유명한 저술가입니다. 그가 쓴 신앙 간증집 《귀를 핥으시는 하나님》(*A Listening Ear*, 비전북 역간) 중에 이런 내용이 있었습니다. 그와 그의 아내는 금슬 좋은 부부로 소문났는데, 한번은 그리스에 휴가를 갔다가 아내가 갑자기 심장마비를 일으켜 세상을 떠났습니다. 죽기 직전 아내는 평화로운 미소를 지으며 남편을 쳐다보았습니다. 그러고는 이렇게 말했습니다. "여보, 오늘 천국에 도착해서 먼저 가 계신 시부모님을 만나면 정말 즐거울 것 같아요."

그 말에 투르니에 박사는 굉장한 감동을 받았습니다. 그는 아내가 죽음을 마치 기차를 타고 제네바에 다시 돌아가는 것처럼, 사랑하는 가족을 재회하는 것처럼 태연하게 받아들이는 것을 보고 '부활이요 생명이신' 예수님을 새롭게 체험할 수 있었다고 합니다. 아내를 떠나보낸 후에 그의 믿음은 점점 더 강해졌습니다. 부활이요 생명이신 주님에 대한 믿음이 강해질수록 그는 근심과 걱정에서 해방되는 놀라운 자유를 체험할 수 있었습니다. 그는 이렇게 말했습니다. "나는 아내와 육체적으로만 결혼한 부부였던 것이 아니라 아내의 소망과 믿음 속에 한 몸이 되어 있었음을 알게 되었다." 부부들 가운데 이와 같이 고백하는 사람이 많기를 바랍니다.

돌을 옮겨놓아라

이제 말씀을 정리해봅시다. 마르다와 같이 그늘진 믿음으로는 이 세상을 살지 못합니다. 먼 훗날 부활하리라는 믿음만을 가지고는 날마다 죽어야 하는 현실에서 다시 살 수 없습니다. 날마다 죽어야 하는 이 세상에서 날마다 부활하는 능력을 체험하기 위해서는 부활이요, 생명이신 주님이 내 안에 살아 계시며 역사하셔야 합니다. 그래서 바울이 고백한 것처럼 쓰러져도 다시 일어나고, 절망해도 다시 소망을 가지고, 사람들이 보기에 소망이 없는 것처럼 보이는 위기를 만나도 다시 털고 일어나는 능력을 체험해야 합니다.

그러기 위해서는 반드시 해야 할 일이 한 가지 있습니다. 마음의 돌을 옮겨놓는 것입니다. 예수님은 나사로를 살리기에 앞서 돌을 옮겨놓도록 명령하셨습니다. 예수님 자신이 직접 그 돌을 옮겨주시지 않았습니다. 왜냐하면 나사로를 살리는 것은 하나님만이 하실 수 있는 일이지만, 돌을 옮기는 것은 사람들도 할 수 있는 일이기 때문입니다. 날마다 죽는 우리를 날마다 살게 하시는 이는 하나님이시지만 돌 옮기기는 우리 몫입니다.

당신의 심령을 무덤처럼 만드는 돌은 무엇입니까? 불신앙입니까? 아니면 마르다처럼 따지는 신앙입니까? 무엇이 당신의 돌입니까? 이 돌이 가로막은 이상 "나사로야 나오라" 하시는 주의 음성을 들을 수 없습니다. 죽은 자가 부활하는 생명을 체험할 수 없습니다. 예수님을 알지 못하는 무지입니까? 그 돌을 빨리 옮기십시오. 아직도 예수님의 말씀을 자기에게 유리한 것만 선택하여 믿는 신앙 수준에 머물러 있습니까? 그 돌도 옮기길 바랍니다. 교회에 나와서 예배는 드리지만 마음이 전혀 열리지 않아 딴생각만 하다가 돌아갑니까? 세속적인 생각의 돌을 옮기십시오. 그 돌을 옮길 때 주님이 드디어 당신의 심령을 향해 "나사로야 나오라"고 외치십니다. 그때 내 안에 다시 부활하는 생명의 기적이 일어납니다.

사랑하는 자를 먼저 보내고 아직도 슬픔에 짓눌려 괴로우십니까? 돌을 옮겨놓으십시오. 부활이요 주님이신 예수 그리스도를 바라보십시오. "나사로야 나오라!" 하시는 주님의 음성이 들릴 것입니다. 그 음성을 들으면 당신의 마음속에 있는 슬픔이 문을 열고 나가버릴 것입니다.

언제 죽을지 몰라 공포에 떨고 있습니까? 혹시라도 병에 걸리지는 않을까 하고 항상 불안에 떨고 있습니까? 당신은 죽음의 노예입니다. 예수님을 믿는 사람은 그와 같은 노예 생활을 하면 안 됩니다. 무엇이 당신을 그렇게 떨게 만듭니까? 약한 믿음입니까? 그 돌을 빨리 옮겨버리십시오. 그러면 "나사로야 나오라!" 하시는 주님의 음성을 똑똑히 들을 수 있습니다. 그 음성을 듣는 순간 당신 마음속에 있던 공포가 모두 사라질 것입니다.

부활이요 생명이신 예수님은 오늘도 험한 세상을 살아가는 우리에게 매일매일 체험되는 부활이 되기 위해서, 매일매일 체험되는 생명이 되기 위해서 우리 가운데 계십니다. 이 예수 그리스도를 당신의 마음에 모셔들이십시오. 그리고 그분과 함께 인생을 사십시오. 그럴 때, 날마다 죽지만 동시에 날마다 사는 부활의 능력이 당신 삶에 충만할 것입니다.

38

사랑의 헌신

요한복음 12장 1-11절

1 유월절 엿새 전에 예수께서 베다니에 이르시니 이곳은 예수께서 죽은 자 가운데서 살리신 나사로가 있는 곳이라 2 거기서 예수를 위하여 잔치할새 마르다는 일을 하고 나사로는 예수와 함께 앉은 자 중에 있더라 3 마리아는 지극히 비싼 향유 곧 순전한 나드 한 근을 가져다가 예수의 발에 붓고 자기 머리털로 그의 발을 닦으니 향유 냄새가 집에 가득하더라 4 제자 중 하나로서 예수를 잡아줄 가룟 유다가 말하되 5 이 향유를 어찌하여 삼백 데나리온에 팔아 가난한 자들에게 주지 아니하였느냐 하니 6 이렇게 말함은 가난한 자들을 생각함이 아니요 그는 도둑이라 돈궤를 맡고 거기 넣는 것을 훔쳐 감이러라 7 예수께서 이르시되 그를 가만두어 나의 장례할 날을 위하여 그것을 간직하게 하라 8 가난한 자들은 항상 너희와 함께 있거니와 나는 항상 있지 아니하리라 하시니라 9 유대인의 큰 무리가 예수께서 여기 계신 줄을 알고 오니 이는 예수만 보기 위함이 아니요 죽은 자 가운데서 살리신 나사로도 보려 함이러라 10 대제사장들이 나사로까지 죽이려고 모의하니 11 나사로 때문에 많은 유대인이 가서 예수를 믿음이러라

성경에는 우리에게 깊은 감동을 주는 '한 주간 이루어진 사건' 몇 가지가 기록되어 있습니다. 신약성경과 구약성경에서 중요한 것 한 가지씩만 말해본다면, 창세기 1장에 나오는 창조의 한 주간과 요한복음 12장 이하에 나오는 수난주간을 들 수 있습니다.

창세기 1장에는 하나님께서 일주일 동안 천지 만물을 창조하신, 우리의 이해를 뛰어넘는 장엄한 스케일의 이야기가 나옵니다. 이 말씀을 읽을 때마다 창조의 웅장함을 보며 황홀함으로 가슴이 벅차오릅니다. 한편, 요한복음 12장 이하에는 예수님이 수난을 당하신 한 주간의 이야기가 기록되어 있습니다. 본문 1절에 "유월절 엿새 전에"라는 말이 나옵니다. 이날부터 시작해 돌아오는 금요일까지 6일간의 사건을 집중적으로 다룹니다. 하나님의 아들이 세상 죄를 지고 골고다로 향하는 멀고도 험한 고난의 여정이지요.

이 한 주간 예수님께서 행하신 일과 예수님이 우리에게 주신 복음이 얼마나 소중한지요! 사도 요한은 자기가 쓰는 요한복음 전체 분량 가운데 거의 2분의 1을 할애해서 이 한 주간 있었던 일을 다루었습니다. 예수님께서 사역하신 3년의 90퍼센트에 해당하는 기간에 있었던 일을 기록할 때 열한 장을 할애한 것과 비교해보면, 그가 마지막 한 주간을 얼마나 중요하게 여겼는지 가늠하기에 충분합니다. 마태와 마가, 누가 역시 자기들이 쓴 복음서의 30퍼센트 이상을 이 마지막 한 주간 있었던 사건을 다루는 데 할애했다는 것도 주목해야 합니다.

왜 복음서 기자들이 하나같이 이 한 주간을 강조하는 것일까요? 우리가 구원받는 결정적인 진리가 이 한 주간 안에 다 들어 있기 때문입니다. 그러므로 우리는 본문에서 전개되는 말씀 앞에 좀 더 진지하고 겸손해야 합니다. 교회에 출석한 지 오래되지 않은 분들은 본문을 이해하기가 좀 어렵겠지만, 귀를 열어서 주의 깊게 들으면 하나님께서 은혜를 주실 것입니다. 이미 수년간 신앙생활을 해오신 분들은 나름대로 성경도 많이 읽고, 설교도 많이 들었습니다. 그래서 이 본문을 읽으며 '아, 무슨 설교를 하겠구나. 대충 이런 내용을 얘기하겠지?' 하고 감을 잡으셨으리라 봅니다. 왜냐하면 본문이 담고 있는 메시지가 워낙 명료하고 단순하다 보니 백 명의 설교자가 서서 설교한다 해도 대동소이한 내용을 말할 수밖에 없으니까요. 저도 마찬가지입니다. 그러므로 중요한 것은 이 본문의 내용을 얼마나 깊이 설명하느냐가 아니라 이 말씀이 주는 메시지를 어떻게 나와 연관시켜서 깊이 생각하느냐입니다.

그런 의미에서 저는 계속 되새김질하면서 물어야 할 세 가지 질문을 하고 싶습니다. 먼저는, '내가 예수님을 사랑하는가?' 둘째는, '내가 예수님을 사랑한다면 그 사랑을 어떻게 표현하고 있는가?' 셋째는, '내 사랑의 표현은 헌신적인가?'입니다. 이 세 가지 질문을 마음에 두고, 묻고 답하면서 말씀에 귀 기울이면 성령께서 하나님의 음성을 들려주시리라 믿습니다.

용기 있는 헌신

오늘 본문에는 나사로와 마르다와 마리아가 등장합니다. 그들은 베다니에서 예수님을 모시고 잔치를 벌였습니다. 마태복음 26장 6절 이하에도 똑같은 내용을 기록했는데, 거기 보면 잔치가 벌어진 장소는 나사로의 집이 아니라 시몬이라는 사람의 집입니다. 그는 아마 한때 나병환자였는데 예수님을 만나서 기적적으로 치유되고 예수님의 은혜에 특별히 감격한 사람이었던 것 같습니다. 아무튼 이 넷은 당시 상황을 고려해볼 때 참으로 용기 있는 사람들입니다.

요한복음 9장 22절에서 알 수 있듯이 당시는 누구든지 예수님 편에 서서 예수님을 하나님의 아들이라고 말했다가는 사회에서 완전히 매장당하는 살벌한 분위기였습니다. 사람이 사회로부터 매장되어 외톨이가 되는 것만큼 무서운 일은 없습니다. 직접 당해본 적은 없지만 그 비참함은 충분히 상상할 수 있습니다.

이와 같은 상황을 고려한다면 예수님이 베다니에 와 계시는 이 기간에 예수님 편에 선다는 것은 웬만한 용기가 아니고는 못할 일입니다. 그러나 나사로와 마르다와 마리아, 시몬은 그런 위협에도 아랑곳하지 않고 예수님을 위해 잔치를 벌였습니다. 주님께 받은 은혜가 너무 감사해서 세상이 뭐라고 하든지, 자신들을 따돌리든지, 욕을 하든지 상관하지 않고 주님께 감사를 표했습니다. 이것을 보고 유대인들이 가만히 넘어갈 리 없습니다. 본문 10절을 보면 이 일 이후로 유대인들은 이제 나사로까지도 죽이려고 계획을 세웁니다.

여기서 꼭 한 가지를 짚고 넘어가야 합니다. 예수님이 원하시는 사람은, 예수님을 위해서라면 자기 목숨이라도 걸고 헌신하려는 용기 있는 사람들이라는 것입니다. 주님은 이런 사람을 일컬어 '제자'

라고 말씀하십니다. 주님은 자신을 만난 사람들에게 "생명을 걸고 나를 따르라"고 말씀하십니다. 주님이 왜 이런 사람들을 원하셨을까요? 이 세상을 변화시키고 구원하기 위해서는 다른 길이 없다는 사실을 분명히 아셨기 때문입니다.

세상을 변화시키고 구원하는 것은 방법론의 문제가 아니라 사람의 문제입니다. 인간은 방법을 구하지만 하나님은 사람을 구하십니다. 용기 있게 자기를 주님 앞에 드려 헌신하는 제자를 원하십니다. 그래서 주님은 세상을 떠나가시면서도 "너희는 가서 모든 민족을 제자로 삼으라"(마 28:19)고 명령하셨습니다. 주님이 찾으시는 제자는 교회만 왔다 갔다 하는 사람이 아닙니다. 예수님을 믿는다고 말로만 고백하는 사람이 아닙니다. 세상으로부터 완전히 버림을 당할지라도 용기 있게 예수님만 따라가고, 예수님을 위해서 헌신하겠다는 제자를 원하십니다.

헌신의 세 가지 모델

본문에 등장하는 인물들은 예수님께 헌신하는 사람의 세 가지 모델을 보여줍니다. 먼저 마르다를 살펴봅시다. 그는 예수님을 초대했습니다. 제자들까지 합하면 20명 내외였으니 아무리 적당하게 대접하더라도 특별한 연회를 준비했다면 뒤에서 많은 수고를 했을 것입니다. 본문을 보면 마르다는 언제나 부엌에서 일을 하고 있습니다. 어떻게 보면 참 매력적인 여성입니다. 저는 이런 여성을 좋아합니다. 팔을 걷어붙이고, 남이 보든 안 보든 신나게 이리 뛰고 저리 뛰며 봉사하는 여성들을 보면 왠지 모르게 기분이 좋아집니다. 마르다는 주님을 위해 몸으로 헌신하는 전형적인 인물입니다. 우리 주변에서도 시간과 정력을 쏟아 자기 몸이 지쳐 쓰러질 때까지 봉사하는 사람들이 있습니다. 이들은 마르다형의 헌신자입니다.

둘째로는, 나사로입니다. 그는 예수님 덕분에 죽었다가 살아났습니다. 따라서 그는 가만히 앉아 있기만 해도 사람들에게 자신을 살려주신 예수님을 증언하는 것과 같습니다. 말 한마디 안 해도 사람들은 그를 보고 예수님을 생각할 테니까요.

우리 가운데도 나사로와 같은 헌신자들이 많은데, 예배 때 간증했던 어느 형제가 좋은 예가 될 것 같아 소개합니다. 그는 꽤 유명한 만화가인데 술독에 빠져 지내다가 어떻게 예수님을 믿고 술에서 해방되었는지 은혜로운 간증을 들려주었습니다. 사실 그처럼 폐인이 되다시피 했다가 중도에 예수님을 믿고 인생을 새롭게 시작한 사람들은, 회사에 가든 어디를 가든 가만히 앉아 있기만 하면 됩니다. 그의 술친구였던 사람들이 달라진 그를 보며 누구를 생각하겠습니까? 예수님을 생각하겠지요. 그런 점에서 이렇게 극적으로 예수님을 믿고 돌아오는 일도 필요한 것 같습니다. 저처럼 삼사 대째 믿는 집안 출신은 대개 극적인 변화의 스토리가 없기 때문에 도대체 할 말이 없어서 재미가 없는데, 나사로와 같은 유형의 헌신자는 가만히 있기만 해도 사람들이 예수님의 은혜를 생각하게 합니다.

마지막으로 마리아입니다. 마리아는 자기가 애지중지하던 값비싼 향유 옥합을 가지고 와서 예수님의 발에 붓고, 자기 머리털로 발을 닦았습니다. 참으로 독특한 헌신이 아닐 수 없습니다.

주님의 마음을 읽은 마리아

이 세 가지 유형의 헌신을 놓고 어느 것이 더 좋고, 덜 좋으냐를 판단해서는 안 됩니다. 어떤 형태든 주님께 드려지는 헌신이기 때문에 아름답고 가치가 있습니다. 그럼에도 여기서는 마리아의 헌신이 특별히 우리의 시선을 사로잡는 것은 사실입니다. 마리아가 한 일은 우리의 관심을 끌고도 남습니다. 도대체 그 이유가 무엇일까요? 아마도 마리아의 헌신에 대해 예수님이 내리신 평가 때문일 것입니다.

마태복음 26장 6절 이하와 본문을 나란히 놓고 보면 예수님이 유독 마리아의 행동만 짚어서 말씀하신다는 사실을 발견할 수 있습니다. 주님은 마리아가 향유를 자기에게 부은 일에 대해서 "그가 내게 좋은 일을 하였느니라"(마 26:10) 하고 말씀하셨습니다. "그 일은 아름다운 일이다. 나에게 기쁨과 만족을 주는 일이다"라는 뜻입니다. 주님은 그녀의 헌신을 매우 흡족해하셨습니다.

더 나아가 예수님은 그녀의 행동을 자신의 죽음을 위한 것으로 해석하셨습니다. "이 여자가 내 몸에 이 향유를 부은 것은 내 장례를 위하여 함이니라"(마 26:12). 마리아가 장차 있을 장례식을 위해 향유를 주님의 발에 부었다는 이야기입니다. 주님은 마리아의 행위에서 마리아가 자신의 고난에 동참하려는 심정을 가지고 있다고 읽으신 것입니다.

당시 예수님은 며칠 후면 져야 할 십자가를 기다리며 내면의 불안과 공포를 고스란히 겪고 계셨습니다. "지금 내 마음이 괴로우니 무슨 말을 하리요 아버지여 나를 구원하여 이때를 면하게 하여 주옵소서 그러나 내가 이를 위하여 이때에 왔나이다"(요 12:27).

예수님의 고민과 갈등을 그대로 읽을 수 있는 말씀입니다. 마리아는 예수님의 그런 심정을 읽었습니다. 그래서 몸은 잔치 자리에 와 계시지만, 심령으로는 몹시 고통스러워하시는 주님께 조금이라도 위로가 되고 싶어 귀한 향유를 드렸습니다.

마리아는 어떻게 예수님의 마음을 이렇게 잘 읽을 수 있었을까요? 정확히는 모르지만 본문에서 한 가지 힌트를 얻을 수 있습니다. 마르다는 예수님이 오실 때마다 항상 부엌에 있었지만, 마리아는 항상 예수님 발 앞에 앉아 있었습니다. 손님이 오면 대접도 좀 해야 하는데 마리아는 예수님 발 앞에 앉아서 이야기만 들었습니다. 유대에서 '발 앞에 앉는다'는 것은 배우는 자세를 의미합니다. 마리아가 예수님 발 앞에 앉아서 무엇을 기대했겠습니까? 예수님의 입에서 나오는 생명의 말씀을 듣고 싶었을 것입니다. 주님도 그런 마리아를 보시고 마음에 있는 이야기를 많이 하셨을 테지요. 하나님의 사랑을 이야기하고, 십자가의 죽음을 이야기했을 것입니다. 어쩌면 예수님이 마음에 갖고 있는 인간적인 감정을 마리아에게 털어놓았을지도 모릅니다. 마리아는 주님의 말씀을 이처럼 많이 들었기에 그만큼 주님의 마음을 쉽게 이해할 수 있었습니다.

예수님은 마리아의 그런 심정을 아시고 큰 상을 약속하셨습니다. 마태복음 26장 13절을 보십시오. "내가 진실로 너희에게 이르노니 온 천하에 어디서든지 이 복음이 전파되는 곳에서는 이 여자가 행한 일도 말하여 그를 기억하리라." 이 말씀대로 그녀가 죽은 지 벌써 1,900년이 훨씬 지났는데도 오늘 우리가 마리아의 헌신을 생각하며 다시 한번 은혜를 받고 있지 않습니까? 이는 마리아에게 큰 영예가 됩니다. 주님께서 마리아에게 큰 상을 주신 것입니다.

사랑은 값을 따지지 않는다

이 모든 말씀을 종합해보면, 마리아가 옥합을 깨뜨려 주님의 머리와 발에 부었던 헌신은 부엌에서 열심히 식사 준비를 했던 마르다의 헌신이나 예수님 곁에 앉아 자기를 다시 살려주신 하나님의 은혜를 증언하는 나사로의 헌신과는 분명 다른 점이 있었습니다.

어찌하여 마리아의 헌신이 특별히 다르게 보였을까요? 값비싼 향유 옥합 때문일까요? 물론 그것도 부분적인 이유가 될 수 있습니다. 그러나 저는 마리아의 헌신이 돋보인 가장 주된 이유는 사랑이라고 말하고 싶습니다. 마리아의 행동에는 향유보다 더 진한 향기를 발하는 사랑이 배어 있었습니다. 사랑하기 때문에 억누를 수 없어 그렇게 행동한 것입니다. 사랑은 입으로 말하지 않고 행동으로 말합니다. 마리아의 행동은 사랑에서 우러난 것이었습니다.

사랑으로 하는 헌신은 무언가 다릅니다. 저는 마리아의 헌신에서 다음과 같은 세 가지 독특한 면을 발견할 수 있다고 봅니다.

첫째로, 사랑으로 하는 헌신이기 때문에 마리아는 주님께 최고의 것을 드렸습니다. 진정으로 사랑하면 상대방에게 최고의 것을 줍니다. 마리아는 자신이 소중하게 간직하고 있던 향유 옥합을 깨뜨려 예수님의 머리와 발에 부었습니다. 그 향유는 가룟 유다의 계산대로라면 300데나리온, 곧 노동자가 일 년 동안 수고해서 벌 수 있는 금액에 해당하는 엄청난 것이었습니다. 그녀는 그것을 주님께 부어 드렸습니다. 왜 그랬을까요? 사랑은 값을 묻지 않습니다. 사랑은 계산하지 않습니다. 사랑은 다 주는 것입니다. 값을 따진다면 그것은 사랑의 행위라고 할 수 없습니다.

사랑하는 남녀가 있습니다. 결혼할 날짜까지 정해놓은 두 사람은 함께 백화점에 갔습니다. 서로가 사랑하니까 좋은 것을 사주고 싶지 않았겠습니까? 예비 신부는 잔뜩 기대에 부풀어서 따라다니는데 이 남자가 집는 물건마다 가격을 보더니 "야, 너무 비싸다. 좀 더 싼 데 가보자" 하면서 이리저리 끌고 다녔습니다. 결국 이 일이 화근이 되어서 두 사람은 헤어지고 말았습니다. 물론 돈을 아끼는 것은 좋습니다. 하지만 그럴 때는 차라리 값을 묻지 말든지, 돈이 모자라 비싼 것을 사줄 수 없으면 아예 저렴한 물건을 파는 곳으로 가든지 해야지, 괜히 값을 따지면서 이리저리 끌고 다니니 결혼에 대한 꿈에 부풀어 있던 예비 신부가 얼마나 마음이 상했겠습니까? 사랑이란 원래 값을 묻지 않는 것입니다.

그리고 사랑은 항상 미안한 마음을 가지고 있습니다. 더 주지 못해서 미안하고, 더 잘해주지 못해 미안해합니다. 젊어서 연애할 때 다 경험해보지 않았습니까? 그때 심정이 어땠습니까? 뭐든지 다 주고 싶고, 더 주지 못해서 안타까워했던 심정을 경험했을 것입니다. 바로 그것이 사랑입니다. 마리아의 심정이 그랬던 것 같습니다. 예수님께라면 너무 비싸서 드리지 못할 것이 없다고 여겼습니다.

예수님은 우리를 사랑해서 자기의 모든 것을 주셨습니다. 하늘 보좌의 영광도 내놓으셨습니다. 생명도 아끼지 않으셨습니다. 그러므로 우리가 정말 주님을 사랑한다면 최고를 드릴 수밖에 없습니다. 값을 따지지 않고 아낌없이 주는 것이 사랑이기 때문입니다.

하나님은 이렇게 말씀하셨습니다. "네가 나를 사랑하고 싶으냐? 네가 정말 나를 사랑하고 싶으냐? 그러면 이렇게 사랑해라. 네 마음을 다하고, 목숨을 다하고, 힘을 다하고, 뜻을 다하여 나를 사랑해라." 한마디로 말해, 자신이 가진 최고의 것을 하나님께 바치라는 말입니다. 그래야만 하나님이 받으신다고 말씀하셨습니다. 하나님은 우리가 가진 것 가운데 최고를 받을 만한 자격이 충분히 있으신 분입니다. 그 자신이 우리를 위해 모든 것, 최고의 것, 완전한 것을 다 주셨기 때문입니다. 그렇기에 우리에게 모든 것을 요구하시면서도 조금도 미안하게 생각하지 않으십니다. 이런 의미에서 마리아의 행동은 조금도 이상하지 않습니다.

최고의 헌신, 최고의 행복

어느 선교사의 글을 읽고 무척 충격을 받은 일이 있습니다. 오래전에 인도에서 선교 사역을 하시던 미국 목사님 한 분이 어느 날 갠지스 강가로 나갔다고 합니다. 강가에 나가보니 한 여인이 두 아들을 데리고 강둑으로 걸어가고 있었습니다. 인도에서 오랫동안 선교 사역을 한 목사님은 무엇인가를 직감적으로 느꼈습니다. '아, 저 여자가 두 아이 중 하나, 아니면 둘 다 갠지스강에 빠뜨려 신에게 제사를 드리려고 하는구나.' 그래서 그는 부리나케 달려가서 그 부인을 붙들고 "제발 그런 미련한 짓을 하지 마시오. 그건 아무 쓸데없는 일입니다. 왜 아이를 희생시키려고 합니까?" 하고 간곡히 만류했습니다. 그러나 그 여인은 완강했습니다. 한 아이는 멋지게 생겼고, 또 한 아이는 몸이 불구인 데다가 시각장애인이었습니다. 여인에게 아무리 설득을 해도 소용이 없음을 깨닫고 선교사는 발길을 돌렸습니다.

한참 뒤 아무래도 마음을 잡을 수 없어 또 강가로 나갔는데 아까 그 여인이 강둑에서 걸어오고 있었습니다. 안타깝게도 아이는 한 명뿐이었습니다. 가까이 가서 보았더니 시각장애인 아이만 데리고 있었습니다. 너무 놀라서 "아니, 신에게 바치려면 눈이 멀고 장애가 있어 인생을 살아가기가 어려운 이 아이를 바칠 것이지 왜 아픈 곳이 없는 아이를 바치셨나요?" 하고 물었습니다. 그랬더니 여인은 정색을 하며 대답했다고 합니다.

"선생님, 미국에서는 어떤 신을 믿는지 모르지만 여기 인도에서 섬기는 신은 우리가 최선의 것을 드리기를 기대하신다고 믿습니다.

그러니 신에게 좋은 아이를 드려야지 어떻게 덜 좋은 아이를 드리겠습니까?"

저는 힌두교의 신이 어떤 존재인지 잘 모릅니다. 그러나 그 신이 죄인을 구원하기 위해 하늘의 보좌를 내버리고 이 세상에 왔다는 이야기는 못 들었습니다. 그 신이 죄인을 구원하기 위해서 우리의 생명 대신 자기 생명을 십자가에 내어놓고 희생했다는 이야기도 못 들었습니다. 그런데도 그들은 그 신에게 최선의 것을 드려야 한다고 생각합니다.

이 이야기를 읽으며 가슴이 뜨끔했습니다. 우리가 뭔가 잘못 생각하고 있지 않나 두려운 마음이 들었기 때문입니다. 저는 가끔 '예수님을 믿는 사람들 가운데 매정하고 인색한 자들이 너무 많지 않은가?' 하고 생각해봅니다. 하나님이 자기 아들 예수님을 십자가에 대신 희생시키시고 우리를 구원해주실 정도로 우리를 사랑하셨다는 것을 확신한다면 우리의 반응이 뭔가 달라야 할 것 같은데, 너무 속이 들여다보이는 신앙생활을 하는 사람이 많은 것 같습니다.

6·25 전쟁 때 남편을 잃어버린 부인이 있었습니다. 부인은 얼마 있어 유복자를 낳았습니다. 이십 대에 과부가 된 부인은 비록 삶이 고달팠지만 아들이 생명 그 자체요, 꿈이요, 기쁨이었습니다. 부인은 평생을 바쳐 아들을 키웠습니다. 때가 되어 결혼을 시키고 아들 내외와 함께 참 행복하게 살았습니다.

그러던 어느 날 아들 부부가 어머니에게 말했습니다. "어머니, 저희 이민을 가려고 합니다." 어머니는 아들의 말에 충격을 받았습니다. 아들 내외는 이에 아랑곳하지 않고 모든 수속을 마쳤습니다. 그러고는 "생활비 꼭 보내드릴게요"라는 말만 남긴 채 다른 나라로 훌쩍 떠나버렸습니다.

이 아들에게는 어머니를 향한 사랑은 물론이거니와 어머니를 위해 희생하고 싶은 생각이 전혀 없습니다. 생활비 조금 보내는 걸로 어머니께 도리를 다했다고 생각할지 모르지만 그것은 사랑이 아닙니다. 불행하게도 교회를 다니는 많은 사람 가운데서 주님의 사랑에 대해 이런 식으로 보답하는 사람들이 너무나 많습니다. 참으로 서글픈 현실이 아닐 수 없습니다. 인간이 진정 행복한 때가 언제인지 아십니까? 너무 사랑하기 때문에 아끼지 않고 내놓는 바로 그때입니다. 그것이 자녀를 위한 것이든, 남편을 위한 것이든, 아니면 예수님을 위한 것이든 마음속에서 사랑이 넘쳐나 도저히 내가 움켜쥐고 있을 수 없어 아까운 줄도 모르고 나눠 줄 때가 가장 행복합니다. 반대로 언제 가장 불행한지 아십니까? 움켜쥔 채 내놓지 않으려고 벌벌 떨고 있을 때 인간은 가장 불행합니다.

저는 교회 안에도 두 부류의 사람이 있다고 봅니다. 행복한 신앙생활을 하는 그룹과 불행하게 신앙생활을 하는 그룹입니다. 행복하게 신앙생활을 하는 사람들은 날마다 예수님의 사랑에 감격합니다. 나 같은 것을 구원하시려 주님이 십자가에서 죽으시고 자기 생명을 다 바치셨다는 사실만 생각하면, 그분을 향한 사랑이 항상 가슴에 차오릅니다. 어떻게 하면 그분에게 좀 더 기쁨을 드릴까, 그분에게 더 좋은 것을 드릴까, 그분에게 최고의 것을 드릴까 하는 빚진 마음이 있기에, 주님이 기뻐하신다면 시간도 아끼지 않습니다. 돈도 아끼지 않습니다. 내 몸도 아끼지 않습니다. 기쁨으로 주님을 위해 헌신하고 드립니다. 이런 사람들은 항상 얼굴이 밝습니다. 기쁨이 충만합니다. 신앙생활은 그들에게 기쁨이 됩니다.

그러나 교회 안에는 똑같이 신앙생활을 하는데 왠지 어두운 사람들이 있습니다. 가만히 보면 그들에게는 공통점이 있습니다. 자기 것을 내놓지 않으며, 베푸는 데 너무 인색합니다. 지극히 계산적으로 신앙생활을 합니다. 그렇기 때문에 풍족하게 가져도 불행합니다. 내놓지 않으려고 늘 벌벌 떨고 있으니 불행할밖에요. 그들에게 신앙생활하는 것이 얼마나 부담스럽겠습니까? 차라리 안 믿었으면 좋았을걸 하고 하루에도 몇 번씩 생각할 것입니다. 이 얼마나 불행한 사람입니까? 우리는 마리아처럼 최고의 것을 드리는 사람이 되어야 합니다. 그래야 비로소 늘 행복하게 신앙생활하는 사람이 될 수 있습니다. 다시 한번 마음속으로 자신에게 물어보세요. '나는 주님을 사랑하는가? 사랑한다면 나는 어떻게 표현하고 있는가? 그리고 나의 표현은 헌신적인가?'

사랑은
비난을 두려워하지 않는다

둘째로, 사랑으로 하는 헌신이기 때문에 마리아는 비난을 받으면서도 주님께 드렸습니다. 마리아는 옥합을 깨뜨려 예수님의 머리와 발에 부은 뒤 기다란 머리털로 그 발을 씻었습니다.

이것을 본 가룟 유다는 분이 나서 견딜 수 없었습니다. '세상에, 저 비싼 걸 저런 식으로 못 쓰게 만들다니. 도대체 저 여자가 정신이 있어, 없어?' 그래서 자기도 모르게 한마디 내뱉었습니다. "아니, 차라리 가난한 자들에게나 줄 것이지 이게 무슨 짓이야? 300데나리온이나 되는 거액을 이렇게 한순간에 다 날려버리다니."

가룟 유다는 계산이 빠른 사람입니다. 그도 그럴 것이 그는 돈을 많이 만져본 사람이요, 제자들 중에서도 특별히 살림을 맡은 회계였습니다. 예수님께 돈이 있었다 해도 얼마나 있었겠습니까? 그러나 제자들과 함께 생활해야 했기에 어느 정도의 돈은 필요했을 것입니다. 가롯 유다는 누가 주든지 간에 헌금이 들어오면 그것을 받아서 장부를 정리하고 호주머니에 넣고 다니면서 필요할 때 지출하는 일을 맡았습니다.

머리가 잘 돌아가는 사람이다 보니 그는 아마도 이렇게 생각했는지 모릅니다. "마리아가 정신이 있는 여자라면 그것을 그대로 들고 와서 '주님, 이것 받으세요. 값이 꽤 나가는 것이니 팔아서 주님이 사역하는 데 필요할 때마다 쓰세요' 하고 주님께 드렸을 것이다. 그러면 주님은 그것을 회계를 맡고 있던 나에게 넘겼을 것이고. 이후 나는 그것을 시장에 가지고 나가서 300데나리온에 팔고는 장부에는 250데나리온만 쓰고 50데나리온은 내 주머니에 넣을 수도 있었을 것이다." 가롯 유다는 충분히 그러고도 남을 사람입니다. 6절에 보면 요한은 그를 '도둑'이라고 말합니다. 공금을 슬쩍하는 일이 이전에도 종종 있었던 것입니다. 그래서 가롯 유다는 자기가 한몫 챙길 수 있는 절호의 기회를 마리아가 날려버렸다는 생각에 괜히 화가 났던 것입니다.

가롯 유다가 이렇게 불평을 하자 마태복음에 보면 다른 제자들도 그 불평에 동조를 하고 나섰습니다. 그의 선동적인 기질이 유감없이 발휘되는 순간이었습니다. 제자들은 그가 정말 가난한 자를 생각해서 그렇게 말하는 것으로 오해했습니다. 그러나 그는 이중인격자였습니다. 그는 가난한 자에게 애초부터 관심이 없었습니다. 가난한 자를 볼모로 자기 욕심을 채우려 했을 뿐입니다.

이 일이 있은 지 불과 며칠이 안 되어 그는 드디어 본색을 드러냈습니다. 자기 선생 되신 예수님을 은 삼십에 팔아넘겼던 것입니다. 은 삼십을 데나리온으로 따지면 약 120데나리온 정도밖에 안 되는 돈입니다. 마리아가 예수님께 드린 향유 옥합 액수의 반도 안 되는 금액입니다. 그럼에도 그는 고작 그 돈을 받고 하나님의 아들 예수 그리스도를 팔아넘겼습니다. 그는 실로 입으로는 자선을 외치면서 속에는 악한 욕심을 품고 무서운 계산을 하는 사람이었습니다. 이런 사람의 눈에는 사랑으로 하는 모든 행동이 허비요, 낭비로밖에 보이지 않았을 것입니다.

그러나 마리아는 유다가 무슨 소리로 비난을 하든 일언반구 대꾸하지 않고 그것을 주님께 드렸습니다. 사랑은 귀머거리이기 때문입니다. 교회 안에도 마리아처럼 별나게 예수님 믿는 사람들이 있지 않습니까?

집안에서 부인이 별나다 싶을 정도로 예수님을 믿는 경우를 생각해봅시다. 남편 입장에서는 그런 부인이 참 불안할 것 같습니다. 헌금을 했는데 또 헌금하겠다고 그러지를 않나, 십일조를 바친다고 하면서 거의 십의 오조를 바치지를 않나, 남자가 쩨쩨하게 가계부를 뒤적일 수도 없고, 그렇다고 그냥 놔두자니 광신자가 될 것만 같아 은근히 불안한 마음이 들 수 있습니다. 그래서 잔소리도 해보고, 더러는 쥐어박기도 합니다.

그러나 염려하지 마십시오. 주님을 사랑하는 마음으로 성령에 감동이 되어 주님께 드리는 사람은 앞뒤 없는 행동을 절대 하지 않습니다. 남편을 사랑하고 자식도 사랑합니다. 집안 살림도 어느 것 하나 소홀히 하지 않습니다.

또 어떤 가정에서는 자녀가 예수님께 미쳐서 젊음을 바쳐 헌신하겠다고 나서는 바람에 부모가 야단법석을 떱니다. 머리가 총명해서 앞으로 대학 졸업하면 판검사나 교수가 될 것이라고 잔뜩 기대했는데, 어느 날 갑자기 선교사로 나가겠다니 부모는 놀랄 수밖에요.

"야, 너는 예수님을 믿어도 왜 그렇게 별나게 믿냐? 판검사가 되어도 얼마든지 하나님께 영광을 돌릴 수 있잖아, 이 녀석아" 하면서 그 뜻을 꺾어보려 하지만 막무가내입니다.

그러나 부모 여러분, 그 젊은이는 예수님의 사랑을 뜨겁게 깨닫고부터는 한 번밖에 없는 젊음이지만 그것을 옥합처럼 깨뜨려 주님께 드리고 싶어 합니다. 그런데 집안 식구나 학교 선생님이나 친구들이 그 심정을 이해하지 못하는 것입니다.

이런 사람을 비난하면 안 됩니다. 왜냐하면 주님이 이들을 기뻐하시기 때문입니다. 예수님을 사랑하는 사람들은 다른 사람들의 미지근한 태도에 맞추려고 일부러 자신의 뜨거운 열정의 온도를 낮춰서는 안 됩니다. 입으로는 "주여, 주여" 하면서 자신의 옥합을 주께 드리는 데는 인색하기 그지없는 사람들의 헌신과 비교할 필요가 없습니다. 주님이 기뻐하시는 일이면 남의 이야기에 신경 쓸 것 없습니다. 우리 마음을 주님께 드리면 그것으로 족합니다. 저는 그것을 받으신 주님께서 돈으로 계산할 수 없는 엄청난 복을 주신다는 것을 분명히 믿습니다. 이는 주님께 드린 자만이 알 수 있는 놀라운 은혜요 복입니다.

사랑의 우선순위

셋째로, 사랑으로 하는 헌신이기 때문에 마리아는 주님께 최우선으로 드렸습니다. 가룟 유다는 마리아를 보고 왜 그 값비싼 향유를 가난한 자를 구제하는 데 쓰지 않고 예수님의 발에 쏟아 낭비하느냐고 화를 냈습니다. 돈을 쓰는 용도가 틀렸다는 말입니다. 그러나 예수님은 도리어 그의 우선순위가 잘못되었다고 말씀하셨습니다.

가난한 자들은 항상 너희와 함께 있거니와 나는 항상 있지 아니하리라 하시니라(8절).

예수님을 향한 사랑이 구제보다 앞서야 합니다. 이것은 마태복음 22장 37-40절에 나오는 대계명을 보아도 분명한 사실입니다.

… 네 마음을 다하고 목숨을 다하고 뜻을 다하여 주 너의 하나님을 사랑하라 하셨으니 이것이 크고 첫째 되는 계명이요 둘째도 그와 같으니 네 이웃을 네 자신 같이 사랑하라 하셨으니 이 두 계명이 온 율법과 선지자의 강령이니라.

하나님을 사랑하는 것이 첫째요, 이웃을 사랑하는 것은 그다음입니다. 이 순서를 바꾸어서는 안 됩니다.

마리아는 예수님의 죽음을 염두에 두었습니다. 같이 죽고 싶지만 그럴 수 없음을 그는 잘 알았습니다. 그럼에도 그는 예수님의 고난과 죽음에 조금이라도 동참하고 싶었습니다.

예수님이 겟세마네 동산에서 죽게 되었을 때 마음이 번민하여 같이 갔던 세 제자를 불러 자기와 함께 깨어 있으라고 부탁하셨습니다. 그들이 가만히 앉아 눈만 뜨고 있어도 예수님께는 힘이 되고 위로가 되겠다 하셨습니다. 그러나 그들은 모두 잠들어버렸습니다. 예수님이 가장 고독한 순간에 예수님과 함께하지 못했습니다.

저는 7년 전에 거의 1년 반 동안을 불면증으로 씨름한 적이 있습니다. 도무지 잠을 못 이루어 이리 뒤척 저리 뒤척 하는데, 옆에 있는 사람은 코를 골면서 자고 있다고 생각해보십시오. 그럴 때 마음이 얼마나 허전하겠습니까? 환자의 경우에는, 누군가가 그의 아픔을 조금이라도 나누고 싶어서 잠이 와도 잠을 자지 않고, 나가고 싶어도 나가지 않고 곁에서 함께할 때 가장 고맙고 위로가 되는 법입니다. 마리아는 주님께 바로 그런 사람이 되기를 원했습니다. 마리아는 이제 예수님이 자기 집으로 찾아올 기회가 다시 없을 것이라는 사실을 직감했습니다. '이게 마지막 기회야. 이때 내 사랑을 표현하고, 주님의 고난에 내가 얼마나 마음을 쓰는지 표현하고 싶다.' 그래서 향유를 주님께 드렸습니다.

예수님을 사랑하는 자는 예수님을 기쁘게 하고 찬양하고 예배하고 높이는 일을 가장 앞세웁니다. 예수님을 사랑하는 것과 가난한 자를 위하는 것을 동등하게 보면 안 됩니다. 예수님께 드리는 예배와 가난한 자를 위한 구제를 혼동하면 안 됩니다. 예수님의 영광과 사회복지를 동일하게 다루면 안 됩니다. 예수님은 우리의 최우선 순위이십니다. 마리아는 바로 이와 같은 소중한 교훈을 우리에게 들려주고 있습니다.

한 사람의 헌신자를 찾으시는 주님

지금까지 마리아의 행동을 통해 사랑으로 하는 헌신의 세 가지 독특한 면을 살펴보았습니다. 그는 최고의 것을 주님께 드렸습니다. 남이 뭐라고 하든 개의치 않고 주님께 드렸습니다. 그리고 주님께 최우선으로 드렸습니다. 우리 역시 마리아의 헌신을 본받아야 합니다.

그러나 과연 우리는 어떻습니까? 진정 주님을 사랑합니까? 사랑한다면 그 사랑을 어떻게 표현하고 있습니까? 그리고 그 표현은 과연 얼마나 헌신적입니까?

해링톤이라는 분이 이런 말을 했습니다. "마귀가 가장 요긴하게 사용하는 사람은 활동적인 죄인이 아니라 비활동적인, 다시 말해 헌신하지 않는 그리스도인들이다." 오늘날 사탄은 제 세상을 만난 것처럼 날뛰고 있습니다. 왜냐하면 교회 안에 헌신 기피증이 전염병처럼 퍼지기 때문입니다. 모두들 조금 살 만하니까 헌신하기를 기피합니다. 쉽게 예수님 믿고, 편하게 신앙생활하고 싶어 합니다. 그래서 교회 안에 헌신자가 점점 줄어듭니다.

오늘날 왜 교회가 이토록 힘을 잃었습니까? 이 나라에 교회가 몇 만 개나 되는데도 사회는 나아지는 것 같지 않습니다. 헌신하기를 원하는 그리스도의 제자들이 자꾸 줄어들어서입니다. 자기 득실을 계산하면서 철저히 자기 본위로만 신앙생활하는 사람들이 수만 명 모인다 한들 그런 교회가 무슨 힘이 있겠습니까?

간디는 인도 사람들에게 신적인 존재나 다름없습니다. 그의 일대기를 서술한 자서전이 400권이 넘고 어록만도 80권이 넘습니다. 1948년 1월, 그가 어떤 미치광이에게 피살당했다는 소식이 전해지자 인도 전역에서 그를 따라서 자살한 사람이 몇 명인지 압니까? 학자들이 계산한 바로는 많이 잡으면 100만에서 200만 명이고, 적게 잡으면 20만에서 60만 명이라고 합니다. 간디의 죽음을 애도하며 그 많은 사람이 자기 생명을 바쳤습니다. 진정 마음을 드리는 대상이면, 정말 사랑하는 대상이면 세상 그 어떤 것도, 심지어 자기 생명까지도 아끼지 않습니다.

간디 같은 사람을 위해서도 생명을 바치는 사람이 수십만 명이었다고 한다면, 하늘의 모든 영광을 버리고 이 세상에 오셔서 우리 대신 죄인이 되시어 십자가에 죽으신 예수 그리스도의 사랑을 한 몸으로 받는다고 고백하는 우리는 어떠해야 하겠습니까?

주님은 헌신자를 부르십니다. 교회에 몇만 명이 모이느냐는 개의치 않으십니다. 주님이 찾으시는 제자는 마리아처럼 사랑으로 헌신하는 사람입니다. 제가 드린 세 가지 질문을 다시 한번 마음속으로 되뇌어보기 바랍니다.

'나는 예수님을 사랑하는가? 사랑한다면 내 사랑의 표현은 어떠한가? 그리고 그 사랑의 표현은 헌신적인 것인가, 아니면 이기적인 것인가?'

한 번뿐인 인생을 주님을 위해 깨뜨리는 옥합으로 드려야 하지 않겠습니까? 주님을 진정으로 사랑하고 그 사랑을 표현하기 원한다면 우리가 가진 능력이나 재산, 시간, 그 무엇이든 전부 주님께 드립시다. 예수님은 당신의 모든 것을 요구하십니다. 주님이 먼저 자신의 모든 것을 당신을 위해 아낌없이 내어주셨기 때문입니다.

39

어린 나귀를 타신 왕 예수

요한복음 12장 12-33절

12 그 이튿날에는 명절에 온 큰 무리가 예수께서 예루살렘으로 오신다는 것을 듣고 13 종려나무 가지를 가지고 맞으러 나가 외치되 호산나 찬송하리로다 주의 이름으로 오시는 이 곧 이스라엘의 왕이시여 하더라 14 예수는 한 어린 나귀를 보고 타시니 15 이는 기록된 바 시온 딸아 두려워하지 말라 보라 너의 왕이 나귀 새끼를 타고 오신다 함과 같더라 16 제자들은 처음에 이 일을 깨닫지 못하였다가 예수께서 영광을 얻으신 후에야 이것이 예수께 대하여 기록된 것임과 사람들이 예수께 이같이 한 것임이 생각났더라 17 나사로를 무덤에서 불러내어 죽은 자 가운데서 살리실 때에 함께 있던 무리가 증언한지라 18 이에 무리가 예수를 맞음은 이 표적 행하심을 들었음이러라 19 바리새인들이 서로 말하되 볼지어다 너희 하는 일이 쓸데없다 보라 온 세상이 그를 따르는도다 하니라 20 명절에 예배하러 올라온 사람 중에 헬라인 몇이 있는데 21 그들이 갈릴리 벳새다 사람 빌립에게 가서 청하여 이르되 선생이여 우리가 예수를 뵈옵고자 하나이다 하니 22 빌립이 안드레에게 가서 말하고 안드레와 빌립이 예수께 가서 여쭈니 23 예수께서 대답하여 이르시되 인자가 영광을 얻을 때가 왔도다 24 내가 진실로 진실로 너희에게 이르노니 한 알의 밀이 땅에 떨어져 죽지 아니하면 한 알 그대로 있고 죽으면 많은 열매를 맺느니라 25 자기의 생명을 사랑하는 자는 잃어버릴 것이요 이 세상에서 자기의 생명을 미워하는 자는 영생하도록 보전하리라 26 사람이 나를 섬기려면 나를 따르라 나 있는 곳에 나를 섬기는 자도 거기 있으리니 사람이 나를 섬기면 내 아버지께서 그를 귀히 여기시리라 27 지금 내 마음이 괴로우니 무슨 말을 하리요 아버지여 나를 구원하여 이때를 면하게 하여 주옵소서 그러나 내가 이를 위하여 이때에 왔나이다 28 아버지여, 아버지의 이름을 영광스럽게 하옵소서 하시니 이에 하늘에서 소리가 나서 이르되 내가 이미 영광스럽게 하였고 또다시 영광스럽게 하리라 하시니 29 곁에 서서 들은 무리는 천둥이 울었다고도 하며 또 어떤 이들은 천사가 그에게 말하였다고도 하니 30 예수께서 대답하여 이르시되 이 소리가

난 것은 나를 위한 것이 아니요 너희를 위한 것이니라 31 이제 이 세상에 대한 심판이 이르렀으니 이 세상의 임금이 쫓겨나리라 32 내가 땅에서 들리면 모든 사람을 내게로 이끌겠노라 하시니 33 이렇게 말씀하심은 자기가 어떠한 죽음으로 죽을 것을 보이심이러라

어느 시대나 새로운 지도자가 등장하면 사람들은 대단한 기대와 부푼 꿈을 가지고 바라봅니다. 특히 사회가 어렵고 경제 상황이 좋지 못할수록 사람들의 기대는 더욱 커지게 마련입니다. 그래서 대통령을 뽑는 선거철이 다가오면 대통령이 되겠다며 출마한 후보들에게 관심이 집중됩니다.

그들에게 관심을 갖는 것은 '저분이 대통령이 되면 우리나라가 안고 있는 문제들을 해결해주지 않을까?' 하고 기대하기 때문입니다. 그러나 역사가 우리에게 주는 냉정한 교훈이 있습니다. 인간의 본질적인 문제를 해결하고 우리의 기대를 충족시킨 지도자는 지금까지 한 사람도 없었고, 앞으로도 없을 것이라는 사실입니다. 어떤 면에서 지도자에 대한 기대의 역사는 곧 실망의 역사였습니다.

프랑스 혁명이 터지고 나서 눈부실 정도로 두각을 나타내던 젊은 지도자가 있었습니다. 나폴레옹입니다. 그의 등장을 지켜보며 온 유럽은 흥분의 도가니에 빠져들었습니다. 그렇게 흥분하던 사람들 가운데는 26살의 천재 음악가 베토벤도 포함되어 있었습니다. 그는 나폴레옹을 무척 존경했습니다. 자기보다 한 살 위였지만 그의 됨됨이에 가슴이 벅차오르는 것을 견딜 수 없었습니다. 그래서 그는 나폴레옹에게 조금이라도 존경과 감사의 뜻을 전하고 싶어 교향곡을 쓰기 시작했습니다. 5년 동안 심혈을 기울여서 작품을 만들었습니다. 제목도 나폴레옹의 이름을 따서 〈보나파르트 교향곡〉이라고 붙이고는 나폴레옹에게 증정할 기회가 오기를 기다렸습니다.

그러던 어느 날 나폴레옹이 황제에 즉위했다는 말이 그의 귀에 들려왔습니다. 이 말을 듣고 베토벤은 화가 머리끝까지 치밀어올랐습니다. 그는 너무 실망한 나머지 "보나파르트"라는 제목을 써두었던 교향곡의 표지를 찢어버리며 이렇게 소리질렀다고 합니다. "그 사람도 속인에 지나지 않았어. 자기 야심을 채우기 위해 황제가 되다니 정말 실망했어." 그러고는 그 교향곡 이름을 〈신포니아 에로이카〉로 바꾸고 특별히 2악장에는 〈장송 행진곡〉이라는 음울한 제목을 달았습니다.

그로부터 17년 후에 나폴레옹이 세인트헬레나섬에서 유배 생활을 하다가 죽었다는 소식이 들려왔습니다. 그때 그는 자기가 나폴레옹에게 바치려고 했던 교향곡을 다시 손보면서 이렇게 말했다고 합니다. "나는 이미 그 사람이 어떻게 될지 다 내다보고 있었어. 2악장을 〈장송 행진곡〉이라고 한 것도 그 때문이었어."

지도자에게 실망한 사람이 어디 베토벤뿐이겠습니까? 역사를 돌아보면 세상에 등장했던 왕이나 통치자들이 무수히 많았지만, 그들이 사람들에게 안겨준 것은 결국 실망과 허탈감뿐이었습니다.

그러나 우리가 읽은 말씀에 등장하는, 어린 나귀를 타고 예루살렘으로 입성하시는 예수 그리스도는 다릅니다. 하나님은 어린 나귀를 타고 예루살렘으로 들어가시는 예수님을 가리키면서 "인류가 기다리는 진정한 왕"이라고 선언하십니다.

당시 세계 최강국은 로마제국이었습니다. 예루살렘에는 로마 정부가 파송한 총독 빌라도를 비롯하여 많은 지도자들이 와 있었습니다. 한번 상상해보십시오. 총독이었던 빌라도는 부하로부터 "예수라는 사람이 지금 어린 나귀 새끼를 타고 예루살렘으로 들어오는데 모든 백성이 그를 향해서 '호산나 이스라엘의 왕이여' 하고 외치고 있습니다"라는 보고를 받았을 것입니다. 이 보고를 받은 빌라도는 너무도 터무니없는 이야기에 웃지 않을 수 없었겠지요. "어린 나귀 새끼를 타고 오는 주제에 이스라엘의 왕이라고?" 얼마나 우스운 이야기입니까? 상식적으로 생각해봐도, 누가 어린 나귀 새끼를 타고 들어가는 사람을 인류가 기다리는 왕이요 구원자라고 인정하겠습니까? 그러나 하나님은 엄숙하게 선언하십니다. "예수만이 진정한 왕이요, 인류의 구원자다."

나귀를 타신 왕 예수님

예수님은 베다니 나사로의 집에서 조용히 하루를 쉬시다가 다음날 한 가지 중대한 결심을 하셨습니다. '나귀 새끼를 타고 예루살렘으로 입성해야 되겠다.' 그래서 두 제자를 보내 나귀를 구해오도록 했습니다. 마태복음에 자세한 이야기가 나옵니다. 두 제자가 나귀를 끌고 오자 제자들은 나귀 새끼 위에 자기들의 겉옷을 얹고 예수님을 올라앉으시게 했습니다. 그런 다음 예수님이 예루살렘으로 들어가는 길에 화려한 카펫 대신 자기들의 겉옷과 나뭇가지를 펴고, 종려나무 가지를 흔들면서 "호산나! 호산나! 찬송하리로다 주의 이름으로 오시는 이 곧 이스라엘의 왕이시여!" 하고 소리를 질렀습니다.

그 무렵 예루살렘에는 유월절을 지키기 위해 유대 전역에서 그리고 세계 도처에서 수많은 사람이 와 있었습니다. 그들은 예수님이 어린 나귀를 타고 성으로 들어오신다는 말을 듣고 너나없이 달려갔습니다. 예수님이 죽은 지 나흘이나 되는 나사로를 다시 살리셨다는 놀라운 소식이 이미 세간에 퍼져 있던 터라, 예수님이 나귀 새끼를 타고 예루살렘으로 오신다는 말에 호기심 반, 흥분 반으로 몰려간 것입니다. 그들은 제자들이 "호산나! 이스라엘의 왕이여!" 하며 외치는 소리를 듣고 들떠서 함께 "호산나! 이스라엘의 왕이여!" 하고 소리를 질렀습니다.

종려나무는 평화를 상징하는 나무입니다. 그리고 '호산나'는 '주여, 우리를 구원하소서'라는 의미입니다. 거리로 달려 나온 모든 사람이 예수님을 바라보면서 자기들에게 진정한 평화를 안겨주실 분으로, 자기들을 구원해주실 분으로 기대했던 것입니다.

예수님은 사람들의 환호를 받으며 예루살렘 대로를 통해 성으로 입성하셨습니다. 이것은 참으로 놀라운 일입니다. 예수님이 사역하셨던 지난 3년간을 돌이켜보면, 예수님은 한 번도 자신의 신분을 공적으로 노출시킨 일이 없으셨기 때문입니다.

가끔 지도자들이 "네가 누구인지 신분을 분명히 밝히라"면서 따지고 들었을 때도 예수님은 직접적인 언급을 피하시고 '인자'라는 약간 모호한 용어로 대답하셨습니다. 요한복음 6장 15절에 보면 무리가 예수님께 달려와서 억지로 임금을 삼으려고 할 때에도 그들을 피하여 산속으로 들어가신 적이 있었습니다. 또한 요한복음 7장 4절에 보면 형제들이 "세상에 널리 알려져 큰일을 하기를 바란다면 왜 숨어 다닙니까? 스스로 자기 정체를 밝히고 당당하게 맞서지"라며 빈정거렸을 때도, 예수님은 "나의 때는 아직도 이르지 아니했다"고 하시면서 그들의 말에 동의하지 않았습니다. 제자들과 오붓하게 있을 수 있는 한적한 곳에 가서야 비로소 자신이 누구인가를 분명히 말씀하셨을 뿐입니다.

그런 예수님이 지금은 나귀 새끼를 타고 예루살렘성에 들어가셨습니다. 갑자기 태도를 바꾸신 것입니다. 나귀 새끼를 타고 자신이 다윗의 자손이요, 평화의 왕임을 만천하에 공포하신 셈입니다.

누가 시켜서 한 일이 아닙니다. 예수님 자신이 주도권을 쥐고 그렇게 행동하셨습니다. 그러나 제자들은 왜 예수님이 갑자기 태도를 바꾸시는지 이해하지 못했습니다. 예수님께서 부활하시고 승천하신 다음에야 비로소 그 이유를 알았습니다.

> 제자들은 처음에 이 일을 깨닫지 못하였다가 예수께서 영광을 얻으신 후에야 이것이 예수께 대하여 기록된 것임과 사람들이 예수께 이같이 한 것임이 생각났더라(16절).

예수님은 수많은 사람이 몰려들어 자기를 향해 "호산나! 이스라엘의 왕, 이스라엘의 왕이여!" 하고 소리를 지를 때도 그들의 입을 막지 않으셨습니다. 삼사 일 후에는 그들 중 대부분이 자기를 십자가에 못 박으라고 소리치는 폭도로 변할 것을 뻔히 아시면서도, 그들이 자신을 이스라엘의 왕으로 영접하는 것을 막지 않으셨습니다. 자기 자신을 공적으로 당당하게 드러내신 것입니다.

예수님이 예루살렘 성전에 들어가시자마자 어린아이들까지 합세해서 "호산나! 이스라엘의 왕이여!" 하고 소리쳤습니다. 그것을 보고 흥분한 대제사장들이나 바리새인들이 예수님께 따지고 들었습니다. "당신, 저 소리 못 들어요? 입 좀 다물라고 해요. 왜 저렇게 소리를 지르도록 내버려둬요?" 그때 예수님은 유명한 말씀을 하셨습니다. "저 사람들이 소리 지르지 아니하면 여기 있는 돌들이 소리 지를 것이다." 예수님은 자기 자신이 하나님의 아들이요, 메시아요, 인류의 왕이라는 것을 그렇게 선포하셨습니다. 사람이 그를 환호하지 않으면 돌이라도 소리를 지르도록 하겠다는 말씀입니다. 이 얼마나 놀라운 변화입니까?

왜 예수님께서 이렇게 태도를 바꾸셨을까요? 성경에 그 이유가 있습니다. 구약에 '스가랴'라는 선지자가 있습니다. 그가 자신의 예언서에서 예수님에 관해 말한 구절을 봅시다.

> 이는 기록된 바 시온 딸아 두려워하지 말라 보라 너의 왕이 나귀 새끼를 타고 오신다 함과 같더라(15절).

이 말씀은 헬라어로 번역된 70인역이라는 구약성경에서 인용했기 때문에 우리가 읽는 스가랴 9장 9절과 비교하면 조금 표현이 다르기는 하지만, 의미에는 차이가 없습니다.

잘 아는 바와 같이 예수님은 성경 말씀에 따라 사셨고, 말씀에 따라 죽으셨습니다. 왜냐하면 하나님의 말씀을 하나님의 명령으로 보았기 때문입니다. 그래서 스가랴의 입을 통해 하나님이 하신 예언 가운데 '메시아가 나귀 새끼를 타고 예루살렘에 왕으로서 입성하신다'는 말씀에 순종해야 한다고 생각하셨습니다. 지금은 공포 분위기입니다. 유대 지도자들은 기회만 있으면 예수님을 잡아 처치하려고 호시탐탐 노리고 있습니다. 그것을 알면서도 예수님은 하나님의 말씀을 이루고자 나귀 새끼를 타고 입성하셨습니다.

예수님이 태도를 바꾸신 데는 또 한 가지 이유가 있습니다. 예수님은 며칠 후면 십자가에서 처형당하리라는 것을 아셨습니다. 그러므로 처형당하기 전에, 특별히 자기를 죽이는 유대 지도자들과 유대 백성에게 분명히 밝혀야 할 것이 하나 있었는데, 바로 그들이 누구를 죽였는지 알도록 하는 것이었습니다. 이에 예수님은 나귀 새끼를 타고 들어가심으로써 자기가 하나님의 아들이요, 메시아요, 인류를 구원하기 위해 오신 만왕의 왕이심을 명백하게 밝히셨습니다.

그러므로 이제 그들은 예수님을 십자가에 죽일 때 한 가지 사실은 분명히 알고 죽이는 것입니다. 이스라엘 왕, 하나님의 아들을 처형하는 것입니다. 의인을 십자가에 못 박는 것입니다. 또한 예수님은 이것을 분명히 해두시려고 자기 신분을 분명히 노출하셨습니다.

겸손하신 왕

우리 예수님은 어떤 왕이십니까? 그는 세상 왕과 비교할 때 어떤 점에서 다릅니까? 적어도 세 가지 점에서 다릅니다.

첫째로, 예수님은 겸손하신 왕입니다. 스가랴가 예언에서 특별히 강조하는 점이 있습니다. 예수님께서 '나귀 새끼'를 타셨다는 것이지요. 스가랴 9장 9절을 다시 한번 봅시다. "보라 네 왕이 네게 임하나니 그는 공의로우며 구원을 베풀며 겸손하여서 나귀를 타나니 나귀의 작은 것 곧 나귀 새끼니라."

마태복음에 보면 예수님은 제자 둘을 보내시면서 "나귀를 구해 오라"고 하셨습니다. 제자들은 말씀대로 가서 어미 나귀를 끌고 왔습니다. 그런데 새끼 한 마리가 어미를 따라왔습니다. 아마 꽤 큰 새끼였던 것 같습니다. 나귀가 사람을 태우는 짐승인 것을 감안하여 나귀를 타려면 어미 나귀를 타야 정상일 것입니다. 그러나 예수님은 어미 나귀를 제쳐놓고 일부러 새끼 나귀를 타셨습니다. 왜 그렇게 하셨을까요? 하나님이 스가랴를 통해 자신을 "나귀 새끼를 타고 오는 왕"이라고 예언했기 때문에 주님은 그 말씀을 이루고자 나귀 새끼를 타셨습니다.

예수님이 나귀 새끼를 타셨다는 것이 무엇을 의미할까요? 스가랴는 이렇게 해석합니다. "그는 겸손한 왕이시기 때문에 나귀 새끼를 타셨다." 겸손은 자신의 높음을 드러내지 않고 상대방의 처지로 내려앉아 함께 울고 함께 웃기를 기뻐하는 마음가짐이라 할 수 있습니다. 겸손한 마음가짐에서, 거칠게 대하지 않고 마음에 상처를 주지 않으면서 사람과 가까워지는 온유함이 나옵니다. 우리 예수님은 바로 이와 같이 겸손하고 온유한 왕이십니다.

> 수고하고 무거운 짐진 자들아 다 내게로 오라 내가 너희를 쉬게 하리라 나는 마음이 온유하고 겸손하니 나의 멍에를 메고 내게 배우라 그러면 너희 마음이 쉼을 얻으리니(마 11:28-29).

우리 모두는 너나없이 무거운 짐을 지고 인생을 걸어갑니다. 우리의 인생은 한편으로 잠깐 있다가 사라지는 안개와 같이 일순간이기도 하지만, 또 한편으로는 눈물과 고통으로 얼룩진 긴 여정일 수도 있습니다. 멀리서 볼 때는 탄탄대로같이 보이지만 가까이 가서 볼수록 얼마나 그 길이 험하고 좁습니까? 십 대의 시각으로 본 인생은 그 자체가 온통 장밋빛이요 행복인 것처럼 보이지만, 이십 대에 들어서면 인생길이 조금 달라 보이고, 삼십 대, 사십 대, 오십 대로 넘어갈수록 그 길이 얼마나 험난한지 직접 경험합니다. 이렇게 우리 모두는 너나없이 수고하고 무거운 짐을 진 자들입니다.

예수님을 믿기 전에는 두 가지 짐을 지고 있었습니다. 먼저, 죄와 사망이 주는 영적인 짐입니다. 죄와 가책이 우리를 짓누릅니다. 죽음의 공포가 우리를 사시나무 떨리듯이 떨게 만듭니다. 밤낮없이 그 고통에 매여 살았습니다. 그러나 예수님을 발견하고 그분을 믿어 거듭난 후에는 죄와 사망이 짓누르는 짐에서 자유를 얻었습니다. 드디어 사망의 공포가 우리에게서 떠났습니다. 죄의 가책과 형벌이 우리에게서 물러갔습니다.

하지만 여전히 남아 있는 또 한 가지 무거운 짐이 있습니다. 우리는 연약한 육신을 가지고 인생길을 한 걸음씩 한 걸음씩 걸어가야 하는 사람입니다. 피곤할 때도 많습니다. 슬플 때도 많습니다. 상처 입을 때도 많습니다. 절망에 빠져 허우적거릴 때도 많습니다. 고독할 때도 얼마나 많은지 모릅니다. 물론 기쁘고 신이 날 때도 있습니다. 그러나 인생을 산다는 것 자체가 우리를 짓누르는 수고와 슬픔이 되는 것은 피할 수 없는 사실입니다.

그러므로 우리 모두에게는 예수님과 같이 나귀 새끼를 타고 오시는 겸손한 왕이 필요합니다. 그분이 내 곁에 계셔야만 내 마음이 언제나 평안을 누릴 수 있습니다. 무거운 인생의 짐을 지고 가다가 지쳐 쓰러질 때 그 짐을 함께 지고 갈 수 있는 겸손한 왕이 필요합니다. 내가 가다가 쓰러지면 득달같이 달려와서 왜 쓰러졌느냐고 따지기 전에, 조용히 나의 팔을 붙들고 일으켜 세워주면서 "내가 있지 않니? 같이 가자" 하시는 겸손한 왕이 필요합니다.

만일 예수님이 높은 군마 위에 올라앉아 홀을 들고 면류관을 쓰고 많은 군사들의 호위를 받으며 오시는 왕이라면, 우리는 감히 그 앞에 나아갈 수도 없었을 것입니다. 그러나 예수님은 나귀 새끼를 타고 오시는 겸손한 왕입니다. 그러기에 어린애라도 가서 톡톡 두들겨 볼 수 있고, 그 옷자락을 잡아당길 수도 있습니다. 예수님은 이처럼 겸손한 왕입니다.

저는 기도하면서 예수님을 찾을 때마다 겸손하고 온유하신 예수님을 만납니다. 그분을 만나면 늘 마음이 편안해집니다. 예수님께서 "내가 네 곁에 있지 않니?" 하시면서 저에게 다가오시기 때문입니다. 당신도 저와 다르지 않다고 봅니다.

얼마 전 국제전화 한 통을 받았습니다. 지난 15년간 남편을 따라 외국에서 복음을 전하는 일에 모든 힘을 쏟으며 충성해온 귀한 사모님이었습니다. 그런데 그분이 전화로 이런 말을 하셨습니다. "목사님, 병원에 가서 진찰을 했더니 제가 암이래요. 내일모레 입원하고 수술을 받아야 되나 봐요. 목사님 기도해주세요." 저는 그만 말문이 막혔습니다. 짜증이 나면서 '하나님, 도대체 왜 이러세요?' 라는 생각밖에 들지 않았습니다.

다음날 안부가 궁금해 전화를 했습니다. 그랬더니 벌써 병원으로 출발했는지 전화를 받지 않았습니다. 가까스로 병원을 수소문해서 전화를 연결했습니다. 그런데 수화기 너머 목소리가 너무나 명랑하고 밝았습니다. "목사님, 방금 의사 말을 들으니까 뼛속에 암세포가 퍼져 있는지 여부를 검사한 후에 수술을 해야 한대요. 아마 이삼 일 후면 수술을 할 것 같아요. 만약 남편이 이런 병에 걸렸으면 얼마나 힘들었겠어요? 하던 사역을 다 놓아야 된다고 하면 너무나 안타까울 텐데 마침 제가 걸렸으니 얼마나 다행입니까?"

그 말씀에 마음이 너무 무거워서 눈물이 나려는데, 정작 당사자는 생글생글 웃으면서 기분 좋은 목소리였습니다. 그때 제가 기도해주면서 크게 깨달은 것이 있습니다. 그 사모님은 자기 곁에 계시는 예수님을 알았던 것입니다. 겸손하고 온유하신 주님께서 가까이 다가오시어 "왜 그랬느냐?"고 따지지 아니하시고 조용히 부드러운 팔로 껴안아주시면서 "걱정하지 마. 내가 네 옆에 있어" 하시는 음성을 들었음에 틀림없습니다. 그렇기 때문에 중병에 걸린 사람들이 대부분 드러내는 우울함이나 두려움, 공포 등이 전혀 보이지 않았던 것입니다.

나의 등 뒤에서
나를 도우시는 주

사모님과 통화를 끝내고는 〈나의 등 뒤에서〉라는 찬양의 가사가 떠올랐습니다.

> 평안히 길을 갈 때 보이지 않아도
> 매일처럼 주저앉고 싶을 때 다가와 손 내미시네
> … 지치고 곤하여 넘어질 때면 다가와 손 내미시네

예수님을 믿고 교회를 다닌다고 해서, 지치고 곤하여 쓰러질 때 손 내밀어주시는 예수님을 모두 다 알지는 못합니다. 아는 사람이 있는가 하면 모르는 사람도 적지 않은 것 같습니다.

무거운 짐을 지고 답답합니까? 지쳐 있습니까? 고독합니까? 사람은 내게 아무런 도움이 되지 못할 수 있습니다. 세상은 너무나 험하고 악합니다. 우리 힘으로 도무지 이겨나갈 수가 없습니다. 그러나 나귀 새끼를 타고 죽음의 현장인 줄 알면서도 자신이 하나님의 아들이요 만왕의 왕이라는 것을 선포하셨던 예수님, 온유하시고 겸손하신 예수님, 그분이 내 곁에 계시다는 믿음이 있기에 그 사모님처럼 남이 우는 자리에서 웃을 수 있고, 남들은 불평하는 자리에서 감사할 수 있습니다.

희생하시는 왕

둘째로, 예수님은 희생하시는 왕입니다. 율법에 따르면 제사에 쓰는 짐승은 한 번도 멍에를 메고 일을 해보지 않은 것이어야 한다고 했습니다. 멍에를 메고 밭을 갈았던 짐승을 하나님 앞에 제물로 드리면 안 된다는 말입니다. 만약 나귀를 하나님 앞에 드린다면 나귀 역시 사람이 한 번도 타지 않은 나귀여야 합니다. 그래야만 하나님의 제단에 올려놓을 수 있습니다. 예수님이 왜 한 번도 사람을 태우지 않은 어린 새끼를 타고 가셨을까요? 예루살렘에 입성하여 자기 자신을 하나님의 거룩한 제단에 올려놓아야 했으므로 나귀 역시 아직 사람을 한 번도 태운 적 없는 새끼를 택하신 것입니다.

유대의 유명한 사학자 요세푸스에 의하면, 유월절을 맞이할 때마다 유대 각지에서 그리고 세계 도처에서 2백만 명이 넘는 군중이 모여 예루살렘은 북새통을 이룬다고 합니다. 따라서 그 사람들이 다 개인적으로 제사를 드릴 수는 없습니다. 10명이나 20명 단위로 한 팀이 되어 짐승 한 마리를 제물로 바치면서 제사를 드렸습니다. 그렇게 해도 유월절 때 성전 안에서 희생되는 짐승의 수는 25만 6천 마리에 이른다고 합니다. 어마어마한 수의 짐승들이 피를 흘리고 제단에서 제물로 바쳐집니다. 이 짐승들은 유월절이 있는 그달 10일에 예루살렘 성전으로 전부 끌려갑니다. 이날은 예수님이 나귀 새끼를 타고 예루살렘에 입성하신 바로 그날입니다. 수많은 양들이 예루살렘 성전 안으로 끌려들어가 따로 설치해둔 특별 구역에서 기다리다가 그달 14일이 되면 한꺼번에 다 죽임을 당해서 하나님의 제단에 제물로 올려집니다. 예수님이 십자가에서 우리를 위해 죽으시던 바로 그날, 그 양들 역시 죽임을 당합니다.

예수님은 제물로 바쳐지는 어린양들 가운데 가장 위대한 어린양이었습니다. 예수님은 다른 모든 어린양들이 죽임을 당할 때 마침내 십자가에서 죽으심으로 마지막 유월절 양이 되셨습니다. 그분은 우리를 위해 죽으셨습니다. 예수님의 희생은 곧 하나님 자신의 희생이었습니다. 그분의 죽음은 대속의 제물이었습니다. '대속'이란 무엇입니까? 한 사람이 다른 사람을 대신하는 것입니다. 다시 말하면 어떤 사람의 고통을 대신 당함으로써 그가 처한 고통에서 풀어주는 것을 '대속'이라고 합니다. 예수님의 죽음은 바로 내가 받을 고통과 형벌, 저주를 대신 받아주시고 나를 거기에서 해방시켜주시는 대속의 죽음이었습니다.

아우슈비츠 수용소라면 소름 끼치는 이름이 아닙니까? 나치 치하에서 얼마나 악명을 떨쳤던 살인의 현장입니까? 거기에 폴란드의 프랜시스파에 소속된 신부 한 사람이 갇혀 있었습니다. 한번은 굶겨 죽이려는 작전으로 유대인들 가운데 몇 사람을 차출했습니다. 그들은 거기에 걸려들면 사형이라는 것을 직감적으로 느꼈습니다. 몇 사람인지 정확하지는 않지만 간수들이 벌써 여러 사람을 뽑아 그들을 지하 모처에 가둬놓고 굶겨 죽이려는 잔인한 계획을 실천에 옮기고 있었습니다.

그들 중에 한 사람이 위험을 느끼고는 이렇게 소리를 쳤다고 합니다. "여보시오. 나는 좀 살려주시오. 나에게는 처자가 있습니다. 나에게는 식구가 있습니다." 그러자 그 간수가 이렇게 말했다고 합니다. "너 대신 죽어줄 사람이 나오면 고려할 수 있다." 그때 이 말을 들은 막스밀리안 콜베 신부가 선뜻 나섰습니다. "나에게는 딸린 사람이 아무도 없습니다. 내가 저 사람을 대신할 수 있습니까?" 간수가 말했습니다. "꼭 하고 싶으면 대신 하시오." 콜베 신부는 결국 그 사람 대신 지하 감옥으로 끌려가서 굶어 죽었습니다.

콜베 신부의 감동적인 죽음, 바로 이러한 죽음을 일컬어서 '대속의 죽음'이라고 말할 수 있습니다. 성경에 나오는 구약시대의 번제나 화목제나 속죄제나 속건제는 피 없이는 드릴 수 없었기에, 제사를 드릴 때면 언제나 수많은 양과 소가 피를 흘리고 죽어야 했습니다. 죽임을 당할 때마다 주인이 와서 양이나 소의 머리에 손을 얹고 안수 기도를 했습니다. 주인의 모든 형벌과 고통과 죄를 짊어지고 대신 죽어야 했으니까요. 이것이 바로 대속의 죽음입니다.

예수 그리스도가 십자가에 못 박힐 때 우리는 그분의 머리에 손을 얹었습니다. 우리의 모든 죄를 그분께 담당시켰고, 하나님이 우리에게 내린 저주를 다 인계했습니다. "내가 살 수 있도록 당신이 짊어지고 죽으시오." 그래서 예수님은 우리를 대신해서 죽으셨습니다. 우리는 이것을 일컬어서 '대속의 제물'이라고 말합니다.

> 친히 나무에 달려 그 몸으로 우리 죄를 담당하셨으니 이는 우리로 죄에 대하여 죽고 의에 대하여 살게 하심이라 그가 채찍에 맞음으로 너희는 나음을 얻었나니(벧전 2:24).

이것이 대속의 죽음입니다. 우리 주님께서 나귀 새끼를 타고 예루살렘에 들어가셔서 바로 이러한 대속의 죽음을 당하셨습니다.

아직도 죄 짐을 벗지 못하고 있습니까? 당신을 위해 대속의 죽음을 감당하신 예수님을 만나십시오. 예수님의 손에 당신의 죄 짐을 벗어놓으십시오. 아직도 죄책감에 짓눌려 살고 있습니까? 자기를 희생해주시는 주님을 만나고 그분으로 인하여 성령 안에서 자유를 얻으십시오.

구원을 주시는 왕

마지막으로, 예수님은 구원을 주시는 왕입니다. 나귀 새끼를 타고 예루살렘으로 들어가신 것은, 세상을 구원하기 위해서였습니다.

> 내가 진실로 진실로 너희에게 이르노니 한 알의 밀이 땅에 떨어져 죽지 아니하면 한 알 그대로 있고 죽으면 많은 열매를 맺느니라(24절).

한 알의 밀이 누구입니까? 예수님입니다. 예수님이 죽으면 많은 열매를 맺는다고 했습니다. 그 많은 열매가 무엇입니까? 세상의 구원입니다. 이 세상에서 하나님 없이 영원한 저주를 받고 멸망으로 치닫는 수많은 사람을 구원하는 것이 그분의 목적이었습니다.

> 내가 땅에서 들리면 모든 사람을 내게로 이끌겠노라…(32절).

'내'가 누구입니까? 예수님입니다. '예수님이 땅에서 들리면'이라는 말은 '십자가에 높이 달리면', '승천하면'이라는 의미입니다. 십자가에서 죽었다가 부활하셔서 승천하시는 그날에 세계 모든 사람을, 온 세상을 자기에게로 이끌겠다, 구원하겠다는 말씀입니다.

사람들이 나귀를 타고 오시는 예수님을 보고 "호산나, 이스라엘의 왕이여"라고 소리를 지르며 흥분하자 예수님을 반대하던 바리새인들이 서로 무엇이라고 말했습니까?

> 바리새인들이 서로 말하되 볼지어다 너희 하는 일이 쓸데없다 보라 온 세상이 그를 따르는도다 하니라(19절).

가끔 마귀도 진리를 이야기하는데, 바리새인들이 한 이 말이 바로 그렇습니다. 그리고 이 말씀은 영원한 진리가 되었습니다. 십자가에서 죽으신 예수님 때문에 온 세상이, 열방이 예수님을 좇는 날이 왔습니다. 모든 사람이 예수님을 믿고 구원받는 날이 왔습니다. 이 얼마나 감사한 일입니까?

이 세상에는 진정한 평화가 없습니다. 사람들 사이에는 진정한 화해도 없습니다. 민족끼리, 이웃끼리, 부자와 가난한 자 사이에, 흑백 사이에, 유대인과 헬라인 사이에 갈라진 틈을 메우고, 영원한 나라와 영원토록 행복을 누릴 수 있는 아름다운 구원을 주신 분은 오직 예수님밖에 없습니다. 이 세상 어떤 왕이나 황제도 그 일을 해내지 못했습니다. 1963년에 케네디 대통령이 암살당했습니다. 케네디 대통령은 백인과 흑인 사이를 좀 더 조화시켜 미국을 인종 갈등이 없는 나라로 만들어보려는 특별한 계획을 갖고 있었습니다. 그런데 한 백인이 이것을 알고는 그를 암살한 것입니다.

이 세상 어떤 임금도, 어떤 유능한 사람도 진정한 구원을 가져다주지 못했습니다. 인류에게 진정한 평화와 영원한 생명을 가져다준 사람은 예수님 한 분 외에 아무도 없습니다. 예수님만이 우리의 유일한 구원자이심을 믿기 바랍니다. 요한계시록 21장 3-4절은 읽을 때마다 가슴을 뛰게 하는 구절입니다.

> 내가 들으니 보좌에서 큰 음성이 나서 이르되 보라 하나님의 장막이 사람들과 함께 있으매 하나님이 그들과 함께 계시리니 그들은 하나님의 백성이 되고 하나님은 친히 그들과 함께 계셔서 모든 눈물을 그 눈에서 닦아주시니 다시는 사망이 없고 애통하는 것이나 곡하는 것이나 아픈 것이 다시 있지 아니하리니 처음 것들이 다 지나갔음이러라.

누가 이런 영원하고 행복한 낙원을 우리에게 가져다줄 수 있습니까? 예수님밖에 없습니다. 그분의 구원은 완전한 구원입니다. 그분의 구원은 영원한 구원입니다. 어린 나귀 새끼를 타고 예루살렘에 입성하시던 그 예수님이 우리에게 이 구원을 주십니다.

겸손하신 왕이요, 희생하신 왕이요, 구원하신 왕이신 예수님이 지금 당신과 함께 계십니다. 그분은 우리 각자에게 가까이 다가오셔서 말씀하십니다. "사랑하는 자여, 나는 온유하고 겸손하니 내게 와서 쉬어라. 마음이 몹시 무겁고 힘들지? 이제 내 곁에 와 쉬어라. 사랑하는 자여, 나는 너를 무척 사랑해서 너를 위해 죽었노라. 내 품에서 진정한 평화를 소유해라. 사랑하는 자여, 나는 너를 구원하기를 원하노라. 영생의 나라로 너를 인도하기를 원하노라. 비록 인생 여정이 힘들고 고달파도 조금만 참아라. 황홀하고 아름다운 나라가 기다리고 있다. 내가 그 나라를 네게 주노라."

이렇게 말씀하시는 겸손하신 주님, 희생하신 주님, 구원하시는 주님의 음성이 들리십니까? 바로 당신이 이 음성을 듣는 사람이기를 주의 이름으로 축원합니다.

40

나를 섬기려면 나를 따르라

요한복음 12장 20-33절

20 명절에 예배하러 올라온 사람 중에 헬라인 몇이 있는데 21 그들이 갈릴리 벳새다 사람 빌립에게 가서 청하여 이르되 선생이여 우리가 예수를 뵈옵고자 하나이다 하니 22 빌립이 안드레에게 가서 말하고 안드레와 빌립이 예수께 가서 여쭈니 23 예수께서 대답하여 이르시되 인자가 영광을 얻을 때가 왔도다 24 내가 진실로 진실로 너희에게 이르노니 한 알의 밀이 땅에 떨어져 죽지 아니하면 한 알 그대로 있고 죽으면 많은 열매를 맺느니라 25 자기의 생명을 사랑하는 자는 잃어버릴 것이요 이 세상에서 자기의 생명을 미워하는 자는 영생하도록 보전하리라 26 사람이 나를 섬기려면 나를 따르라 나 있는 곳에 나를 섬기는 자도 거기 있으리니 사람이 나를 섬기면 내 아버지께서 그를 귀히 여기시리라 27 지금 내 마음이 괴로우니 무슨 말을 하리요 아버지여 나를 구원하여 이때를 면하게 하여주옵소서 그러나 내가 이를 위하여 이때에 왔나이다 28 아버지여, 아버지의 이름을 영광스럽게 하옵소서 하시니 이에 하늘에서 소리가 나서 이르되 내가 이미 영광스럽게 하였고 또다시 영광스럽게 하리라 하시니 29 곁에 서서 들은 무리는 천둥이 울었다고도 하며 또 어떤 이들은 천사가 그에게 말하였다고도 하니 30 예수께서 대답하여 이르시되 이 소리가 난 것은 나를 위한 것이 아니요 너희를 위한 것이니라 31 이제 이 세상에 대한 심판이 이르렀으니 이 세상의 임금이 쫓겨나리라 32 내가 땅에서 들리면 모든 사람을 내게로 이끌겠노라 하시니 33 이렇게 말씀하심은 자기가 어떠한 죽음으로 죽을 것을 보이심이러라

어린 시절부터 어른들을 따라서 수없이 불렀던 찬송가들 중에 지금도 부를 때마다 진한 감동에 빠져드는 곡이 하나 있습니다. 블랜디가 작사한 〈예수 나를 오라 하네〉입니다. 어릴 때는 내용도 잘 모르면서 그저 어른들을 따라 불렀지만, 나중에 철이 들어 가사에 담긴 심오한 뜻을 조금이나마 깨달은 후로는 비장한 각오를 가지고 이 찬송을 불렀던 기억이 납니다.

> 예수 나를 오라 하네 예수 나를 오라 하네
> 어디든지 주를 따라 주와 같이 같이 가려네

영어 가사를 보면 훨씬 더 실감 납니다.

> I can hear my Savior calling,
> "Take thy cross and follow, follow Me."
> (십자가를 지고 나를 좇으라 하시는 주의 부르심 들리네)
> Where He leads me I will follow,

I'll go with Him, with Him, all the way.

(그가 인도하는 대로 어디든 나는 가리라

항상 그와 함께 가리라)

2절 가사는 훨씬 더 비장합니다.

겟세마네 동산까지 주와 함께 가려 하네

피땀 흘린 동산까지 주와 함께 함께 가려네

가사의 깊은 의미를 깨닫지 못하는 사람이라 할지라도 죽음을 각오하고 부르지 않으면 안 될 것 같은 심정을 느끼게 만듭니다.

나를 따르라

본문은 이 찬송가 가사와 깊은 연관이 있습니다. 예수님은 유월절을 지키려고 예루살렘에 모인 군중을 앞에 놓고, 특히 예수님이 예루살렘에 입성할 때 "호산나 이스라엘의 왕이시여!" 하며 환호하던 군중을 앞에 놓고 비장한 말씀을 하셨습니다. "사람이 나를 섬기려면 나를 따르라." 다시 말하면 "너희가 나를 섬기려고 하면 나를 따라오라"는 뜻입니다. 우리를 긴장감에 휩싸이게 하는 말씀입니다. 죽음을 앞두고 하신 말씀이기에 결코 단순하지 않은 내용을 담고 있기 때문입니다.

일반적으로 현대 교회 성도들은 예수님을 믿으라는 말은 부담 없이 받습니다. 예수님을 하나님 나라의 왕으로 믿고 고백하는 일을 아주 쉽게 합니다. 그러나 "예수님을 섬기길 원합니까? 주님을 따라갈 각오가 되어 있습니까?"라고 물으면 매우 부담스러워하며 괴로

위합니다. 그렇다고 그들이 예수님을 부인하는 것은 아닙니다. 모임에도 열심히 참석합니다. 나름대로 크고 작은 봉사를 하느라 교회를 제집 드나들듯 하기도 합니다. 그럼에도 예수님을 섬기며 따라야 한다는 말에는 마음을 활짝 열지 않습니다. 예수님께 나아와 쉼을 얻기를 바라면서도 예수님이 메라고 하시는 멍에는 별로 메고 싶어 하지 않습니다. 주님의 십자가를 지고 그분을 따라가는 일에는 가능하면 뒷전에 서려고 합니다.

참으로 모순된 행동이 아닐 수 없습니다. 예수님이 어린 나귀 새끼를 타고 예루살렘으로 들어오실 때 무리가 무엇이라고 소리쳤습니까? 손을 들고 "호산나 이스라엘의 왕이시여!" 하며 환호하지 않았습니까? 여기서 '이스라엘의 왕'이라는 말은 팔레스타인에 있는 작은 영토의 왕이라는 뜻이 아닙니다. 하나님이 세우시는 하나님 나라의 왕이요, 전 우주를 다스리는 영원하신 왕이라는 말입니다. 우리 중에 이 고백을 자신의 것으로 받아들이지 않는 사람은 아무도 없습니다. 모두들 예수님을 왕으로 믿고 고백합니다. 그렇다면 당연히 왕 되신 예수님을 따르고 섬겨야 하지 않겠습니까? 입으로는 예수님을 왕으로 믿고 고백한다고 하면서 실제로는 그분을 섬기고 따르기를 부담스러워하거나 달가워하지 않는다면 과연 하나님 나라의 백성이 될 자격이 있다고 말할 수 있을까요?

당선 가능성이 높다고 점쳐지는 몇몇 대선 주자들 주변에는 대학 교수들과 세계적인 명문대에서 석박사 학위를 받은 석학들이 많이 몰려든다고 합니다. 정치학을 전공한 사람은 정치 분야를 지원하고, 경제학을 전공한 사람은 경제 분야를 지원하고, 기타 자기 전공을 따라 적절한 영역을 맡아 도움을 주고 싶어서입니다. 그들은 때로 연구 보고서를 작성하느라 며칠씩 밤을 새기도 합니다. 월급이나 보수를 받고 그렇게 열심히 일하는 것이 아닙니다. 순전히 무보수로 봉사합니다. 왜 그들이 그렇게 헌신적으로 봉사하는지 잘 압니다. 그들은 자신들이 섬기는 인물이 대권을 손에 쥘 날이 오리라 믿기 때문입니다. 그가 장차 누릴 영광이 곧 자신의 영광이 될 수 있다고 믿기 때문입니다.

한 나라의 대통령이 되고자 하는 사람을 위해서도 헌신하려는 사람들이 이와 같이 줄지어 서는데, 영원한 영광의 나라에서 왕으로 다스리실 예수님을 믿는다고 하는 자들이 그분을 섬기고 따르기를 자원하지 않는다면, 그가 아무리 멋진 신앙고백을 한다고 해도 그의 믿음을 정상적인 것이라 보기는 어렵습니다. 상식적으로도 안 통하는 이야기입니다.

과연 이 세상 대통령에게 우리가 소망을 둘 수 있을까요? 그가 우리의 미래를 책임질 수 있을까요? 결코 그렇지 않습니다. 새 대통령을 뽑아놓고 반년이 채 지나기도 전에 실망하여 불평불만을 늘어놓을지도 모릅니다. 그럼 우리는 어디서 꿈과 미래를 찾아야 할까요? 하나님의 나라입니다. 예수님이 지극히 높은 보좌에 앉으셔서 정의와 사랑과 자비로 다스리는 영원한 나라를 바라보아야 합니다. 사망도 없고, 아픔도, 눈물도 없는 그 나라만이 우리의 꿈이요 소망입니다. 그렇다면 우리가 누구를 섬기고 따라야 할지는 너무나 자명하지 않습니까?

이 세상은 이미 몰락의 길로 달려가고 있습니다. 예수님은 분명히 말씀하셨습니다.

> 이제 이 세상에 대한 심판이 이르렀으니 이 세상의 임금이 쫓겨나리라(31절).

세상에 하나님의 심판이 임했다는 말씀입니다. 이 세상의 임금 사탄은 자기의 때가 얼마 안 남은 줄 알고 최후의 발악을 하고 있습니다. 세상을 다스리는 권력자들은 사탄의 권세 아래서 온갖 부정과 압제를 자행하며 자기 욕심을 채웁니다. 그러나 그들의 역사는 결코 오래가지 못할 것입니다. 세상 정권 치고 무너지지 않는 정권은 하나도 없습니다. 우리가 이런 세상 나라와 임금을 위해 몸 바칠 이유가 어디에 있습니까?

하나님의 나라는 세상의 나라와 근본적으로 다릅니다. 예수님은 말씀하셨습니다.

> 내가 땅에서 들리면 모든 사람을 내게로 이끌겠노라…(32절).

"땅에서 들린다"는 말씀은 일차적으로 주님께서 십자가에 달려 죽으실 것을 예언합니다. 동시에 사망을 이기고 부활하신 주님이 승천하사 하나님의 우편에 앉으실 것을 의미합니다. 다시 말해서 하나님 나라의 왕으로 등극하실 것을 가리키고 있습니다.

조금 있으면 주님께서 세상을 심판하기 위해 재림하실 것입니다. 그리고 모든 족속 중에서 구원받은 백성이 구름 떼와 같이 주님 앞으로 몰려들 것입니다. 드디어 우리가 대망하던 하나님 나라가 눈앞에 활짝 열리는 것입니다. 그 나라는 영원한 나라입니다. 그 나라는 완전하고 눈물과 고통이 없는 행복한 나라입니다. 그렇다면 우리가 어느 나라 임금을 섬기고 따라야 하겠습니까?

신앙 경력이 오래되어 입으로는 예수님을 믿는다고 청산유수처럼 말하지만 "예수님을 섬기고 따르십시오"라는 말은 부담스러워하는 분이 있다면 저는 감히 이렇게 권고하고 싶습니다. "안 믿는 것보다는 나을지 모르지만 세상 끝 날까지 그런 믿음을 가지고 살 생각은 추호도 하지 마십시오."

종이 되라

예수님은 자기를 둘러싼 무리에게 말씀하셨습니다. "사람이 나를 섬기려면 나를 따르라"(요 12:26). 여기서 '섬긴다'는 말은 헬라어로 '집사가 되다'라는 뜻의 '디아코네오'(diakoneo)입니다. 집사는 시중을 드는 종을 가리킵니다. 따라서 주님의 말씀을 다시 이렇게 표현할 수 있습니다. "종이 되어 나를 섬기길 원하는가? 그렇다면 나를 따르라."

'나를 따르라'는 주님의 말씀에는 적어도 두 가지 의미가 내포되어 있습니다. 첫째로, 이 말씀은 예수님 자신처럼 종이 되어야 한다는 뜻입니다. 예수님은 이 세상에 귀족이나 왕자처럼 고귀한 신분으로 오시지 않았습니다. 주님은 하늘 보좌에서 하나님으로서 누리던 모든 영광을 다 버리고 사람의 몸을 입고 종의 모양으로 이 땅에 오셨습니다(빌 2:6-7). 죄와 사망의 권세 아래 짓눌리는 우리를 구원하시려고 친히 종의 모습으로 내려오셨습니다. 그리고 이 세상에 계실 동안 아버지 하나님께 죽도록 충성하는 종으로 사셨습니다. 실제로 자신을 가리켜 '종'이라 하시기도 했습니다. 누가복음 22장 27절을 보십시오. "나는 섬기는 자로 너희 중에 있노라."

예수님은 이 세상에서 시종일관 종의 삶을 사셨습니다. 스승이신 주님이 우리를 구원하시려고 한평생을 종으로 사셨다면, 그분의 제자인 우리 역시 종으로 살아가야 하는 것은 당연합니다. 제자라면 마땅히 스승을 본받아야 합니다.

예수님이 종으로서 하나님께 얼마나 철저히 순종하셨는지는 본문 27절에 잘 나타나 있습니다. 주님은 십자가의 죽음을 몇 시간 앞두고 계셨습니다. 죽음 앞에서 두려운 마음이 들지 않는 사람은 아무도 없습니다. 예수님도 인간의 몸을 입고 계셨기에 마찬가지셨습니다. 그분은 자신의 마음을 이렇게 표현했습니다.

> 지금 내 마음이 괴로우니 무슨 말을 하리요…(27절).

말로 다 표현할 수 없을 정도로 마음이 두렵고 답답하다 말씀하셨습니다. 그래서 주님은 하나님 아버지 앞에 이렇게 기도하시기까지 했습니다.

> … 아버지여 나를 구원하여 이때를 면하게 하여 주옵소서…(27절).

할 수만 있으면 십자가를 지지 않게 해달라는 것입니다. 이것이 예수님의 솔직한 심정이었습니다. 그럼에도 예수님은 하나님의 뜻을 전적으로 따르겠다고 고백했습니다.

> … 그러나 내가 이를 위하여 이때에 왔나이다(27절).

자신이 십자가에서 죽는 것이 하나님께서 기뻐하시는 뜻이라면, 그것을 피하지 않겠다고 말씀하십니다. 이와 같이 종으로서 죽기까지 순종하신 예수님은 더 나아가 자기를 따르는 우리에게도 종이 되라 요구하셨습니다. 예수님은 누가복음 17장 7절 이하에서 종의 일상을 비유로 들며 우리가 얼마나 철저하게 종이 되어야 하는지 가르쳐주셨습니다.

옛날 우리나라의 '머슴'을 생각하면 이 비유를 쉽게 이해할 수 있습니다. 제가 어릴 적만 해도 머슴이라는 신분을 가진 사람이 꽤 많았습니다. 한창 바쁜 농번기에는 머슴뿐만 아니라 주인까지 하루 종일 들에서 일을 합니다. 해가 져 어두워지면 주인과 머슴이 집으로 돌아옵니다. 주인은 집에 들어서자마자 우물가로 가서 몸을 깨끗이 씻은 후 새 옷으로 갈아입고 저녁상을 기다립니다.

그러나 머슴은 사정이 다릅니다. 하루 종일 들에서 일하고 돌아왔다고 해서 마루에 걸터앉아 마음 놓고 쉴 수 없습니다. 여자들은 당장 부엌으로 들어가서 불을 때고 저녁을 지어야 하고, 남자들은 농기구를 정리해서 헛간에 들이고 장작을 패거나 물을 나르는 등 허드렛일을 해야 합니다. 그러다 보면 앉아서 쉬기는커녕 얼굴 한 번 제대로 씻을 틈도 없습니다. 저녁밥이 다 준비되면 상을 차려서 날라야 합니다. 곁에 대기하고 있다가 밥이나 반찬이나 물을 가져오라는 주인의 잔심부름 시중도 들어야 합니다. 머슴들은 주인 식구들이 식사를 다 끝내고 편안히 쉴 때에야 비로소 부엌 구석에 쭈그리고 앉아 허기진 배를 채울 수 있습니다. 그렇다고 해서 여유 있게 노닥거리며 밥을 먹을 수 있는 것도 아닙니다. 먹고 나면 산더미 같은 설거짓거리가 기다리고 있습니다. 이 모든 일을 다 끝내야만 드디어 몸을 씻고 자리에 누울 수 있습니다. 이것이 머슴의 삶입니다. 그렇다고 주인이 그에게 수고했다는 말을 하지 않습니다. 머슴은 원래 그렇게 사는 것이 당연하기 때문입니다.

이것은 종의 입장에서도 마찬가지입니다. 누가복음 17장 10절을 보십시오. "이와 같이 너희도 명령 받은 것을 다 행한 후에 이르기를 우리는 무익한 종이라 우리가 하여야 할 일을 한 것뿐이라." 종으로서 당연히 해야 할 일을 한 것뿐이라고 여기는 사람은 사례나 칭찬을 바라지 않습니다. 주인이 매정하다고 섭섭해하지도 않습니다. 이런 자세를 가지고 섬기는 자가 바로 종입니다. 예수님은 지금 우리 모두가 이와 같은 종의 마음가짐과 자세를 가지고 섬겨야 한다고 교훈하십니다. 왜냐하면 예수님 자신이 세상에서 하나님을 위해 그렇게 사셨기 때문입니다.

세상을 구원하는 일

그러면 예수님은 세상에서 무엇을 위해 종으로 충성하셨을까요?

> 내가 하늘에서 내려온 것은 내 뜻을 행하려 함이 아니요 나를 보내신 이의 뜻을 행하려 함이니라 나를 보내신 이의 뜻은 내게 주신 자 중에 내가 하나도 잃어버리지 아니하고 마지막 날에 다시 살리는 이것이니라(요 6:38-39).

예수님은 이처럼 하나님 아버지의 뜻을 행하는 일에 충성하셨습니다. 아버지의 뜻이란 하나님이 만세 전에 택하사 아들에게 주신 모든 사람을 하나도 빠짐없이 구원하는 것이었습니다. 마태복음 18장 14절에서는 또 이렇게 말씀하셨습니다. "이와 같이 이 작은 자 중의 하나라도 잃는 것은 하늘에 계신 너희 아버지의 뜻이 아니니라." 어린아이 하나라도 구원받지 못하고 멸망당하는 것은 하나님의 뜻이 아닙니다. 예수님은 한 사람도 빠짐없이 구원하시고자 하나님의 일에 충성을 다했습니다.

주님께서 세상을 구원하는 이 일을 얼마나 소중히 여기셨는지는 본문 23절에서도 분명히 나타납니다. 유월절을 지키기 위해 예루살렘에 온 헬라 사람들이 빌립을 통해 면회를 요청해오자, 주님은 흥분을 감추지 못하고 이렇게 말씀하셨습니다. "인자가 영광을 얻을 때가 왔도다"(23절).

이 말씀을 하시는 주님의 얼굴이 기쁨으로 환하게 빛나는 것을 상상할 수 있지 않습니까? 헬라 사람 몇이 자기를 만나고 싶어 한다는 것이 무슨 대단한 일이라고 주님이 이렇게 흥분하셨던 것일까요? 장차 이루어질 일을 내다보셨기 때문입니다. 예수님이 십자가에 죽으시고 부활하셔서 하나님 우편에 앉으시면 그때부터 모든 민족이 하나님 나라로 들어올 수 있습니다. 온 천하 모든 백성이 하나님 앞으로 돌아오는 시온의 대로가 활짝 열릴 것입니다.

헬라 사람들의 면회 요청은 단순한 사건이 아니었습니다. 성경에서 헬라인은 유대인을 제외한 모든 인류를 대표합니다. 그들의 방문은 머지않아 모든 민족에게 구원의 문이 활짝 열릴 것을 예견하는 사건이었습니다. 주님은 이 일이 성취될 그날이 가까웠음을 보시고 "인자가 영광을 얻을 때가 왔도다" 하고 기뻐하셨던 것입니다. 예수님은 온 세상을 구원하는 일을 그만큼 소중히 여기셨습니다.

당신 역시 예수님의 종으로서 세상을 구원하시려는 하나님의 뜻을 이루기 위해 주님처럼 충성을 다해야 합니다. 세상에 복음을 전하여, 아직도 예수님을 모른 채 죄에 빠져 죽어가는 불쌍한 영혼들을 하나님 앞으로 인도하는 일에 전심전력해야 합니다. 세상에서 영원히 저주받은 영혼을 구원하여 생명을 얻게 하는 것보다 더 중요한 일은 없습니다. 인간 사회에서 사람이 태어나고 죽는 것도 중요합니다. 그러나 하나님의 진노 아래 영원히 멸망받을 수밖에 없는 자를 예수님께로 인도해서 하나님의 자녀가 되게 하는 것만큼 중요하지는 않습니다. 사업에 성공해서 이름을 날리는 것도 중요합니다.

그러나 세상을 구원하시려는 하나님의 뜻을 이루는 것과 비교하면 아무것도 아닙니다. 하나님 나라와 그의 의를 구하는 것보다 더 앞세워야 할 소중한 일은 없습니다.

이런 의미에서 젊음을 송두리째 불태우며 복음 전하는 일에 헌신하는 선교사들만큼 위대한 사람은 없습니다. 세상 사람들은 그들을 멸시하고 조롱할지 모르지만, 하나님이 보시기에 선교사나 전도자들만큼 큰 존재는 없습니다. 왜냐하면 그들은 하나님이 가장 중요하게 여기고 앞세우는 일에 충성하는 사람들이기 때문입니다.

우리가 가정에 우선권을 두고 정성을 쏟으면, 평범하지만 행복한 가정생활을 누릴 수 있습니다. 학문에 생명을 걸고 노력하면 세계적으로 명성을 날리는 학자가 될 수 있습니다. 사업에 모든 정력과 시간을 쏟으면 기업가로서 기반을 든든히 닦아 남부럽지 않은 풍요로운 생활을 할 수 있습니다. 이 모든 일이 다 중요합니다. 그러나 그 일 자체만으로는 무의미하다는 사실을 분명히 알아야 합니다. 행복한 가정 자체로는 의미가 없습니다. 내가 명성을 얻게 된 학문 그 자체로는 의미가 없습니다. 내가 사업에서 이룬 성공 그 자체로는 의미가 없습니다. 이 모든 것이 의미 있고 보람되려면 하나님이 가장 중요하게 여기시는 일과 연관되어야 합니다.

우리가 왜 가정을 소중히 여겨야 합니까? 이웃 사람들이 우리 가정을 통해 예수님을 알 수 있기 때문입니다. 우리가 왜 신앙적인 분위기를 만들고 자녀를 잘 키우려고 합니까? 자녀가 자라서 훌륭한 지도자가 되면 그를 통해 하나님 나라와 영광이 온 누리에 충만할 것이기 때문입니다. 우리가 왜 사업을 하느라 밤낮없이 뛰어다닙니까? 하나님이 물질을 주시면 그것을 가지고 복음 사업을 위해 기쁘게 쓸 수 있기 때문입니다. 우리가 운영하는 사업장에서 일하는 수

많은 불신자들을 예수님 앞으로 인도할 수 있는 좋은 기회를 만들기 위해서입니다. 이와 같이 세상을 구원하는 일이 우리의 사업이나 가정, 학문과 연계될 때 우리의 삶 전부가 하나님께 드려지는 산 제사가 될 수 있습니다.

안타깝게도 많은 그리스도인이 이 진리를 제대로 알지 못하는 것 같습니다. 골로새서 3장 24절에서 바울은 노예 생활을 하는 사람들에게 이렇게 말했습니다. "너희는 주 그리스도를 섬기느니라." 노예가 섬기는 자는 자기 주인이지 예수 그리스도가 아닙니다. 그럼에도 바울이 그렇게 말한 이유가 있습니다. 그들은 예수님을 믿고 거듭난 후에 자기 동료들을 전도하여 예수님을 믿게 했습니다. 그들 가운데서 좀 똑똑한 사람들은 가정교사 노릇을 하면서 주인의 자녀가 예수님을 믿게 했습니다. 그래서 자녀를 통해 주인이 예수님을 믿는 경우도 많았습니다.

로마제국이 300년 동안 기독교를 핍박했지만 이러한 복음 사역은 끊임없이 이어져, 나중에는 천하의 박해자 네로 황제의 주변 사람들 가운데서도 예수님을 믿는 자가 상당수 생겨났을 정도였습니다. 이런 고위층에 있는 사람들에게까지 복음이 전달되도록 한 통로는 바로 이들 노예들이었습니다. 이들을 통해 퍼진 복음은 드디어 300년 후에 대 로마제국을 완전히 삼키기에 이르렀음을 역사를 통해 분명히 알고 있습니다. 자신이 아무리 신분과 직업이 비천한 노예라 할지라도 하나님 나라를 위해서 세상에 복음을 전하는 일에 자기 삶을 드리기 시작하자 노예 생활 자체가 주님을 섬기는 가치 있는 삶이 되었습니다.

이 말씀이 우리에게 주는 중요한 교훈이 있습니다. 삶 자체가 주님을 섬기는 삶이어야 한다는 것입니다. 당신의 가정과 직업, 재능,

젊음, 재물을 주님께서 죽도록 충성하셨던 세상을 구원하는 일에 직간접적으로 사용하고 있습니까? 그렇다면 당신의 삶은 하나님이 기뻐하시는 의미 있는 삶이요, 주님을 섬기는 삶이라 할 수 있습니다. 혹시 세상을 구원하는 일과는 관계없는 삶을 살고 있습니까? 이는 "나를 따르라"고 하시는 주님의 명령을 거부하는 것입니다.

썩는 밀알이 되라

둘째로 "나를 따르라"는 말씀은 예수님 자신처럼 썩는 밀알이 되어야 한다는 뜻입니다. 예수님은 이 세상에 계실 때 한 알의 썩는 밀알로 하나님을 섬기셨습니다. 다시 말해서, 죽도록 충성하셨습니다.

> 내가 진실로 진실로 너희에게 이르노니 한 알의 밀이 땅에 떨어져 죽지 아니하면 한 알 그대로 있고 죽으면 많은 열매를 맺느니라(24절).

예수님은 종으로서 이같이 충성하셨습니다. 그러므로 "나를 따르라"는 말씀은 우리도 예수님처럼 썩는 밀알이 되어야 한다는 뜻입니다.

늦가을이 되면 아버지는 밭에 보리 종자를 뿌리셨습니다. 씨앗들은 흙 속에 떨어져 있다가 혹한이 되기 전에 파릇파릇 싹이 돋아납니다. 잎새들은 작고 가냘픈 모습으로 한겨울을 난 다음 봄기운이 도는 2월 말경부터 왕성하게 자라납니다. 가끔 호기심을 못 이겨 4, 5센티미터에 불과한 새싹들을 쑥 뽑아보았습니다. 그러면 뿌리째 딸려 올라옵니다. 그 뿌리에는 종자로 뿌려졌던 보리 껍질이 엉겨붙어 있습니다. 손으로 만져보면 속이 텅 비어 있습니다. 종자 속에 있던 알맹이는 새싹을 내는 데 자양분으로 다 사용된 것입니다. 이렇게 썩어서 싹을 틔운 한 알의 밀알은 4, 5월이 되면 누런 보리 이삭들을 풍성하게 맺습니다. 얼마나 멋있습니까? 땅에 떨어져 죽은 한 알의 보리 때문에 풍성한 열매를 맺을 수 있다니 말입니다.

예수님 당시 유대에서는 보리보다 밀을 많이 재배했습니다. 그래서 주님은 누구나 알아들을 수 있도록 썩는 밀알의 비유로 자기를 따르는 것이 어떤 의미인지 설명하셨습니다. 그래서 예수님은 이렇게 말씀하셨던 것입니다. "나는 많은 열매를 맺기 위해 한 알의 밀알이 되어 썩기를 원하노라. 그래서 내가 십자가에 죽노라. 내가 죽어야만 세상이 구원을 얻을 것이다. 구름처럼 많은 사람이 하나님 나라에 들어가는 영광을 얻을 것이다. 만일 내가 십자가가 무서워 피한다면 이 세상에서 한 사람도 구원받지 못할 것이다."

예수님은 이 말씀대로 행동에 옮기셨습니다. 그리고 제자들인 우리에게 자기의 본을 따르라고 하십니다. "내가 많은 열매를 맺기 위해 십자가에서 죽었던 것처럼 너희도 많은 열매를 얻기 위해 한 알의 썩는 밀알이 되어 죽어야 한다." "나를 따르라"는 말에는 이러한 요구가 담겨 있습니다. 그렇다면 한 알의 썩어지는 밀알이 된다는 것은 구체적으로 무엇을 의미할까요?

> 자기의 생명을 사랑하는 자는 잃어버릴 것이요 이 세상에서 자기의 생명을 미워하는 자는 영생하도록 보전하리라(25절).

'자기 생명을 미워하라'는 말씀이 나옵니다. 이 말씀에서 썩는 밀알이 된다는 것이 무슨 의미인지 좀 더 분명하게 알 수 있습니다. 여기서 '생명'은 헬라어로 '프쉬케'(psyche)인데, '목숨'이라는 일반적인 의미 이외에도 '자아', '뜻', '의지', '소원'이라는 의미를 가지고 있습니다. 그러므로 '생명을 미워하라'는 말은 우리의 뜻이나 소원을 부인하라는 의미로 볼 수 있습니다.

마가복음 8장 34절에서는 이것을 '자기 부인'이라고 설명합니다. "누구든지 나를 따라오려거든 자기를 부인하고 자기 십자가를 지고 나를 따를 것이니라." 예수님은 하나님의 뜻에 철저히 복종하시려 자신의 소원이나 뜻은 다 부정하고 죽이셨습니다. 그러므로 우리 역시 예수님을 따르고자 한다면 자신의 모든 것을 부정할 수 있어야 합니다. 이것이 곧 썩는 밀알이 되는 길입니다.

주를 위해 포기하라

찰스 스터드는 100여 년 전에 영국에 살았던 사람으로 갑부의 아들이자, 케임브리지 대학을 나온 수재요, 당시 최고 인기 스포츠였던 크리켓 부문 대스타였습니다. 그가 가는 곳마다 사람들이 사인을 받으려고 몰려드는 바람에 식사도 제때 챙겨먹지 못할 정도였습니다. 그야말로 부와 명예를 한 몸에 누리던 젊은이였습니다.

그런데 어느 날 갑자기 그의 가정에 놀라운 변화가 찾아왔습니다. 그의 아버지가 무디로부터 전도를 받고 예수님을 믿은 것입니다. 자연히 그도 아버지의 영향으로 예수님을 믿게 되었습니다. 그 이후에 그의 삶은 놀랍게 변했습니다. 자기가 이제껏 누려왔던 인기나 명문 대학 출신이라는 자부심, 집안이 부유하다는 데서 오는 만족감 같은 것들이 시시하게 여겨졌습니다. 세상을 구원하기 위해 복음을 전하는 일보다 더 보람된 것은 없음을 깨달았습니다. 그는 이와 같은 깨달음을 곧바로 실천에 옮겼습니다. 세상을 구원하는 일에 젊음을 바치고자 선교사가 되어 중국으로 건너갔습니다.

그러던 중 그의 아버지가 세상을 떠났고 그는 3만 파운드가 넘는 유산을 상속받았습니다. 당시 파운드 가치가 어느 정도였는지 잘 알 수 없지만 엄청난 유산이었던 것은 분명합니다. 그러나 그는 자기가 받은 유산을 몽땅 무디성경학교와 조지 뮬러의 고아원, 허드슨 테일러의 선교 단체에 헌금했습니다. 그는 중국에서 만나 결혼한 아내와 함께 중국에서 18년 동안 선교사로 헌신했으며, 이후 6년 동안 인도에서 선교사로 사역했습니다.

이렇게 장기간 자기 몸을 돌보지 않고 선교하다 부부가 다 중한 병을 얻었고, 그제야 요양차 귀국했습니다. 영국에 돌아온 지 얼마 지나지 않은 어느 날, 스터드는 어떤 집회에 참석했다가 그곳에 붙어 있던 포스터를 보고 적지 않은 충격을 받았습니다. 포스터에는 이런 글귀가 적혀 있었습니다. "식인종이 선교사를 기다립니다!" 당시 그는 선교사로 나갈 수 있는 형편이 아니었습니다. 중국에서 일하면서 천식을 앓기 시작해 15년 동안 고생해온 터라 몸이 몹시 허약해져 있었습니다. 게다가 나이도 벌써 쉰을 넘겼습니다.

아프리카로 가려는 그를 주변에 있던 거의 모든 사람들이 만류했습니다. 심지어 그의 부인조차 말렸습니다. 그러나 아무도 하나님께서 자기를 아프리카 선교사로 부르신다는 그의 확신을 꺾을 수 없었습니다. 그는 만류하는 아내에게 이렇게 말했습니다. "15년 동안 천식으로 겪은 고통을 어떻게 말로 다 설명할 수 있겠소? 밤낮을 가리지 않고 찾아오는 고통은 죽음의 고통이나 다를 바 없었소. 더군다나 내 몸은 허약해질 대로 허약해진 상태요. 왜 내게 이제는 쉬고 싶다는 그런 유혹이 없었겠소? 그러나 나는 그리스도를 위해 잠시도 쉴 수가 없소."

그는 병든 아내를 영국에 남겨둔 채 아프리카 수단으로 떠났습니다. 목숨을 거는 도박이나 다름없었습니다. 그러나 그는 마가복음 8장 35절 말씀을 굳게 붙잡았습니다. "누구든지 나와 복음을 위하여 자기 목숨을 잃으면 구원하리라."

이렇게 자기를 완전히 제단에 올려놓는 신실한 종을 하나님이 신실하게 대우하지 않으실 리가 없습니다. 한번은 그가 말라리아가 창궐하는 정글을 헤치고 지나가는데, 스물아홉 마리 당나귀 가운데 스물다섯 마리가 죽고 네 마리만 살아남는 기가 막힌 일이 벌어졌습니다. 그러나 그는 그런 와중에서도 말라리아에 걸리지 않고 살아남았습니다. 하나님이 죽음의 정글에서 그를 지켜 보호하셨습니다. 더군다나 그는 70세가 되기까지 무려 20년 동안 아프리카 선교에 헌신하며 수많은 영혼을 구원했습니다. 지금도 그의 사역을 그가 설립한 WEC선교회에 소속된 1,800명의 선교사들이 이어받아 지속해오고 있습니다.

그는 아프리카에서 영국에 있는 아내에게 이런 편지를 썼습니다. "당신에게 건강을 줄 수 없는 의사를 멀리하고 예수님께 상의해보는 게 어떻소? 사랑하는 이여, 예수님께 가서 그분께 당신을 드리시오. 그러면 나와 함께 세계를 돌며 수많은 사람을 주님께로 인도할 수 있을 것이오. 반드시 그러리라는 것을 나는 믿소. 예수님을 믿는 믿음 외에 나와 당신이 살아야 할 다른 길은 없다오."

누가 예수님의 제자입니까? 제자도의 알파와 오메가는 무엇입니까? 주님을 따르는 것입니다. 우리 주님은 자기를 따르는 길이 한 가지밖에 없다고 말씀하십니다. 내가 죽는 것입니다. 나의 뜻, 나의 꿈, 나의 욕심, 나의 고집, 그 무엇이든지 주님의 뜻에 반하는 것은 다 죽어야 한다고 합니다. 더 높은 생의 기쁨을 위해서는 땅에 속한 것을 포기하라고 합니다. 하나님께 집중하기 위해서는 나의 모든 것을 부인하라고 합니다. 주님이 기뻐하시면 자기 목숨까지라도 내놓을 수 있어야 한다고 합니다. 주님의 영광을 위해 내 영광을 버리라고 합니다. 주님의 뜻을 위해 내 뜻을 포기하라고 합니다. 주님의 나라가 이 땅 위에 이루어지도록 나의 짧은 한생을 주님의 제단에 올려놓으라고 합니다. 이것이 바로 썩는 밀알이 되는 것이요, 예수님을 섬기기 위해서 따르는 것이라고 합니다.

이러한 삶을 살 때 많은 열매를 맺을 수 있습니다. 몇 년을 믿어도 열매가 없다면 자신을 되돌아보아야 합니다. 열매가 없다는 것은 내가 살아 있다는 증거이기 때문입니다. 하나님은 우리가 많은 과실을 맺기를 원하십니다. 과실을 많이 맺는 삶은 하나님의 뜻을 이루는 삶이요, 하나님께 영광을 돌리는 삶입니다(요 15:8).

주님은 죽도록 충성하는 자에게 두 가지 보상을 약속하셨습니다. "나 있는 곳에 나를 섬기는 자도 거기 있으리니"(26절). 주님이 계신 곳에 함께 있게 해주시겠다는 것입니다. "내 아버지께서 그를 귀히 여기시리라"(26절). 하나님께서 귀하게 여겨주신다는 말씀입니다. 요한복음 17장 24절도 이와 비슷한 약속을 들려주십니다.

> … 내게 주신 자도 나 있는 곳에 나와 함께 있어 아버지께서 창세전부터 나를 사랑하시므로 내게 주신 나의 영광을 그들로 보게 하시기를 원하옵나이다.

주님이 영광을 누리는 곳에서 주님을 위해 썩는 밀알처럼 헌신한 자들도 그 영광에 동참시켜주신다는 말씀입니다. 우리는 예수님을 위해 죽도록 충성해야 하는 종입니다. 예수님은 자기가 썩는 밀알로 희생하신 것처럼 우리도 희생하라고 말씀하십니다. 그래서 많은 열매를 맺으라고 하십니다. 당신이 주부이든, 학생이든, 사회인이든, 직장인이든 상관이 없습니다. 어디에서 무슨 일을 하든지 당신도 이 세상을 구원하는 귀한 일에 쓰임받는 종이 될 수 있습니다.

한 번밖에 없는 인생입니다. 이 세상의 망할 나라를 위해 헌신하겠습니까? 아니면 장차 다가올 영원한 나라를 위해 열매 맺는 일에 헌신하겠습니까? 지금이라도 늦지 않습니다. 나중에 후회하지 말고 지금부터라도 하나님께서 기뻐하시는 그 일을 시작합시다. 우리의 젊음과 지식, 재물, 시간, 이 모든 것을 세상을 구원하는 일을 위해 사용합시다. 그럴 때 우리 삶에 하나님께서 복을 주실 것입니다. 수많은 영혼을 하나님 앞으로 인도하는 빛나는 삶이 될 것입니다.

우리가 누구입니까? 가장 영광스러운 일에 부름받은 예수님의 제자들입니다. 자신의 신분을 한시도 잊지 마십시오. 함부로 살다 그만둘 인생이 아닙니다. 예수님을 따르는 제자로서 그 신분에 걸맞는 인생을 살다가 주님 앞에 서야 합니다. "잘했도다, 착하고 충성된 종아!"라고 하시는 칭찬을 꼭 들을 수 있어야 합니다.

41

약한 믿음, 거짓 믿음

요한복음 12장 34-43절

34 이에 무리가 대답하되 우리는 율법에서 그리스도가 영원히 계신다 함을 들었거늘 너는 어찌하여 인자가 들려야 하리라 하느냐 이 인자는 누구냐 35 예수께서 이르시되 아직 잠시 동안 빛이 너희 중에 있으니 빛이 있는 동안에 다녀 어둠에 붙잡히지 않게 하라 어둠에 다니는 자는 그 가는 곳을 알지 못하느니라 36 너희에게 아직 빛이 있을 동안에 빛을 믿으라 그리하면 빛의 아들이 되리라 예수께서 이 말씀을 하시고 그들을 떠나가서 숨으시니라 37 이렇게 많은 표적을 그들 앞에서 행하셨으나 그를 믿지 아니하니 38 이는 선지자 이사야의 말씀을 이루려 하심이라 이르되 주여 우리에게서 들은 바를 누가 믿었으며 주의 팔이 누구에게 나타났나이까 하였더라 39 그들이 능히 믿지 못한 것은 이 때문이니 곧 이사야가 다시 일렀으되 40 그들의 눈을 멀게 하시고 그들의 마음을 완고하게 하셨으니 이는 그들로 하여금 눈으로 보고 마음으로 깨닫고 돌이켜 내게 고침을 받지 못하게 하려 함이라 하였음이더라 41 이사야가 이렇게 말한 것은 주의 영광을 보고 주를 가리켜 말한 것이라 42 그러나 관리 중에도 그를 믿는 자가 많되 바리새인들 때문에 드러나게 말하지 못하니 이는 출교를 당할까 두려워함이라 43 그들은 사람의 영광을 하나님의 영광보다 더 사랑하였더라

본문의 의미를 생각해보기에 앞서, 먼저 그 흐름을 살펴봅시다. 지난 3년 동안 예수님은 갈릴리와 유대를 다니시면서 "회개하라 천국이 가까웠느니라" 하고 천국 복음을 선포하셨습니다. 만나는 사람들에게 복음을 전하시고, 진리를 가르치시며, 또 병든 자들을 치유하셨습니다. 그러나 예수님은 이제 그와 같은 모든 사역들을 마무리해야 하는 마지막 단계에 접어들었다고 판단하셨습니다.

… 예수께서 이 말씀을 하시고 그들을 떠나가서 숨으시니라(36절).

참으로 이상한 말씀이 아닐 수 없습니다. 일체의 공적인 활동을 중단하고 잠적하신 것입니다. 이제 며칠 남지 않은 기간을 이용해서 조용한 곳에서 제자들을 마지막으로 격려하고, 교육하며, 그들을 준비시키는 데 심혈을 기울이기로 작정하신 것입니다. 그래서 13장 이하에서는 예수님이 제자들과 만나 말씀하시는 모습만 볼 수 있고, 무리 앞에 모습을 드러내시는 장면은 찾을 수 없습니다. 모든 사람에게 천국 복음을 전하시고, 가르치시고, 치료하시던 사역을 이제 마무리하셨습니다.

그런데 본문을 보면 '예수님이 지난 3년 동안 하신 사역은 실패작이 아니었나?' 하는 느낌을 받습니다. 하나님의 아들이 직접 오셔서 권세 있는 말씀을 전하시고, 이적과 표적을 베푸사 사람들의 질병을 치유하시고, 심지어 죽은 자까지 살리는 엄청난 일을 보여주셨는데도 3년 동안 예수님을 믿고 돌아온 사람은 그렇게 많지 않았던 것 같습니다.

> 이렇게 많은 표적을 그들 앞에서 행하셨으나 그를 믿지 아니하니(37절).

예수님을 하나님의 아들로 믿으려 하지 않는 것이 대세였습니다. 그러면 예수님의 사역이 실패였다고 말할 수 있을까요? 그렇지 않습니다. 예수님은 우리가 구원받을 수 있는 길을 닦아놓으시고, 믿고 영생을 얻는 풍성한 열매는 성령과 제자들에게 넘겨주셨습니다. 성경을 보십시오. 그로부터 불과 한두 달도 지나지 않아 엄청난 열매를 맺지 않았습니까? 그러나 예수님이 하신 사역만을 놓고 볼 때는 사실 결과가 너무 빈약하다는 느낌을 지울 수 없습니다.

더욱이 성경에서는 이렇게 3년 동안 복음을 듣고도 사람들이 예수님을 믿지 않는 기현상을 두고 이미 예언된 일이니 조금도 이상할 것이 없다는 투로 말씀합니다. 선지자 이사야는 오래전부터 이런 불신의 세대가 예수님의 사역을 방해하리라고 내다보았습니다. 요한은 38절 이하에 이사야의 예언을 그대로 인용했습니다.

> … 주여 우리에게서 들은 바를 누가 믿었으며 주의 팔이 누구에게 나타났나이까(38절).

쉽게 말하자면 이런 이야기입니다. "하나님, 우리가 복음을 전할 때 누가 우리가 하는 말을 믿었습니까? 하나님, 우리가 하나님의 이름으로 이적 기사를 행하고 하나님의 강한 팔을 보여줄 때 예수님을 믿고 돌아온 사람이 누가 있습니까? 모두가 귀를 막고 안 들었습니다." 이사야는 장차 예수님이 이 땅에 오셨을 때 나타날 불신의 세대를 내다보고 이미 이런 예언을 했던 것입니다. 그러므로 이 예언대로 되는 것이 아니냐는 이야기입니다.

100퍼센트 은혜, 100퍼센트 기적

예수님 당시의 세대는 왜 놀라운 이적 기사를 보고도 예수님을 믿지 않았을까요?

> 그들의 눈을 멀게 하시고 그들의 마음을 완고하게 하셨으니 이는 그들로 하여금 눈으로 보고 마음으로 깨닫고 돌이켜 내게 고침을 받지 못하게 하려 함이라…(40절).

왜 많은 사람이 예수님을 보고도 안 믿었습니까? 40절 말씀은 하나님이 그들의 눈을 가려놓아서 못 믿었다는 이야기처럼 들립니다. 하나님이 그들의 마음을 완악하게 만들어버리셔서 믿을 수 없었다는 말처럼 들립니다. 그들이 마음으로 깨닫고 회개하고 돌아와서 구원을 받을까 싶어서 아예 그러지 못하도록 일부러 그렇게 하셨다는 것처럼 보입니다.

사실 하나님이 어떤 사람의 마음을 강퍅하게 만들고, 무슨 소리를 해도 듣지 못하도록 귀를 콱 막아버려서, 마지막까지 하나님을 거역하고 대항하다가 저주받는 자리에 이르도록 내버려두시는 경우가 있습니다. 애굽의 바로나 예수님 당시의 빌라도, 대제사장 같은 사람들이 좋은 예입니다. 하나님께서 왜 그렇게 하셨을까요? 우리는 잘 모릅니다. 다만 분명히 말할 수 있는 것은 그들은 특수한 경우에 해당하는 사람들이라는 사실입니다. 그와 같은 특수한 경우를 일반적인 경우로 확대 해석하면 안 됩니다. 사실 40절은 특수한 경우가 아닌 일반적인 경우를 다룬 이야기입니다. 하나님이 못 믿도록 방해하신 것이 아니라는 말입니다. 따라서 유대 사람들이 믿지 못한 책임을 하나님께로 돌릴 수 없습니다.

40절을 읽을 때는 조금 각도를 바꾸어 생각해야 합니다. 사람은 태어날 때부터 영적인 눈이 멀어서 하나님의 영광을 볼 수 없다고 성경은 말씀합니다. 사람은 예수님이 눈앞에 있어도 그분이 하나님의 아들이심을 알아볼 수 없을 만큼 죄로 눈이 어두워져 있습니다. 이미 어두운 사람인데 그를 또 어둡게 할 필요가 있을까요? 또 사람은 이 세상에 날 때부터 마음이 강퍅합니다. 성경 말씀대로 하면, 돌처럼 굳은 마음을 가지고 세상에 나옵니다. 미련한 마음을 가지고 나옵니다. 그러므로 하나님의 말씀을 들을 수 없습니다. 깨달을 수 없습니다. 인간은 그 마음이 돌밭과 같고 가시덤불과 같아서 아무리 귀가 아프도록 들려줘도 깨닫지 못합니다. 날 때부터 이미 완악한데 또 완악하게 할 이유가 어디 있습니까?

따라서 '하나님이 눈을 멀게 했다, 완악하게 했다'는 말을 액면 그대로 들으면 안 됩니다. 이 말씀은 완곡한 표현으로 이해해야 합니다. 눈먼 사람은 눈먼 그대로 내버려두셨고, 마음이 완악한 사람은 완악한 그대로 내버려두셨다는 이야기입니다. 그러므로 자연적으로는 깨달을 수도 없고, 볼 수도 없었다는 말입니다.

실제로 로마서 1장을 보면 예수님을 믿으라고 해도 믿지 않고 회개하라고 해도 회개하지 않고 우상을 숭배하는 데 열심을 내는, 하나님의 저주 아래 놓인 사람들을 가리켜 '하나님이 내버려두셨다'고 표현합니다. 로마서 1장 24절을 보십시오. "그러므로 하나님께서 그들을 마음의 정욕대로 더러움에 내버려두사." 또 26절을 보십시오. "이 때문에 하나님께서 그들을 부끄러운 욕심에 내버려두셨으니." 또 28절을 보십시오. "그들이 마음에 하나님 두기를 싫어하매 하나님께서 그들을 그 상실한 마음대로 내버려두사." 이것을 일컬어 본문에서는 '눈을 멀게 하셨다', '마음을 완고하게 하셨다'고 표현합니다.

사람이 예수님을 하나님의 아들로 받아들이려면 마음속에 초자연적인 역사가 일어나야 합니다. 우리 자신의 힘으로는 100퍼센트 불가능한 일입니다. 우리는 스스로의 힘으로 눈을 뜰 수 없고, 마음을 부드럽게 할 수도 없습니다. 심지어 하나님의 아들이 우리 앞에 나타나도 믿을 수 없는 존재들입니다. 예수님을 믿으려면 하나님의 은혜가 100퍼센트 역사해야 합니다. 하나님께서 굳은 마음을 부드럽게 해주시는 은혜가 있어야 합니다. 눈을 씻어주시고 귀를 열어주셔야 됩니다. 그때에야 비로소 예수님을 '나의 주 나의 하나님'으로 고백하는 믿음을 가질 수 있습니다.

이런 의미에서 믿음은 100퍼센트 기적입니다. 하나님을 나의 아버지로 모시고, 예수님을 나의 구주로 믿게 되었습니까? 이것은 기적입니다. 이 세상에서 가장 놀라운 기적은 바로 내가 예수님을 믿은 것입니다. 영적으로 눈먼 나 같은 것이 예수님을 구주로 발견했으니까요. 영적으로 귀머거리인 나 같은 것이 주님의 말씀을 알아들을 수 있는 사람이 되었으니까요. 이것만큼 위대한 기적이 없습니다. 이 기적은 하나님의 절대적인 은혜가 있을 때만이 가능합니다.

그런데 불행하게도 예수님 당시의 많은 사람에게는 하나님께서 그 은혜를 주시지 않았습니다. 그냥 내버려두셨습니다. 그래서 결국 하나님의 아들이 3년 동안 그렇게 온갖 이적 기사를 행하셨는데도 열매가 그리 신통치 않았던 것입니다.

거짓 믿음

본문을 통해 특별히 두 가지를 묵상해보려고 합니다. 하나는 거짓 믿음이고, 또 하나는 약한 믿음입니다. 당시 유대 사람들은 일반적으로 예수님이 하나님의 아들이라고 믿지 않았습니다. 꽤 많은 사람이 예수님을 거부했습니다. 그러나 12장 전체적인 분위기를 보면 조금 다른 면이 있습니다. 예수님 주변에 몰린 많은 청중은 조금 다른 데가 있었기 때문입니다.

그들은 죽어서 사흘 동안 무덤에 있던 자를 예수님께서 말씀 한마디로 일으켜 다시 살려내시는 것을 눈으로 보았습니다. 그들 중 다수는 그 기적을 보자마자 예수님을 믿었습니다(요 12:11). 뿐만 아니라 예수님이 어린 나귀 새끼를 타고 예루살렘에 입성하실 때, 손에 종려나무 가지를 들고 "호산나! 이스라엘의 왕이여" 하고 환호하면서 하루 종일 열광했습니다. 그리고 하늘에서 천둥 번개가 치는 것처럼 하나님께서 예수님에게 하시는 말씀을 귀로 들었습니다. 그렇기 때문에 12장에 나오는 일반 청중은 거의가 믿는 사람들처럼 보입니다. 그 가운데는 예수님이 하나님의 아들이라고 고백하는 사람들도 없지 않았습니다. 이것이 12장에 나오는 청중의 일반적인 경향이었습니다. 그런데도 성경은 "그들이 믿지 않았다"고 말합니다(37절). 겉으로는 믿는 것처럼 보이지만 실제로는 아니라는 말입니다. 이런 점에서 그들의 믿음은 거짓 믿음이었습니다. 분위기에 편

승해 믿는 것처럼 행세하는 것은 다 거짓 믿음입니다.

거짓 믿음을 가진 사람들에게는 한 가지 특징이 있습니다. 그들은 잘 따집니다. 잘 싸우고, 논쟁도 잘하고, 마음에 별의별 의심을 품고서 끝도 없는 질문을 늘어놓습니다. 이것이 거짓 믿음을 가진 사람들의 일반적인 경향입니다. 말이 많습니다. 질문이 많고 끝없이 논쟁하기를 좋아합니다. 그리고 바른말을 하면 잘 듣지 않고 자기 생각에 빠져 자기 말만 합니다. 본문에 나오는 무리 역시 벌써 그런 티를 냅니다. 예수님께서 이렇게 말씀하셨습니다.

> 내가 땅에서 들리면 모든 사람을 내게로 이끌겠노라…(32절).

이 말이 무슨 뜻입니까? 사도 요한은 이에 덧붙여 그 뜻을 이렇게 설명합니다.

> … 자기가 어떠한 죽음으로 죽을 것을 보이심이러라(33절).

땅에서 들린다는 말은 첫째는 십자가에서 죽으시는 것이요, 둘째는 승천하시는 것을 의미합니다. 그런데 놀랍게도 예수님 주변에 있었던 청중은 이 말씀의 의미를 깨달았습니다. 예수님이 죽으신다는 이야기임을 파악했습니다. 그래서 그들은 대뜸 이런 질문을 던집니다. 34절을 보십시오. "율법 책에는 하나님의 아들 그리스도는 영원히 죽지 않는다고 말씀하시는데, 당신은 왜 죽는다고 하는가? 당신이 죽는다는 소리를 하는 걸 보니 하나님이 보내신 메시아가 아닌 게 틀림없군."

거짓 믿음을 가진 사람들은 이처럼 조금이라도 꼬투리가 될 만한 것이 보이면 트집을 잡아 따집니다. 예수님은 영원하신 하나님입니다. 그분에게는 죽음이 없습니다. 주님의 나라는 영원토록 계승될 것이요, 영원토록 쇠하지 않을 것입니다. 시편 89편 4절을 보십시오. "내가 네 자손을 영원히 견고히 하며 네 왕위를 대대에 세우리라." '영원히'나 '대대에'라는 말은 죽음이라든지, 쇠한다든지, 망한다든지 하는 것과는 관계없는 이야기입니다.

에스겔 37장 25절을 보십시오. "내 종 다윗이 영원히 그들의 왕이 되리라." 여기서 다윗은 예수 그리스도를 말하는데, 곧 예수님이 영원히 왕이 되리라는 말씀입니다. 구약성경의 이 말씀들을 그들은 다 알고 있었습니다. 그래서 그들은 '진짜 메시아가 오시면 그분은 영원히 왕 노릇 하실 분이므로 죽지도 않을 것이요, 이스라엘에 지상낙원을 세워 우리도 죽지 않게 하실 것이다'라는 막연한 기대를 하고 있었습니다. 그런데 예수님은 자기가 죽는다고 말씀하시니 "당신이 무슨 메시아인가?" 하며 따지고 들었던 것입니다.

선입견과 의심을 버려야

왜 이런 현상이 일어날까요? 거짓 믿음을 가진 사람들은 하나님의 말씀을 정직하게 배우려고 애쓰지 않습니다. 바른 복음을 전하면 잘 들으려고 하지 않습니다. 자기 마음에 드는 말만 선별해서 마음에 담습니다. 예수님 주변에서 시비를 걸고 들어오는 군중 역시 그러했습니다. 어릴 때부터 구약을 배웠던 유대 사람들은 듣기 좋은 것만 쏙쏙 뽑아 알고 있었습니다. 마음에 들지 않는 말씀은 아예 무시해버렸습니다. 이렇게 말씀을 정직하게 보지 않았으므로 예수 그리스도를 바로 믿고 바로 알 수가 없었습니다.

그러나 구약에 보면, 예수님이 영원히 다스린다는 말씀도 있지만 그 영원은 십자가의 고난을 통해서만 얻을 수 있다는 사실도 기록되어 있습니다. 영원한 통치를 얻기 이전에 예수님은 먼저 죽으셔야 했습니다. 세상 죄와 허물을 짊어진 어린양으로 십자가에서 속죄 제물이 되어야 했습니다. 그다음에 부활과 함께 영원히 다스리시는 하나님 나라의 왕이 될 수 있다고 말씀합니다.

시편 22편 1절을 보십시오. "내 하나님이여 내 하나님이여 어찌 나를 버리셨나이까" 하고 주님의 고난을 이야기하지 않습니까? 이사야 53장 5절을 보십시오. "그가 찔림은 우리의 허물 때문이요 그가 상함은 우리의 죄악 때문이라 그가 징계를 받으므로 우리는 평화를 누리고 그가 채찍에 맞으므로 우리는 나음을 받았도다." 하나님의 아들이 세상에 오시면 먼저 살이 찢겨야 합니다. 채찍에 맞아야 합니다. 죽어야 합니다. 상처를 입고 피를 흘려야 합니다. 십자가의 고난을 통과해야만 비로소 영원히 죽음을 정복하시고 영원히 다스리시는 만왕의 왕이 되신다고 성경은 분명히 말씀했습니다.

그런데 사람들은 예수님이 십자가에서 죽어야 하고 고난받아야 한다는 말씀은 다 외면했습니다. 자기 마음에 들지 않았기 때문에 보이지 않았던 것입니다. 메시아가 죽어야 하는데도 안 죽는다고 주장합니다. 메시아는 죽음으로써 영원한 왕이 된다고 말씀하셨는데도 그 말씀을 모르고 "당신이 죽는다면 어떻게 우리의 메시아가 될 수 있느냐"고 따지는 것입니다. 모든 것이 그들의 믿음이 엉터리여서 나오는 말들입니다.

교회를 다니면서도 어떤 분은 마음속에 의심을 품고 씨름하면서 바른말을 해도 들으려고 하지 않습니다. 성경을 조금 가까이 와서 보면 되는데 보려는 노력조차 하지 않고, 늘 선입견이나 작은 상식을 가지고 계속 트집을 잡습니다. 행여나 이런 마음을 가진 분이 계시면 주의하십시오. 당신의 믿음은 거짓 믿음일 수 있습니다.

이런 분들에게 부탁드립니다. 성경을 펴십시오. 그리고 성경 앞으로 나와서 어린아이처럼 정직하게 읽어보십시오. 그러면 예수님을 만날 것입니다. 십자가의 주님을 알게 될 것이고 영광의 주님을 보게 될 것입니다. 아무리 오해가 많이 쌓여 있는 사람끼리라도 직접 만나서 자주 이야기를 하다 보면 오해가 풀리고 마음속에 상대방에 대한 정이 쌓이기도 하지 않습니까? 하물며 하나님의 아들을 믿는다고 하면서, 말씀을 통해 그분을 자주 만날 생각은 하지 않고 성경은 덮어놓은 채 마음에 있는 의심만 가지고 씨름한다면 우리는 안 믿으려는 사람과 무엇이 다릅니까? 주님을 믿기 원한다면 그런 태도는 버리십시오.

믿음은 기적입니다. 그러므로 우리가 하나님 앞에 나와서 조용히 성경을 펴놓고 "하나님, 저의 굳은 마음을 제하여주시옵소서. 하나님, 저에게 부드러운 마음을 주시옵소서. 하나님, 정직한 눈을 가지고 예수님을 보게 하옵소서" 하고 기도하면서 말씀을 읽어야 합니다. 마음은 닫아놓고 계속 의심에 사로잡혀 질문을 던지며 시비만 걸면 주님을 만날 수 없습니다.

약한 믿음

두 번째로, 약한 믿음을 생각해보았습니다. 약한 믿음에 관심이 생긴 것은 본문 42절 이하에 나오는 내용 때문입니다. 우리는 온 천하가 예수님을 안 믿는 대세로 흘러가고, 겉으로 믿는 것처럼 보이는 사람도 실상은 거짓 믿음을 가진 사람이라는 사실을 알았습니다. 그럼에도 42절을 보면 대단히 흥미로운 내용이 나옵니다.

> 그러나 관리 중에도 저를 믿는 자가 많되…

참 희한한 말씀입니다. 관리라고 하면 상당히 높은 계층에 속한 사람들입니다. 당시 관리의 수는 유대에서 100명 미만으로 대단히 존경받는 귀족 계급이요, 권세가 막강한 사람들입니다. 성경에 나온 니고데모나 아리마대 요셉 같은 사람이 여기에 해당합니다. 그런데 놀랍게도 부와 명예를 다 누리는 이 사람들 가운데 예수님을 믿는 자가 많다고 이야기합니다. 정말 굉장한 일입니다. 그러나 문제는 그다음에 이어지는 말씀입니다.

> … 바리새인들 때문에 드러나게 말하지 못하니 이는 출교를 당할까 두려워함이라(42절).

그들은 믿기는 믿는데 바리새인들이 두려워 자신의 믿음을 드러나게 말하지 못했습니다. 사람들 앞에서 "나는 예수님이 메시아요 하나님의 아들이심을 믿습니다"라고 공적으로 시인하지 못했던 것입니다. 그리고 또 한 가지 약점이 있었습니다. 출회를 당할까 두려워했습니다. 당시 유대 사회는 유대교가 지배했습니다. 그래서 누구든지 예수님을 하나님의 아들이라고 시인하면 관리들처럼 지위가 높은 사람이라도 모든 것을 다 빼앗길 수 있었습니다. 성전에서 제사 드리는 일에도 참여치 못하고 쫓겨날 수 있었습니다. 또 경우에 따라서는 재산상의 손해도 입을 수 있었고, 결국은 사회적으로 고립되는 핍박을 당할 수도 있었습니다.

당시 많은 사람이 예수님 믿는 것 때문에 사회에서 여러 가지 불이익을 당했습니다. 평민들이 그런 불이익을 당한다면 그렇게 표가 안 날지 모릅니다. 그러나 관리로서 평소 명예와 부를 누리는 사람들이 이렇게 되면 엄청난 대가를 치를 수밖에 없습니다. 그러므로 이들은 예수님을 믿는다고 하면서도 예수님 때문에 당할 불이익을 겁내는 것입니다.

> 그들은 사람의 영광을 하나님의 영광보다 더 사랑하였더라(43절).

그들은 마음가짐이 바르지 못했습니다. 예수님을 믿는다면 마음에서 항상 예수님을 가장 우선순위로 삼아야 합니다. 그러나 그들은 자기 자신을 예수님보다 앞세웠고, 하나님보다 앞세웠습니다. 자기를 먼저 위하고 그다음에 하나님을 위했으며, 하나님의 영광보다 자기 영광을 더 많이 생각했습니다. 그들은 예수님을 믿다가 손해 볼까 싶어 날마다 부들부들 떨고 두려워했습니다.

그럼에도 놀라운 것은, 이런 사람들을 두고 성경은 '예수님을 믿는다'고 말씀한다는 사실입니다. 우리가 볼 때는 엉터리 믿음 같은데, 앞서 이야기한 거짓 믿음을 가진 사람들이나 별반 다를 바 없는 것 같은데, 그들을 가리켜 믿는 사람이라고 말씀합니다.

사실 믿음 생활에서, 자신이 믿는 사람임을 드러내는 것처럼 중요한 것은 없습니다. 로마서 10장 10절에 이런 말씀이 있습니다. "사람이 마음으로 믿어 의에 이르고 입으로 시인하여 구원에 이르느니라." 아무리 속으로 '믿습니다'라고 말해도 자기 입으로 예수님을 고백하지 못하면 그 믿음은 의심할 만하다는 이야기입니다.

그래서 마태복음 10장 32-33절에서 주님은 굉장히 무서운 말씀을 하셨습니다. "누구든지 사람 앞에서 나를 시인하면 나도 하늘에 계신 내 아버지 앞에서 그를 시인할 것이요 누구든지 사람 앞에서 나를 부인하면 나도 하늘에 계신 내 아버지 앞에서 그를 부인하리라." 이 얼마나 무서운 말씀입니까? 이런 말씀에 비춰보면 예수님을 드러내놓고 고백하지 못하는 사람은 믿는 사람이라고 말하기 어렵습니다. 그런데 놀랍게도 본문은 그들을 가리켜 여전히 믿는 자라고 말씀하십니다.

예수님을 믿으려면 값을 치르는 삶을 살아야 합니다. 세상이냐, 예수님이냐? 예수님을 선택했을 때 세상에서 핍박을 받고 예수님 때문에 많은 고통을 당하며 손해를 본다고 할 때 우리는 어떻게 해야 합니까? 성경은 분명히 말씀합니다. 예수님은 진주와 같습니다. 누구든지 진주를 발견하면 그 진주를 손에 넣기 위해 자기가 가진 모든 것을 다 팔아 진주가 묻힌 밭을 산다고 했습니다. 예수님을 믿는 것은 바로 이와 같습니다. 예수님 한 분을 소유하고, 예수님으로 말미암아 영생을 얻기 위해서는 누군가 우리를 핍박할 때 묵묵히 핍박을 당하고, 목에 칼이 들어와도 예수 믿는 것은 포기할 수 없다고 하면서 모든 고통과 고난을 기쁘게 받는 것이 참신앙을 가진 사람의 태도입니다.

이런 의미에서 지위가 날아갈까, 손해는 보지 않을까 하고 부들부들 떠는 관리를 놓고 '믿는다'고 하는 것은 참 이상합니다. 우리 눈에는 세상 영광도 놓치고 싶지 않고 하늘의 영광도 놓치고 싶지 않고, 세상 행복도 놓치고 싶지 않고, 천국의 복락도 놓치고 싶지 않은 아주 욕심 많은 사람들로 보이기 때문입니다.

예수님 때문에 손해 보는 삶

박은혜 전도사는 중국에서 태어난 조선족 자매로 배운 게 별로 없는 평범한 여자입니다. 중국에서 문화혁명의 광풍이 사람들을 한창 핍박할 무렵, 남몰래 라디오를 틀어놓고 듣다가 극동방송을 알게 되었습니다. 그는 극동방송을 들으면서 예수님을 만났습니다. 예수님이 나의 구주요, 예수님을 믿으면 죄 사함 받고 영생을 얻는다는 진리를 알게 되었습니다. 그래서 시간만 나면 만사를 제쳐놓고 라디오를 켰습니다.

그런데 어느 날 혼자 조용히 방송을 듣는데 설교자가 설교를 끝내면서 이런 말을 했나 봅니다. "사랑하는 형제자매 여러분, 예수 믿기를 원하십니까? 그러면 제 기도를 따라 하십시오." 이 자매는 설교자의 말대로 따라 했습니다. "자비로우신 하나님 아버지, 감사합니다. 예수님이 나의 구주요, 나의 하나님이심을 믿습니다…." 한참 이렇게 따라 하는데 갑자기 머리 위로 뭔가 뜨거운 액체가 확 쏟아지는 것을 느꼈습니다. 너무도 놀라 벌떡 일어나서 눈을 떠보니 언제 들어왔는지 남편이 들어와서 국수를 먹다가 "무슨 게딱지 같은 소리를 하고 있어?" 하면서 머리에 뜨거운 국물을 그대로 엎어버렸던 것입니다.

그러나 그는 꺾이지 않았습니다. 중국에는 공산당과 좋은 관계를 유지하면서 기독교의 명맥을 이어가는 삼자교회가 있습니다. 그런데 그가 라디오만으로는 만족하지 못해 매 주일마다 삼자교회에 나가기 시작한 것입니다. 그러자 남편은 핍박의 정도를 몇 배나 늘렸습니다. 얼마나 핍박을 하는지 교회만 다녀오면 그날 저녁은 온몸이 만신창이가 되었습니다. 너무 두들겨 맞아서 양쪽 귀가 터진 적도 한두 번이 아닙니다. 그렇게 10년 동안을 남편에게 두들겨 맞으며 살았습니다.

그럼에도 그는 "예수 안 믿는다"라는 말을 하지 못했습니다. 남편이 "너, 나를 택할래, 예수를 택할래?" 하고 으름장을 놓을 때마다

"나는 예수님도 택하고, 당신도 택할 겁니다"라고 하면서 포기하지 않았습니다. 그러다가 나중에는 결국 판사 앞에 끌려가서 강제 이혼을 당했습니다. 그러고는 한국으로 쫓겨와서 10년이 넘도록 돌아가지 못하고 있는데 그 가슴에 얼마나 불이 붙는지 모릅니다. 저는 그 자매 이야기를 들으며 참 부끄럽다는 생각을 했습니다.

그는 이런 말을 했습니다. "한국 교회에 와 보니, 모든 성도들 대부분 배에 기름이 줄줄 흐르도록 받은 것이 너무 많은데도 이상하게 기도할 때 엎드리기만 하면 하나님한테 뭘 그렇게 많이 맡겨놓았는지 '주여, 주시옵소서' 하고 날마다 달라고만 합니다. 중국 성도들은 그렇게 환난과 핍박을 받으면서 신앙생활을 해도 무엇을 달라고 기도하지 않습니다. '하나님, 우리에게 구원을 주신 것을 감사합니다. 우리를 들어 사용해주옵소서. 우리가 주님을 위해 살게 해주옵소서' 하고 기도하지, 무엇을 달라는 기도는 하지 않습니다."

교회에 오면 날마다 달라고만 하면서 자기중심적으로 신앙생활을 하는 사람들이 진짜 믿음을 가진 사람들이겠느냐는 뼈아픈 충고입니다. 예수님을 믿는다는 것이 무엇입니까? 예수님 때문에 손해 보는 삶을 사는 것입니다. 그리스도인이란, 천국에 들어가기 위해서는 이 땅에서 겪는 환난을 당연하게 여기고 살아가는 사람들을 말합니다. 예수 믿으면서 믿음을 바로 가져보려다가 두들겨 맞는 수도 있고, 사람들에게 멸시를 당할 수도 있습니다. 그런 어려움 속에서도 "나는 예수님을 믿습니다. 당신도 예수님을 믿으십시오" 하고 당당하게 말하는 사람이 참믿음을 가진 사람입니다. 이런 의미에서 보자면, 그렇게 살지 못했던 관리들을 놓고 성경이 '믿는다'고 표현하는 것은 놀라운 일입니다.

어린 믿음이 자라려면

관리들은 속으로는 믿었습니다. 속으로는 믿는데 겁이 나서 말을 못했습니다. 그러니까 그들의 믿음은 믿는다고 말할 수는 있으되 약한 믿음이요 어린 믿음입니다. 어린 믿음을 가진 사람은 믿음 때문에 환난을 당한다고 하면 겁이 나서 도망갈 수도 있습니다. 베드로를 보십시오. 3년 동안 예수님을 따라다녔지만 막판에 생명을 위협받자 세 번씩이나 눈 하나 깜짝하지 않고 "난 예수라는 사람을 모른다" 하며 부인하지 않습니까? 누구나 믿음이 약하면 이런 반응을 보일 수 있습니다.

믿음은 은행에 저축했다가 찾아 쓰는 돈과 같은 것이 아닙니다. 믿음은 자라나는 과정을 거쳐야 하는 씨앗입니다. 그러므로 신앙생활 초기에 믿음이 약하고 어리면 이 관리들처럼 모순된 모습을 보일 수 있습니다. 직장에서든, 가정에서든 겁이 나서 "나는 예수님을 믿습니다"라고 당당하게 말하지 못하고, 조금만 불리하다 싶으면 아예 안 믿는 것처럼 행세하려 하면서 마음은 하나님보다도 자기가 항상 앞서 있는 모순에 빠질 수 있습니다. 믿음이 아직 어리고 약하기 때문에 그런 모습을 보이는 것입니다.

이 단계의 믿음은 빨리 키워서 잘못된 부분을 씻어내야 합니다. 하나님께서 이 세상에 교회를 주신 목적이 무엇입니까? 교회는 어머니입니다. 어머니는 양육하는 책임을 가지고 있습니다. 자녀에게 젖을 먹이고 밥을 먹이고 입혀주고 사랑으로 돌봐주는 이가 어머니 아닙니까? 믿음이 처음부터 강하고 좋을 수는 없습니다. 하나님께서는 우리 믿음이 어린 줄 아시기 때문에 믿음을 키워주고자 지상에 교회를 세우신 것입니다.

그러므로 교회가 가르치는 대로 잘 순종해야 합니다. 교회가 지도하는 대로 부지런히 배우고 열심을 내서 예수님 알기를 원하고 주님을 위해 살아보고자 몸부림치면, 당신의 믿음이 교회 올 때는 아무리 어리고 작았다 할지라도 얼마 지나지 않아 하나님께서 좋은 믿음, 큰 믿음으로 바꿔주십니다.

상반기 중 새가족 모임을 마친 분들을 만날 수 있었습니다. 약 500명 정도 되는 분들이 참석하여 은혜로운 시간을 가졌습니다. 그때 김영수 성도가 간증을 했습니다. 소아과 의사인데, 이분은 어려서부터 예수님을 잘 믿는 분위기에서 자랐습니다. 그러나 나중에 머리가 커지고 자기 주관을 갖게 되자 조금씩 엇나갔습니다. 한때 김용옥 씨의 동양 철학 관련 서적이나 불교에 관한 책들, 에리히 프롬의 책들을 읽으면서 여러 사상에 심취했습니다. 성경 말씀에는 전혀 관심이 없었습니다. 교회와도 거리가 많이 멀어졌습니다. 그런 와중에 사랑의교회로 옮겨왔는데 이 교회에 와서도 처음에는 새가족 모임에 관심을 두지 않았습니다. 그러다가 어떤 계기로 뒤늦게 새가족 모임에 참석했다고 합니다.

그런데 이 모임에 참석하는 동안 그에게 놀라운 변화가 일어났습니다. 그의 어린 믿음이 어떻게 변화되었는지 그가 한 간증을 한번 들어보십시오.

"세상의 온갖 책들을 즐겨 읽으면서도 성경은 거들떠보지도 않았던 나, 하나님께서 오래전부터 자녀 삼아주심을 깨닫지 못하고 '하나님은 어쩌면 인간에게서 나온 관념의 소산일지도 모른다. 성령의 은사를 받았다고 하는 사람은 아마도 미세한 착각 때문에 그럴지도 모른다. 지상에서는 온갖 불의한 사람들이 득세하고 있는데 과연 하나님께서는 역사를 주관하고 계실까?'라며 하나님을 모독했던 나, 온갖 욕심과 정욕, 불신과 교만으로 가득 차 있으면서 육신이 병든 것은 알아도 영혼이 황폐하여지고 깊은 병에 걸린 줄은 모르고 있었던 나, 하나님의 참된 자녀가 되기 위해서는 아무런 노력도 하지 않는 나에게 당신 스스로 내 마음속에 들어와 주신 예수님, 나의 죄를 씻겨주시기 위해 당하신 십자가의 고난의 의미를 깨닫게 하여 주신 예수님, 나의 걱정, 근심, 무거운 짐을 아시고 위로하여 주시는 예수님, 이 어찌 좋은 예수님이 아니겠습니까?"

그 점잖은 남자가 간증하면서 내내 눈물을 흘렸습니다. 그는 새 가족 모임에 들어가서 살아 계신 예수님을 만났고, 이제는 누구에게나 예수님을 믿노라고 당당하게 말하는 그리스도인이 되었습니다.

어린 믿음, 약한 믿음에 그대로 머물러 있어서는 안 됩니다. 그런 믿음을 가지고 평생을 살다가는 나중에 구원을 못 받을 수도 있습니다. 하나님께서 교회를 주시고 계속 하나님의 말씀을 배우게 하시고 살아 계신 예수님을 만나게 하시는 이유가 무엇입니까? 이는 우리의 약한 믿음, 어린 믿음을 키워주시려 하나님이 내밀어주신 선한 손길입니다.

그러므로 교회를 통해서 순종과 열심을 가지고 예수님 알기를 사모하며 하나님 말씀 앞에 나오면 그리고 그 말씀을 통해서 성령의 은혜를 체험하면 당신의 작은 믿음이 큰 믿음으로 바뀔 것입니다. 성령께서 우리 모두에게 이런 은혜를 주시길 바랍니다. 그리하여 남의 눈이 두려워 예수 믿는다는 말하지 못하던 사람이 이제는 믿노라고 당당하게 고백할 수 있기를 바랍니다.

예수 믿는 것 때문에 세상에서 손해 볼까 겁이 나서 항상 믿는 사람답게, 담대하게 행동하지 못하던 사람이 '이제는 어떤 어려움이 있어도 나는 예수님을 포기하지 못해'와 같은 자세를 가지고 신앙생활을 할 수 있길 바랍니다. 뿐만 아니라 마음속에 하나님보다 세상을 사랑하고 하나님보다 자기 자신을 더 앞세우는 잘못된 것들이 완전히 뿌리 뽑히고 오직 예수님, 오직 하나님, 그의 나라와 그의 의를 먼저 구하는 일에 마음이 집중되는 참믿음의 사람, 강한 믿음의 사람, 성숙한 믿음의 사람이 되기를 바랍니다.

42

끝까지 사랑하시니라

요한복음 13장 1절

1 유월절 전에 예수께서 자기가 세상을 떠나 아버지께로 돌아가실 때가 이른 줄 아시고 세상에 있는 자기 사람들을 사랑하시되 끝까지 사랑하시니라

만일 제게 설교하기 가장 어려운 주제가 무엇이냐고 묻는다면, 저는 서슴없이 "하나님의 사랑입니다" 하고 대답할 것입니다. 눈으로 뻔히 보는 사랑도 제대로 설명하지 못하는 경우가 얼마나 허다합니까? 하물며 보이지 않는 하나님의 사랑이야 말할 나위가 없습니다. 아무리 화려한 문장을 쓴다 해도 심오한 철학적 깊이가 있는 언어를 구사한다 해도 그 사랑을 제대로 설명할 수 없습니다. 그래서 어떤 사람은 이렇게까지 말합니다. "하나님의 사랑을 설명하라고요? 차라리 울어버리겠습니다."

사실 말보다는 눈물이 하나님의 사랑을 이야기하는 데 훨씬 더 효과적일 수 있습니다. 그렇다고 해서 설교자가 내내 눈물을 흘리면서 있기만 할 수도 없는 노릇 아닙니까? 그래서 하나님의 사랑을 어떻게 설교할 것인가를 놓고 기도하면서 참 많은 생각을 했습니다.

이렇게 설교하기 곤란한 주제임에도 제가 굳이 하나님의 사랑에 대해 설교하려는 이유가 있습니다. 제가 보기에 교회를 다니면서도 하나님의 사랑에 대해서 병적인 반응을 보이는 분들이 적지 않기 때문입니다. 극도로 상식화된 사랑으로 알고 있다는 것입니다. 어떤 경우에는 너무나 무감각한 사랑으로 알고 있습니다. 자식에게 "얘, 엄마가 널 얼마나 사랑하는지 아니?"라고 물으면, 자식은 이렇게 대답하지 않습니까? "그야 엄마니까 당연하지 뭘 그래?" 여기에는 접촉점이 없습니다. 엄마의 가슴에 담긴 진한 사랑을 자식에게 알려줄 접촉점이 생기지 않는다는 말입니다. "엄마니까 당연히 사랑하는 것 아냐?"라는 대답에는 감동도 없습니다. 주고 또 주어도 고마운 줄 모르는 게 자식입니다. 하나님의 사랑에 대해서도 마찬가지입니다. "하나님은 사랑이시니까 사랑하시는 게 당연하지 않아?" 하고 말할 수 있습니다.

만일 당신이 하나님의 사랑에 대해 이런 병적인 반응으로 신앙생활을 하고 있다면, 성령께서 당신을 특별히 찾아주셔서 하나님의 말씀을 귓전에 쟁쟁하게 들려주시기를 바랍니다. 하나님의 사랑은 할 수 있는 대로 자주 듣고, 자주 묵상하고, 자주 고백해야 합니다. 느낌이 오든 오지 않든 상관없습니다. 계속 하나님의 말씀을 듣고, 보고, 묵상하며 고백하다 보면 어느 날 자신도 모르게 하나님 사랑의 바다에서 두둥실 떠다니는 자기 모습을 발견할 수 있습니다.

수없이 껴안아주시는 사랑

잭 캔필드와 마크 빅터 한센이 엮은 《마음을 열어주는 101가지 이야기》(인빅투스 역간)를 읽으면서 감동을 받은 내용이 있어 나누고자 합니다.

악성 췌장암에 걸려 6개월밖에 살지 못한다는 절망적인 선고를 받고 면회도 금지된 병원 독방에서 응급조치를 받으며 하루하루 죽음과 싸우는 아버지가 있었습니다. 그의 아들은 의사였습니다. 부자 사이에 일어났던 이야기입니다.

아들은 어려서부터 아버지에게 감정이 좋지 않았습니다. 아버지는 너무 고지식하고 완고하고 감정이 메말라서 자녀에게 애정 표현 한번 제대로 한 적이 없었습니다. 또 자녀의 말을 잘 들어주지 않고 항상 자기 주장대로 해버리니 아들이 나중에는 아버지만 보면 가슴에서 분이 치밀어 참을 수 없었습니다. 결국 둘 사이가 멀어져서 수십 년 동안 겉으로만 부자 사이지 내적인 사랑이 오가지 않는 삭막한 관계가 되었습니다.

그러나 이제 머지않아 돌아가실 아버지를 바라보면서 아들의 마음에 변화가 일어났습니다. '아버지가 세상을 떠나기 전에 서로 마음으로 사랑을 나누기 위해서는 안아주는 것 외에 달리 길이 없겠구나' 하는 생각이 들었습니다. 그래서 그는 어느 날 병문안을 와서 아버지에게 이렇게 말했습니다. "아버지, 제가 진정으로 아버지를 사랑하고 싶어요." 그러고는 아버지를 꽉 껴안았습니다. 그러나 아버지는 아들의 느닷없는 행동에 잔뜩 긴장하고는 머리를 뒤로 젖히면서 고슴도치처럼 빳빳하게 굳어져 안기려 하지 않았습니다. 며칠을 그렇게 했지만 아버지의 굳어진 몸은 여전히 펴질 줄 몰랐습니다. 아들은 이에 아랑곳 않고 병문안 올 때마다 계속 아버지를 안아드렸습니다. 어떤 때는 "아버지, 팔을 저에게 둘러보세요. 절 좀 꽉 껴안아주세요. 그래요, 됐어요. 좀 더 힘 있게 껴안아보세요"라고 하면서 아버지를 계속 유도했습니다.

그로부터 몇 달 뒤에 아버지의 긴장된 자세가 점점 풀어지기 시작하더니 마침내는 아버지가 먼저 아들을 껴안는 정도로 발전했습니다. 그러자 두 사람은 점점 깊은 애정과 염려를 가지고 서로를 바라보는 관계가 되었습니다. 2백 번째 포옹을 하던 날, 아버지가 아들에게 이렇게 말했다고 합니다. "얘야, 아비는 널 사랑한단다." 평생 아버지로부터 들어보지 못한 사랑 표현, 애정 표현을 처음으로 들은 것입니다.

"이백 번째의 포옹"이라는 제목의 이 글을 읽으면서 저도 모르게 이런 기도를 드렸습니다. "하나님 아버지, 하나님은 저를 2백 번만 안아주셨나요? 2천 번도 더 안아주셨지요. 하나님이 처음에 저를 안아주실 때 저는 뻣뻣했습니다. 안기기 싫어서 고개를 마구 쳐들었습니다. 그러나 하나님이 2백 번이고, 2천 번이고, 지금까지 수없이 안아주셨기 때문에 저도 모르게 제 입에서 '하나님, 사랑해요. 예수님 사랑해요' 하는 말이 나옵니다. 하나님 아버지, 교회를 5년, 10년 다녔지만 하나님이 안아주시려고 하면 한사코 안기려 하지 않는 사람들이 참으로 많지 않습니까? 마음이 냉랭한 사람들, 고슴도치처럼 고개를 치켜들고 버티는 뻣뻣한 사람들이 많지 않습니까? 하나님, 2백 번도 좋고, 2만 번도 좋습니다. 저를 안아주신 것처럼 그들도 안아주세요. 그래서 그들 입에서도 '하나님, 사랑해요'라는 말이 나올 수 있도록 해주세요."

무엇이 안아주는 것이며 무엇이 안기는 것입니까? 말씀을 통해 하나님의 사랑을 듣고, 배우고, 묵상하고, 깨닫고, 또 나도 모르게 찬송하고, 고백하는 것이 바로 안고 안기는 것입니다. 처음에는 어색할지 모릅니다. 어떤 때는 감정이 안 따를지도 모릅니다. 그러나 '하나님이 어떻게 나를 사랑하시는가'에 대한 말씀을 2천 번이든 2만 번이든 계속 듣고, 읽고, 묵상하고, 깨닫고 또 나중에 그것을 다시 회상하고 찬양하다 보면, 드디어 하나님의 사랑에 푹 젖어들면서 자신도 모르게 "하나님, 사랑해요" 하고 고백하는 행복한 사람이 될 수 있습니다. 우리 모두에게 하나님께서 그런 은혜를 베풀어주시기를 바랍니다.

이와 같은 은혜를 받기만 하면, 필립 블리스가 작사 작곡한 행복한 찬송(찬송가 202장)을 신나게 부를 수 있습니다.

> 하나님 아버지 주신 책은 귀하고 중하신 말씀일세
> 기쁘고 반가운 말씀 중에 날 사랑한단 말 참 좋도다
> 주께서 나를 사랑하니 즐겁고도 즐겁도다
> 주께서 나를 사랑하니 나는 참 기쁘다
>
> 주 예수 날 사랑하시오니 마귀가 놀라서 물러가네
> 주 나를 이렇게 사랑하니 그 사랑 어떻게 보답할까
> 주께서 나를 사랑하니 즐겁고도 즐겁도다
> 주께서 나를 사랑하니 나는 참 기쁘다

신앙생활하는 재미가 어디에 있습니까? 그리스도인의 행복이 어디에 있습니까? 하나님께 사랑받는 것입니다. 그리스도인은 하나님의 사랑을 받고 그 힘 때문에 기쁨으로 이 세상을 사는 사람들입니다. 그런데 이것을 모르고 세상을 살면 얼마나 불행합니까? 천국에야 들어갈지 모르지만 그 인생이 얼마나 불행합니까?

예수님의 사랑

성경에는 하나님의 사랑에 관한 말씀이 여러 군데 있는데, 그 가운데서 요한복음 13장 1절은 우리에게 특별한 감동을 줍니다. 하나님의 사랑을 막연하게 그리기보다 하나님의 사랑이 어떤 것인가를 현실적으로 보여주기 때문입니다.

예수님에게는 이제 제자들을 떠나서 십자가에 달려 죽으시고 하

나님 나라로 다시 올라가실 날까지 시간이 얼마 남지 않았습니다. 이제 시간은 점점 짧아지고 사랑하는 제자들을 두고 가야 한다는 사실 앞에 예수님도 마음이 아프셨을 것입니다. 예수님은 마지막까지 제자들을 사랑해주셨습니다.

> 유월절 전에 예수께서 자기가 세상을 떠나 아버지께로 돌아가실 때가 이른 줄 아시고 세상에 있는 자기 사람들을 사랑하시되 끝까지 사랑하시니라(1절).

이것을 보면 하나님이 우리를 어떻게 사랑하시는지 금방 알 수 있습니다. 예수님과 하나님은 하나이기 때문입니다.

> 예수께서 외쳐 이르시되 나를 믿는 자는 나를 믿는 것이 아니요 나를 보내신 이를 믿는 것이며 나를 보는 자는 나를 보내신 이를 보는 것이니라(요 12:44-45).

예수님을 보면 하나님을 보는 것이고, 예수님이 하시는 행동을 보면 '하나님도 저렇게 하시겠구나' 하고 금방 알 수 있습니다. 아직 하나님의 사랑을 잘 모르십니까? '하나님은 사랑이시라는데 어떻게 나에게 이런 일이 일어날 수 있을까?'라는 생각으로 마음에 갈등이 생기고 하나님의 사랑에 회의가 일어나는 형제자매가 있습니까? 13장 1절을 마음에 잘 담아두십시오. 그리고 "세상에 있는 나를 사랑하시되 끝까지 사랑하신다"는 이 말씀을 읽고 묵상하고 고백해보십시오. 하나님의 든든한 팔이 당신을 꽉 껴안아주시는 은혜를 맛볼 수 있을 것입니다.

독점적 사랑

여기서 먼저 살펴보아야 할 내용은 '자기 사람들'이라는 말입니다. '자기 사람들'이란 누구를 말할까요? 일차적으로는 예수님이 3년 동안 데리고 다니시면서 자기와 꼭 닮은 사람으로 만들어보려고 무척 애쓰셨던 열두 제자 및 그들과 함께 동거했던 수십 명의 제자들을 가리킵니다. 그러나 보다 넓게는 제자들뿐 아니라 예수님을 구주로 영접하고 하나님을 아버지라고 부르는 우리 모두를 일컫는 말입니다.

우리가 어떤 존재입니까? 17장에서 예수님은 '자기 사람들'을 '아버지께서 내게 주신 자들'로 바꾸어 말씀했습니다. 또 에베소서 1장 5절을 보면 우리는 "그 기쁘신 뜻대로 우리를 예정하사 예수 그리스도로 말미암아 자기의 아들들이 되게" 하신 자들입니다. 에베소서 2장 4-5절에는 "긍휼이 풍성하신 하나님이 우리를 사랑하신 그 큰 사랑을 인하여 허물로 죽은 우리를 그리스도와 함께 살리셨"다고 했습니다. 이사야 43장 1절을 보면 우리는 하나님이 "너는 내 것이라"고 못을 박은 자들입니다. 우리 모두는 하나님 앞에서 이와 같은 엄청난 특권을 입었습니다.

주님은 우리를 아버지 손에서 빼앗아 갈 자가 아무도 없다고 선언하셨습니다(요 10:29). 자기 것에 대한 하나님의 사랑이요 애정이기 때문에, 이 선언은 독특한 면을 가지고 있습니다. 하나님도 자기 것에 대한 애착이 대단하십니다. 하나님은 사랑이시기 때문에 세상 모든 사람을 다 사랑한다고 말할 수도 있습니다. 이것은 포괄적인 사랑입니다. 그러나 자기 것, 자기 사람에 대한 하나님의 사랑은 독특하고도 강합니다.

사람들도 마찬가지 아닙니까? 자기 자녀에게는 애착이 얼마나 강합니까? 뜻하지 않게 아이가 실종되면 슬픔과 초조함을 가슴에 안은 채 밤낮을 가리지 않고 애타게 아이를 찾아다닙니다. 어디 잠인들 제대로 자겠습니까? 음식인들 입으로 넘어가겠습니까? 얼마나 속이 타고 안타깝겠습니까? 왜 그렇습니까? 제 자식이기 때문에 특별한 애정이 있어서 그렇습니다. 하나님도 마찬가지입니다. 우리를 향한 하나님의 사랑은 특별합니다. 독특합니다. 독점적인 사랑입니다. 하나님께서 그 사랑을 우리에게 주고 계십니다.

요한일서 4장 8절을 보십시오. "하나님은 사랑이심이라." 곧이어 9절과 10절은 하나님의 사랑이 어떤 것인지 설명합니다. 9절을 보십시오. "하나님의 사랑이 우리에게 이렇게 나타난 바 되었으니 하나님이 자기의 독생자를 세상에 보내심은 그로 말미암아 우리를 살리려 하심이라." 또 10절을 보십시오. "사랑은 여기 있으니 우리가 하나님을 사랑한 것이 아니요 하나님이 우리를 사랑하사 우리 죄를 속하기 위하여 화목제물로 그 아들을 보내셨음이라."

이 말씀을 마음에 담고 세상을 살고 싶지 않으십니까? "진짜 사랑은 여기 있다. 우리가 하나님을 먼저 사랑해서 사랑받는 것이 아니라 하나님이 먼저 우리를 사랑하셨다. 그 사랑은 우리를 살리기 위해서, 우리를 죄에서 구원하기 위해서 자기 아들 예수님을 십자가에 제물로 내어줄 정도의 사랑이다." 하나님의 사랑은 자기 자식이기 때문에 특별히 주시는 사랑입니다.

어거스틴이라는 유명한 교부가 하나님의 사랑에 대해서 이렇게 자기가 느낀 감정을 써놓았습니다. "하나님의 사랑은 이해할 수 없는 초월적인 것이고 변하는 일도 없습니다. 그분이 우리를 사랑하기 시작한 것은, 그 아들의 피로 말미암아 우리가 하나님과 화목하게 된 이후가 아닙니다. 오히려 세상이 창조되기 전, 우리가 무엇으로 존재하기도 전에 독생자와 한가지로 아들이 되게 해주시도록 사랑해주신 그때부터입니다."

쉽게 말해, 하나님은 세상을 창조하기 전부터 우리를 눈여겨보시고 아예 '내 것'이라고 점찍으시고 그때부터 사랑해주셨다는 말입니다. 우리는 하나님께 이토록 놀라운 사랑을 받고 있습니다.

평생 하나님의 사랑을 실천하여 위대한 성자로 추앙되다가 세상을 떠난 테레사 수녀가 이런 말을 했습니다. "하나님은 사랑이십니다. 그리고 그 사랑은 하나님에게서 오는 것이므로 한계가 없습니다. 그러므로 하나님의 사랑 안에 몸을 맡기기만 하면 하나님의 사랑은 다할 줄을 모릅니다." 무슨 말입니까? "하나님의 사랑을 받아보세요. 그 사랑에 자신을 던져보세요. 그 사랑은 끊임없이 내 안에서 솟아나서 강처럼 흐르고 흘러 많은 사람에게 주고 또 주어도 다함이 없을 것입니다"라는 뜻입니다. 하나님의 특별한 사랑을 받은 그였기에 그처럼 헌신된 인생을 살다가 갈 수 있었던 것입니다. 하나님은 이 사랑을 자기 사람 된 당신에게 쏟아주고 계십니다. 이 사실을 믿기 바랍니다.

이 세상에 있는
우리를 사랑하신다

다음으로, '이 세상'이라는 말이 있습니다. "세상에 있는 자기 사람들"에서 '세상'은 '이 세상'을 말합니다. 이 세상은 예수님이 늘 안타깝게 여기시며 대단히 고통스러운 눈으로 보시던 세상입니다. 요한복음 9장 39절을 보십시오. "내가 심판하러 이 세상에 왔으니." 또 12장 31절을 보십시오. "이제 이 세상에 대한 심판이 이르렀으니."

이 말씀에서처럼 예수님은 심판을 말씀하는 중에 '이 세상'이라는 말을 쓰신 적이 많습니다. 이 세상은 죄로 부패한 인간들이 하나님을 대적하면서 제 맘대로 사는, 죄와 죽음이 지배하는 현장을 의미하기 때문입니다. 예수 그리스도를 십자가에 못 박아 죽이고도 양심의 가책조차 받지 않는 포악한 세상을 말하기 때문입니다. 수고와 슬픔만이 존재하고, 그 속에서 한평생 살다가 한숨짓고 눈물 흘리면서 떠나야 하는 세상을 말하기 때문입니다.

핑크라는 학자는 이렇게까지 말했습니다. "하나님은 '세상'을 만드셨지만 죄는 '이 세상'을 만들었다." 하나님은 우주 만물과 아름다운 '세상'을 만들어주셨지만 죄가 들어와서 바로 '이 세상'을 만들어 놓았다는 말입니다. 그렇기 때문에 예수 믿는 사람이 이 세상에서 산다는 것은 결코 쉬운 일이 아닙니다. 우리는 하나님께 속했으며 하나님의 사랑을 특별히 받는 존재들이기 때문에 이 세상에서 사는 것이 결코 쉽지 않습니다. 우리는 이방인입니다. 어떤 면에서 이 세상을 사는 하루하루가 우리에게는 모험입니다. 큰 위험 부담이 따르는 나그네 생활입니다. 세상 사람들은 이 세상에서 마음 놓고 살 수 있을지 모르지만, 하나님의 자녀는 이 세상을 사는 것이 훨씬 더 불편하고 고통스럽습니다.

언젠가 한 형제의 간증을 들으면서 은혜를 받은 적이 있습니다. 그는 회사원입니다. 예수님을 믿기 전에는 회사에서 세상이 원하는 대로 거리낌없이 행동했습니다. 그러나 예수님을 믿고 난 후에는 양심에 찔려 더 이상 그럴 수 없었습니다. 세상이 시키는 일을 하지 않으면서 견디려고 하니까 사방에서 주는 스트레스가 얼마나 많은지요. 그는 간증에서 자기의 답답한 심정을 토로했습니다.

옳은 이야기입니다. 직장에 다니는 분들은 누구나 경험하는 일이라고 생각합니다. 예수 믿는 사람이 세상에서 사는 것은 쉬운 일이 아닙니다. 미국에 이민 간 우리 교포들이 영어를 잘하고 시민권도 받고 그곳에서 20년, 30년 살아서 이제 그곳이 자기 고향인 양 느껴진다 해도 그들 마음에는 애환이 있습니다. 여전히 이방인 취급을 받기 때문입니다. 하나님의 자녀 된 우리가 이 세상에서 살아가는 것 역시 그들의 형편과 다를 바 없습니다.

그러므로 기억하십시오. 우리 하나님은 우리가 이 세상에 살고 있는 것을 아십니다. "세상에 있는 자기 사람들을 사랑하시되 끝까지 사랑하시니라"(1절). 죄 때문에 얼마나 고민하고 고통스러워하는지 잘 아십니다. 수고와 슬픔뿐인 이 세상에서, 눈물과 한숨, 고통이 떠날 날이 없는 이 세상에서 내가 남모르게 울기도 하고 탄식하기도 하는 것을 주님이 너무나 잘 아십니다. 잘못한 것도 없는데 억울한 일을 당해 마음 둘 곳이 없어 방황하는 내 처지를 너무 잘 아십니다. 믿었던 사람에게 배신당해 상처 입은 가슴을 안고 어찌할 줄을 몰라 하는 내 모습을 주님은 잘 아십니다. 하나님은 이 세상에 있는 우리를 사랑하십니다. 이 사실을 분명히 믿으십시오.

하나님의 '끝까지 사랑'

마지막으로, '끝까지 사랑하신다'는 말을 봅시다. '끝까지'라는 말은 '생명이 다하기까지'라는 뜻입니다. 그러니까 '예수님이 세상을 떠나는 그 순간까지'라는 뜻도 되고, '제자들이 이 세상을 사는 마지막 날까지'라는 뜻도 됩니다. 더 나아가서는 '어떤 형편에서든지'라는 뜻도 포함되어 있습니다. 이처럼 하나님은 우리를 사랑하시되 완전하게 사랑하시고, 영원히 사랑하십니다. 이것이 '끝까지 사랑하신다'는 말씀의 의미입니다.

베드로를 보십시오. 3년 동안 예수님 뒤를 따라다니면서 열심히 배웠고, 예수님의 열두 제자 중 수제자로 대접받은 사람이 아닙니까? 예수님이 그를 얼마나 믿었습니까? 그러나 그는 다급한 처지가 되자 세 번씩이나 예수님을 부인했습니다. 제가 예수님이라면 다시는 쳐다보지도 않았을 것입니다. 세상에서 가장 괘씸한 사람이 믿음을 저버리고 배신하는 사람입니다. 그럼에도 예수님은 어떻게 하셨습니까? "요한의 아들 시몬아, 네가 이 모든 사람보다 나를 더 사랑하느냐? … 나를 따르라." 다시금 그를 사랑의 관계로 불러주셨습니다. 주님을 따르는 제자의 자리로 불러주셨습니다. 자기 사람을 끝까지 사랑하시는 주님의 모습을 볼 수 있지 않습니까?

우리 역시 마찬가지입니다. 믿음이 병들 때가 있습니다. 살다 보면 주님이 기뻐하시지 않는 자리에 가 있을 때도 있습니다. 그러나 한 가지는 분명히 알아두십시오. 그때도 주님은 여전히 가까이 계셔서 나를 향해 이렇게 말씀하십니다. "나는 끝까지 너를 사랑한다."

남이 모르는 골방에서 혼자 슬픔을 삭이며 한숨짓고 고통스러워할 때, 그때도 주님은 나를 사랑한다고 말씀하십니다. 이것이 끝까지 사랑하는 것입니다. 나이가 들어서 머리는 하얗게 세고, 힘은 빠지고, 이제는 그렇게 따르고 존경하던 사람들도 하나둘 다 떠나고, 혼자 빈방만 지키면서 자식들 눈치 보며 남은 생을 살아야 하는 피곤한 우리 어머니, 아버지들. 그러나 주님은 뭐라고 말씀하십니까? "내가 끝까지 너를 사랑한다." 남편을 먼저 잃었습니까? 아내를 먼저 잃었습니까? 자식을 먼저 보냈습니까? 아니면 사랑하던 사람에게 버림을 받았습니까? 이런 일을 당해 마음 둘 곳이 없을 때에도 주님은 내 곁에 서서 "나는 끝까지 너를 사랑한다"고 말씀하십니다. 이 음성을 들으십시오.

부요할 때만 나를 사랑하시는 것이 아닙니다. 날마다 생계를 걱정해야 하는 궁핍함과 얼굴에서 웃음이 사라져버린 삭막한 삶으로 허덕일 때도 주님은 찾아오셔서 "그래도 난 널 끝까지 사랑해"라고 말씀하십니다. 이것이 바로 하나님의 '끝까지 사랑'입니다.

우리가 어떤 때는 도무지 이해할 수 없는 일을 당하기도 합니다. '그렇게 기도도 많이 하고, 하나님의 말씀대로 살아보려고 애를 쓰는데, 하나님은 왜 제게 이런 일이 일어나게 하십니까?' 하고 원망할 때도 있습니다. 그런 때도 주님은 찾아오셔서 "그래도 난 끝까지 너를 사랑해"라고 말씀하십니다.

한국에서 캄보디아로 돌아가다가 사고를 당한 선교사가 있습니다. 오형석 선교사라는 분인데, 그 사고로 가족 전체가 캄보디아에 피를 뿌리고 순교자가 되었습니다. 기사를 보다가 저도 모르게 '하나님 왜 이러십니까? 도대체 어쩌려고 이러십니까?' 하는 소리가 튀어나왔습니다. 그때 제 귀에 주님의 음성이 들려왔습니다. "그래도 나는 오 선교사 가족을 사랑하고 있어. 그래도 내가 사랑하는 거야."

오 선교사는 순교하기 2주 전에 제가 인도하는 교회갱신협의회 수련회에 참석했습니다. 그가 한국을 떠나면서 교회에 이런 이야기를 했다고 합니다. "캄보디아는 선교의 오지입니다. 매우 위험하고 어려운 곳이기에 더욱 선교 활동이 필요합니다. 자유롭고 편안한 곳이라면 나는 그곳을 선교지로 택하지 않았을 것입니다." 얼마나 성실한 주의 종입니까? 그럼에도 그는 아내와 아들과 함께 그곳에 순교의 피를 뿌렸습니다. 하나님이 사랑하지 않았기 때문입니까? 아닙니다. 하나님은 여전히 이렇게 말씀하십니다. "그래도 나는 그들을 사랑해."

저는 야곱을 생각해보았습니다. 성경에는 하나님께서 '에서는 미워하고 야곱은 사랑하셨다'고 기록되어 있습니다. 하나님이 사랑하는 야곱이라면 어떻게 생명처럼 아끼던 아내가 일찍 세상을 떠나도록 내버려두실 수 있습니까? 어떻게 그의 인생에서 그런 비극이 일어날 수 있습니까? 어떻게 아기를 낳다가 사랑하는 아내가 죽을 수 있습니까? 하나님이 사랑한다는데 말입니다. 불면 날아갈까 쥐면 꺼질까 하여 애지중지하던 아들을 아침저녁으로 보는 재미로 하루하루를 보내던 야곱에게 어떻게 그 아들이 실종되어 20년 동안이나 소식을 알 수 없는 참담한 불행이 닥칠 수 있습니까? 하나님이 사랑한다는 사람에게 어떻게 그런 일이 일어날 수 있습니까? 그럼에도 하나님은 변함없이 이렇게 말씀하십니다. "내가 너를 사랑해. 끝까지 사랑해."

로마서 8장 35-37절에 위대한 고백이 있습니다. "누가 우리를 그리스도의 사랑에서 끊으리요 환난이나 곤고나 박해나 기근이나 적신이나 위험이나 칼이랴 기록된 바 우리가 종일 주를 위하여 죽임을 당하게 되며 도살 당할 양같이 여김을 받았나이다 함과 같으니라 그러나 이 모든 일에 우리를 사랑하시는 이로 말미암아 [우리를 끝까지 사랑하시는 예수님으로 말미암아] 우리가 넉넉히 이기느니라."

하나님의 사랑은 '끝까지 사랑'입니다. 이 사랑을 지금 누가 받고 있습니까? 바로 당신입니다. 날마다 어떤 형편에 있든지 이렇게 외치십시오. "그래도 하나님은 끝까지 나를 사랑하신다!" 어떤 상황에 처해 있든지 계속 그렇게 외치고 고백하십시오. "그래도 하나님은 나를 사랑하신다. 끝까지 사랑하신다!" 그러면 마귀가 도망가고 우리 마음에 기쁨이 차오를 것입니다. 하나님의 팔이 포근히 안아주시는 놀라운 은혜를 체험할 수 있을 것입니다. 하나님이 나를 사랑하시는 것 같지 않은 환경일수록 이렇게 고백해야 합니다. "그래도 하나님은 끝까지 나를 사랑하신다."

믿는 자를 끝까지 사랑하시는 하나님의 사랑을 모르면 인격이 파괴됩니다. 생활이 파괴됩니다. 하나님의 사랑을 모르기 때문에 인격이 파괴되고 생활이 파괴된 사람들이 우리 주변에 심각할 정도로 많습니다. 하나님의 사랑을 우리만 독차지해서는 안 됩니다. 하나님의 사랑을 몰라서 죽어가는 사람들과 병들어가는 사람들, 심지어 인격이 파괴되는 사람들, 삶이 무너져내리는 사람들에게 이 사랑을 소개하러 찾아가야 하지 않겠습니까? 그들에게 "하나님의 사랑이 이런 것입니다. '끝까지 사랑'이 이런 것입니다" 하고 대신 전해주어 그들도 생명을 얻고, 고침을 받게 해야 하지 않겠습니까?

사랑은 당신을 치료합니다. 하나님의 사랑 안에는 비극이 없습니다. 하나님의 사랑 안에는 절망이나 원망이 없습니다. 왜 그렇습니까? 하나님은 당신을 끝까지 사랑하시기 때문입니다. 이 놀라운 사랑을 우리가 마음에 담고 부를 수 있는 찬송이 하나 있습니다. 한번 불러보면서 가사를 묵상하기 바랍니다. 당신을 끝까지 사랑하시는 하나님의 사랑에 푹 젖어드는 귀한 시간이 되기를 바랍니다.

> 하나님의 사랑을 사모하는 자 하나님의 평안을 바라보는 자
> 너의 모든 것 창조하신 우리 주님이 너를 얼마나 사랑하시는지
> 하나님께 찬양과 경배하는 자 하나님의 선하심을 닮아가는 자
> 너의 모든 것 창조하신 우리 주님이 너를 자녀 삼으셨네
> 하나님 사랑의 눈으로 너를 어느 때나 바라보시고
> 하나님 인자한 귀로써 언제나 너에게 기울이시니
> 어두움에 밝은 빛을 비춰주시고 너의 작은 신음에도 응답하시니
> 너는 어느 곳에 있든지 주를 향하고 주만 바라볼지라

43

예수님이 보여주신 섬김의 본

요한복음 13장 1-17절

1 유월절 전에 예수께서 자기가 세상을 떠나 아버지께로 돌아가실 때가 이른 줄 아시고 세상에 있는 자기 사람들을 사랑하시되 끝까지 사랑하시니라 2 마귀가 벌써 시몬의 아들 가룟 유다의 마음에 예수를 팔려는 생각을 넣었더라 3 저녁 먹는 중 예수는 아버지께서 모든 것을 자기 손에 맡기신 것과 또 자기가 하나님께로부터 오셨다가 하나님께로 돌아가실 것을 아시고 4 저녁 잡수시던 자리에서 일어나 겉옷을 벗고 수건을 가져다가 허리에 두르시고 5 이에 대야에 물을 떠서 제자들의 발을 씻으시고 그 두르신 수건으로 닦기를 시작하여 6 시몬 베드로에게 이르시니 베드로가 이르되 주여 주께서 내 발을 씻으시나이까 7 예수께서 대답하여 이르시되 내가 하는 것을 네가 지금은 알지 못하나 이후에는 알리라 8 베드로가 이르되 내 발을 절대로 씻지 못하시리이다 예수께서 대답하시되 내가 너를 씻어주지 아니하면 네가 나와 상관이 없느니라 9 시몬 베드로가 이르되 주여 내 발뿐 아니라 손과 머리도 씻어주옵소서 10 예수께서 이르시되 이미 목욕한 자는 발밖에 씻을 필요가 없느니라 온몸이 깨끗하니라 너희가 깨끗하나 다는 아니니라 하시니 11 이는 자기를 팔 자가 누구인지 아심이라 그러므로 다는 깨끗하지 아니하다 하시니라 12 그들의 발을 씻으신 후에 옷을 입으시고 다시 앉아 그들에게 이르시되 내가 너희에게 행한 것을 너희가 아느냐 13 너희가 나를 선생이라 또는 주라 하니 너희 말이 옳도다 내가 그러하다 14 내가 주와 또는 선생이 되어 너희 발을 씻었으니 너희도 서로 발을 씻어주는 것이 옳으니라 15 내가 너희에게 행한 것같이 너희도 행하게 하려 하여 본을 보였노라 16 내가 진실로 진실로 너희에게 이르노니 종이 주인보다 크지 못하고 보냄을 받은 자가 보낸 자보다 크지 못하니 17 너희가 이것을 알고 행하면 복이 있으리라

오늘날은 이기주의가 정상적인 사고방식처럼 통하는 시대입니다. 그래서 이기주의가 행복을 보장받는 수단이나 되는 것처럼 착각할 때가 있습니다. '내가 싫으면 안 한다. 내가 싫다는데 왜 그래?' 이런 말들은 우리 사회가 철저한 이기주의로 흐르고 있음을 증명합니다. 어린아이부터 어른에 이르기까지 그와 같은 말들을 조금도 부끄러운 줄 모르고 내뱉으며 그 말대로 행동하는 사람들이 우리 주변에 자꾸 늘어나고 있습니다.

  가정이나 사회에서도 마찬가지입니다. 결혼 생활을 예로 들면, 요즘 젊은이들의 마음속에는 '나 싫으면 안 산다'는 생각이 자리 잡고 있습니다. 이런 이유로 이혼이 늘어납니다. 일단 결혼을 했으면 남편과 아내로서 책임져야 할 일이 있고 희생해야 할 일이 있습니다. 책임과 희생을 전제하고 시작하는 것이 결혼 생활입니다. 그럼에도 책임과 희생은 안중에 없이 '내가 싫으면 안 살아도 된다'고 생각하는 사람이 많습니다. 자식을 낳았으면 부모는 좋든 싫든 그 자식에게 책임을 다해야 합니다. 하지만 요즘은 그런 책임과 희생을 중요하게 생각하지 않는 것 같습니다. 그렇기 때문에 남편이 병들면 아내가 도망을 가버리고, 부부가 말다툼 한 번 했다고 쉽게 갈라서고, 자식을 맡기 싫다고 고아원에 맡겨버립니다.

심리학자 에리히 프롬은 이기주의에 대해 심리학적으로 정곡을 찌르는 이야기를 했습니다. "이기적인 사람은 다른 사람들의 필요에 대한 관심이 없고 존엄성이나 인격에 대한 존경 따위는 아예 안중에 없다. 이기적인 사람은 자기 자신 이외에는 아무도 볼 수 없으며, 모든 사람과 사물을 '자기에게 얼마나 쓸모가 있느냐'로만 판단하려 든다." 옳은 말입니다. 이기적인 사람은 근본적으로 사랑할 능력이 없습니다. 그런 사람은 타인을 사랑할 수 없을 뿐만 아니라 자신도 사랑하지 못합니다. 이기주의가 얼마나 무서운지 모릅니다. 그럼에도 요즈음 이 사회는 이기주의가 마치 훌륭한 처세술이나 덕이라도 되는 것처럼 생각하고 떠받듭니다.

이런 세상에서 예수님은 듣기에 조금 거북하고 어색한 교훈을 오늘 우리에게 들려주십니다. 주님은 "서로 발을 씻겨주라"고 말씀하셨습니다. "서로 발을 씻겨주는 마음을 가지고 세상을 살아야 한다"는 의미입니다.

요한복음 13장을 열 번 이상 읽어본 분들이 꽤 많을 것입니다. 그래서 너무나 잘 안다고 생각할지도 모르겠습니다. 그러나 저는 그런 분들에게 묻고 싶습니다. "여러분은 '서로 발을 씻겨주라'는 주님의 말씀을 얼마나 마음에 담고 실천하려고 애를 쓰셨습니까? 이 말씀을 실천하지 못하는 자신을 놓고 고뇌하며 주님 앞에 부끄러워한 일이 몇 번이나 있습니까?"

불행하게도 교회를 오래 다닌 사람들 가운데는 예수님이 제자들의 발을 씻기신 일이나 서로 발을 씻기라고 하신 말씀을 기독교의 상투적인 표현으로만 생각하는 경향이 없지 않습니다. 그리고 듣기 좋은 설교 제목 하나 정도로만 기억하려고 합니다. 남의 이야기처럼 받아들입니다. 만일 우리 마음속에 이와 같은 생각이 조금이라도 남아 있다면 성령께서 그 생각을 모두 쓸어내주시기를 바랍니다. '예수님처럼 나도 발을 씻기는 삶을 살아야 되겠다'고 새롭게 다짐할 수 있도록 성령께서 인도해주시기 바랍니다.

몰염치한 제자들

유대는 원래 건조한 땅입니다. 요즘처럼 잘 만든 구두를 신고 다니면 걱정이 없지만 당시에는 샌들을 신고 다녔기 때문에 1킬로미터만 걸어도 온 발에 먼지가 수북이 쌓일 정도로 발이 더러워집니다. 그래서 어느 집에 들어가든지 그 집 문간에는 반드시 발을 씻을 수 있도록 물을 담아놓은 항아리가 준비되어 있습니다. 종이 있는 가정은 종이 나와서 손님들의 발을 씻겨줍니다. 만약에 씻겨줄 사람이 아무도 없으면 자기가 발을 씻고 들어가야 합니다. 유대에서는 이와 같이 발을 씻고 드나드는 것이 하나의 습관이 되었고 전통이 되어 있었습니다.

예수님은 예루살렘을 마지막으로 방문하고 유월절을 맞이하셨습니다. 유월절은 이스라엘의 가장 큰 절기로, 식구들이 둘러앉아 양을 잡아놓고 하나님이 애굽에서 이스라엘 백성을 해방시킨 역사적인 날을 기념하여 고기를 먹고, 또 누룩이 들어 있지 않은 빵을 먹고, 쓴 나물을 먹으면서 하나님의 은혜를 기억하는 날입니다.

예수님은 제자들과 함께 예루살렘에서 이 유월절을 마지막으로 보내게 되어 있었습니다. 유월절 만찬을 잡수시기 위해서 예수님은 미리 준비된 다락방으로 제자들을 데리고 올라가셨습니다. 그들은 하루 종일 걸어다니면서 일했기 때문에 발이 매우 더러웠습니다.

그런데 다락방에는 식사 준비만 되어 있었을 뿐 예수님과 제자들을 접대하는 사람이 아무도 없었습니다. 더러워진 발을 씻겨줄 사람이 아무도 없었던 것입니다. 그래서 제자들이 서로 씻겨주든지 아니면 스스로 자기 발을 씻어야 하는 상황이었습니다.

드디어 음식을 먹기 시작했습니다. 어쩌면 예수님은 제자들 가운데 누군가 일어나서 예수님의 발을 씻겨주리라고 생각하셨는지도 모릅니다. 또 그러기를 기다리셨는지도 모릅니다. 그러나 시간이 많이 지나고 음식을 다 먹어가는데도 어느 한 사람 일어나 발을 씻겨줄 생각조차 하지 않았습니다. 더욱이 가관이었던 것은, 누가복음 22장에 보면 그 만찬석상에서 제자들끼리 '누가 더 크냐' 하는 문제로 눈에 보이지 않는 파워 게임을 하고 있었다는 사실입니다.

정말 이해할 수 없는 일입니다. 도대체 어떻게 그럴 수 있습니까? 예수님은 이미 제자들에게 하루만 지나면 자신이 십자가에서 처형되리라는 말씀을 수없이 하셨습니다. 제자들도 예수님이 심각한 순간을 맞이하고 있다는 것을 감지했습니다. 분위기는 착 가라앉아 있었고 무거웠습니다. 어떤 면에는 예루살렘 전체의 분위기가 살벌했습니다. 무슨 일이 터질지도 모른다는 불안감이 사람들의 마음을 짓눌렀습니다. 어쩌면 예수님과의 마지막 식사가 될지도 모르는 시간인데, 예수님을 조금이라도 생각하고 사랑하는 제자들이라면 그 자리에서 어떻게 그런 파워 게임을 할 수 있습니까? 그러나 제자들은 성만찬 자리에 앉아서 '누가 예수님께 제일 인정받는 제자인가? 누가 예수님의 바로 오른편에 앉을 것인가?'를 놓고 서로 신경전을 벌인 것 같습니다.

예수님은 이와 같이 파워 게임을 하는 제자들의 마음을 읽으시고서 음식을 드시다 말고 일어나셨습니다. 겉옷을 벗어 옆에다 놓으시고, 수건을 허리에 동이신 채 문간으로 가셔서 대야에 물을 담고는 돌아와 제자들의 발을 씻기기 시작하셨습니다. 어느 제자를 제일 먼저 씻기셨는지는 성경에 기록되지 않았기 때문에 알 수 없습니다. 그러나 베드로가 처음이 아닌 것은 분명해 보입니다.

아무튼 예수님은 누군가의 발을 씻기기 시작했습니다. 만일 당신이 그 제자의 입장이었다면 어떻게 했겠습니까? 예수님이 일어나서 당신의 발을 씻기려고 대야에 물을 떠오셨을 때 적어도 예의가 있고 상식이 있는 사람 같으면 가만히 앉아 있겠습니까? 어떻게 감히 그럴 수가 있습니까?

그런데 놀랍게도 입으로는 예수님을 '주'라고 부르고, '하나님의 아들'이라 고백하면서도 제자들은 너나없이 자기 더러운 발을 내밀었습니다. 겨우 베드로 한 사람만 "주님 안 됩니다. 내 발은 못 씻기십니다" 하고 몸을 뒤로 뺐을 뿐 다른 제자들은 다 꿀 먹은 벙어리처럼 발만 내놓았습니다. 얼마나 몰염치한 인간들입니까?

그뿐만이 아닙니다. 예수님은 열두 제자의 발을 다 씻기시고 나서 벗어두었던 겉옷을 다시 입고 제자리에 앉으셨습니다. 이제 그 자리에 있는 열세 사람 중 발이 더러운 사람은 예수님밖에 없습니다. 열두 제자는 예수님이 다 씻겨주셨기 때문입니다. 그렇다면 적어도 한 사람 정도는 일어나서 "예수님, 죄송합니다. 예수님의 발은 제가 씻겨드리겠습니다" 하고 나섰어야 했습니다.

그러나 놀랍게도 예수님의 발을 씻기려고 일어선 사람은 단 한 명도 없었습니다. 아무리 눈을 씻고 보아도 그런 반응은 찾아볼 수 없습니다. 예수님에게 보고 들으며 3년을 배워도 영적으로 캄캄하면 이런 꼴이 됩니다. 예수님을 10년 믿어도 영적으로 어두우면 이렇게 멍청한 짓을 할 수밖에 없는 것입니다.

서로 발을 씻기라

예수님은 자리에 앉으신 후 제자들에게 매우 중요한 교훈을 들려주셨습니다.

> 그들의 발을 씻으신 후에 옷을 입으시고 다시 앉아 그들에게 이르시되 내가 너희에게 행한 것을 너희가 아느냐 너희가 나를 선생이라 또는 주라 하니 너희 말이 옳도다 내가 그러하다(12-13절).

제자들은 예수님을 "랍비여, 랍비여!" 하고 부르며 3년 동안 따라다녔습니다. 예수님이 선생님이라면 자기들은 제자라는 말이고, 제자는 곧 배우는 자입니다. 제자들은 3년 동안 예수님과 함께하면서 그분을 '하나님의 아들'로 믿었습니다. 그래서 예수님을 '주여!'라고 불렀습니다. '주'라는 말은 하나님을 부르는 이름이니 예수님을 하나님으로 보았던 것입니다. 또한 예수님은 자신이 선생이요, 주라는 사실을 인정하셨습니다.

예수님은 여기에서 한걸음 더 나아가 제자들에게 자신이 그들의 발을 씻기신 이유를 설명해주셨습니다.

> 내가 주와 또는 선생이 되어 너희 발을 씻었으니 너희도 서로 발을 씻어 주는 것이 옳으니라 내가 너희에게 행한 것 같이 너희도 행하게 하려 하여 본을 보였노라(14-15절).

다시 말해 "주요 선생인 내가 제자요 종인 너희의 발을 씻겼다면 너희끼리 서로 발을 씻기는 것은 너무나 당연한 일이 아니냐?" 하는 이야기입니다. 이것은 상식입니다.

내가 진실로 진실로 너희에게 이르노니 종이 주인보다 크지 못하고 보냄을 받은 자가 보낸 자보다 크지 못하나니(16절).

심부름 보내는 자가 가는 자보다 더 높다는 것은 천하가 다 아는 상식입니다.

너희가 이것을 알고 행하면 복이 있으리라(17절).

무슨 말씀입니까? "너희들이 '선생이다', '하나님이다' 하고 부르는 내가 낮아져서 너희들의 발을 씻겼다면, 나의 종이요 제자 된 너희들이야말로 당연히 서로의 발을 씻겨주어야 한다. 선생이 발을 씻기는데 제자가 발을 씻기지 않고 뻣뻣하게 서 있으면, 그것은 자기가 선생보다 높다는 이야기밖에 더 되느냐? 제자는 선생이 하는 대로 따라 해야 한다. 너희들이 이것을 잘 알고 행하면 복이 있다. 그러나 이 사실을 잘 모르고 행하지 아니하면 너희들에게 화가 있다." 이런 이야기입니다.

당신은 어떻습니까? 예수님처럼 남의 발을 씻겨주려는 마음가짐을 가지고 신앙생활을 하고 있습니까? 예수님은 내 발을 씻겨주셨는데 나는 다른 사람의 발을 씻기는 것을 싫어하지는 않습니까? 그러면서도 입으로는 예수님을 향해서 "선생님!", "주님!" 하며 그분을 쉽게 부르고 있지는 않습니까? 어떻게 선생님과 닮지 않은 제자가 있을 수 있습니까? 어떻게 '하나님 아버지'라고 부르면서 그 명령에 복종하지 않는 자녀가 있을 수 있습니까? 오늘 본문의 제자들은 물론이거니와 우리도 이와 같은 모순을 안고 있습니다.

그러므로 우리는 이 말씀을 마음에 담고 자신에게 잘못된 부분이 있다는 것을 인정해야 합니다. 성령께서 우리 모두의 마음에 깨달음을 주시고 회개하는 마음을 주시기 바랍니다. 우리는 예수님보다 높아질 수 없습니다. 우리는 예수님보다 더 섬김을 받을 수 없습니다. 우리 모두는 예수님보다 낮은 제자입니다. 그러므로 주님이 발을 씻기셨다면 우리도 당연히 서로의 발을 씻겨야 합니다.

높아질수록 낮아져라

이제 예수님이 발을 씻기신 행동이 내포한 의미를 생각해봅시다. 대충 감을 잡았겠지만, 들은 말씀을 실천에 옮기기 위해서는 좀 더 구체적으로 생각해볼 필요가 있습니다. 여러 가지가 있겠지만 이 시간에는 두 가지만 살펴봅시다.

첫 번째는, 겸손의 표현입니다. 유명한 주석가 윌리엄 바클레이는 본문의 의미를 겸손으로 해석했습니다. "예수님은 겸손하셨다. 겸손하지 않아도 될 때에도 겸손하셨다." 겸손해지는 것 자체가 전혀 안 어울려 보이는 때에 예수님은 오히려 더 낮아지셨다는 말입니다.

> 저녁 먹는 중 예수는 아버지께서 모든 것을 자기 손에 맡기신 것과 또 자기가 하나님께로부터 오셨다가 하나님께로 돌아가실 것을 아시고(3절).

이제 하룻밤만 지나면 예수님은 십자가에 달려 죽임을 당하십니다. 다시 사흘이 지나면 예수님은 죄와 사망의 권세를 이기고 부활하신 영광의 주님이 되십니다. 그렇게 되면 하나님께서는 예수님의 모든 권세와 영광을 다시 회복시켜주실 것입니다.

잘 아는 바와 같이 예수님은 원래 하나님이십니다. 하나님의 영광과 보좌에 계시던 분이십니다. 그러나 예수님은 제자들의 발을 씻기기 위해 겉옷을 벗으신 것처럼, 우리를 구원하시고자 자기의 영광의 옷을 벗어서 보좌에 내려놓으시고 낮아지셔서 종의 모습으로 세상에 오셨습니다. 그래서 예수님이 세상에 오셨을 때 사람들은 그를 보고 하나님인 줄 몰랐습니다. 너무나 초라한 모습으로 나타나셨기 때문에 나사렛 목수나 나사렛 촌놈, 선지자 중의 하나 정도로만 생각했지, 그가 '하나님'이시라는 것은 상상도 못했습니다. 이는 그만큼 주님이 낮은 모습으로 세상에 오셨다는 것을 말해줍니다. 그분은 영광과 권세도 다 벗어놓고 오셨습니다.

그러나 이제 하룻밤만 지나면 주님이 십자가에서 우리의 모든 죄를 짊어지고 죽으실 것입니다. 그런 다음 죄와 사망을 깨뜨리고 부활하실 것입니다. 그날에는 하나님 나라에 벗어놓았던 영광의 옷을 다시 입고, 하나님 나라에 두었던 권세, 곧 하늘과 땅에 있는 모든 권세, 모든 인류를 심판하시는 영광스러운 권세를 다시 손에 쥐실 것입니다. 주님은 이것을 벌써 아셨습니다. 때가 다 된 것을 아셨습니다. 인간적으로 말하면, 예수님은 굉장히 우쭐해질 수 있는 순간이었습니다. 다시 말하면 모든 사람으로부터, 특히 제자들로부터는 경배를 받으셔야 할 자리에 지금 서 계셨습니다.

그럼에도 주님은 영광과 권세가 자기에게 다시 돌아오는 것을 아는 그 순간에, 오히려 대야에 물을 떠서 제자들 앞에 엎드려 발을 씻겨주셨습니다. 그야말로 겸손의 극치입니다. 제자들을 향해 "나는 이제 하나님 나라로 가노라. 신발을 벗고 내 앞에 엎드려라" 하고 명령해도 괜찮을 자리에서, 오히려 주님은 스스로 엎드려 제자들의 발을 씻겨주셨습니다.

교회 안에도 평범하게 신앙생활할 때는 남 섬기는 일을 조금도 마다하지 않고 열심을 내던 사람이 권사가 되고, 안수 집사가 되고,

장로가 되고, 순장이 된 후에는 영적으로 교만해져서 섬기는 일을 하지 않으려는 경우가 있습니다. '제가 어떻게 그런 일을 합니까?' 이런 식으로 반응하는 안타까운 사람들이 있습니다.

제 후배 목사님이 목회하는 교회 장로님들 이야기입니다. 그 목사님이 교회에 부임한 지 약 2년이 되는데, 그전까지 교회에 어려움이 참 많았습니다. 특히 장로님들 때문에 어려움이 많았습니다. 교회 지도자인 장로들이 바로 서지 못하면 전체가 어려움을 당하기 마련입니다. 그 교회 장로님들은 마치 자기들이 주인인 양 교회를 마구 휘젓고 다녔습니다. 성도들에게는 거룩하게 살라고 하면서 자기들은 예배 시간이 되어도 예배드리러 가지 않고 당회실에 앉아 신문을 읽느라 정신이 없었습니다. 지도자들이 이런 식으로 행동하면 교회가 크게 어려워질 수밖에 없습니다.

이런 어려운 교회에 부임한 목사의 심정을 한번 상상해보십시오. 얼마나 낙망했겠습니까? 그러나 그는 소망을 버리지 않고 부임한 지 반년 후에 제자훈련을 시작했습니다. 그런데 장로님들에게 놀라운 변화가 일어났습니다. 제자훈련을 받으면서 그들은 서서히 자기들이 얼마나 잘못했는지 깨달았고, 교만한 마음이 깨어졌습니다. "지금까지 우리는 너무 높아졌다. 예수님은 높아질수록 낮아지셨는데 우리는 완전히 거꾸로 살아왔다. 이제부터라도 고치자!" 그들은 이렇게 결단했습니다. 그리고 실천 방안으로 매주 토요일마다 교회 화장실 청소를 전담하기로 하고 지금까지 그 일을 해왔다고 합니다. 참 놀라운 변화가 아닐 수 없습니다.

사람이 높아질수록 낮아져야 한다는 것이 주님의 교훈이고, 영적으로 하나님 앞에 가까이 다가갈수록 주님의 모습이 사람에게 더 가까이 다가옵니다. 우리도 이를 본받아야 합니다. 이것이 겸손입니다. 그러기에 주님은 자기를 팔려는 무서운 계략을 품고 있던 가룟 유다의 발도 서슴없이 씻겨주실 수 있었고, 높아지기 위해서 도토리 키 재기를 하는 제자들의 마음을 아시면서도 그들의 발을 씻기실 수 있었습니다. 고맙다는 말 한마디도 하지 않고, 주님의 발을 씻겨 드릴 생각조차 하지 않는 몰염치한 제자들의 발을 씻기실 수 있었 습니다. 우리 모두는 바로 이 예수님을 닮아야 합니다.

교만을 경계하라

예수님은 은근히 한 가지 걱정을 하고 계셨 습니다. 이제 하루만 지나면 제자들과 작별해야 합니다. 또한 50일 만 지나면 그들은 신분이 완전히 달라질 것입니다. 부활하신 주님과 40일 동안 만나서 하나님 나라에 대한 청사진을 듣고, 한 열흘 동안 다락방에서 성령을 기다리다가 성령을 받으면 그들의 신분과 역할 이 완전히 달라질 것입니다.

그때 상황을 상상해보십시오. 그들은 성령 충만을 받았습니다. 예 수님이 부활하여 하나님 나라로 승천하신 후, 그들은 예수님을 대신 해서 이 세상에 복음을 전하는 사도들이 되었습니다. 하루에 3천 명, 5천 명, 수만 명이 예루살렘에서 하나님 앞에 두 손 들고 회개하며 돌아오는 큰 부흥이 일어납니다. 이 부흥의 불길 중심에는 언제나 베드로와 요한, 야고보를 비롯한 제자들이 서 있습니다. 하나님께서 그들을 얼마나 높이 들어 사용하시는지 표적과 기사를 행할 뿐 아 니라 그들이 용서하면 용서를 받고, 그들이 저주하면 죽음을 당하는 일들이 도처에서 일어납니다. 그들은 이제 50일 후면 그만큼 굉장한 영적 권위를 가진 사도들로 등장할 것입니다. 그때 가서 제자들이 너무 교만해진 나머지 서로 싸우고 헐뜯고 갈라지는 일이 일어나지 않을까 은근히 걱정하신 것 같습니다.

요한복음 17장 11절을 보십시오. 예수님이 제자들을 위해서 마지막으로 기도하시는 내용입니다. "나는 세상에 더 있지 아니하오나 그들은 세상에 있사옵고 나는 아버지께로 가옵나니 거룩하신 아버지여 내게 주신 아버지의 이름으로 그들을 보전하사 우리와 같이 그들도 하나가 되게 하옵소서."

성부, 성자, 성령 하나님은 하나입니다. 제자들도 삼위일체 하나님처럼 하나가 되게 해달라고 기도하신 것을 보면, 주님께서 약간 염려하시는 바가 있었던 것 같습니다. 비천할 때는 교만하지 않지만, 신분이 높아지고 사람들에게 존경을 받기 시작하면 자기도 모르게 교만해지기 쉬운 것이 인간입니다.

제자들도 마찬가지였습니다. 그러므로 제자들이 수천, 수만 명의 성도들에게서 존경을 받고, 그들의 손으로 이적 기사를 행하고, 엄청나게 많은 사람이 회개하여 돌아오는 큰 역사들이 일어나면, 자칫 서로를 질시하고 교만을 부리며 헐뜯고 비판하다가 나중에는 갈라서는 일들이 얼마든지 일어날 수 있습니다. 예수님께서는 아마 이것을 염두에 두셨던 것 같습니다. 그래서 주님은 특별히 "내가 너희들의 발을 씻긴 것처럼 너희도 서로 발을 씻겨주어라. 겸손해져라" 하고 교훈하셨습니다.

영적 지도자가 될 때 가장 위험한 시험이 있다면 그것은 교만입니다. 오늘 한국 교회에 '장로교'라는 이름을 붙인 교단이 약 300개나 된다고 합니다. 어떤 목사들은 50개 정도의 교회를 모아서 교단을 만들어 총회장도 하고 노회장도 합니다. 왜 그런 일이 벌어집니까? 지도자들이 교만해서 서로 발을 씻겨주지 못하기 때문입니다.

교만은 사람을 해칩니다. 그러나 겸손은 사람을 치유합니다. 서로 발을 씻겨주기를 원하는 자들이 모인 곳이 바로 천국입니다. 그곳에서는 사람을 치유하는 능력이 나타납니다. 가정에서 발을 씻깁니까? 그곳에 사람을 치유하는 능력이 나타나고 그곳이 곧 천국입니다. 교회 안에 발을 씻기기 원하는 성도들이 모입니까? 그곳에서 상한 자들이 고침을 받는 역사가 일어나고 하나님이 다스리는 나라가 임하실 것입니다. 당신의 가정이, 당신의 교회가 그렇게 되어야 합니다. 우리가 이렇게 겸손해지기만 한다면 가룟 유다와 같이 우리를 해치려고 하는 사람의 발도 씻겨줄 수 있습니다. 나에게 손해를 끼치는 자의 발도 씻겨줄 수 있습니다. 염치없는 사람의 발도 씻겨줄 수 있습니다. 진짜 겸손은 교만한 자의 발을 씻길 수 있는 겸손입니다. 이것이 바로 예수님의 겸손입니다.

예수 믿는 삶의 본질은 섬기는 것

발을 씻기는 행동이 내포한 두 번째 의미는 섬김의 표현입니다. 예수님을 믿고 교회에 들어오면 모두가 다 그 몸의 일부가 됩니다. 우리는 예수님의 몸입니다. 예수님의 손발일 수도 있고 심장일 수도 있습니다. 우리는 다 지체입니다. 우리 몸을 한번 보십시오. 지체 중에 자기 자신을 위해서 존재하는 것은 하나도 없습니다. 심장이 심장을 위해서 존재하지 않습니다. 허파가 허파를 위해서 존재하지 않습니다. 허파는 몸을 위하고, 심장도 몸을 위합니다. 모두가 몸을 위해서 존재합니다. 마찬가지로 일단 교회 안에 들어와서 신앙생활을 하면 우리는 다 예수님의 몸을 위하는 지체입니다.

그러므로 내가 섬기지 않으면 내가 죽습니다. 섬기지는 않고 섬김만 받으려고 하다가는 결과적으로는 내가 병들어버립니다. 심장이 자기만 위하고 있으면 몸이 죽고 맙니다. 몸이 죽는데 어찌 자신이 안 죽겠습니까? 그러므로 예수님을 믿는 사람에게 이 섬김은 너무나 중요합니다.

성경은 "네 이웃을 네 몸과 같이 사랑하라"고 말씀했습니다. 우리가 가장 아끼고 사랑하는 것은 내 몸입니다. 그렇다고 내 몸만 아끼고 사랑하는 자는 이기주의자입니다. 내가 내 몸을 사랑하고 아끼고 섬기는 그 마음을 다른 사람에게 확대할 때 비로소 이기주의가 이타주의로 바뀝니다. 그래서 예수님이 "네가 네 몸을 아끼고 섬기지 않느냐? 그 정신을 다른 사람에게도 보여주라"고 말씀하신 것입니다. 그러므로 섬기는 것은 예수님을 믿는 사람에게 너무나 자연스러운 일이요, 반드시 해야 할 일입니다.

그런데도 오늘날 교회 안에서 가장 안 되는 것이 있다면 섬기는 것입니다. 예수님 믿고 중생받았다 하면서 너무 뻣뻣합니다. 너무 교만합니다. 학력이 좋으면 무엇합니까? 돈을 넉넉하게 쌓아놓고 살면 무엇합니까? 인물이 잘났으면 무엇합니까? 큰 집에 살면 무엇합니까? 주 안에서 볼 때 똑같은 죄인이었다가 예수님 때문에 구원받고 하나님의 자녀로 거듭난 처지인데, 내가 너보다 높다는 것이 무슨 의미가 있습니까? 오히려 더 낮아져서 형제의 발을 씻겨주는 것이 예수 믿는 사람의 근본적인 모습입니다. 그럼에도 예수 믿으면서 그렇게 안 되는 분들이 참 많습니다.

이제 갓 예수 믿기로 작정하고 신앙생활을 시작하신 여러분, 꼭 기억하십시오. 예수님을 믿는다는 것이 무엇인지 아십니까? 예수님께서 섬기신 것처럼 섬기는 삶을 사는 것입니다. 그것이 바로 신앙생활입니다. 당신 주변의 성도가 당신에게 그런 모습을 보여주지 못했다면, 그것은 예수님이 잘못한 것이 아니고 그 사람이 잘못한 것입니다. 그 모습을 본받아서는 안 됩니다. 낮아져서 섬겨야 됩니다. 그럴 때 자기도 살고 형제도 삽니다. 서로 섬김으로 모두가 건강해지고, 모두가 복을 누립니다.

회복과 치유의 열쇠, 섬김

제자훈련반에 들어가면 남편이나 아내의 발을 씻겨주고 감상문을 쓰는 숙제를 해야 합니다. 그저 습관처럼 남편의 발을 씻겨주는 아내에게는 이 숙제가 아무런 문제가 안 됩니다. 감정이 있든 없든 그저 '씻겨줘야 되는구나' 생각하고 그렇게 하면 끝이니까요. 그러나 결혼하고 10년을 같이 살아도 생전 그렇게 해본 일이 없는 아내에게는 굉장히 힘든 일입니다. 안 하던 일을 갑자기 하려면 부부 사이라 해도 쉽지 않은 법입니다.

어느 자매의 이야기입니다. 남편의 발을 씻겨주고 감상문을 써오라는 숙제를 받았지만 도무지 자신이 없었습니다. '오늘 해야지' 했다가도 번번이 실패했습니다. 이제 다음 제자반 모임 때까지는 하루밖에 안 남았습니다. '오늘은 꼭 해야 돼. 무슨 일이 있더라도 해야 돼.' 아침부터 마음에 다짐을 하고는 저녁에 남편이 돌아오기를 기다렸습니다. '오늘은 눈 딱 감고 해야 된다.' 이렇게 곱씹으며 기다리는데 드디어 남편이 현관문을 열고 들어왔습니다. "여보, 빨리 와요. 빨리 따라와요." 남편이 의아해하며 "어디로 간다는 거야?"라고 묻자 그는 "글쎄 오라니까요" 하면서 남편의 손을 잡아끌고 화장실로 향했습니다. 화장실에 들어가서는 변기 뚜껑을 딱 닫아놓고 그 위에 남편을 앉혔습니다. "여보, 여기 앉아요. 내가 보니까 당신이 회사에서 너무 시달리는 것 같고 얼굴에 피곤이 가득한데 내가 위로해주지 못해서 늘 마음이 아팠어요. 그래서 오늘 내가 당신 발을 씻겨주려 해요." 그리고 양말을 벗긴 다음 따뜻한 물로 발을 씻겨주기 시작했습니다.

아무리 서먹서먹한 일이라도 그런 상황까지 되고 보면 남편의 생각이 달라집니다. 묵묵히 앉아서 자기 발을 씻기는 아내를 내려다보는 남편의 마음에 어떤 감정이 일어나겠습니까? 그 부드러운 손으로 씻겨주는 아내를 쳐다보면서 그동안 아내에게 잘못했던 여러 가지가 생각날 것이고, 미안하다는 생각도 들 것이고, 참 사랑스런 아내라는 마음도 생길 것입니다.

또 아내는 아내대로 남편의 발을 묵묵히 씻으면서 남편에 대한 여러 가지 생각이 교차했을 것입니다. 처자를 먹여 살리려고 새벽부터 밤까지 정신없이 뛰어다니다 보면 바깥에서 언짢고 기분 상하는 일들을 많이 겪겠지만, 조금도 내색하지 않고 항상 웃으며 가족들을 안심시키려고 하는 남편의 마음 씀씀이를 생각하면서 눈시울이 뜨거워졌는지도 모릅니다.

다음 날 아침, 남편이 출근을 하다가 그날따라 봉투를 하나 건네주면서 "여보, 내가 그동안 당신 옷 한 번 제대로 사준 일이 없더라고. 오늘 시간 되면 이걸로 당신 입을 것 좀 사" 하는 것입니다. 고맙다고 인사하며 남편을 보낸 후에 봉투를 열어보니 50만 원이나 들어 있었습니다. 그러니 그 부인이 얼마나 흥분했겠습니까? 그는 감상문을 쓰다가 눈물 콧물을 흘리며 "하나님, 감사합니다. 좋은 남편 주셔서 고맙습니다" 하고 감사 기도를 드렸습니다.

그러던 중에 마음속에 불현듯 이런 생각이 들었다고 합니다. '이렇게 좋은 남편을 주신 하나님께 감사하지 않고 내가 이 돈으로 정말 옷을 산다면 그건 좀 문제가 있는 거야.' 그러고는 50만 원을 그대로 들고 와서 헌금했습니다. 발을 씻겨주면 기적이 일어납니다. 치유가 일어납니다. 사랑이 회복됩니다. 마음에 도사린 여러 가지 고통이 사라집니다.

다만 발을 씻겨주면서 조심할 것이 있습니다. 따뜻한 물을 가지고 가서 씻겨줘야지 얼음물을 담아 온다거나 너무 뜨거운 물을 준비하면 안 됩니다. 그리고 번거롭다고 물도 떠오지 않은 채 그저 마른 때만 벗기려고 애를 써도 안 됩니다. 다른 사람의 발을 씻겨주는 행위도 중요하지만 어떤 자세로 섬기느냐도 매우 중요합니다. 온유한 자세, 부드러운 자세가 중요합니다. 그 마음을 담아내려면 물이 따뜻해야 하지 않겠습니까? 마찬가지로 우리가 형제를 섬기고 형제 앞에 겸손한 모습을 보일 때 온유한 마음이 필요합니다. 발을 씻겨주면서 무뚝뚝할 수도 있고, 또 너무 흥분해서 사람을 불안하게 만들 수도 있습니다. 그러므로 우리는 발을 씻길 때 자세에 신경을 써야 합니다.

섬김으로 얻는 복

이와 같이 남의 발을 씻겨주는 삶을 살려고 노력할 때 복이 있다고 예수님은 말씀하셨습니다.

너희가 이것을 알고 행하면 복이 있으리라(17절).

무슨 복이 있을까요? 우선 마음에 기쁨이 넘치는 복이 있습니다. 마음속에서 기쁨이 사라졌습니까? 다른 사람을 섬겨보십시오. 그러면 기쁨이 찾아옵니다. 다른 사람을 섬기면 마음의 병이 치유되는 복이 찾아옵니다.

오스트리아의 애들러 박사는 자기를 찾아오는 우울증 환자를 치료할 때 이런 처방을 자주 했다고 합니다. "가서 2주일 동안 매일 '남을 기쁘게 하기 위해서 무슨 일을 할까?' 그것만 골똘히 생각하고 한번 실천해보세요. 2주일 동안만 그렇게 살면 당신 병은 깨끗이 나을 것입니다."

실제로 그렇게 해서 나은 사람들이 부지기수라고 합니다. 왜 우리 마음에 병이 생깁니까? 왜 짜증스럽고, 불만이 쌓이고, 원망스럽고, 남이 미워지고, 용서하기가 어렵습니까? 왜 그렇습니까? 자기만 생각하기 때문입니다. 자기만 알기 때문입니다. 마음속에 이기주의가 뿌리를 내리고 있기 때문입니다. 얻지 못해서 불만이 아닙니다. 없어서 불만이 아닙니다. 자기만 생각하는 이기주의자가 되어버려서 마음에 병이 생기는 것입니다.

오늘날 현대인들을 보십시오. 길에 나가보십시오. 가정에 가보십시오. 마음에 병이 있어 우울한 사람, 잠을 못 자는 사람, 고통스러워하는 사람들이 얼마나 많습니까? 자기만 생각하는 사람의 불만을 누가 채워줄 수 있겠습니까? 늘 자기만 위하려고 하니 그 사람을 위해줄 사람이 천하에 누가 있습니까? 그러다 보니 병이 생기고 맙니다. 이 병을 치료하려면 무조건 남을 위해 살아야 합니다. 남을 섬기며 살아야 합니다. 그럴 때 마음의 병이 치유를 받습니다.

시한부 생명을 힘겹게 이어가는 암 말기 환자들을 돌보는 호스피스들을 한번 보십시오. 마음의 병이 있는지 한번 물어보십시오. 일주일에 한 번씩 걸인들에게 끼니를 대접하고 그들에게 말씀을 가르치는 사람들을 찾아가보십시오. 마음의 병이 있습니까? 미용 도구를 들고 다니면서 가난한 사람들의 머리를 손질해주는 미용선교회 성도들을 한번 찾아가보십시오. 빈민촌에 있는 불쌍한 사람들을 위해 일주일에 한 번씩, 혹은 한 달에 한 번씩 봉사하는 사람들을 찾아가보십시오. 장애인들을 위해 수고하는 형제자매들을 찾아가보십시오. 남의 발을 씻기는 일에 마음을 쏟고 그들을 위해 살려고 하는 사람에게 마음의 병이 있나 한번 찾아보십시오. 다른 사람을 기쁨으로 섬기는 사람의 마음에는 심적인 병이 도사릴 여지가 없습니다. 그래서 예수님처럼 발을 씻기는 자에게는 복이 있습니다.

주님의 말씀대로 순종합시다. 예수님이 발을 씻겨주셨듯이 우리 모두 발을 씻기는 삶을 삽시다. 다른 사람을 겸손하게 섬기며 살 때 마음속에 기쁨의 샘이 솟아납니다. 마음의 병을 말끔히 씻어낼 수 있습니다. 마음의 병을 고치고 기쁨을 회복하고자 한다면 '다오, 다오' 하면서 자기 욕구나 소원만을 채우려 해서는 안 됩니다. 우리는 이미 하나님이 주신 많은 것들을 받아서 누리고 있습니다. 그러므로 이미 받은 것을 가지고 남의 발을 씻겨줄 때만이 이와 같은 복을 누릴 수 있습니다.

당신의 가정이 발을 씻김으로써 하나님이 주시는 놀라운 복을 가득가득 받아 누리길 바랍니다. 당신이 일하는 직장, 일터에서 이와 같은 복을 누리는 아름다운 역사가 일어나기를 바랍니다.

44

날마다 발을 씻으십니까?

요한복음 13장 3-11절

3 저녁 먹는 중 예수는 아버지께서 모든 것을 자기 손에 맡기신 것과 또 자기가 하나님께로부터 오셨다가 하나님께로 돌아가실 것을 아시고 4 저녁 잡수시던 자리에서 일어나 겉옷을 벗고 수건을 가져다가 허리에 두르시고 5 이에 대야에 물을 떠서 제자들의 발을 씻으시고 그 두르신 수건으로 닦기를 시작하여 6 시몬 베드로에게 이르시니 베드로가 이르되 주여 주께서 내 발을 씻으시나이까 7 예수께서 대답하여 이르시되 내가 하는 것을 네가 지금은 알지 못하나 이 후에는 알리라 8 베드로가 이르되 내 발을 절대로 씻지 못하시리이다 예수께서 대답하시되 내가 너를 씻어주지 아니하면 네가 나와 상관이 없느니라 9 시몬 베드로가 이르되 주여 내 발뿐 아니라 손과 머리도 씻어주옵소서 10 예수께서 이르시되 이미 목욕한 자는 발밖에 씻을 필요가 없느니라 온몸이 깨끗하니라 너희가 깨끗하나 다는 아니라 하시니 11 이는 자기를 팔 자가 누구인지 아심이라 그러므로 다는 깨끗하지 아니하다 하시니라

사랑의교회에서는 매 주일 예배를 드릴 때마다 주기도문송을 함께 부르면서 하나님의 이름을 높인 후에 꼭 하는 일이 하나 있습니다. 바로 참회의 기도입니다. 불과 1, 2분밖에 안 되는 짧은 시간이지만 한 주간 주님 앞에서 잘못한 일들을 하나하나 생각하며 각자 회개합니다. 물론 예배에 참석하여 참회의 기도 시간에만 회개를 하는 것은 아닙니다. 가정에서도 시간을 내 한적한 장소를 찾아가 하나님 앞에 엎드릴 때마다 "주님, 나에게 이런 죄가 있습니다. 용서해주옵소서"라고 순간순간 회개 기도를 하는 줄로 압니다.

이 장에서는 이와 같은 참회 기도가 얼마나 중요하고, 또 얼마나 큰 복이요 특권인지를 본문을 중심으로 함께 생각하며 은혜를 받으려고 합니다.

이단들 중에 다음과 같이 주장하는 자들이 있습니다. "예수 믿는 사람은 다 용서받고 하나님의 자녀가 되었는데 무엇 때문에 구질구질하게 날마다 용서해달라고 눈물을 짜는가? 그것은 예수 그리스도의 십자가를 모독하는 것이요, 하나님 앞에서 용서받았다는 확고한 믿음이 없어서 그렇다. 그러므로 예수님을 바로 믿는 사람에게는 더 이상 회개가 필요치 않다."

얼핏 듣기에는 참 그럴듯합니다. 그래서 자칫 '아, 그렇구나. 용서받았다고 하는데 구질구질하게 또 용서해달라고 할 필요가 없겠구나' 하고 잘못 생각할 수 있습니다. 그러나 우리는 이단의 특성을 잘 알아야 합니다. 그들이 이단이 된 것은 그들이 하는 말 전부가 틀려서가 아닙니다. 십분의 일만 잘못되어도 이단입니다. 회개가 필요 없다는 것만큼 무서운 교리는 없습니다. 그러므로 이 말씀을 듣고 매일 드리는 참회 기도가 참으로 귀중하며, 생명의 샘이 된다는 것을 깊이 생각하는 시간이 되었으면 좋겠습니다.

목욕은 속죄를 의미한다

예수님이 제자들의 발을 씻기시기 시작할 때, 그분에게는 한 가지 목적이 있었습니다.

> 내가 너희에게 행한 것같이 너희도 행하게 하려 하여 본을 보였노라 (요 13:15).

"형제를 섬긴다는 것이 무엇이며, 사랑으로 봉사한다는 것이 어떤 모습인지 내가 모범을 보여줄 테니 너희도 이렇게 하라"는 말입니다. 이것이 예수님이 제자들의 발을 씻기신 원래 목적입니다. 그래서 예수님은 한 사람도 빠뜨리지 않고 발을 씻겨주셨습니다.

드디어 베드로 차례가 왔습니다. 주님이 베드로에게 "발을 내밀어라. 내가 씻겨주마"라고 하시자 베드로는 "주님, 꼭 제 발을 씻기셔야 합니까?" 하며 버텼습니다. 이에 예수님은 "네가 지금은 왜 내가 네 발을 씻겨주는지 모르겠지만 조금 지나면 다 알게 될 것이다. 그러니 발을 내밀어라" 하고 말씀하셨습니다. 그런데도 베드로는 "아뇨, 절대 제 발을 씻기실 수 없습니다" 하고 버텼습니다. 주님이 "내가 만일 네 발을 안 씻기면 너는 나와 아무 상관이 없다"라고 잘라 말씀하시자, 그제야 베드로는 깜짝 놀라서 이렇게 요청합니다. "주님, 정 그러시다면 제 머리와 손발도 다 씻겨주십시오." 그러자 주님은 너무나 놀라운 말씀을 하셨습니다.

… 이미 목욕한 자는 발밖에 씻을 필요가 없느니라 온몸이 깨끗하니라…(10절).

예수님께서는 목욕하는 것과 발 씻는 것을 비교하시면서 발을 씻기는 행위에 어떤 영적 진리가 담겨 있는지 교훈해주셨습니다.

목욕과 발 씻는 것의 차이가 무엇입니까? 목욕은 한 번 하지만 발은 그보다 자주 씻어야 합니다. 요즘이야 온수와 냉수를 필요에 따라 마음대로 쓸 수 있어서 목욕을 한 번 한다는 말이 이해가 안 될지도 모릅니다. 거의 날마다 목욕을 하는 사람들도 있으니까요. 그러나 원래 목욕은 한 번 하는 것입니다. 제가 어릴 때만 해도 목욕은 일 년에 많이 해야 두 번 했습니다. 여름에 더울 때 냇물에서 멱을 감는 것을 제외하고 '진짜 목욕'은 추석 명절과 정월 초하룻날 이렇게 딱 두 번 했지요. 그날이면 어머니는 가마솥에 물을 데워서 우리를 발가벗겨놓고 때를 미느라 피가 맺히도록 피부를 비벼댑니다. 다음에 목욕할 때까지 한 일 년은 기다려야 하기 때문입니다. 그러니 목욕할 때면 얼마나 야단법석이 나겠습니까? 어머니는 때를 마구 벗겨대고 우리는 비명을 질러대며 야단법석을 떱니다.

유대도 그렇습니다. 이 나라는 비가 많이 오지도 않고 요즘처럼 집집마다 목욕탕을 만들어놓았던 것도 아닙니다. 그래서 목욕을 자주 하지는 않았을 것입니다. 그러나 발은 매일 씻어야 했습니다. 워낙 건조하여 먼지가 많았고, 신발의 모양도 먼지로부터 발을 보호하기에는 역부족이었기 때문입니다. 이러한 유대의 상황을 생각해볼 때 목욕은 한 번 하는 것이요, 발은 매일 씻어야 하는 것이라는 사실을 어렵지 않게 이해할 수 있습니다.

목욕하는 것이 무엇입니까? 신학적인 용어로 말하면 '속죄', 혹은 칭의를 의미합니다. 다시 말해 '모든 죄를 용서받았다'는 뜻입니다. 우리는 예수님을 나의 구주로 믿고 영접했습니다. 하나님은 이 믿음을 보시고 우리 죄를 무조건 용서하십니다. 이것을 속죄라고 합니다. 완전히 용서하는 것입니다. 무엇을 용서합니까? 죄인으로 태어난 신분부터 시작하여 우리가 눈을 뜨고 귀로 듣기 시작하면서 지은 죄와 아직 짓지는 않았지만 앞으로 지을지도 모르는 죄에 이르기까지, 모두 다 통틀어 용서해주십니다. 이것을 일컬어 '속죄', 혹은 '의롭다 함을 받았다'고 합니다.

로마서 3장 24절을 보십시오. "그리스도 예수 안에 있는 속량으로 말미암아 하나님의 은혜로 값없이 의롭다 하심을 얻은 자 되었느니라." 예수님을 믿기만 하면 십자가에서 우리를 대신해 죄를 짊어지고 흘리신 그리스도의 보혈의 공로로 인하여, 아직도 더러운 죄인의 신분으로 남아 있는 우리가 은혜로 의롭다 하심을 값없이 얻는다는 말씀입니다. 이것이 바로 목욕하는 것입니다. 예수님을 믿으면 바로 이런 은혜를 받습니다.

하나님이 우리를 무조건 의롭다 하신다, 무조건 용서하신다는 말에는 두 가지 놀라운 사실이 들어 있습니다. 첫째는, 골로새서 2장 13절대로 '모든 죄'를 용서한다는 사실입니다. 그리고 둘째는, 히브리서 10장 14절대로 '영원히' 용서한다는 사실입니다.

그러니 예수님을 믿으면 완전히 팔자 고치는 것입니다. 모든 죄를 다 용서받습니다. 영원히 용서받습니다. 이것이 목욕하는 것입니다. 그리고 이것은 꼭 한 번 있는 사건입니다. 반복이 안 됩니다. 우리가 예수님을 믿는 그 순간에 단 한 번으로 끝나는 사건입니다. 그러므로 예수 그리스도 안에 있는 자에게는 결코 정죄함이 없습니다(롬 8:1). 이런 이유로, 예수님은 베드로에게 예수님을 믿은 자는 이미 온몸이 깨끗하다고 말씀하셨던 것입니다.

하나님이 저 같은 것을 값없이 의롭다 하시고 은혜로 영원히 용서하셨다는 것을 생각하면 저도 모르게 찬송이 나옵니다.

> 내 영혼이 은총 입어 중한 죄 짐 벗고 보니
> 슬픔 많은 이 세상도 천국으로 화하도다

여기서 "중한 죄 짐 벗고 보니"가 무슨 뜻입니까? '목욕을 하고 보니'라는 말입니다. 이미 목욕을 한 우리에게는 슬픔 많은 이 세상도 천국으로 보입니다. 그만큼 복을 받은 것입니다.

발 씻는 것은
회개를 의미한다

발을 씻는 것은 무엇입니까? 날마다 하나님 앞에서 회개하는 것을 말합니다. 하나님은 우리를 의인이라고 보시지만, 사실 우리가 죄짓지 않고 사는 날이 과연 얼마나 있습니까? 아마 어떤 분은 이렇게 말할지 모릅니다. "옥 목사도 날마다 죄를 많이 짓긴 짓는가보다. 얼마나 죄를 많이 짓기에 날마다 죄짓는다고 그러나?" 그러나 그것은 성경을 몰라서 하는 말씀입니다.

해수욕장에서 샤워하고 수건으로 깨끗이 닦은 후에 새 옷으로 갈아입어도 밖에 나와 조금만 걸으면 모래나 흙 때문에 발이 다시 엉망이 되지 않습니까? 그래서 집에 가면 또 씻어야 합니다. 세상에 살면서 죄를 짓지 않고 살기란 불가능합니다. 본성이 악한 인간으로서는 너무도 당연한 일이지요.

하나님은 말씀하십니다. "네 마음을 다하고 목숨을 다하고 뜻을 다하여 주 너의 하나님을 사랑하라." 우리가 정말 하나님을 이렇게 사랑합니까? 또 하나님은 "네 이웃을 네 몸과 같이 사랑하라"고 하셨습니다. 그러나 우리가 그대로 사랑합니까? 못 합니다. 하나님은 완전하고 거룩하신 분입니다. 우리가 아무리 거룩하게 살려고 해도 거룩하신 그분 앞에서는 흠투성이일 뿐입니다.

어떻게 우리가 죄를 짓지 않고 산다는 말을 할 수 있습니까? 이 세상이나 세상에 있는 것들을 사랑하지 말라고 하셨지만 우리 마음이 얼마나 자주 세상에 끌려다닙니까? 죄를 짓지 않고 사는 날이 단 하루도 없습니다. 게으름을 피우는 것도 죄요, 마음에 욕심을 품는 것도 죄입니다.

그러므로 우리는 날마다 이렇게 기도해야 합니다. "하나님이여 나를 살피사 내 마음을 아시며 나를 시험하사 내 뜻을 아옵소서 내게 무슨 악한 행위가 있나 보시고 나를 영원한 길로 인도하소서"(시 139:23-24). 쉽게 말해 "하나님, 제 의식의 생각과 무의식의 생각까지 하나님께서 다 점검해보세요. 무슨 악한 행위가 제게 있나 살펴보세요. 있으면 제게 가르쳐주셔서 저로 회개하게 하시고 저를 영원한 길로 인도해주세요" 하고 간구해야 한다는 것입니다. 우리가 용서를 받지 못했기 때문이 아닙니다. 이미 의롭다 함을 받은 사람이기에 날마다 발을 씻어야 합니다.

    가룟 유다를 보십시오. 예수님이 그의 발을 씻겨주셨지만 그는 깨끗한 자가 아니었습니다. 그는 목욕을 안 한 자, 곧 의롭다 함을 받지 못한 자였기 때문입니다. 그는 마귀였습니다. 그러나 우리는 목욕을 한 자들입니다. 우리 몸이 이미 깨끗해졌으므로 작은 죄라도 회개해야 합니다. 이런 의미에서 회개는 놀라운 특권입니다.

    그러므로 주님 앞에 잘못했다고 회개하는 기도를 귀찮게 여기지 마십시오. 이것만큼 우리에게 행복한 기도가 없습니다. 기도할 때마다 용서하리라 보장하셨기 때문입니다. 진실하게 하나님 앞에 회개하기만 하면 됩니다.

하나님과
아름다운 교제를 하기 위해

    우리는 왜 참회하는 기도를 해야 합니까? 베드로가 절대 자기 발을 씻을 수 없다고 하자 주님이 무엇이라고 말씀하셨습니까? "네가 발을 씻지 않으면 나와 아무 상관이 없느니라." '상관이 없다'는 말은 '교제할 수 없다', '동행할 수 없다'는 말입니다. 우리가 매일 주님 앞에서 발을 씻듯이 참회하고 회개하고 씻김을 받아야 하는 이유는, 주님과 날마다 아름다운 교제를 이어가기 위해서입니다. 주님과 우리 사이를 막는 것이나 어색하게 하는 것이 끼지 않도록 하기 위해서입니다. 그렇기 때문에 매일, 아니 수시로 주님 앞에서 발을 씻듯이 회개해야 합니다.

    부부 사이나 부모 자식 간에도 마찬가지입니다. 관계 형성은 비교적 쉬울지 모르지만 관계를 유지하기란 참으로 어렵습니다. 서로 간에 막히거나 낀 것이 없어야 합니다. 마찬가지로 하나님과 우리 사이에 죄가 끼면 안 됩니다. 죄가 끼면 하나님이 너무나 불편해하십니다. 하나님과 우리 사이는 긴밀한 관계입니다. 하나님이 우리 안에 계시고 우리가 하나님 안에 있습니다. 이 세상 끝 날까지 하나님께서 우리와 동행하시겠다고 약속하신, 떼려야 뗄 수 없는 관계입니다. 그렇기 때문에 거룩하신 하나님과 사랑을 나누고 동행하기 위해서는 주의를 기울여야 합니다.

하나님은 우리에게 발 씻을 물과 물을 담을 대야와 발 닦을 수건을 갖다놓으셨습니다. 그것이 무엇입니까? 매일 회개하는 것입니다. 요한일서 1장 9절을 보십시오. "만일 우리가 우리 죄를 자백하면 그는 미쁘시고 의로우사 우리 죄를 사하시며 우리를 모든 불의에서 깨끗하게 하실 것이요."

하나님은 절대 우리와 그분 사이가 이상해지는 것을 원치 않으십니다. 그러므로 우리가 무슨 죄를 몇 번이나 지었든 간에 하나님께 회개하기만 하면 그 죄를 깨끗이 씻어주시고 용서해주실 수 있도록 해놓으셨습니다. 이 얼마나 큰 복입니까?

주기도문을 보아도 이와 같은 놀라운 사실을 발견할 수 있습니다. 주기도문에서 우리가 꼭 기억해야 할 것이 두 가지 있습니다. 신앙생활을 정상적으로 하려면 이 두 가지는 반드시 기억해야 합니다. 하나, 육신이 건강해야 합니다. 그러기 위해서는 아침, 점심, 저녁을 꼬박꼬박 챙겨 먹고 소화도 잘 시켜야 하며, 신체가 제 기능을 발휘해야 합니다. 그래야 하나님 앞에 쓰임받을 수 있지 않겠습니까? 그래서 주님은 "우리에게 일용한 양식을 주시옵고"(마 6:11)라고 기도하게 하셨습니다. 우리 육신이 살기 위해서는 일용할 양식을 위한 기도를 날마다 해야 합니다.

우리의 영혼이 하나님과 좋은 관계를 유지하면서 행복한 신앙생활을 하려면 또 한 가지가 필요합니다. "우리가 우리에게 죄 지은 자를 사하여 준 것같이 우리 죄를 사하여 주시옵고"(마 6:12). 매일 범하기 쉬운 죄를 용서받아야 합니다. 그래야 우리 영혼이 하나님과 긴밀한 관계를 가지고 건강을 유지할 수 있습니다. 예수님께서 "나의 죄를 용서해주옵소서"라고 날마다 기도하게 하신 것은, 하나님과의 관계가 잘못되지 않도록 하기 위해서입니다.

하나님은 우리가 날마다 발을 씻는 것같이 회개하기만 하면 모든 죄를 다 용서해주십니다. 그러고는 우리에게 은혜를 베푸셔서 항상 자기와 교제를 나누는 사람으로, 항상 하나님이 동행하는 사람으로 만들어주십니다.

'일용할 양식을 주시옵고'라는 간구와 '우리 죄를 사하여 주시옵고'라는 간구는 항상 함께 따라다닙니다. 우리는 과연 일용할 양식을 위하는 것만큼 매일매일 하나님 앞에서 나의 죄를 용서받는 일에 신경을 쓰고 있습니까?

어거스틴은 말년에 참으로 경건하게 생활했는데, 그러면서도 날마다 시편 51편을 가지고 참회의 기도를 드렸다고 합니다. 그는 심지어 마지막 숨을 거두는 순간에도 시편 51편으로 기도했다고 합니다. 모든 이에게 모범이 될 정도로 경건하게 살았으면서도 날마다 참회의 기도를 드린 이유는 무엇일까요? 그것은 하나님 앞에 더 가까이 나아가고, 하나님과 더 긴밀한 관계를 가지며, 거룩하신 하나님과 자신 사이에 끼는 것이 없게 하고, 하나님이 자기를 보실 때 불편하게 느끼시지 않도록 하기 위해서였습니다. 날마다 참회하는 것이 이렇게 중요합니다.

그러므로 고통스럽고, 불안하고, 후회스럽고, 원망이 가득할 때일수록 예수님 앞으로 더 가까이 나아가십시오. 주님과 더 깊은 관계를 유지하십시오. 그래서 주님의 말씀이 내 영혼을 소생시키고 하나님의 영광이 영혼에 가득 차는 황홀함과 기쁨을 맛보아야 합니다. 그래야 세상에서 당하는 고통과 슬픔과 분노를 극복할 수 있습니다.

주님과 더 가까워져야 합니다. 그러려면 주님이 우리를 보실 때 불편해하실 만한 것은 다 회개해야 합니다. 그래야 우리가 살 수 있습니다. 우리의 현실을 봅시다. 부도가 나 직장에서 쫓겨나고 당장 내일 어떤 일이 일어날지 모르는, 마치 살얼음판 위를 걷는 것처럼 위태로운 상황에서 누구를 믿을 수 있습니까? 친구를 믿습니까? 상관을 믿습니까? 기업을 믿습니까? 은행에 쌓아놓은 돈을 믿겠습니까? 그렇다고 당신 자신을 믿을 수 있습니까? 도대체 믿을 게 하나도 없습니다. 우리가 믿을 분은 우리를 위해 자기 생명도 아끼지 않고 주신 주님밖에 없습니다. 오늘도 하나님 우편에서 나를 위해 기도해주시는 예수님밖에 없습니다. 세상 모든 사람이 다 떠나도 예수님은 떠나지 않으십니다.

우리 상황이 어떻든 간에 마지막으로 찾아갈 분도 예수님이요, 마지막으로 기댈 분도 예수님이요, 마지막으로 해답을 주실 분도 예수님이십니다. 그러므로 그 주님과 우리 사이에 껄끄러운 것이 있는데도 회개하지 않는다면, 그만큼 우리는 손해를 봅니다. 날마다 발을 씻는 것처럼 회개하기를 귀찮아한다면 그 사람은 은혜를 모르는 자입니다. 하나님이 목욕을 시켜주었으니 발만 씻으면 된다는데 왜 안 씻습니까? 우리가 부지런히 발을 씻으면 열 번, 백 번, 천 번이라도 다 용서해주신다는 주님의 말씀을 붙들고 회개하면 되는데, 왜 참회하기를 싫어합니까? 우리가 회개하면 할수록 주님과 우리 사이가 더 끊을 수 없는 관계로, 무엇이나 다 이야기하고 주고받을 수 있는 더 깊은 관계로 맺어지는데 왜 회개하지 않습니까?

회개하는 자에게
약속하신 복

참회하기를 기뻐하는 사람에게 하나님은 두 가지 복을 약속하셨습니다(시 34:18-19). 첫째, 죄 때문에 마음이 상하고 중심으로 통회하는 자에게 하나님은 가까이 와주십니다. 주님께서 아주 가까이 오셔서 나의 신음 소리까지 들으십니다. 둘째, 회개하는 자를 구원하시고, 모든 환난에서 건져주십니다. 시편 50편 15절 말씀대로 우리가 환난 날에 부를 때 건져주십니다.

우리나라가 올바로 서기 위해서는 철저한 회개가 필요합니다. 예수 믿는 고위 공직자들부터 먼저 회개해야 합니다. 예수 믿는다는 경제부서 공무원들이 철저하게 회개해야 합니다. 우리부터 회개해야 합니다. 우리가 회개만 바로 하면 하나님께서 가까이 오십니다. 회개하면 하나님이 우리나라를 다시 주목하실 것입니다.

돈 좀 있다고 거드름 피우고 허세 부렸던 것을 진실로 회개해야 합니다. 그럴 때 주님이 가까이 오셔서 우리 문제에 귀를 기울이고 염려하시며, 우리를 위로하시고 갈 길을 인도하십니다. 이 환난에서 우리를 건져주십니다.

이 은혜를 받읍시다. 이 은혜가 아니면 우리는 살 수 없습니다. 사방을 둘러봐도 답답한 일들밖에 없는 어려운 때입니다. 이런 때일수록 우리 허물을 회개하고 주님 앞에 가까이 가면 주님께서 가까이 찾아오시고, 모든 고난에서 건져주겠노라 약속하셨습니다. 하늘이 무너지는 것 같은 답답한 처지에 놓인 분들도 오늘 이 약속의 말씀을 붙들고 밤이고 낮이고 읽으며 은혜를 받으십시오. 그리고 마음에 생각나는 죄가 있으면 서슴지 말고 고백하십시오. 그러면 주님이 바로 우리 곁에 계심을 알게 될 것입니다. 주님이 그 모든 고난에서 건져주시는 기적을 경험할 것입니다. 예수 그리스도가 "저녁에는 울음이 깃들일지라도 아침에는 기쁨이"(시 30:5) 오게 하시는 우리 하나님이심을 깨달을 것입니다.

45

가룟 유다가 주는 교훈

요한복음 13장 18-30절

18 내가 너희 모두를 가리켜 말하는 것이 아니니라 나는 내가 택한 자들이 누구인지 앎이라 그러나 내 떡을 먹는 자가 내게 발꿈치를 들었다 한 성경을 응하게 하려는 것이니라 19 지금부터 일이 일어나기 전에 미리 너희에게 일러둠은 일이 일어날 때에 내가 그인 줄 너희가 믿게 하려 함이로라 20 내가 진실로 진실로 너희에게 이르노니 내가 보낸 자를 영접하는 자는 나를 영접하는 것이요 나를 영접하는 자는 나를 보내신 이를 영접하는 것이니라 21 예수께서 이 말씀을 하시고 심령이 괴로워 증언하여 이르시되 내가 진실로 진실로 너희에게 이르노니 너희 중 하나가 나를 팔리라 하시니 22 제자들이 서로 보며 누구에 대하여 말씀하시는지 의심하더라 23 예수의 제자 중 하나 곧 그가 사랑하시는 자가 예수의 품에 의지하여 누웠는지라 24 시몬 베드로가 머릿짓을 하여 말하되 말씀하신 자가 누구인지 말하라 하니 25 그가 예수의 가슴에 그대로 의지하여 말하되 주여 누구니이까 26 예수께서 대답하시되 내가 떡 한 조각을 적셔다 주는 자가 그니라 하시고 곧 한 조각을 적셔서 가룟 시몬의 아들 유다에게 주시니 27 조각을 받은 후 곧 사탄이 그 속에 들어간지라 이에 예수께서 유다에게 이르시되 네가 하는 일을 속히 하라 하시니 28 이 말씀을 무슨 뜻으로 하셨는지 그 앉은 자 중에 아는 자가 없고 29 어떤 이들은 유다가 돈궤를 맡았으므로 명절에 우리가 쓸 물건을 사라 하시는지 혹은 가난한 자들에게 무엇을 주라 하시는 줄로 생각하더라 30 유다가 그 조각을 받고 곧 나가니 밤이러라

'가룟 유다'라는 이름은 누구에게나 좋은 인상을 주지 못할 것입니다. 마가복음 14장 21절을 보면 예수님은 그를 가리켜 "차라리 나지 아니하였더라면 자기에게 좋을 뻔"했다고까지 말씀하셨습니다. 세상에 이렇게 불행한 사람이 또 어디 있을까요? 물론 우리 주변을 둘러보면 무슨 자리에 오르지 않았으면 좋았을 뻔한 사람도 있고, 차라리 무엇을 가지지 않았으면 좋았을 뻔한 사람도 많습니다. 그러나 그 누구도 차라리 나지 아니했으면 좋았을 뻔했다고 지목된 가룟 유다보다 더 불행하지는 않을 것입니다. 가룟 유다는 '마귀', 혹은 '도둑', '멸망의 자식', '배신자' 등등 온갖 좋지 않은 이름들이 항상 따라다니는 불행한 인생의 표본입니다.

물론 우리 중에는 가룟 유다와 같다거나 그와 같은 자가 되리라 예상되는 사람은 단 한 사람도 없다고 믿습니다. 이런 면에서 그는 우리와 그다지 상관이 없는 사람처럼 보입니다. 그런데도 오늘 이 말씀을 생각해보는 것은 그에게 배워야 할 값진 교훈들이 있기 때문입니다.

물론 그가 들려주는 교훈은 절대 듣기 좋은 것이 아닙니다. 어떤 면에서는 우리의 마음을 아프게 하고 우리 속에 숨겨진 잘못을 드러내는 날카로운 책망일 수 있습니다. 그러나 위기 속에서 지혜를 배우고 진정 하나님의 도우심을 입기 원한다면 가룟 유다를 통해 들려주시는 교훈에 귀를 기울여야 합니다. 하나님은 화려한 성공자들을 통해 교훈을 주기도 하시지만, 가룟 유다와 같은 실패자를 통해서도 음성을 들려주십니다.

불행하게도 우리는 좋은 소리만 듣기 원하는 풍토 속에서 살아왔습니다. 그래서 정치인들이나 사회 각 분야에서 지도자 역할을 하는 사람들은 한결같이 나쁜 소리는 될 수 있으면 하지 않으려고 했습니다. 꼭 해야 할 말이라도 사람들이 듣기 싫어하면 입을 다물어버렸고, 백해무익한 거짓말이라도 사람들이 듣기 좋아하면 안심하고 떠들어대는 참으로 기이한 풍토 속에서 살아왔습니다.

교회 역시 예외는 아니었습니다. 마음이 아파도 할 말은 했어야 하는데, 교회 지도자들조차 사람들의 거부감을 지나치게 의식한 나머지 듣기 싫은 소리는 되도록 입에 담지 않으려고 했습니다. 그러다가 결국 IMF 사태라는 참담한 지경에 빠지기도 했습니다. 그러므로 가룟 유다 이야기가 듣기에 거북하더라도 마음의 귀를 활짝 열고 하나님께서 내게 주시는 교훈으로 받길 바랍니다.

돈을 사랑하다 망한 사람

첫째, 가룟 유다는 돈을 사랑하다가 망한 사람입니다. 마태, 마가, 누가, 요한 등 사복음서를 보면 가룟 유다의 이름이 등장하는 곳마다 돈 문제가 함께 따라다닙니다. 본문 29절에서도 역시 그를 '돈궤 맡은 사람'으로 소개합니다. 제자들 가운데서 특별히 회계를 맡아볼 정도라면 그는 머리 회전이 빠를 뿐 아니라 계산을 잘하고, 돈에 무척 밝은 사람입니다.

평생 보물처럼 간직해왔던 향유 옥합을 들고 와서 예수님의 발에 쏟아부은 뒤 자기 머리털로 그 발을 씻기는 마리아를 보고 가룟 유다가 대뜸 이렇게 말했습니다. "이 향유를 어찌하여 삼백 데나리온에 팔아 가난한 자들에게 주지 아니하였느냐"(요 12:5). 이 한마디만으로도 그가 오래 계산할 필요도 없이 그 자리에서 향유값을 구체적으로 언급할 만큼 돈에 밝았다는 사실을 알 수 있습니다. 당연히 돈에 대한 애착 역시 남달랐겠지요. 그는 향유를 그런 식으로 허비하는 것이 여간 아깝지 않았습니다. 자기 말처럼 가난한 자들을 진심으로 걱정해서가 아닙니다. 그중 얼마를 자기 주머니에 챙길 수 있는 좋은 기회를 놓친 것이 못내 아쉬웠던 것입니다.

그의 돈 욕심은 여기에서 그치지 않았습니다. 그는 급기야 자기 스승인 예수님을 놓고 대제사장과 흥정하는 자리에까지 갔습니다. "내가 예수를 너희에게 넘겨주리니 얼마나 주려느냐"(마 26:15). 그러자 대제사장은 그에게 은 삼십을 주었습니다. 그는 대제사장이 제시한 액수에 별다른 이의를 달지 않았습니다. 어쩌면 그보다 적은 돈을 제시했더라도 만족했을지도 모릅니다. 그는 은 삼십을 황급히 자기 주머니에 찔러넣고는 예수님을 팔아넘길 기회를 찾았습니다.

'은 삼십' 하면 엄청난 거액일 것이라고 생각하기 쉽습니다. 그러나 어떤 학자들은 은 삼십을 오늘날 시세대로 계산하면 20달러 정도밖에 안 되는 적은 액수라고 말합니다. 물론 돈의 가치라는 것은 시대마다 크게 차이가 있어 2천 년 전의 은 삼십을 오늘날의 화폐로 정확하게 계산하기란 쉽지 않습니다. 다만 출애굽기 21장 32절을 통해 은 삼십이 어느 정도 가치인지 가늠해볼 수는 있습니다. "소가 만일 남종이나 여종을 받으면 소 임자가 은 삼십 세겔을 그의 상전에게 줄 것이요 소는 돌로 쳐서 죽일지니라." 은 삼십은 어떤 집 소가 사납게 굴다가 이웃집 노예를 들이받아 부상을 입혔을 경우 소 주인이 배상해야 하는 금액입니다. 만일 이웃집에서 애지중지하는 아들이 소 때문에 부상을 당했다면 그 돈으로는 어림도 없었을 것입니다. 쉽게 말해 은 삼십은 결코 큰돈이 아니었다는 말입니다. 그런데도 가룟 유다는 그 정도 액수에 사랑과 믿음과 함께 자기 스승도 팔아넘겼습니다. 얼마나 철저하게 돈의 노예가 되었으면 그렇게 할 수 있었겠습니까?

이렇게 생각하시는 분이 있을지 모릅니다. '가룟 유다 이야기는 아무래도 너무 극단적이지 않은가? 그 사람의 이야기일 뿐이지 내 이야기는 아니다. 적어도 나는 그 사람처럼 심각하지는 않다.' 물론 그만큼 심각하지는 않다 해도 스스로의 모습을 돌아볼 필요는 있습니다. 돈에 지나치게 집착하지는 않는지, 가룟 유다처럼 명예도 믿음도 다 팔아넘길 수 있을 정도로 돈에 끌려다니는 사람은 아닌지 진지하게 돌아보아야 합니다.

탐욕은
영혼의 파산을 부른다

예수님을 믿는 사람들의 세계에서도 돈 문제가 생기면 부모 형제가 원수지간이 되고, 아름답게 나누던 사랑도, 오랫동안 쌓아왔던 신뢰나 우정도 하루아침에 무너져버리는 모습을 수없이 지켜보았습니다. 예수님을 믿는 우리 마음 역시 그만큼 돈에 밀착되어 있다는 단적인 증거이지요. 심지어 믿음까지도 돈 앞에서는 맥을 못 춥니다. 그래서 가룟 유다처럼 돈을 탐하다가 예수님을 버리고 교회 문을 박차고 나간 사람도 적지 않습니다.

사실 우리는 지난 20여 년 동안 돈만 있으면 가지고 싶은 것은 웬만큼 손에 넣으며 살아왔습니다. 우리 중에 아무리 가난한 사람이라 할지라도 20년 전보다 못한 삶을 사는 사람은 없습니다. 돈만 있으면 그런 대로 즐기고 뽐내면서 삽니다. 그러나 돈만 있으면 안 되는 일이 거의 없다고 여겨질 정도의 생활을 하다 보니 무의식중에 돈을 하나님처럼 생각하는 마음이 점점 자라났음을 부인할 수 없습니다. 우리 중에 돈을 좋아하지 않는다고 자신 있게 말할 수 있는 사람이 누가 있습니까?

물론 돈을 좋아한다고 해서 잘못은 아닙니다. 돈을 선한 일에 사용할 수도 있으니까요. 그러나 가룟 유다는 돈을 좋아하는 마음이 지나치면 그것만큼 불행한 일이 없다는 사실을 우리에게 엄중히 교훈하는 증인이 되었습니다. 아무리 많이 쌓아놓고 있어도, 아무리 많이 누리며 살아도 인간의 욕심은 끝이 없는 법입니다. 배가 고픈 상태는 어느 정도 배부르게 먹으면 끝이 납니다. 음식을 먹는 배는 먹을 만큼 먹으면 만족하니까요. 그러나 돈에 애착을 갖는 '돈 배'는 아무리 먹어도 만족할 줄 모릅니다. 탐욕이란 이토록 무섭고 끈질긴 것입니다.

예수님을 믿는다 해도 이러한 탐욕을 떨쳐버리지 못하면 그것에 매여 '조금만 더 벌고 나면 그때 가서 신앙생활을 좀 더 착실히 해야지. 조금만 더 모으면, 더 많은 여유가 생기면 그때 헌금 많이 해야지. 조금만 더 … 조금만 더 …' 하면서 주님이 기뻐하시는 일은 가능한 한 뒤로 미루어놓은 채 돈과 쾌락에만 관심을 가질 수 있습니다. 그러나 이와 같은 탐욕은 결국 영혼 파산으로 치닫는다는 사실을 분명히 기억하기 바랍니다. 회사만 부도가 나는 것이 아닙니다. 가룟 유다처럼 우리의 영혼도 부도가 날 수 있습니다. 국가만 부도가 나는 것이 아닙니다. 우리의 신앙생활도 파산할 수 있습니다.

이제 우리는 철이 들 때가 되었습니다. 돈은 믿을 게 못 됩니다. 돈을 사랑해봐야 결국 남는 것은 돈의 쓴맛뿐입니다. 사람은 떡으로만 사는 것이 아니요 하나님의 입에서 나오는 모든 말씀으로 삽니다. 지금, 가룟 유다가 지옥에서 외마디 비명을 지르며 이렇게 외치는 듯합니다. "돈을 사랑하지 말라. 그러다가는 너희도 나처럼 망한다!" 우리 모두 영의 귀를 활짝 열고 이 음성을 들어야 합니다.

믿음이 좋다는 사람들 중에는 겉으로 돈을 사랑하지 않는 척하지만, 속으로는 돈의 노예로 사는 사람이 너무 많습니다. 이런 이중적인 삶을 살고 있다면 회개해야 합니다. 디모데전서 6장 10절을 보십시오. "돈을 사랑함이 일만 악의 뿌리가 되나니 이것을 탐내는 자들은 미혹을 받아 믿음에서 떠나 많은 근심으로써 자기를 찔렀도다."

하나님의 말씀은 절대 거짓이 아닙니다. 우리가 하나님 앞에 "주여, 그렇습니다. 나도 모르는 사이에 돈에 너무 많은 애착을 갖고 있었습니다. 하나님보다 돈을 더 사랑했습니다. 용서해주옵소서" 하면서 우리 마음을 찢고 회개하면, 주님께서 그 보혈의 피로 우리를 말끔히 씻어주실 줄 믿습니다. 성령께서 우리의 병든 마음을 온전하게 치유해주실 줄 믿습니다.

자기 뜻을
고집하다 망한 사람

둘째, 가룟 유다는 하나님의 뜻보다 자기 뜻을 더 고집하다가 망한 사람입니다. 가룟 유다는 '열심당'이라는 정치 단체 소속이었습니다. 열심당원은 요즘 말로 하면 과격분자로서, 이슬람교의 원리주의자와 비슷합니다. 그들은, 당시 로마의 식민지였던 유대 나라를 해방시키기 위해서는 수단과 방법을 가리지 않고 투쟁해야 한다고 믿었습니다. 어떻게 열심당원이었던 유다가 예수님의 제자가 되었는지는 수수께끼가 아닐 수 없습니다. 성경은 이와 관련해 아무런 언급이 없습니다.

다만 이렇게 추측해볼 따름입니다. 아마 그는 예수님이 유대 나라를 로마의 압제로부터 무력으로 해방시킬 수 있는 유일한 메시아라고 믿었던 것 같습니다. 그러나 예수님의 제자가 되고 얼마 지나지 않아 그는 자기의 생각과 예수님의 생각이 너무나 다르다는 사실을 깨달았습니다. 예수님은 기회 있을 때마다 제자들에게 자신과 자신이 세울 나라가 어떤 나라인지 분명하게 말씀하셨기 때문입니다. "내 나라는 이 세상 나라가 아니다. 내 나라는 유대를 로마에서 해방시켜서 세우는 나라가 아니다. 죄와 사망의 쇠사슬에 매여 있는 전 인류를 십자가의 보혈로 구원하여 하나님의 자녀로 삼고 영원한 나라에 들어가도록 하는 것이 나의 목적이요, 그 나라에서 다스리는 것이 나의 왕권이다."

만약 가룟 유다가 제대로 된 제자라면 자기 생각이 잘못되었다는 것을 시인하며 얼른 주님의 뜻을 받아들이고 따랐을 것입니다. 그러나 그는 그렇게 하지 않았습니다.

유대의 역사를 보면, 가룟 유다처럼 정치적인 목적을 가지고 투쟁하다가 나중에는 비참한 최후를 맞은, 소위 '메시아'라는 자들이 여러 명 있었습니다. 시몬 바르 코크바는 로마의 하드리안 황제 때 반란을 일으켰습니다. 그 역시 유대 사람들이 '메시아'라 불렀고, '별의 아들'이라는 별명까지 붙여주었습니다. 수많은 사람이 그가 하나님이 보내주신 메시아라고 믿고 추종했습니다. 드디어 그가 칼을 빼고 로마 정부를 향해 반기를 들었습니다. 그러나 결과가 어떠했습니까? 58만 명이 떼죽음을 당하고 수많은 사람이 노예로 끌려갔으며, 나중에는 자신도 비참한 최후를 맞이했습니다.

예수님이 세상을 떠나신 지 약 100년 후에 바르 코캅이라는 사람이 또다시 메시아를 자칭하며 출현했습니다. 많은 사람이 그가 유대를 구원할 메시아라고 믿었습니다. 그 역시 로마를 향해 무력으로 들고 일어섰습니다. 그러나 50만 명이 전장에서 죽고 수만 명이 노예로 팔려갔으며, 자신도 비참한 최후를 맞았습니다.

가룟 유다는 예수님도 그들처럼 무력으로 유대 나라를 독립시키기를 바랐던 것입니다. 그는 하나님의 뜻을 무시한 채 끝까지 자기 뜻을 고집하다가 결국은 돌이킬 수 없는 멸망의 길로 들어가고 말았습니다.

우리는 '하나님의 뜻대로'라는 말을 입에 올리기 좋아합니다. 신앙생활을 오래하면 할수록 우리의 입은 하나님의 뜻을 말하는 데 더욱더 능수능란해지는 것 같습니다. 그러나 입으로는 하나님의 뜻을 말하면서 속으로는 자기 뜻을 고집할 때가 얼마나 많습니까? 교회에서는 하나님 뜻을 순종해야 한다고 말하지만, 세상에 나가면 하나님의 뜻보다 자기 뜻을 밀고 나갈 때가 훨씬 더 많습니다.

하나님의 뜻은 거룩입니다. 그러나 우리는 죄를 짓더라도, 덜 거룩하더라도 이 세상에서 좀 더 즐기며 사는 것이 더 좋아서 자기 생각을 앞세울 때가 얼마나 많습니까? 하나님의 뜻은 공의입니다. 그러나 우리는 경우에 따라 불의와 손잡기도 하고 비양심적인 것을 당연한 것처럼 받아들이기도 합니다. 자기 뜻을 하나님 뜻보다 앞세우기 때문입니다.

하나님의 뜻은 헌신입니다. 우리는 마땅히 하나님 나라를 위해 몸과 마음과 재물을 바쳐야 합니다. 그러나 우리는 자신도 모르는 사이에 하나님의 뜻을 무시한 채 자신의 행복과 안일을 더 신경 쓰는 사람이 되어 있습니다.

하나님의 뜻은 하나님 나라, 곧 영원한 천국입니다. 그러나 우리는 그 나라보다는 이 세상 나라에 더 많은 매력을 느낍니다. 입으로는 '하나님의 뜻대로'라는 말을 수도 없이 하지만, 실제로는 그 뜻대로 순종하지 않고 있다는 사실을 솔직히 인정하고 하나님 앞에 회개해야 합니다.

오늘날 이 나라의 위기가 어디에서 왔습니까? 교회의 위기가 어디에서 왔습니까? 예수 믿는 사람들의 영적인 위기가 어디에서 왔습니까? 정부나 사회 각계에 예수 믿는 사람들이 지도자로 많이 세워졌지만 그들이 하나님의 뜻을 앞세우기보다 자기 뜻을 앞세우다가 이 지경이 된 것 아닙니까? 우리 서민들 역시 마찬가지입니다. 직장에서 내 뜻보다 하나님의 뜻을 앞세우고, 가정에서도 내 뜻보다 하나님의 뜻을 앞세웠더라면 오늘날 이와 같은 절망적인 위기는 오지 않았을 것입니다. 우리 모두에게 책임이 있습니다.

그러므로 주님 앞에 나아가 회개합시다. "주님, 주님 뜻대로 살기보다 내 뜻대로 살기를 더 좋아했습니다. 용서해주옵소서." 우리가 마음을 찢으면 주님께서 피 묻은 손으로 우리의 찢어진 마음을 싸매주십니다. 우리가 진실로 회개하면 성령께서 우리 마음에 오셔서 하나님의 뜻을 높이 받드는 거룩한 사람으로 바꾸어주실 줄 믿습니다. "너희는 이 세대를 본받지 말고 오직 마음을 새롭게 함으로 변화를 받아 하나님의 선하시고 기뻐하시고 온전하신 뜻이 무엇인지 분별하도록 하라"(롬 12:2).

하나님의 뜻을 바로 분별했다면 이제 그 뜻을 따르기를 힘써야 합니다.

경고를 무시한 사람

셋째, 가룟 유다는 거듭 경고를 받았으나 회개하기를 거부했습니다. 요한복음 13장은 예수님이 십자가에 돌아가시기 불과 몇 시간 전에 제자들과 함께 유월절 성만찬을 함께 나누던 아름답고 은혜로운 시간을 기록한 이야기입니다. 그런데 놀랍게도 그런 자리에서 예수님은 가룟 유다에게 직간접적으로 다섯 번이나 경고를 하십니다. 예수님은 가룟 유다의 마음을 들여다보고 계셨습니다. 그가 어떤 계략을 꾸미는지 주님은 이미 다 알고 계셨습니다. 그렇기 때문에 주님은 그를 불쌍히 여기는 마음에서 그에게 계속 경고를 보내셨습니다.

먼저 요한복음 13장 10절을 보십시오. 주님은 대야에 물을 담아 가지고 와서 제자들의 발을 씻기시면서, 심지어 자기를 팔 자인 가룟 유다의 발을 씻기시면서 간접적으로 경고하셨습니다. "너희는 온 몸이 깨끗하니라. 너희가 깨끗하나 다는 아니니라." 하지만 그는 아무런 반응도 보이지 않았습니다.

다음으로 18절을 보십시오. 예수님은 구약에 있는 말씀을 인용하시면서 가룟 유다에게 두 번째 경고를 들려주셨습니다.

> 내가 너희 모두를 가리켜 말하는 것이 아니니라 나는 내가 택한 자들이 누구인지 앎이라 그러나 내 떡을 먹는 자가 내게 발꿈치를 들었다 한 성경을 응하게 하려는 것이니라.

가룟 유다는 지금 예수님과 함께 한 상에서 떡을 먹고 있습니다. 그러나 조금 후면 그는 일어나서 자기 발로 예수님을 걷어찰 것입니다. 함께 식탁에 초대받아 음식을 나누는 사람은 서로 우정과 신뢰를 나누어야 정상입니다. 그러나 그는 동지인 줄 알았더니, 제자인 줄 알았더니, 사랑하는 자인 줄 알았더니 갑자기 일어나 발을 들어 예수님을 차버리려고 합니다. 배신한 것이지요. 가롯 유다가 일말의 양심이라도 있는 자였다면 '아, 예수님이 벌써 다 알고 계시는구나' 하고 벌떡 일어나 "주여, 제가 정말 죽을죄를 지었습니다"라고 울부짖으며 회개했어야 마땅합니다. 그러나 그는 시치미를 뚝 뗀 채 아무것도 모르는 척했습니다.

또 21절을 보십시오. 주님은 얼마나 마음이 민망하고 고통스러우셨던지 제자들에게 자기 속마음을 이렇게 털어놓으셨습니다.

> … 내가 진실로 진실로 너희에게 이르노니 너희 중 하나가 나를 팔리라….

이 정도 되면 주님이 자신의 마음을 얼마나 깊은 곳까지 들여다보시는지 눈치채고 그 악한 마음을 돌이켰어야 합니다. 그러나 양심이 마비된 가롯 유다는 이 말에 꿈쩍도 하지 않았습니다. 나중에 예수님이 떡 한 조각을 떼어 가롯 유다에게 주셨을 때에도 그는 표정 하나 바뀌지 않았습니다.

> 예수께서 대답하시되 내가 떡 한 조각을 적셔다 주는 자가 그니라 하시고 곧 한 조각을 적셔서 가롯 시몬의 아들 유다에게 주시니(26절).

마지막으로 27절에서 주님은 그에게 이렇게 말씀하셨습니다.

> … 네가 하는 일을 속히 하라….

이는 아마 마지막 경고였을 것입니다. 가룟 유다는 마지막 기회를 놓치지 말았어야 했습니다. 그러나 그는 그 경고마저도 철저히 외면하고는 일어나 문을 박차고 나가버렸습니다. 돌이킬 수 없는 파멸의 길로 발을 들여놓았습니다. 여러 차례 경고했고, 돌이킬 수 있는 기회가 얼마든지 있었지만 그는 끝까지 회개하지 않다가 결국 멸망의 길로 가버렸습니다.

예수님이 제자들과 성만찬을 나누시던 그 분위기를 한번 상상해 보십시오. 우리가 흔히 보는 성만찬 그림에는 예수님과 열두 제자가 큰 탁자 주변에 놓인 의자에 앉아 음식을 나누어 먹는 모습이 그려져 있습니다. 그러나 유대 사람들은 유월절 음식을 먹을 때 그런 식으로 둘러앉지 않습니다. U자 형태의 식탁 주변에 다리는 뒤로 뻗고 왼팔은 바닥에 고인 채 몸을 비스듬히 눕히고는 오른손으로 음식을 집어먹습니다. 이런 자세로 식사를 하다 보니 예수님 오른쪽에 있는 제자는 자연히 몸을 조금만 뒤로 눕히면 예수님의 품에 안겨 있는 듯한 모양이 됩니다. 성경이 예수님 오른편에 있던 사도 요한을 말할 때 '예수님의 품에 의지하여 누워 있다'고 기록한 것은 바로 이러한 상황 때문입니다.

> 예수의 제자 중 하나 곧 그가 사랑하시는 자가 예수의 품에 의지하여 누웠는지라(23절).

예수님께서 "너희 중 하나가 나를 팔리라" 말씀하시며 괴롭고 착잡한 심정을 토로하시자 베드로는 예수님 오른편에 앉아 있는 요한에게 그가 누구인지 물어보라는 사인을 보냈습니다. 이에 요한은 몸을 뒤로 눕히며 예수님께 그 사람이 누구냐고 물었습니다.

> 그가 예수의 가슴에 그대로 의지하여 말하되 주여 누구니이까(25절).

그러자 예수님은 요한의 귀에다 속삭이듯 말씀하셨습니다.

> … 내가 떡 한 조각을 적셔다 주는 자가 그니라…(26절).

이 말씀을 하신 후에 주님은 떡을 떼어 곧바로 가룟 유다에게 주셨습니다. 복잡한 과정을 거치지 않고 쉽게 곧바로 줄 수 있었던 것으로 미루어보아 가룟 유다는 예수님 가까이, 곧 예수님의 왼편에 앉아 있었던 것이 틀림없습니다. 가룟 유다가 경고를 받은 때는 서로가 멀찍이 떨어져 있어서 거리감이 느껴질 수 있는 그런 분위기가 아니었습니다. 품에 안기는 듯한 자세로 소곤소곤 이야기를 나눌 수도 있는 사랑이 넘치는 분위기였습니다. 그는 예수님 바로 곁에 있었기에 예수님의 뜨거운 가슴에서 뿜어나오는 사랑을 느낄 수도 있었습니다. 그러나 그는 결국 그 모든 기회를 다 흘려버리고 회개하지 않다가 망하고 말았습니다.

성경은 유다가 떡 조각을 받고 나간 때가 '밤'이었음을 특별히 강조합니다.

> 유다가 그 조각을 받고 곧 나가니 밤이러라(30절).

어떻게 생각하면 저녁 만찬 중에 나갔으므로 밤이라고 말하는 것은 매우 당연해보입니다. 그러나 성경이 그가 문을 열고 나간 때를 굳이 밤이라고 강조하는 데는 분명 이유가 있습니다. 밤이 지니는 영적 의미 때문입니다. 경고를 하는데도 듣지 않고 끝까지 고집하며 버티는 사람이 문을 열고 나가는 곳에는 어둠이 깔려 있다는 것입니다. 멸망의 길은 어두운 길입니다. "악인의 길은 어둠 같아서 그가 걸려 넘어져도 그것이 무엇인지 깨닫지 못하느니라"(잠 4:19).

철저한 회개가 우선되어야

자연현상이든 사회현상이든 경제현상이든 무슨 일이 일어나기 전에는 조짐이 있기 마련입니다. 집에 불이 날 것 같으면 쥐들이 집 밖으로 뛰쳐나가고, 지진이 나려고 하면 짐승들이 이상한 행동을 보이기도 합니다.

이런 차원에서 IMF라는 무서운 위기가 불어닥칠 때 왜 아무런 경고 시스템이 발동하지 않았는지, 왜 어떤 조짐도 없이 갑자기 일이 터졌는지, 그 이유가 무엇인지를 놓고 문제의 원인과 책임을 반드시 규명해야 한다는 말들이 많습니다.

사실 경고가 전혀 없었던 것은 아닙니다. 이미 일 년 전부터 나라 안팎에서 한국을 걱정하는 사람들이 여러 가지 경고 사인을 보냈습니다. 그런데도 정부나 경제 실무자들은 그러한 경고들을 받아들이지 않았습니다. 최근 한 경제 전문가가 자기가 경험한 일을 글로 남겼습니다. 그는, 위기가 다가오고 있다는 말이나 보고서를 올린 적이 있지만 재경원 고위층이 '쓸데없이 국민에게 불안감을 주는 일은 삼가라. 당신이 나중에 그런 말을 한 데 대해 책임을 지겠느냐?'며 못마땅해하는 바람에 더 이상 그런 보고를 할 수 없었다고 실토했습니다. 우습게도 경제 위기를 알리는 경고를 정부가 앞장서서 차단해버렸던 것입니다.

경고를 무시하고 차단하는 사회는 브레이크 없는 자동차와 같고, 신호등 없는 네거리와도 같다고 했습니다. 어떻게 이것이 국가에만 해당하는 이야기입니까? 우리 각 사람 역시 마찬가지입니다. 귀를 막고 바른 소리 듣기를 싫어하여 마땅히 고쳐야 할 기회를 놓치는 사람은 삶의 본질을 역행하는 사람입니다.

영어에서 '산다'를 뜻하는 단어는 'live'입니다. 그러나 이것을 거꾸로 뒤집으면 'evil' 곧 악이 됩니다. 악이란 다른 것이 아닙니다. 우리가 정상적으로 걸어가야 할 삶의 본질을 따르지 않고 그것을 거꾸로 뒤집어버리면 악이 됩니다. 정상적인 삶을 사는 사람이라면 경고를 겸손히 받아들이고 회개해야 합니다. 경고를 받았음에도 귀를 틀어막으며 듣지 않고 정상적인 삶을 역행했던 가룟 유다의 말로가 어떠했는지 기억하십시오. 그와 같은 삶은 그 자체가 악(evil)이요, 영원한 멸망에 이르는 지름길입니다.

IMF라는 국가적 위기를 맞이하자 전국 곳곳에 있는 기도원들마다 초만원이 되어 미리 예약하지 않으면 방 하나 얻기조차 힘들었던 때가 있습니다. 기도를 하는 것은 좋습니다. 또 반드시 기도해야 합니다. 하나님께 부르짖어야 합니다. 그것이 우리 개인이 살고 나라가 사는 길입니다.

그러나 한 가지 명심해야 할 것이 있습니다. 하나님 앞에 무엇을 달라고, 어떻게 해달라고 구하기에 앞서 과연 우리 자신이 그동안 하나님 앞에 바로 살았는지를 돌이켜보아야 합니다. 그런 연후에 잘못된 것들에 대해 마음을 찢고 머리에 티끌을 쓰고 재에 앉아서 하나님 앞에 회개해야 합니다. 달라고 하기 전에 진실로 회개부터 해야 합니다. "주여, 내가 가룟 유다처럼 돈을 사랑했습니다. 가룟 유다처럼 입술로는 하나님의 뜻을 말했지만 실제로는 내 뜻대로 살려고 했습니다. 가룟 유다처럼 경고를 받았지만 우습게 생각하고 하나님 앞에 바로 설 수 있는 기회를 너무 많이 놓쳤습니다. 그동안 주님의 마음을 아프게 했습니다. 주님 용서해주옵소서."

우리는 회개를 너무 쉽게 생각합니다. 그래서 "주님, 잘못했어요" 하고 쉽게 몇 마디 내뱉고는 그것으로 회개했다고 생각할 때가 많습니다. 우리 모두가 젖어 있는 적당주의의 영향인지도 모릅니다. 그러나 회개란 그렇게 적당하게 할 수 있는 것이 아닙니다. 하나님의 은혜를 입으려면, 하나님의 치유하시는 손길을 체험하려면 개인뿐만 아니라 이 나라도, 교회도 철저히 회개해야 합니다.

하나님은 회개하는 자를 의인으로 받으십니다. 의인의 길에는 절대로 어둠이 없습니다. 잠언 4장 18절을 보십시오. "의인의 길은 돋는 햇살 같아서 크게 빛나 한낮의 광명에 이르거니와." 의인에게는 일시적인 고통이나 위기가 올 수도 있습니다. 하지만 그것은 항상 새로운 도약을 약속하는 복된 길입니다.

후쿠야마 교수는 한국의 위기를 놓고 하늘에서 떨어진 복이라고 표현했습니다. 그 말에 저도 공감합니다. 비록 어렵지만 우리가 개인적으로 회개하고, 우리 교회가 회개하고, 이 나라가 회개하면 하나님께서 이 위기를 도리어 복의 계기로 만들어주실 줄 믿습니다.

말로는 하나님을 사랑한다고 하면서 속으로는 돈을 사랑하던 이중성을 과감히 깨뜨려버립시다. 입으로는 '하나님의 뜻대로'를 연발하면서 행동으로는 '내 뜻대로'를 고집하던 자기모순을 철저히 떨쳐버립시다. 바른 소리를 하면 듣지 않고 바른 소리를 하는 사람을 미워하던 우리 마음의 잘못된 근성을, 이 완악함을 산산이 부숴버리고 주님 앞에 나아갑시다. 주님 앞에 회개합시다. 회개하면 주님이 우리에게 복을 주실 줄 믿습니다. 우리를 치유해주실 줄 믿습니다. 이 나라를 세워주실 줄 믿습니다. 호세아 6장 1-2절의 큰 복이 오늘 우리에게 임하기를 간절히 바랍니다.

오라 우리가 여호와께로 돌아가자 여호와께서 우리를 찢으셨으나 도로 낫게 하실 것이요 우리를 치셨으나 싸매어주실 것임이라 여호와께서 이틀 후에 우리를 살리시며 셋째 날에 우리를 일으키시리니 우리가 그의 앞에서 살리라.

Index of Scripture Passages / 성경구절 색인

○ 출애굽기
- 3:14 — 107
- 21:32 — 417

○ 레위기
- 20:10 — 53

○ 사무엘상
- 17:34-35 — 191

○ 욥기
- 20:12-13 — 55

○ 시편
- 1:1-2 — 118
- 1:1 — 121
- 18:28-29 — 80
- 19:8 — 141
- 22:1 — 347
- 23:2 — 180
- 30:5 — 412
- 34:18-19 — 411
- 50:15 — 237, 411
- 69:8 — 17
- 89:4 — 346
- 118:25 — 31
- 119:103 — 118
- 119:105 — 80
- 119:162 — 118
- 139:23-24 — 406

○ 잠언
- 3:5-6 — 82
- 4:18 — 430
- 4:19 — 428

○ 전도서
- 5:10 — 34, 35

○ 이사야
- 30:18 — 238
- 43:1 — 367
- 50:4 — 118
- 53:5 — 347
- 55:1 — 32

○ 예레미야애가
- 3:25-26 — 239

○ 에스겔
- 37:25 — 346

○ 호세아
- 6:1-2 — 430-431

○ 스가랴
- 9:9 — 302, 303

○ 마태복음
- 6:11 — 408
- 6:12 — 409
- 6:29 — 14
- 8:20 — 15
- 10:32-33 — 350
- 11:28-29 — 304
- 18:14 — 325
- 22:37-30 —
- 26:6 — 275, 278
- 26:10 — 278
- 26:12 — 278
- 26:13 — 279
- 26:15 — 417
- 28:19 — 276

○ 마가복음
- 2:17 — 95
- 8:34 — 331
- 8:35 — 333
- 8:36 — 216
- 14:21 — 415

○ 누가복음
- 17:7 — 323
- 17:10 — 324
- 22:27 — 322

○ 요한복음
- 1:1 — 188
- 1:4 — 189
- 1:5 — 73
- 1:14 — 72, 119
- 3:2 — 154
- 3:3 — 154
- 3:15 — 402
- 5:24 — 222
- 6:15 — 300
- 6:37 — 38
- 6:38-39 — 325
- 6:68 — 24, 77
- 7:1-13 — 11
- 7:1 — 15, 26
- 7:3-4 — 17
- 7:4 — 300
- 7:5 — 16
- 7:6 — 18
- 7:7 — 15
- 7:12 — 23
- 7:16 — 20
- 7:23 — 22

7:28-29	21	9:40	143	12:6	286
7:28	26	10:1-10	167	12:8	289
7:31	23	10:8	175	12:10	275
7:37-39	29	10:9	171, 179	12:11	344
7:37-38	31	10:10	171, 179	12:12-33	293
7:37	27	10:11-29	185	12:15	302
7:38-39	41	10:11-18	192	12:16	301
7:50	23	10:11	189, 190	12:19	311
8:1-11	49	10:14-15	198-199	12:20-33	315
8:7	59	10:14	197	12:23	325, 326
8:10	63	10:18	193	12:24	311, 329
8:11	63, 65	10:22-42	207	12:25	330
8:12-30	69	10:25	211	12:26	322, 334
8:12	72, 75	10:26	212	12:27	278, 323
8:28-29	74	10:27	197	12:31	320, 370
8:28	103	10:28	210, 221	12:32	311, 321, 345
8:30	91	10:29	367		
8:31-59	87-89	10:30	221	12:33	345
8:31-32	92, 107, 113, 117	11:1-16	225	12:34-43	337
		11:3	227	12:34	345
8:31	92	11:4	234	12:36	339
8:32	94	11:5	227	12:37	340, 344
8:33	92, 94	11:11	256	12:38	340
8:34	76, 111	11:17-44	247	12:40	342, 341
8:36	120	11:21	236	12:42	348, 349
8:37	99	11:23	257, 261	12:43	350
8:43	99	11:24	261	12:44-45	366
8:51	100	11:25-26	244-245, 255	13:1-17	377
8:53	100			13:1	6, 359, 365, 366, 371
8:56	100	11:25	222		
9:1-41	125-127, 147-149	11:27	261	13:3-11	399
		11:32	236	13:3	386
9:3	137	11:33	254	13:10	403, 424
9:11	152	11:35	254	13:12-13	384
9:17	153	11:36	227	13:14-15	384
9:22	91, 156, 275	11:39	257	13:16	385
9:33	153	11:40	258	13:17	385, 395
9:35	155	11:41	258	13:18-30	413
9:36	155	11:42	258	13:18	424
9:37	156	11:47	257	13:21	425
9:38	156, 158	12:1-11	271	13:23	426
9:39-41	132	12:1	273	13:25	427
9:39	143, 369	12:5	417	13:26	425, 427

13:27	425		2:3	34
13:29	416		2:4-5	367
13:30	427		2:8-9	104-105
14:6	175			
15:7	114		○ 빌립보서	
15:8	334		2:6-7	322
17:11	390		4:6	205
17:24	334			

○ 사도행전
  2:37   94

○ 로마서
  1:24   343
  1:26   343
  1:28   343
  3:24   404
  5:12   171-172
  6:14   66
  8:1   405
  8:2   121
  8:4   121
  8:29-30 213
  8:35-37 374
  10:10 350
  11:8   133
  12:2   423

○ 고린도전서
  15:31 265
  15:57 260

○ 고린도후서
  4:8   266

○ 갈라디아서
  5:13   43
  5:1   43

○ 에베소서
  1:5   367
  1:17-19 144

○ 골로새서
  2:13   404
  3:24   328

○ 디모데전서
  6:10   420

○ 디모데후서
  1:10   256

○ 히브리서
  2:14-15 256
  2:18   204
  9:27   173
  10:14 404-405

○ 야고보서
  4:14   213

○ 베드로전서
  2:24   310

○ 요한일서
  1:9   408
  4:8   368
  4:9   368
  4:10   368

○ 요한계시록
  21:3-4 312

국제제자훈련원은 건강한 교회를 꿈꾸는 목회의 동반자로서 제자 삼는 사역을 중심으로
성경적 목회 모델을 제시함으로 세계 교회를 섬기는 전문 사역 기관입니다.

옥한흠 전집 강해 05
요한복음 2 요한이 전한 복음

초판 1쇄 발행 2000년 12월 6일
개정2판 1쇄(14쇄) 발행 2020년 3월 10일

지은이 옥한흠

펴낸이 오정현
펴낸곳 국제제자훈련원
등록번호 제2013-000170호(2013년 9월 25일)
주소 서울시 서초구 효령로68길 98(서초동)
전화 02)3489-4300   **팩스** 02)3489-4329
이메일 dmipress@sarang.org

저작권자 (C) 옥한흠, 2000, *Printed in Korea.*
이 책은 저작권법에 의해 보호를 받는 저작물이므로 저자와 출판사의 허락 없이
내용의 일부를 인용하거나 발췌하는 것을 금합니다.

ISBN 978-89-5731-806-5 04230
ISBN 978-89-5731-785-3 04230(세트)

※ 책값은 뒤표지에 있습니다. 잘못된 책은 구입하신 곳에서 교환해드립니다.